열린 공화주의

이론과 역사

열린 공화주의

이론과 역사

2024년 8월 7일 초판 1쇄 인쇄
2024년 8월 13일 초판 1쇄 발행

지은이 권형기·김경미·김경희·박현석·유은식·윤광일·홍태영

편집 김천희, 한소영
디자인 김진운

펴낸이 윤철호
펴낸곳 (주)사회평론아카데미
등록번호 2013-000247(2013년 8월 23일)
전화 02-326-1545
팩스 02-326-1626
주소 03993 서울특별시 마포구 월드컵북로6길 56
ISBN 979-11-6707-157-6 93340

* 이 저서는 2020년 대한민국 교육부와 한국연구재단의 지원을 받아 수행된 연구임(NRF-2020S1A3A2A01095861).

열린 공화주의

이론과 역사

권형기 · 김경미 · 김경희 · 박현석 · 유은식 · 윤광일 · 홍태영 지음

사회평론아카데미

차례

제3장 프랑스 공화국과 공화주의의 탄생

—프랑스혁명 전후 그 구성(constitution)을 둘러싼 논의들— 홍태영

제4장 프랑스 공화주의 모델의 형성과 민주주의의 '근대적' 전환

—갈등과 통합의 프랑스적 해결 모델을 찾아서— 홍태영

제5장 바이마르 공화국

—민주주의관과 민주주의의 붕괴— 권형기

서문

갈등과 통합 그리고 정치

본 연구는 갈등과 분열을 극복하는 하나의 주요한 대안으로 '자유로운 시민들 간의 공적 연대'를 강조하는 공화주의의 다양한 흐름과 시도들에 주목하고자 한다. 본 연구가 주목하는 "열린" 공화주의는 단순히 '왕의 부재'를 의미하는 것이라거나 혹은 하나의 단일한 가치적 합의를 전제하는, 그래서 다른 가치에 대한 배제적 의미를 가지는 "닫힌" 공화주의와는 근본적으로 다르다. 본 연구가 추구하는 갈등 극복의 해결책으로서 공화주의는 무엇보다 자유주의적 법적·제도적 접근과 달리, 다양한 가치의 자유로운 추구와 그에 기초한 정치 사회적 가치의 통합을 지향한다. 이를 위해서 본 연구팀은 지난 3년간 근대 사회의 갈등을 둘러싼 문제와 이를 해결하고자 하는 다양한 이론적 탐구뿐만 아니라 역사적·제도적 차원에서 경험분석을 포함하는 다차원적 분석을 시도해왔고, 동시에 한국적 적용을 함께 고민해왔다. 이제 그것의 1차적 결과물을 엄선하여 하나의 책으로 묶고자 한 것이 본 저서이다.

1987년 민주화 이래 한국은 최근의 촛불혁명과 대통령 탄핵에서 보여주듯이 어떤 나라보다 성숙한 시민들의 정치참여 확대와 엘리트들의 밀실정치와 전횡에 저항하는 적극적인 민주주의를 발전시켰다고 할 수 있다. 민주적으로 선출된 정부는 국민을 두려워하고 보다 기민하게 반응할 수 있도록 민주적 탄력성과 반응성을 높여왔다. 그러나 현재 한국 사회의 모습은 결코 낙관적이지 않다. 극심한 분열이 국가의 기능을 마비시킬 정도이다. 정치적 분열은 두말할 필요도 없고 시민사회 자체가 사사건건 분열과 갈등으로 확대재생산되고 있다. 대표적으로 조국 전 법무부 장관의 거취를 놓고 벌어진 일련의 갈등뿐만 아니라, 주말이면 경쟁적으로 열렸던 '서초동 집회'와 '광화문 집회' 그리고 '태극기부대'와 '개딸' 등에서 보듯이, 단지 상대편의 흠으로부터 우리 편의 정당성을 찾음으로써 결코 타협점을 찾을 수 없는 양극단으로 치닫고 있을 뿐이다.

갈등은 건전한 사회와 건강한 민주주의를 위해서 반드시 필요하다. 그러나 현재 한국의 문제는 갈등은 있으나 함께하는 숙의가 없이 오직 다수의 독단과 독재적 전횡이 판을 치는 것이 문제이다. 현재 우리 사회에서 보이듯이, 나와 다른 생각을 가진 사람들과 정치적 세력을 악마화하거나 이해 불가능한 상대로 간주한다면 민주적 정치체제는 불가능할 뿐만 아니라 전체 사회의 존립마저 위태롭게 된다.

본 연구팀이 지속적으로 고민해온 문제는, "어떻게 확대재생산되는 분열과 파벌주의의 갈등을 극복하고 온전히 통합된 민주공동체를 발전시킬 수 있을까?" 하는 것이다. 갈등 극복의 해결책으로 흔히 제기되는 슘페터류의 최소주의적 민주주의와 다수결주의 혹은 수많은 대중들의 직접적인 참여 확대만으로는 충분하지 않다. 예를 들면, 고대철학자 제노폰이 묘사하듯이 민주주의가 가장 발전한 고대 아테네에서 전쟁에 승리하고 돌아온 장군들을 둘러싼 보복과 재보복을 거치는 민주정치의 과정은 다수결주의와 함께 시민들의 직접적인 참여에 기초해 있지만, 아테네를 분열과 갈등으로 몰고갈 뿐 통합으로 이르게 하지는 못했다(Held 1996, 24-28). 단순한 민주주의의 확장은 다수결에 의한 힘의 논리 혹은 "다수 시민들의 독재(tyranny of majority)"만 존재할 뿐이지 통합과 포용의 민주정치는 불가능하다.

그렇다면 자유주의적 법치주의는 갈등을 극복할 수 있을까? 중립적 국가에 의한 법치주의(rule of law)는 고대 이래 갈등과 보복의 정치를 극복할 수 있는 하나의 방편으로 제시되어 왔다. 그러나 통합된 시민들의 공적 연대가 부재한 상태에서는 중립적 국가의 존립 자체가 어렵다. 예를 들면, 유럽의 최근 사례들에서 보듯이, 해외 이민자들의 유입에 따른 사회 통합의 문제를 법적 조치만으로 해결하기는 어렵기 때문이다. 아무리 중립적인 법치라 하더라도 자유로운 시민들 간의 정신적 유대가 없다면, 법의 수립과 집행은 투쟁의 대상이 될 뿐이다.

따라서 본 프로젝트 팀원들은 자유로운 시민의 다양한 원칙들에 기초한 협의 과정에서 탄생하는 공적 연대와 정신적 결합을 강조하는 공화주의에 주목한다. 그러나 모든 공화주의가 완벽하거나 문제가 없는 것은 아니다. 공화주의는 20세기 프랑스의 인종주의에서 보듯이 때론 역사에서 무서울 정도의 전체주의적 모습을 보여주기도 하였다. 그래서 본 연구는 역사 속에서 존재한 다양한 공화주의 유형들의 작동원리와 제도들을 비교 분석함으로써 각각의 장단점을 비판적으로 분석하고, 이를 바탕으로 분열과 갈등 극복의 새로운 가능성을 모색하고자 하는 일단의 시도라고 할 수 있다.

공화주의의 다양한 형태와 실재 역사에서 존재했던 역사적 실재와 실험으로서의 공화주의를 분석하고 그 장단점을 토대로 새로운 갈등 해결의 대안을 모색하고자 하는 본 프로젝트가 기존의 연구와 다른 주요 연구 방향과 방법은 다음과 같다.

첫째, 공화주의의 다양한 유형들에 대한 비교 분석을 한다. 익히 알려진 바와 같이 공화국의 기원은 로마공화국에 있는데, 고대 로마 공화국의 전통은 르네상스 시기 포콕이 말하듯 "마키아벨리적 모멘트"를 통해서 영국, 미국, 프랑스의 근대 국민국가의 수립 과정에서 근대적 형태로 정착한다. 그리고 이와 대조적으로 후발 국가의 사례로는 독일, 일본의 예를 들 수 있다. 근대 국가는, 사적 영역에서 개인의 이익을 추구하는 경제적, 이기적 인간(homo economicus)의 등장을 전제로 하여 "자유로운 개인과 공적 정신 혹은 공통의 행복이 어떻게 조합되고 연계되는가?"에 따라 다양한 형태로 나타났다. 국가와 공적인 것에 대한 대립물로 개인의 자유를 강조하는 영미의 자유주의적 전통과 함께 프랑스에서는 루소(Rousseau)의 일반의지(general will)에서 나타나듯이 시민의지의 결집체와 '공화주의적 연대'를 강조하는 프랑스적 전통으로 구별되어 발전해왔다.

1부의 제1장과 2장이 마키아벨리에 기초한 대서양 전통의 신로마 공화주의적 흐름에서 연구한 것이라면, 3장과 4장은 이들 마키아벨리 대서양 공화주의 전통과 구별되는 프랑스 공화주의 전통을 연구한다. 기존 공화주의 연구들이 추상적 일반원리나 개별 국가에 기초한 일반화 연구가 대부분이라면, 본 연구는 공화주의의 사상적 원리 차원에서도 다양한 유형을 비교 분석하기 위해 비교사상적 시각을 도입한 것이다. 다양한 선발 국가들의 근대화의 역사적 배경을 토대로 형성된 공화주의가 어떻게 상이한 유형으로 발전하는지 그리고 그것의 문제점과 긴장은 무엇이고 해결의 실마리가 있는지 연구한다.

둘째, 본 연구가 기존의 공화주의 연구들과 구별되는 또 다른 점은 실재 역사에 대한 다층적 분석을 한다는 것이다. 무엇보다 기존 공화주의 연구들처럼 추상적 사상의 차원에 머물지 않고 실재 역사적 과정에서, 즉 제도와 정치 과정에서 다양한 공화주의가 어떤 문제에 봉착하고 어떻게 새로운 공화주의적 시민을 구성해가는지를 분석하고자 하는 점에서 본 연구는 기존 연구와 구별된다. 특히 린다 콜리의 연구가 보여주는 바와 같이 근대 공화국의 형성 과정은 자본주의적 발전 과정과 맞물려 있었고 국민의 형성 과정은 곧 노동력의 재생산 과정이기도 하였다(Colley 1986; 1994). 10년 프로젝트로 지속적인 연구를 예상하는 본 연구는, 비록 이번 1단계에서는 각 공동체의 다양한 자본주의적 발전의 특수성과 공화국 및 공화주의적 시민의 형성이 어떻게 맞물려 작동하였는지에 대한 구체적 연구를 수행하지는 않았지만, 프랑스 공화주의 전통을 참고하여 "사회적인 것"의 문제를 충분히 고려하여 한국의 현재 문제와 해결책 모색에서 정치경제적 접근에서 이를 분석하고자 하였다. 구체적인 사례로 7장의 "진보적 정부의 한계"나 8장의 법인세율과 관련한 갈등과 타협의 정치가 그것이다.

셋째, 본 연구가 강조하는 또 다른 방법은 제도적 측면과 동시에 경험 역사성이다. 본 연구는 시간적인 측면, 우선 영국, 미국, 프랑스의 선발 주자와 구별되는 후발 국가들의 역사적, 세계사적 독특성에 주목하고자 한다. 독일, 일본 같은 후발 국가들의 경우 선발 국가들과의 경쟁이라는 국제정치경제적 질서 속에서 급격한 근대화의 요구와 자유로운 시민의 형성이라는 이중적 도전 속에서 새로운 변용과 적용을 경험한다. 독일과 일본에서 보듯이 이러한 변용 과정은 건전한 공화국 수립의 실패로 귀결되기도 한다. 이 책의 5장에서 다루는 "바이마르 공화국의 붕괴"가 바로 이러한 시도의 전형적인 사례이다. 정치학적으로 말하자면, 추상적인 사상적 원리가 아니라 비교정치학의 경험 연구를 토대로 실재 역사적 사례에서 안정적인 민주공화국 수립이 실패하는 경우와 그 원인을 밝히고자 한다. 그러나 본 저서의 5장으로는 시간적 역사성을 반영한 연구가 충분하지 않다는 점을 인정한다. 이 점은 향후 2단계와 3단계 연구의 과제로 남겨둔다.

넷째, 본 연구는 공화주의에 대한 다양한 사상적 연원과 문제를 다루는 사상원리적 측면의 분석, 그리고 역사 실재적 경험 분석으로 제도적, 담론적 분석이라는 다차원적 분석을 한다는 것과 함께, 무엇보다 한국에 이러한 문제의식을 적용해보는 시도를 한다는 것이 가장 큰 특징이다. 10년 연구를 지향하는 본 연구팀의 추진 전략은 1단계 공화주의의 사상 연구, 2단계 역사 제도적 경험 연구, 3단계 한국적 적용이라는 순차적 방식을 택하지 않고, 오히려 본 연구팀은 이들 다차원—사상 원리, 역사 제도적 경험 연구—과 함께 한국적 적용이라는 전체를 처음 1단계부터 동시에 연구함으로써 상호보완적, 다학제적 시너지 효과를 최대한 살리려고 했다. 2부의 6장에서 10장이 모두 이러한 한국적 적용의 산물이다. 예를 들면, 6장에서는 한국의 민주주의의 독특성을, 7장에서는 한국 진보 정부가 가지는 사회 통합 정책의 한계를, 그리고 8장과 9장에서는 한국의 의회에서 새로운 타협 정치의 가능성을 그리고 마지막으로 10장에서는 한국의 시민들 사이에서 양극화의 주요 문제인 가짜뉴스가 생성되는 원인을 분석하고 있다. 물론 매 단계마다 주요한 강조점이 다소 달라지고 심화의 정도도 달라지겠지만, 본 연구팀은 1단계에서부터 이러한 공화주의의 다차원적 분석과 함께 한국적 적용이라는 전체 라운딩(rounding)을 함으로써 향후 연구를 위한 전체를 조망하고 문제의식과 연구를 더욱 심화하고자 하였다. 본 저서는 이러한 노력의 1단계 산물이다.

이제 우리 팀의 지난 연구 성과에서 가장 일관되고 체계적인 산물들을 엄선하고 다시 수정 보완하여 함께 책으로 묶었다. 각 장의 문제의식과 내용들을 대략적으로 살펴보면 다음과 같다. 우선 제1부에서는 주로 선진 민주국가들의 공화주의 전통의 이론과 역사적 경험 분석에 초점을 두었다. 대서양 전통의 공화주의와 프랑스 공화주의 전통 등 다양한 공화주의의 이론적 측면을 살펴본 후, 선진국의 역사적 경험으로 민주 공화국의 안정에 실패한 독일 바이마르 사례를 살펴본다. 이에 비해 제2부는 한국에 대한 현실 진단과 다차원적 분석 시각에서 한국의 민주주의관, 한국의 정부 성격과 사회 통합의 한계, 그리고 의회에서 새로운 타협정치의 가능성 모색과 시민사회 내부의 양극화 요인으로 가짜뉴스라는 다방면의 분석을 하고 있다.

우선 제1부 제1장 "마키아벨리와 아렌트의 공화주의 연구: 공적 영역과 사적 영역의 관계를 중심으로"(김경희)는 마키아벨리와 아렌트의 공화주의를 통해서 근대 공화주의 문제의식이 무엇인지 살펴본다. 기존의 연구들이 공화주의 내부의 분화—신로마 공화주의와 신아테네 공화주의—를 의식해서 마키아벨리와 아렌트를 대립적으로 본 것에 반해, 이 글은 마키아벨리와 아렌트가 공유하는 공화주의적 문제의식으로 갈등의 근원과 해결방안을 분석한다. 마키아벨리와 아렌트는 모두 갈등의 근원이 사사화에 기인한다고 지적하고, 대안으로 공화주의 특히 사사화에 대항하는 공적 영역의 보호를 강조한다. 기존의 연구들은 공화주의를, 흔히 자유를 단순히 "간섭의 부재"라는 소극적 개념으로 이해하는 자유주의와 구분하여, 적극적 자유를 강조하는 흐름으로 이해한다. 사실 공화주의는 권력의 독점에 반대하여 공동체 구성원들의 자유와 참여가 보장되는 모두의 공동체로서 공화국을 주장하는 이론이다. 고대에는 폭민이나 폭군의 전제정에 반대했고, 근대에서는 왕의 권력 독점을 비판하였다. 그러나 공화주의가 자유주의와 구분되는 것은 자유주의의 소극적인 자유 개념을 비판하고, 적극적 자유, 시민적 덕성과 공동선에 대한 복무를 강조하는 점이다(Hammersley 2020; Viroli 2006).

자유주의와 대별되는 공화주의의 공통점에도 불구하고, 자유를 이해하는 데 있어서 공화주의 내부도 다시 세분화되어 온 것도 사실이다. 공화주의 내부에서도 아리스토텔레스의 정치이론에 기대어 시민들의 정치적 참여를 강조하는 신아테네 공화주의 흐름이 있는 반면, 고대 로마의 정치이론에 기대어 주종적 지배가 없는 상태(nondomination)를 더 강조하는 신로마 공화주의 흐름이 있다(유홍림 2018). 기존 연구들은 신아테네 공화주의 대표로 아렌트를, 그리고 신로마주의 대표로 마키아벨리를 강조한다. 이러한 과정에서 기존 연구들은 아렌트와 마키아벨리의 차이와 대립만 부각하는 경향이 있었다. 그러나 본 연구는 마키아벨리와 아렌트의 공화주의가 가지는 공통적 특징으로 공적 영역의 강조에 주목한다.

본 연구에 의하면, 기존 연구들에서는 마키아벨리와 아렌트 공화주의가 공통으로 가지는 가장 핵심이 되는 문제의식은 바로 정치와 경제의 관계 속에 드러나는 공적 영역과 사적 영역의 역할이라는 것이다. 마키아벨리는 피렌체 공화국의 문제를 공공선보다 사익을 추구하는 경향들 속에서 발견했다. 마키아벨리는 로마 공화정이 몰락하게 된 원인을 농지법과 최고지휘권의 연장에서 찾고 있다. 농지법은 경제적 이해 대립을 부추겨 파벌 간의 폭력사태를 몰고 왔고, 최고지휘권의 연장은 공화국의 군대를 장군의 사병으로 만들었다. 로마에서 사적 이익의 공적 영역 침탈로 인해 갈등의 합법적 해결은 불가능했다. 청빈과 공적 명예 대신 부가 로마인들의 마음을 사로잡은 것이다. 파벌 간의 다툼과 장군의 사병으로 전락한 공화국의 군대는 로마 공화정의 몰락에 결정적 기여를 했다는 것이다. 결국 마키아벨리에 의하면, 로마 공화정은 사적 영역이 공적 영역을 침범함으로써 몰락했다고 한다.

한편 아렌트도 공적 영역이 경제적 이해관계가 개입하면서 무너짐을 강조한다. 아렌트에 의하면 근대에 들어 경제의 확장으로 고대의 공적 영역과 사적 영역의 구분에 포함될 수 없는 "사회적인 것"이 등장하였다고 한다. 사회에서 인간들은 삶의 재생산이라는 오직 하나의 목적만을 가지고, 가계의 구성원으로서 노동하는 인간으로만 활동한다. 이에 행위와 말의 영역인 공적 영역은 사라지게 된다는 것이다. 사회 속에서 노동하는 동물로서 인간은 행위와 말을 할 수 없는 무능력한 인간의 모습을 보이며 표준화와 동질성 속에서 공적인 영역을 상실한 사적 인간들로 살아간다는 것이다.

마키아벨리와 아렌트에게 공적 영역의 몰락을 가져오는 것은 다양성의 말살과 동질화였다. 그것은 공화국(res publica)을 사사화된 공간(res privata)으로 만든다. 그래서 마키아벨리와 아렌트의 공화주의에서 핵심이 되는 공통 주장은 바로 공적 영역이 사적 영역의 침입으로부터 보호되어야 한다는 것이다. 마키아벨리와 아렌트에게 공적 영역은 다양한 공동체 구성원들의 공동 공간이다. 이를 위해 공적 영역은 공개성과 공동성을 가져야만 한다. 반면 배제와 고립 그리고 폭력으로 인한 억압 등은 함께 할 수 있는 공간을 없애기 때문에 공적 영역에 치명적이다. 고립되어 타인을 배제하고 자신만의 사적 이익을 추구하며, 그 가운데 폭력이라는 수단도 사용하는 것이 사적 영역의 특징이다.

제2장 "갈등 해결의 정치학: 아리스토텔레스, 마키아벨리 그리고 빈부 갈등"(김경희)은 서양의 정치사상에서 빈부 문제를 핵심으로 다룬 아리스토텔레스와 마키아벨리를 살펴봄으로써 빈부격차와 경제적 양극화의 문제를 정치적인 관점에서 다루어 보고자 한다. 최근 경제적 양극화와 빈곤이 사회적 문제가 되고 있음은 누구나 지적하고 있다. 그러나 정작 이러한 경제적 양극화가 가지는 정치적 의미에 대한 본격적인 논의는 턱없이 부족한 편이다. 이에 본 논문에서는 아리스토텔레스와 마키아벨리의 고전을 통해 경제적 양극화의 정치적 의미를 분석하고자 한다.

고대 정치사상을 대표하는 아리스토텔레스와 근세 초기의 정치적 문제의식을 대표하는 마키아벨리의 사고방식은 상당히 다르다. 그러나 두 정치사상가들은 정치체제의 형성을 바라보는 데서 유사한 관점을 보여준다. 아리스토텔레스와 마키아벨리는 모두 공동체를 구성하는 데서 상이한 세력들 간의 관계를 강조한다는 점에서 유사하다. 두 정치사상가들에게 공동체를 구성하는 핵심 세력은 '빈자'와 '부자'이다. 정치체제는 이들 두 세력 간의 갈등과 상호관계 속에서 나타난다고 보았다. 그리고 두 사상가들은 빈부 갈등의 극단화와 이에 따른 한 계급만의 권력 독점을 가장 위험한 문제라고 보았다.

아리스토텔레스와 마키아벨리에게서 부의 집중과 그로 인한 빈익빈 부익부 현상은 개인의 문제나 단순한 경제적 문제가 아니라 정치체제 구성과 관련된 정치적 문제였다. 빈부 양극화는 시민들 사이의 동질성을 약화시키고, 지배하는 부자와 굴종하는 빈자로 갈라놓는다. 지배하려는 부자와 순종하려는 빈자 사이에는 동등하고 자유로운 시민들 간에 생기는 연대성의 정치는 나타날 수 없다. 연대성이 사라진 시민들은 모래와 같이 흩어지는 사이가 되어 실질적인 공동체는 위태롭게 된다. 동등한 시민은 단지 이름만 남고, 실질적으로는 지배와 피지배 관계가 고착화될 때, 갈등은 증폭되고 국가는 약화된다. 빈부 격차로 인한 연대성의 상실과 대립의 격화는 '우리의 나라'가 아닌 '그들만의 나라'를 만듦으로써 국가를 나약하게 만든다. 빈부 격차가 심해져 부자와 가난한 자들 간의 대립과 파쟁이 심해질 때 나타나는 또 다른 위험 중의 하나는 독재정치 혹은 참주정치의 출현이다. 이것도 건강한 민주주의의 후퇴와 종말을 가져온다. 예를 들면, 1차 세계대전 이후 정치·경제 위기에 빠졌던 독일 국민은 투표라는 합법적 행위를 통해 자발적으로 그들을 구해줄 영웅을 찾게 되었고, 결국은 히틀러라는 독재자의 등장으로 귀결되었던 것이다.

빈부 격차의 심화가 심각한 정치 문제라고 했을 때 이에 대한 대처 방안은 아리스토텔레스와 마키아벨리가 다소 다르다. 우선 아리스토텔레스는 중산층의 강화와 이에 기반한 혼합정을 강조한다. 아리스토텔레스는 적당한 재산을 통해 자족하는 삶을 사는 중산층을 합리적이고 이성적인 판단이 가능한 계층으로 보았다. 아리스토텔레스가 보기에, 중산층이 존재함으로써 부자와 가난한 계층 사이에 일어날 수 있는 대립의 격화를 제어할 수 있다는 것이다. 아울러 부자와 가난한 계층을 국가에 참여시키고 그들 모두를 혼합시킬 때, 국가 구성원은 서로에 대한 연대감을 가질 수 있다는 것이다.

한편 마키아벨리는 빈부의 문제가 정치 영역에 들어오는 것을 제어하고자 한다. 빈부 격차의 문제가 정치 영역에 들어오면 그것은 정치의 사사화를 조장하여 공적인 국가질서를 부패와 몰락으로 이르게 한다는 것이다. 이를 극복하기 위해 마키아벨리는 역량이 중요시되는 정치 질서와 문화를 만들고자 한다. 역량이 기준이 될 때, 부를 유일한 목적으로 추구하는 황금 만능주의를 극복할 수 있고 귀족이나 인민은 모두 경제적인 부보다는 국가에 봉사할 수 있는 역량을 쌓고자 노력할 것이기 때문이다. 이를 위해 마키아벨리는 아리스토텔레스와 유사하게 귀족과 인민의 갈등이 제도화되어 자유롭게 표출될 수 있으며 그것을 통해 법질서의 지속적인 발전을 가져오는 혼합정체를 옹호한다.

다소간의 차이에도 불구하고 아리스토텔레스와 마키아벨리가 공히 강조하는 것은 빈부 문제를 해결하기 위해서 모두가 자유로이 참여하는 공적 공간을 통한 공동체적 연대를 수립하고자 한 것이다. 결론적으로 저자는 아리스토텔레스와 마키아벨리가 주는 오늘날의 시사점으로 빈부 문제와 사회적 갈등을 해결하기 위해서는 소외와 배제가 아니라 연대와 통합의 정치가 필요하다고 역설한다. 저자는 '배제의 정치'를 '통합의 정치'로 바꾸기 위해 혼합정의 문제의식을 적극적으로 수용할 필요가 있음을 강조한다. 가진 자들의 목소리를 담는 것도 중요하지만 지금 같이 균형추가 기울어져 있는 시기에는 가지지 못한 자의 목소리를 더 담아야 함을 주장한다. 그리고 하나의 국가질서에 서로 혼합되어 자신들의 목소리와 이익을 대변해줄 공적 제도가 정립되어야만 서로 다른 계층 간의 통합은 가능하다고 보았다. 저자는 혼합을 통한 연대와 공감의 정치만이 분열과 배제를 극복하고 통합을 가능하게 할 수 있다는 점을 역설한다.

제3장 "프랑스 공화국과 공화주의의 탄생: 프랑스혁명 전후 그 구성을 둘러싼 논의들"(홍태영)에서는 자유주의 폐해를 극복하려는 현대 공화주의 흐름에서 이탈리아-대서양 전통 혹은 신로마 공화주의와 구분되는 프랑스 공화주의의 내용을 연구하고 있다.

자유주의가 만들어낸 폐해를 극복할 목적으로 공화주의의 역사를 복원함으로써 오늘날의 대안적 정치 전망을 제시하려는 스키너(Skinner 1978)와 포콕(Pocock 1975)은 자유주의적 휘그적 전통에 대한 대안으로 로마공화국의 혼합정을 통한 공화국과 공화주의적 시민의 모습을 강조한 마키아벨리 그리고 이후 영미 대서양 공화주의 전통을 복원하고자 하였다. 이들 공화주의 정치철학자들은 이른바 이탈리아-대서양 공화주의 전통으로 시민적 덕성, 정치 참여, 평등하고 자유로운 대화와 토론 및 숙의, 법치와 권력 분립을 통한 견제와 균형, 그리고 상업자본주의의 발달에 따른 부패에 대한 경계 등을 강조하고 있다. 또한 공화주의자들은 자유주의가 '간섭의 부재'로 자유를 정의함으로써 지나치게 소극적이라고 비판하고, 대안으로 자유주의 이전부터 존재했던 지배의 부재로서 자유, 즉 '비지배 자유(non-domination liberty)'를 부각시키고 있다(Viroli 2006; Petitt 2013).

이탈리아-대서양 전통의 공화주의와 구별되는 프랑스 공화주의는 프랑스혁명 이전 18세기 계몽주의 전통에서부터 시작되어 프랑스혁명과 100여 년의 역사적 진통을 통해 19세기 말 제3공화국에서 모습을 드러낸 공화국과 공화주의가 프랑스 고유의 공화주의 모델을 형성했다고 본다. 프랑스 공화주의는 근대 프랑스 공화국 자체의 구성을 통해 형성되어 왔으며, 그러한 점에서 프랑스 공화주의의 특징으로 자유주의의 미약 혹은 공화주의를 반영한 '국가에 의한 자유주의'로 규정하기도 한다. 또한 아렌트가 미국혁명과 구별하여 프랑스혁명의 특징을 지적하듯이, 프랑스 공화주의는 '사회적인 것'에 의한 '정치적인 것'의 침범이라는 점이 프랑스 공화국의 특성이라고 할 수 있다. 그래서 프랑스 공화주의 전통은 오늘날에도 영미식 공화주의와 구별되는 사회적 통합방식이나 복지에 대한 상이한 접근 등을 통해 차별화된 사회모델을 보여주고 있다.

본 연구는 프랑스 공화주의의 핵심적 요소를 18세기 계몽주의 속에서 드러난 프랑스 공화주의자들의 두 가지 큰 흐름에서 찾는다. 하나는 몽테스키외가 제시한 '군주정의 얼굴을 한 공화정', 즉 영국식 입헌군주정이라는 해결책이고, 다른 하나는 루소가 제시한 '민주주의적 공화정'이었다. 몽테스키외는 군주제를 유지하면서도 권력 분립을 통해 폭정의 가능성을 차단하고 근대적 상업의 발달 속에서 공화주의적 덕성을 통해 습속을 순화하고 있는 영국을 이상적인 사례로 이해하고, 프랑스에서 그러한 모습을 구현하고자 하였다.

프랑스에서 제시된 또 다른 해법은 루소(Rousseau)에 의한 '민주주의적 공화정'이라고 할 수 있다. 저자가 강조하는 루소에게서 주목해야 할 개념은 '주권'이다. 고전적 공화주의나 마키아벨리적 전통의 혼합정에서는 존재하지 않았던 '주권' 개념은 프랑스 절대주의의 특성으로 보댕(J. Bodin) 이래 확립된 개념이다. 결국 권력의 분할을 통한 입헌군주정으로의 길이 불가능해진 상황에서 절대군주의 주권을 인민주권으로 대체하고자 하는 루소의 민주주의적 공화정 개념이 새로운 대안으로서 제시되었다는 것이다. 루소는 절대군주제에 대항하는 동일한 논리, 즉 주권이 대표되거나 양도될 수 없다는 논리 속에서 대의제 정부에 대해서도 반대하였다. 루소적인 공화주의의 흐름은 로마적 공화주의의 복원이기도 하지만, 그것은 혼합정에 대한 강조보다는 『에밀』에서 보여지는 로마의 시민적 덕성을 갖춘 시민과 『사회계약론』에서 제시되는 일반의지 및 프랑스 주권사상을 반영한 인민주권론과의 결합을 통한 민주주의적 공화정에 방점이 있었다.

저자에 의하면, 이상의 두 가지 흐름은 1789년 프랑스혁명의 발발과 함께 프랑스 공화국의 형태를 구성하고 구체화하는 과정에서 경쟁적으로 출현하였고 또한 부침을 거듭하면서 19세기 프랑스 역사를 만들어갔다고 한다. 이 글은 이 두 가지 흐름이 뚜렷하게 대비되어 등장하였던 1789년 프랑스혁명의 발발부터 10여 년 동안의 공화국과 공화주의를 둘러싼 논의를 정리하면서 그 쟁점과 해결의 방식에 대해 추적한다.

제4장 "프랑스 공화주의 모델의 형성과 민주주의의 '근대적' 전환: 갈등과 통합의 프랑스적 해결 모델을 찾아서"(홍태영)는 제3장에 이어 마키아벨리와 대서양 전통의 공화주의와 구별되는 프랑스 공화주의의 독특성이 형성되는 과정을 특히 제3공화국을 통해서 살펴본다. 저자에 의하면 프랑스 제3공화국은 1789년 프랑스혁명과 이후 제시된 여러 가지 문제에 대한 하나의 해결책으로 구체화되었다고 한다. 그것은 프랑스혁명 과정을 통해 마키아벨리와 대서양 전통의 공화주의와는 구별되는 '사회적' 공화국의 모습 그리고 주권을 둘러싼 풍부한 논의를 끌어냈던 것이 프랑스 공화주의의 독특성이라는 것이다.

프랑스혁명은 근대의 새로운 개념으로 국민주권 혹은 인민주권 개념을 탄생시키지만 동시에 해결하기 어려운 문제로 '주권자로서 인민은 무엇이고, 그들을 대표한다는 의회와의 간극을 어떻게 볼 것인가' 하는 인민주권과 대표성의 문제를 제기하였다. 현실에서 보이는 무지한 개인들과 주권자로서의 인민은 어떻게 다른가? 인민을 대표한다는 의회는 인민의 의지와 구별될 수 있는가? 예를 들면, 국민을 대표하는 의회가 인민의 봉기를 진압하라는 명령을 내리는 사건이 발생하였다면, 그것은 과연 타당한 것인가? 저자에 의하면, 프랑스 제3공화국은 프랑스의 실재 역사적 정치 과정을 통해서 이러한 문제를 해결하려는 노력의 산물이자 대서양 전통의 공화주의와 구별되는 프랑스 공화주의의 수립이라는 것이다.

우선 제3공화국은 시민교육과 사회적인 것을 통해서 주권자로서의 인민의 위상을 수립하고자 하였다. 그것이 대의제로 나타나든 혹은 직접적인 표현으로 나타나든 근대 국민국가의 주체로서 국민 혹은 인민(의 의지)이 형성되어야 했다. 주권자로서 국민의 형성을 위해서 프랑스 제3공화국은 공화주의적 시민교육을 통해 공동체 속의 시민을 만들어내고, 그들 간의 사회적 연대에 기반한 공화주의적 사회를 구성하고자 하였다. 제3공화국에서 시민은 우선은 정념과 욕망의 주체라는 개인의 차원에서 출발하지만 동시에 공동체의 구성원이라는 점에서 공적 덕성을 요구했다. 공화주의 교육의 기본적인 목표는 자유와 평등이라는 개인주의적 가치와 공화주의적 형제애라는 공동체의 가치를 화해시킬 수 있는 공화주의적 개인주의를 추구하는 것이었다. 제3공화국은 공화주의적 도덕을 내면화한 시민의 형성을 주요한 과제로 삼았다.

또한 내면적 덕성과 함께 공화주의적 연대를 실현하기 위해서 제3공화국은 '사회적인 것'에 대한 구체적 답변을 찾고자 하였다. 제3공화국이 만들어낸 사회적 공화국의 구체적 프로그램은 1907년 '낭시 프로그램 14개조항'에서 나타나듯이 국가가 어린이, 병약자, 노령층에 대한 사회적 의무를 다해야 하며, 여성과 아동노동에 대한 규제입법을 실행해야 하고, 산업재해 시 고용주의 책임, 보험제도, 노사 분쟁 시 조정 의무 등으로 구체화된다. 제3공화국의 이러한 사회적 공화국은 프랑스 공화주의가 영미적 공화주의와 구별되는 지점이다.

또한 프랑스 제3공화국은 인민주권과 대표성의 문제를 해결하는 과정에서 이전과 달리 의회주의를 받아들인다. 1848년 혁명과 함께 남성 보통선거권이 확대되지만 이것은 역설적이게도 루이 나폴레옹 대통령의 당선 그리고 제2제정으로 귀결된다. 이에 대한 해결책으로 제3공화국의 공화주의자들은 의회주의를 수용하기 시작한다. 제3공화국의 공화주의자들이 의회주의를 수용하기 시작한 것은, 극단적인 혁명을 피하기 위해 보나파르트주의자나 보수주의적 공화주의자, 자유주의자들과의 연합 혹은 대화의 가능성을 인정하고 나아가 '권력의 교체 가능성'을 수용했다는 것이었다. 이는 분명 이전의 공화주의자들과는 차별화된 점으로 가히 '혁명적인' 것이었다. 제3공화국에서 국민주권 개념은 이제 대의제적 형태와 분리될 수 없으며, 주권자로서 국민의 추상화를 통해 국민을 대표하는 의회가 실질적인 주권자의 역할을 하는 것으로 이해된다. 제3공화국의 의회주의는 인민적 권력의 위험성을 피하고자 한 것이다.

끝으로 이 글은 근대 국민국가의 형성 과정, 특히 근대 민주주의를 통한 국민국가의 형성은 한편으로는 중세 교회로부터 벗어나고자 하는 세속화의 과정을 거치지만, 동시에 권력의 속성이라는 측면에서 일종의 세속화된 정치신학적 문제설정을 전개할 수밖에 없었다는 것을 보여준다. 이를 통해 저자가 강조하고 싶은 것은 공화주의가 구성하는 공동체의 특성이다.

제5장의 "바이마르 공화국: 민주주의관과 민주주의 붕괴"(권형기)는 앞 장들의 공화주의적 주요 개념들에 대한 정치사상적 분석과 달리 경험 분석적 차원에서 오늘날 민주주의 후퇴의 전형적인 모습을 보여주는 바이마르 공화국의 붕괴 원인을 찾고자 한다. 바이마르 공화국의 사례는 최근 민주주의 위기를 둘러싼 논쟁에서 "민주적으로 선출된 권력에 의한 민주주의 후퇴"의 전형으로 다시금 주목을 받는다. 바이마르 공화국은 합헌적으로 정치 지도자가 권력을 획득했고,

여전히 헌법에 기초하여 권력을 행사했지만 민주주의가 무너진 사례라고 할 수 있다. 쿠데타나 물리적 폭력에 의한 전복이 아니라 민주적으로 선출된 정부에 의해 어떻게 민주주의는 후퇴하거나 무너지는가?

권형기는 바이마르 공화국 붕괴의 원인에 대한 기존의 접근들—사회경제적 조건을 강조하는 근대화론, 계급투쟁과 계급연합이론 그리고 제도주의 접근들—에서 경시되어 왔던 주요 정치 세력들의 아이디어에 초점을 맞추어 분석한다. 특히 본 논문은 주요 정치 행위자인 정당들이 생각하는 민주주의관(ideas on democracy)이 어떻게 민주주의 발전에 문제를 유발했는지를 살펴본다. 사실 바이마르 공화국 붕괴 원인에 대한 연구는 2차대전 이후 정치학과 사회과학에서 수없이 많이 전개되어 왔다. 먼저 근대화이론에 기초하여 '자본주의 발전의 후진성'이나 혹은 최근에 다시 등장하는 새로운 근대화이론의 변형으로 '경제의 실패'나 '경제위기'를 민주주의 붕괴의 원인으로 꼽기도 한다. 반면, 베링턴 무어에서 보듯이 근대화이론에 대한 비판에서 시작된 계급투쟁과 계급연합이론은 바이마르 민주주의 붕괴를 '부르주아 계급의 허약성' 혹은 반민주 계급으로서 '지주계급의 강함'을 들고 있다. 그리고 최근에는 제도주의적 접근에 기초하여 비례대표제에 기초한 정당 난립 혹은 지블렛(Ziblatt 2017)이 주장하듯이 '보수정당의 저발전' 등을 지적하기도 한다.

그러나 본 논문에서는 이러한 기존의 접근들이 독일의 역사적 사실을 설명하는 데 많은 한계가 있음을 보여준다. 예를 들면, 독일 바이마르 사례는 결코 저발전된 자본주의 체제가 아니었다. 그리고 1918년 이후 집권한 바이마르 연합정당들은 그 힘이 부족해서 민주주의 안정화가 실패한 것이 아니었다. 사민당을 중심으로 한 바이마르 연합 집권세력의 힘은 초기 70%에 육박하는 지지에서 보듯이 결코 힘이 미약하지는 않았다. 그러나 국가권력을 장악한 민주세력은 구 군대와 관료를 이용해 인민들의 민주화 시위를 진압했다. 따라서 저자는 동일한 힘이라도, 그리고 동일한 민주헌법의 제도나 의회제도라도 그것을 '어떻게 사용하는가'는 결국 주요 행위자들인 정당과 당시 사람들의 아이디어가 중요하다고 강조한다.

대안으로 저자는 사회경제적 영향이나 계급의 힘(power) 혹은 제도적 영향보다는 주요 정치 행위자인 정당들의 아이디어(ideas), 특히 그들이 생각하는 민주주의와 의회주의에 대한 아이디어가 어떻게 민주주의의 후퇴를 유발했는지 살펴본다. 본 연구는 바이마르 공화국의 붕괴를 분석하기 위해서 당시 부르주아와 노동운동 세력들이 생각한 민주주의와 의회주의에 대한 독특한 사고에 주목한다. 동일한 부르주아 혹은 노동계급이라고 하더라도 바이마르의 부르주아와 노동계급은 민주주의에 대해서 영국이나 스웨덴의 동일 계급들이 생각한 것과 매우 다른 아이디어를 가지고 있었고, 이것이 바이마르 붕괴에 결정적인 영향을 미쳤다고 주장한다. 아이디어적 접근은 사회경제적 조건이나 위치 그리고 제도적 조건이 중요하지 않다는 것은 아니지만, 그것은 주요 행위자들의 해석을 위한 재료의 역할로서 영향을 미칠 수 있을 뿐이라고 전제한다. 그래서 본 연구는 바이마르 공화국의 붕괴를 분석하기 위해서 사회경제 혹은 계급 분석보다 정당들의 민주주의관과 그것이 정치과정에 미친 영향을 중심으로 살펴본다.

저자에 의하면 바이마르 공화국의 민주주의 체제가 헌법적 절차와 선출된 지도자에 의해서 무너진 이유는 당시 정치인들과 대중들의 민주주의에 대한 사고(idea on democracy)에 있다고 한다. 본 연구는 바이마르 붕괴의 원인으로 주요 정치세력들의 반의회주의적 경향을 지적한다. 당시 바이마르 의회 안팎에서는 의회주의에 대한 불신의 정치 문화가 팽배해 있었다. 이것은 바이마르가 의회주의적 체제를 취하지만 실제 그것이 작동하는 데 한계가 있었음을 보여준다. 그리고 본 연구는 바이마르 붕괴 원인으로 무엇보다 바이마르 민주연합 세력이라 할 수 있는 사회민주당과 자유주의 정당들의 민주주의관을 지적한다. 본 연구는 바이마르 붕괴의 원인으로 특히 문제가 된 것은 사민주의자들이든 자유주의자들이든 본질주의적 민주주의 정의에 기초하였기 때문이라는 것이다. 즉, 인민 의지를 민족(the nation)의 정신과 그 이익이라고 보는 자유주의자들이든, 추상적인 프롤레타리아트 계급이익이라고 전제하는 사회주의자들이든 모두 '인민의 의지가 다양하다는 현실'을 무시하고, 다양한 견해들로 갈라진 인민의 의지를 형성할 의회의 심의 기능을 경시함으로써 민주주의 실행 과정에서 붕괴되었다고 주장한다.

제1부가 주로 선진국의 역사적 실재 경험에 기초하여 갈등을 해결하려는 공화주의적 주요 문제의식과 해결책 그리고 앞서간 선진 민주국가의 경험을 통해서 민주적으로 선출된 지도자에 의한 민주주의 후퇴를 분석했다면, 이제 제2부는 이를 염두에 두면서 한국의 현실을 여러 각도에서 분석하고자 한다.

먼저 제2부의 첫 번째 글인 제6장 "한국 민주주의 위기의 역사적 배경: 체제 전환기 주요 정당들의 민주주의관을 중심으로"(유은식·

김경미)는 앞선 독일의 경험 사례에 대한 분석을 참고하여, 현재 한국에서의 민주주의 위기를 분석하고 있다. 2020년대 현재 한국 민주주의는 외견상 주기적 선거와 정권교체를 배경으로 민주주의가 안정화된 듯이 보인다. 그러나 한국 정치는 전 사회를 아우르는 극심한 갈등과 무엇보다 숙의나 타협이 불가능해 보이는 극단적 양극화로 치닫고 있다. 한국 정치에서 상대 정치 세력에 대한 부정적인 정서적 태도를 의미하는 양극화의 경향은 1990년대 중반 이후 극도로 심화되고 있다. 게다가 최근 '태극기부대'나 '개딸'과 같은 팬덤 정치는 공적인 장에서의 자유로운 의견 표출과 이성적인 논의를 방해함으로써 한국 민주주의를 위기로 몰아가고 있다. 이 글은 한국 정치의 이러한 타협 불가능의 양극화 문제는 왜 나타나는지 그리고 그러한 문제들이 등장한 원인은 무엇인가를 분석하고 있다.

본 연구는 한국 민주주의의 문제를 분석할 때 기존 연구들이 주로 제도나 문화적 측면을 강조하는 것과 달리 주요 행위자들이 이해하는 민주주의관(ideas on democracy)을 중심으로 살펴본다. 기존 제도적 관점의 연구들은 주로 한국 통치체제의 제왕적 대통령제의 특성이 한국 정치의 논의 구조를 방해하고 비타협성을 강화한다고 주장한다. 따라서 이들에게 해결책은 의원내각제로의 통치구조 개편이나 최소한 양당체계를 해소하는 선거제도의 개혁으로 제시된다(강원택 2016; 박상훈 2017). 다른 한편 문화적 접근들은 무엇보다 유교문화의 전통에서 비롯되는 강한 리더십에 대한 선호를 강조한다(지병근 2013; 김영명 2011; 이희완·이헌경 2007). 하지만 이러한 기존의 연구들은 무엇보다 한국 정치에서 도입된 여러 제도적 개혁과, 또 한국 사회의 변화하는 문화적 배경에도 불구하고 민주주의 위기의 상황은 왜 해소되지 못하고 오히려 증폭되고 있는지를 설명하지 못한다.

기존 연구의 대안으로 본 연구는 제도적, 문화적 요인으로 설명될 수 없는 한국 민주주의의 위기를 이해하기 위해서는 제도와 문화 그 자체가 아니라 그것을 독특하게 인식하고 실천하는 행위자들에 초점을 두어야 한다고 주장한다. 따라서 본 연구는 '한국 정치를 구성하는 주요 정치세력들이 민주주의를 어떻게 이해하고 실천하고 있는가'의 문제, 즉 실천의 과정에서 드러나는 행위자들의 민주주의에 대한 인식, 즉 '민주주의관'에 주목한다. 이를 통해 본 연구는 한국 민주주의의 위기를 구성하는 타협 불가능의 정치적 양극화가 한국의 민주주의관에서 비롯되었음을 보여주고자 한다.

본 연구가 분석의 주요 대상으로 하는 것은 한국에서 실질적인 민주주의 체제가 수립되었던 1987년 민주화 전후 주요 정치 세력들의 민주주의관, 다시 말해 1987년~1990년 4당체제 시기의 주요 정당들(민정당, 민주당, 평민당, 공화당)이 가지고 있던 '민주주의관'에 주목하여 분석한다. 저자들이 이 시기를 주목하는 이유는, 한국에서 최근까지 지속되어온 민주주의관은 박정희, 전두환 독재정권에 항거하는 과정에서 수립된 것으로 1987년 민주화 이후 민주적 제도의 수립에도 불구하고 민주주의를 이해하고 운영하는 기본 원리와 개념의 독특한 한국적 원형이 당시에 가장 극명하게 드러난다고 보고 있기 때문이다.

이 글에서는 우선 민주주의관이 취할 수 있는 모습을 유형화한다. 민주주의를 '아이디어'의 차원에 놓고 볼 때, 첫째는 의제 설정과 논의에 대한 참여 범위를 의미하는 개방성, 그리고 둘째로 다양한 정치 행위자들과의 다원적인 숙의 가능성을 얼마나 인정하는지를 의미하는 다원성이라는 두 측면에서 분석한다. 이 두 속성을 바탕으로 이 글에서는 '민주주의관'을 전체주의적/본질주의적 민주주의관, 신임투표적 민주주의관, 엘리트 중심적 대의 민주주의관, 자유주의적 민주주의관의 네 유형으로 구분한다. 이 분류에 기초하여 볼 때 체제전환기의 한국 주요 정당들은 낮은 다원성과 개방성을 특징으로 하는 전체주의적/본질주의적 민주주의관을 공통으로 가지고 있음이 확인된다. 결론적으로 저자들은 한국의 전체주의적/본질주의적 민주주의관으로 인해 각 정당들은 체제전환기에 주어진 우호적인 환경 속에서도 실질적으로 민주주의적 참여와 숙의를 증진하지 못하였으며, 이것이 3당합당을 통해 고착화되면서 현재 한국 사회가 마주한 민주주의 위기의 배경이 되고 있다고 주장한다.

제7장 "사회 통합을 위한 진보적 민주정부의 한계: 한국의 경험"(김경미)은 앞의 4장 프랑스 제3공화국의 공화주의에서 보듯이 사회적 갈등과 양극화에 대한 대안으로 흔히 사회적인 복지를 통한 사회 통합을 추구하는 노력들이 한국에서는 왜 어려움에 처하는가를 분석하고 있다. 앞의 장들에서 보듯이 건전한 민주주의를 위해서는 자유로운 시민들의 연대와 사회 통합이 필요하다. 왜냐하면 사회경제적 불평등은 아무리 법적, 제도적 장치로 형식적, 절차적 민주주의가 정착했다고 하더라도 사회경제적 불평등으로 인한 계급적 갈등은 항상 정치적 불안정을 야기하는 요소로 작용하기 때문이다. 이 점에서 한국에서는 특히 사회 통합을 주장하는 진보적 정부의 주장과 정책에 주목하지 않을 수 없다. 일반적으로 진보 세력의 대안 담론은 사회경제적 불평등의 해소를 통한 새로운 공적 연대의 수립과

사회 통합에 있기 때문이다. 진보 정부는 대체로 기존의 정치 및 경제 권력에 의해 만들어진 불평등이 사회적 갈등 구조의 양극화를 조장하고 정치적·경제적 평등에 기초한 공적 연대를 저해한다는 생각에 기초해 있다.

이러한 점에서 제7장 김경미의 글은 한국의 진보 정부가 사회 통합을 위해 사회경제적 불평등 해소를 지향하지만 여러 가지 한계를 노정하는 것에 대해 주목함으로써 향후 실천적 대안의 모색을 위한 중요한 출발점을 제시한다. 실제로 한국 사회에서 진보 세력은 사회운동의 과정에서는 물론 집권을 위한 선거 경쟁의 과정에서 "사회경제적 개혁과 재분배"를 주요한 캐치프레이즈로 삼아왔다. 그러나 흥미롭게도 민주화 이후 집권한 한국 진보 정부들은 집권 전이나 집권 초기에는 경제민주화와 재분배, 이를 위한 재벌 개혁에 초점을 두지만 집권 중반으로 갈수록 성장 우선의 정책으로 돌아서며 재벌 개혁에서도 다소 후퇴하는 경향을 보여왔다는 점을 저자는 주목하고 있다. 한국 진보 정부에서 이루어진 이러한 정책 전환을 어떻게 이해할 것인가? 한국 진보 세력은 왜 집권 후 기존의 "사회경제적 개혁과 재분배" 기조를 완화하고 성장 우위의 경제정책을 수용하여 실용적 노선으로 전환하는 경향을 보이는가?

본 연구에 의하면, 한국 진보 정부의 개혁 정치 실패를 설명하는 기존 연구들은 주로 구조적 접근에 기초해 있다. 이들에 따르면 박정희 시기 성공적인 산업화 경험에서 구조화된 국가 주도 성장지상주의 담론과 그것의 재생산 메커니즘으로 인해 진보적 대안은 지속적으로 실패해왔다는 것이다. 그러나 이러한 구조적 접근은 진보 정부의 탄생과 잇따른 정책 기조 전환을 일관되게 설명하는 데 한계를 보인다. 무엇보다 기존의 연구들은 권위주의의 상대의 구조적 담론적 강함만을 일방적으로 강조했지, 새로운 담론을 만들어야 하는 주체세력의 시도에 대해서는 분석이 부족함을 지적한다. 이 글은 한국 진보 정부의 실패가 특정 집단, 계급만의 목소리가 아니라 사회 전체적 통합을 위한 설득력 있는 대안을 발전시키지 못했다는 데 기인한다고 주장한다. 또한 이 글은 경쟁 담론인 성장우선주의는 오히려 변화하는 사회적 요구를 수용하여 새로운 대안을 제시함으로써 진보 정부의 정책 전환을 가능하게 했다고 주장한다. 결국 본 연구는 단순히 성장담론의 강함이 문제라기보다는 사회 통합을 위한 대안적 담론이 제대로 형성되지 못한 것에서 진보 정부의 한계를 찾는다.

제8장의 "타협의 정치와 갈등의 관리: 한국의 법인세율 결정 과정 분석"(박현석)은 기존 연구들이 한국 정치의 양극화 혹은 극한 대립에 따른 문제를 지나치게 제도적 차원에서 분석하는 것을 비판하고, 강한 대통령제나 여소야대 상황에도 불구하고 타협의 경험들이 있음에 주목한다. 특히 본 연구는 법인세율 결정 과정을 중심으로 구체적 사례를 통해서 여야 정치세력들의 타협 경험이 축적되어 있음을 주목하고, 이러한 역사적 경험의 분석을 통해서 저자는 대통령제의 권한에 초점을 둔 기존의 제도주의적 접근들과 달리 타협 정치의 새로운 제3의 대안 가능성을 타진한다.

현재 한국의 정치가 지나치게 양극화된 상황에 대한 해결책으로 기존 대부분의 학자들은 한편에서는 제왕적 대통령제를 비판하면서 대통령의 권한을 축소하는 제도개혁을 주장하는 반면(박기덕 2007; 박찬욱 2004), 또 다른 한편에서는 야당의 강한 반대로 인해 국정 운영이 어렵다고 판단하고 대안으로 보다 강한 대통령 주도권을 강조하고 있다(곽진영 2003; 김용호 2005; 김욱 2002; 장훈 2001). 무엇보다 현재 대부분의 정치인과 전문가들은 한국 대통령제의 특징을 제왕적 대통령으로 꼽으며, 1987년 민주화 이후에도 국회가 대통령을 견제하기보다는 대통령의 정책의제를 통과시켜 주는 역할을 해왔다고 지적한다. 대통령 선거 때마다 제왕적 대통령의 일방주의 정치를 개혁해야 한다는 주장이 공감대를 형성해온 것은 사실이다. 그러나 다른 한편으로는 여소야대의 일상화와 식물대통령에 대한 우려에서 알 수 있듯이 대통령의 정책의제가 야당에 의해 무력화되는 상황에 대해 경계하는 의견도 존재한다.

그런데 제8장의 저자는 이러한 기존의 견해들이 다수당인 여당이 대통령에 대해 일방적으로 지지하거나 혹은 다수인 야당이 대통령에 대해 반대하는 상황을 가정하며, 대통령, 여당과 야당 등 주요 정치 행위자들 간의 갈등과 타협의 역할을 경시하고 있다는 점을 강조한다. 저자가 보기에 폭넓은 인사권을 통해 영향력을 행사하는 대통령에게 권한이 집중되어 있다는 지적은 타당하지만, 입법을 통한 정책결정의 영역을 살펴보면 대통령의 일방주의 정치가 지속되기보다는 정당 간의 타협을 통한 갈등관리의 경험이 지속되어 왔다. 저자는 이러한 역사적 타협의 경험이 향후 한국 정치문제 해결에 주요한 대안의 가능성을 열어둔다는 점을 강조한다.

저자는 한국 정치에서 타협의 경험을 보기 위해, 대립되는 당파적 선호가 분명히 나타나고 주요 선거에서 쟁점으로 등장하는 법인세 정책결정 과정을 대상으로 주요 정치 행위자 간의 갈등과 타협의 양상을 추적한다. 예를 들면, 여소야대의 상황에서는 정책연합을 통해 대통령이 원내 다수의 지지를 확보하기 위한 타협에 나서거나,

정책선호가 수렴하는 야당과 공조를 통해 대통령의 정책의제를 입법화하거나, 혹은 김대중 대통령 임기 초반의 DJP 연합 및 문재인 대통령 임기 초반 민주당-국민의당의 공조를 통한 법인세율 인상 등이 그 사례들이다.

다른 한편 저자는 대통령 의제에 반대하는 연합과 타협에도 주목한다. 여소야대 국면에서 대통령이 야당과의 타협에 실패하는 경우 야당들은 정책공조를 통해 대통령을 견제한다. DJP 연합 붕괴 후 김대중 대통령 시기-노무현 대통령 임기 초반 보수 정당들은 공조를 통해 법인세율을 인하한다. 여당이 다수 의석을 점유한 상황에서도 강력한 차기 대선주자를 중심으로 형성된 당내 반대세력이 대통령의 정책의제를 견제하기도 한다. 이명박 대통령 임기 후반 박근혜 후보 지지세력과 야당이 공조하여 이명박 대통령의 감세정책을 저지한다.

결론적으로 저자는 대통령제하에서 연동형 비례대표제를 통해 다당제가 정착되면 교착 상태로 인한 정치적 혼란이 지속될 것이라는 우려가 많으나, 법인세율 결정 과정의 사례를 살펴본 결과 정당 간 협력이 어려운 제도적 제약 속에서도 다수의 유효정당에 의해 국회가 구성된 경우 정당들이 공조를 통해 협력해왔다는 점을 보여주고 있다. 저자는 이러한 타협의 역사적 경험들을 토대로 개헌, 선거제도 개편 등을 통해 제도적 여건이 성숙된다면 다수의 정당이 논쟁하고 협력하며 갈등을 관리하고 더 나아가 중장기 정책을 제시하는 정치의 미래기획 기능이 강화될 수 있을 것으로 기대하고 있다.

제9장 "양극화와 의회정치: 21대 국회의원의 중장기 정책 선호 조사"(박현석)는 현재 한국의 정치 갈등을 보면서 의회주의적 타협의

가능성을 타진한다. 현재 한국이 겪고 있는 정치적 양극화와 숙의 부재의 정치를 극복할 수 있는 방법은 없는가? 오직 제왕적 대통령제의 개혁이나 선거제도 변화만이 답이라고 할 수 있는가? 본 연구는 한국 정치 양극화에 대한 기존의 제도적, 문화적 접근에 대한 대안으로 일단 국회에서 주요 정당 간의 숙의와 타협 가능성을 알아보기 위해 국회의원의 선호 조사를 토대로 의회의 숙의를 위한 공통분모를 찾는다.

현재 한국의 국회 안팎에서는 오랜 시간 동안 국회의 숙의 기능을 활성화하기 위한 제도개혁 논의가 축적되어 왔지만, 여야의 대립 속에서 해결의 실마리를 찾는 데 많은 어려움을 겪고 있는 것이 현실이다. 갈등이 심해서 숙의가 안 되고 숙의가 안 되니 갈등 해결이 어렵다. 현재 한국의 국회는 원인과 결과가 물고 물리는 상황으로 해결의 실마리를 찾기가 어렵다. 이러한 상황에서 저자는 대안으로 '제도개혁은 제도개혁대로 추진하되 서로 공통분모의 관심사부터 함께 숙의하고 협력하자'는 대안을 제시하고 있다. 대표적인 공통분모는 무엇인지를 찾는 것이 문제 해결의 실마리가 아닐까? 갈등이 심해서 숙의가 안 되면 일단 낮고 작은 문제에서부터 공감대를 형성해야 하지 않을까? 갈등적인 중장기 의제에 대해서 장기간 지속가능한 정책대안을 제시하기 위해서는 초당적인 협력이 필수적이다. 초당적인 협력을 모색하기 위해서는 결국 대통령과 국회, 특히 대통령과 원내 야당 사이의 대화와 토론을 이어가야 한다. 특히 공통 관심사인 민생을 위시한 의제는 공감대 형성의 토대가 되지 않을까?

이러한 문제의식하에서 저자는 여당과 야당이 공감대를 형성할 수 있는 정책의제들을 탐색하는 것을 목적으로 국회의원과 보좌진을 대상으로 정책 선호 조사를 실시하였다. 설문조사 분석 결과 여당과 야당 소속 의원들은 서로 다른 정책 선호를 보여주고 있지만, 함께 공유할 수 있는 부분 또한 적지 않은 것으로 나타났다. 원내 양대 정당 의원들은 경제 불평등과 정치 양극화 해소를 시급한 과제 1순위로 지목하였다. 민주당 의원들은 기후변화 및 에너지 환경 문제 해결을, 국민의힘 의원들은 과학기술 투자 및 규제 완화를 양극화에 이은 시급한 의제로 보고 있다. 양대 정당은 3순위로 동일하게 인구 감소 및 고령화 문제 해결이 주요 과제라고 선택하였다. 소득 양극화를 완화하는 복지정책, 자산 양극화를 줄이는 부동산 정책의 경우 같은 당 의원들 사이의 선호 분포를 살펴보면 양당의 당파적 선호가 강하게 대립하고 있었으나, 노동의 양극화를 완화하는 대책에 대해서는 당파적 선호가 상대적으로 약하게 나타난다. 과학기술 발전을 위한 규제 완화에 있어서도 중요도에 대한 양당 의원들의 견해는 차이가 있었으나 규제 완화 정책의 방향에 대해서는 공감대를 형성할 수 있는 공간이 존재한다. 결론적으로 저자는 이러한 공통 관심사를 먼저 조사한 후 이를 바탕으로 숙의를 통한 공감대 형성을 한국 의회정치의 돌파구로 제시하고 있다.

제10장 "누가 코로나19 관련 가짜뉴스에 취약한가"(윤광일)는 앞의 8장과 9장이 의회에 초점을 맞춘 것과 달리 시민사회 내부의 정치적 양극화 문제를 다룬다. 현재 한국의 정치적 양극화는 단순히 국회의 문제만 아니라 전 사회적으로 확대재생산되고 있는 형국이다. 서로를 악마화하고 이해 불가능한 상대로 보는 데는 의도적이든 아니든 선정적인 가짜뉴스의 유통이 크게 작용하고 있음을 부인하기 어려울 것 같다. 가짜뉴스가 미치는 해악은 비단 한국만의 문제

는 아니다. 잘 알려진 것처럼 미 대선에서 트럼프의 등장과 영국의 브렉시트(Brexit) 국민투표로 점철된 상황을 배경으로 2016년에 옥스퍼드 사전은 "객관적 사실보다는 감정과 개인적 신념이 공공여론 형성에 더 중요한 상황"을 뜻하는 '탈진실(post-truth)'을 올해의 단어로 지목하고 있다. 그리고 2017년 콜린스 사전은 "뉴스 보도 형식을 가장하여 퍼뜨리는 흔히 선정적인 허위 보도"로 정의되는 가짜뉴스를 각각 올해의 단어로 선정했다.

비록 가짜뉴스가 정치 현실에서 문제로 제기된 것은 오래전이기는 하지만, 최근과 같이 전 사회적 문제로 주목받지는 않았다. 가짜뉴스의 폭증과 해악에 대한 우려는 비교적 최근 일이라 볼 수 있다. 예컨대, 온라인 플랫폼을 매개로 뉴스가 전파되는 '뉴스의 디지털화(digitization of news)'는 뉴스 보도의 주체가 저널리즘 교육과 훈련을 받은 전통적인 의미의 언론인에 국한되지 않고 일반 시민에까지 확장되고 있다. 그래서 최근의 뉴스는 저질의 형태뿐만 아니라 유통경로가 폭발적으로 늘어나는 결과를 낳았고, 필연적으로 가짜뉴스 또한 기하급수적으로 늘어나는 결과를 초래했다. 그리고 이러한 기술적 발전을 배경으로 정치적 양극화가 증폭되는 과정은 한국을 위시한 대부분의 나라들이 겪고 있는 실정이다.

그런데 가짜뉴스 폭증과 폐해에 대한 심대한 우려에도 불구하고 이에 대한 체계적인 과학적 연구는 아직도 미흡한 편이다. 최근까지도 학계는 가짜뉴스가 얼마나 만연한지 그리고 개인에게 어떠한 영향을 끼치는지 등과 같은 기초 질문에 대해서도 과학적인 해답을 거의 내놓지 못하고 있다. 가짜뉴스에 관한 개인 차원의 실증적 연구가 일천한 상황에서, 이 글은 허위 및 기만 정보에 취약한 성격 특성 및 이데올로기 성향 등에 관한 정치심리학 연구 성과에 기대어 가짜뉴스 식별 능력과 관련이 있는 개인 정치심리 변인을 파악하고자 한다. 구체적으로 이 연구에서는 2020년 1월경 한국에서도 첫 발생 사례가 보고된 이후 현재까지도 창궐하고 있는 코로나19 대역병과 관련한 가짜뉴스에 취약해질 가능성이 높은 개인 정치심리 특성에 초점을 맞추고 있다.

대표성 있는 표본조사 자료를 활용한 통계 분석을 통해서, 코로나19 관련 가짜뉴스에 취약할 가능성이 큰 보수 정치이념 성향과 그 심리적 기반인 이데올로기 성향의 영향을 추정하고자 한 본 연구는 다음과 같은 경험적 발견을 하였다. 첫째, 예측과는 달리 정치이념 성향에 따른 코로나19 관련 가짜뉴스 식별도의 차이는 나타나지 않았다. 둘째, 이데올로기 성향 중에서는 사회지배 지향이 강할수록 가짜뉴스 식별 수준이 떨어졌다. 그러나 우익권위주의와 체제 정당화 동기의 효과는 드러나지 않았다. 서구와는 달리 정치이념 성향에 따라 가짜뉴스에 취약함이 다르지 않게 나타난 점에 주목하면서 저자는 한국에서 참 정보와 객관적 증거에 입각한 진영 간 소통과 토론 그리고 합의가 가능할 수 있음을 강조한다.

앞서 이미 말했듯이, 본 프로젝트는 한국 사회의 정치사회적 갈등을 해결하고, 자유로운 시민들의 공적 유대에 기초한 건전한 민주주의의 수립을 위한 문제점과 해결책들을 모색하는 것을 목적으로 10년 연구를 계획하고 있다. 이제 1단계 3년의 성과들 중에서 엄선하고 수정 보완하여 한 권의 책으로 묶어보았다. 본 프로젝트는 이를 바탕으로 자유로운 비판을 기대하고 적극 수용하고자 한다. 그래서 향후 2단계, 3단계에서는 한층 발전되고 구체적인 대안을 찾고자 한다. 건설적인 비판과 사회적 논의를 통해서 다음에도 저서의 형태로 다시 돌아올 것을 기대하며 서문을 마친다.

필자들을 대표해서
권형기

참고문헌

강원택. 2016. 『어떻게 바꿀 것인가』. 고양: 이와우.

곽진영. 2003. "국회-행정부-정당 관계의 재정립." 『의정연구』 9(2): 161-185.

김영명. 2011. "한국 정치의 특수성에 관한 연구 서설: 분단, 압축성장, 단일사회 문화." 『비교민주주의 연구』 7(1): 5-35.

김용호. 2005. "한국의 대통령제 헌정질서의 불안정 요인 분석: 분점정부와 대통령-국회간의 대립." 『국제정치연구』 8(1): 257-284.

김욱. 2002. "대통령-의회 관계와 정당의 역할." 『의정연구』 8(2): 6-31.

박기덕. 2007. "한국의 정부형태 및 권력구조 논쟁: 쟁점의 본질과 효율적 대안." 『한국정치연구』 16(1): 111-140.

박상훈. 2017. "촛불과 정치 변화: 무엇이 바뀌었으며, 무엇을 바꿔야 하는가." 최장집·서복경·박찬표·박상훈 공저. 『양손잡이 민주주의』, 253-288. 서울: 후마니타스.

박찬욱. 2004. 『한국 권력구조의 이해』. 파주: 나남.

유홍림. 2018. "공화주의 전통의 현대적 의의." 『한국정치연구』 27(3): 1-26.

이희완·이헌경. 2007. "한국 유교정치 문화가 관료의 권위주의 성격 형성에 미친 영향." 『세계지역연구논총』 25(1): 33-55.

장훈. 2001. "한국 대통령제의 불안정성의 기원: 분점정부의 제도적·사회적·정치적 기원." 『한국정치학회보』 35(4): 107-127.

지병근. 2013. "한국인의 이념적 성향과 민주주의 인식." 『국가전략』 19(1): 31-56.

Arendt, Hannah. 2004. 『혁명론』. 홍원표 역. 파주: 한길사.

______. 2005a. "권위란 무엇인가?" 『과거와 미래사이』. 서유경 역. 파주: 푸른숲.

______. 2005b. "자유란 무엇인가?" 『과거와 미래사이』. 서유경 역. 파주: 푸른숲.

______. 2019. 『인간의 조건』. 이진우 역. 파주: 한길사.

Aristoteles. 2002. "아테네 정치제도사." 『고대 그리스정치사 사료: 아테네·스파르타·테바이 정치제도』. 최자영 외 편역. 서울: 도서출판 신서원.

______. 2009. 『정치학』. 천병희 역. 서울: 도서출판 숲.

______. 2011. 『니코마코스 윤리학』. 강상진·김재홍·이창우 역. 서울: 도서출판 길.

Colley, L. 1986. "Whose nation? Class and National Consciousness in Britain 1750-1830." Past & Present. No. 113.

______. 1994. *Britons. Forging the Nation 1707-1837*. New Haven and London: Yale University Press.

Hammersley, Rachel. 2020. *Republicanism. An Introduction*. Cambridge: Polity Press.

Held, David. 1996. *Models of Democracy*, 2nd edition. Stanford: Stanford University Press.

Machiavelli, Niccolò. 2019. 『로마사 논고』. 강정인·김경희 역. 파주: 한길사.

Petitt, Philip. 2013. "Two Republican Tradition." In *Republican Democracy*. ed. by A. Niederberger and P. Schink. Edinburgh: Edinburgh University Press.

Pocock, J. G. A. 1975. *The Machiavellian Moment*. Princeton: Princeton University Press.

Skinner, Q. 1978. *The Foundations of Modern Political Thought*. Vol. I, II. Cambridge: Cambridge University Press.

Viroli, Maurizio. 2006. 『공화주의』. 김경희·김동규 역. 고양: 인간사랑.

Ziblatt, Daniel. 2017. *Conservative Parties and the Birth of Democracy*. Cambridge: Cambridge University Press.

제1부

공화주의와 민주주의: 역사와 이론

제1장

마키아벨리와 아렌트의 공화주의 연구

—공적 영역과 사적 영역의 관계를 중심으로—

* 이 글은 『한국정치연구』 제30집 제3호에 실린 "마키아벨리와 아렌트의 공화주의 연구 – 공적 영역과 사적 영역의 관계를 중심으로 –"를 일부 수정한 글이다.

I. 서론

이 장의 목적은 니콜로 마키아벨리(Niccolò Machiavelli)와 한나 아렌트(Hannah Arendt)의 공화주의를 공적 영역과 사적 영역의 관계를 중심으로 살펴보는 것이다. 마키아벨리는 종교와 도덕의 굴레에서 정치를 해방시킨 근대정치사상의 시조로 잘 알려져 있다. 또한 그는 마키아벨리즘의 창시자로도 유명하다. 그는 자신의 『군주론(*Il Principe*)』을 통해 성공을 위해서는 수단과 방법을 가리지 않는 권모술수의 옹호자이자 폭군의 대변자로 이해되어 왔다. 하지만 마키아벨리는 그의 또 다른 주저인 『로마사 논고(*Discorsi sopra la prima deca di Tito Livio*)』(이하 『논고』)를 통해 공화주의자로도 잘 알려져 있다. 고대 로마 공화정을 모범으로 삼아 르네상스 당시 피렌체와 이탈리아 정치를 비판한 이 책을 통해 마키아벨리는 고대 공화주의와

근대 공화주의의 가교 역할을 하였다.[1]

아렌트는 독일 나치즘과 전체주의에 대한 뼈저린 경험을 통해 정치의 몰락이라는 키워드로 서구의 근대를 파악했다. 획일성과 비정치성이 인간 사회를 장악하면서 비인간적이고 폭력적이며 야만적인 전체주의가 도래했다는 것이다. 이를 극복하기 위해서 그녀는 공적 영역이 회복되고 정치가 부활되어야 함을 주장했다. 아렌트는 그것들을 위한 핵심 개념으로 다양성과 자유를 강조했다(정원규 2016; 정윤석 2000; Kohn 2000). 사적인 것에 대비해 공적 영역을 강조하고 인간의 다양성 속에 자유의 가치를 무엇보다 중요하게 평가한 아렌트는 현대의 공화주의 사상가로 평가되고 있다(김비환 2003; 김선욱 2014; 정윤석 2000; Bonacker 2002; Canovan 1992).

그런데 마키아벨리와 아렌트에 대한 비교 연구는 그들의 정치이론에 담겨 있는 대립적인 것들에 초점이 맞춰져 왔다. 마키아벨리의 권모술수 및 정치에서 거짓말의 유용성에 대한 주장과 이에 대한 아렌트의 비판적인 평가에 대한 연구가 주로 수행되었다(서유경 2002; 윤은주 2007; Nelson 1978). 물론 마키아벨리와 아렌트의 공화주의의 연관성에 대한 논의들이 부분적으로 있어 왔다. 이는 아렌트가 그의 저작들 속에서 마키아벨리를 지속적으로 인용하였기 때문이다. 예컨대 아렌트는 그녀의 주저들 중 하나인 『인간의 조건(*The Human Condition*)』에서 마키아벨리를 정치에 고대적 존엄성을 다시 부여한 인물로 평가하고 있다(Arendt 2019, 116). 또한 그녀는 『혁명론(*On Revolution*)』에서 마키아벨리의 건국에 대한 이해를 높이 평가하면

1 이에 대해서는 Pocock(2010) 참조. 아울러 마키아벨리와 공화주의에 대해 Bock, Skinner, and Viroli(1990) 참조.

서 그를 "혁명의 정신적 아버지"로 언급하고 있다(Arendt 2004, 107). 이와 비슷한 논지 속에 아렌트는 "권위란 무엇인가?(What is authority?)"라는 논문에서 마키아벨리에 대해 더 길게 서술하고 있다(Arendt 2005a, 187-194). 아렌트는 그녀의 "자유란 무엇인가?(What is Freedom?)"라는 글에서 정치 행위에 내재된 자유에 대해 설명하기 위해 마키아벨리의 비르투(virtù) 개념을 사용하는 것이 가장 이상적이라고 쓰고 있다(Arendt 2005b, 209).[2]

마키아벨리가 아렌트에 미친 영향을 분석한 바루치는 그들 이론의 유사성을 다음의 세 가지로 요약하고 있다. 첫째, 정치에 대한 실천적 이해, 둘째, 정치의 선차성 주장, 그리고 셋째, 도덕과 정치의 관계에 대한 이해(Baluch 2014, 156). 바루치는 연구자들이 마키아벨리와 아렌트의 공화주의적 논의의 유사성은 언급하지만 그 구체적 내용분석에는 소홀히 했다고 지적하면서 그의 논문을 시작한다. 그는 철학에 대한 역사의 우위, 정치 행위자 혹은 정치가를 통한 정치 행위에 대한 성찰, 정치에서 명예 혹은 영광의 역할, 수단과 목적 관계 및 폭력, 시초와 건국 및 탄생성, 그리고 폭력의 문제 등에 대해 서술하면서 마키아벨리와 아렌트의 연속성 및 아렌트의 차별성 등에 대해 서술하고 있다(Baluch 2014, 156-165).

그럼에도 불구하고 마키아벨리와 아렌트의 공화주의에 대한 본격적인 비교 연구가 부족한 것은 사실이다. 그런데 이러한 이유들 중의 하나는 마키아벨리와 아렌트가 공화주의 이론들 내에서 서로 다른 입장들에 서 있다고 파악되었기 때문이다. 공화주의는 권력의

2 이는 Canovan(1992)과 Honig(1993) 등에서 보이는 것이다. 이런 논의들에 대한 설명은 강진옥(2021) 참조.

독점에 반대하여 공동체 구성원들의 자유와 참여가 보장되는 모두의 공동체로서 공화국을 주장하는 이론이다. 고대에는 폭민이나 폭군의 전제정에 반대했고, 근대에서는 왕의 권력독점을 비판하였다. 현대에서는 자유주의를 비판하고, 시민적 덕성과 공동선에 대한 복무를 강조하고 있다.[3] 그런데 근대 공화주의 이론은 크게 두 가지로 구분된다. 하나는 신아테네 공화주의(Neo-Athenian republicanism)이며, 다른 하나는 신로마 공화주의(Neo-Roman republicanism)이다. 이들은 자유에 대한 이해에서 기본적으로 차이가 난다. 공화주의는 소위 간섭의 부재로서 소극적 자유에 공히 반대한다. 하지만 신아테네 공화주의는 아리스토텔레스의 정치이론에 기대어 시민들의 정치적 참여를, 반면 신로마 공화주의는 고대 로마의 정치이론에 기대어 주종적 지배가 없는 상태(non-domination)를 더 강조한다.[4] 그런데 아렌트는 전자의 대표적인 이론가로 이해된다. 반면 후자의 대표적인 이론가로 여겨지는 페팃(Pettit)은 마키아벨리를 신로마 공화주의자로 파악하고 있다(Pettit 2012). 참여를 통한 자유의 실현 속에서 정치적 주체로 서는 시민들을 강조하는 아렌트와 지배가 없는 자유와 법치 등을 강조하는 마키아벨리에 대한 해석의 차이는 자유 개념을 중심으로 그들을 살펴보게 함으로써 그들 사이의 공통점을 보는 데에 어려움으로 작용했던 것이다.

3 공화주의에 대한 소개로는 Hammersley(2020); Hölzig(2014); Viroli(2006) 등 참조.

4 신아테네 공화주의와 신로마 공화주의의 비교 속에 루소의 공화주의를 논구한 글로는 김용민(2016) 참조. 아울러 두 공화주의의 비교 속에 스피노자의 공화주의를 분석한 글로는 신철희(2016) 참조. 나아가 두 공화주의 논의를 강한 공화주의와 약한 공화주의의 분석틀로 논구한 글로는 이명순(2007) 참조. 현대 공화주의 논의를 신아테네와 신로마 공화주의로 대별하고 그 현재적 의의를 살펴본 글로는 유홍림(2018) 참조.

이런 의미에서 필자는 기존 연구들에서 마키아벨리와 아렌트의 공화주의의 가장 핵심 되는 문제의식이 빠져 있다고 본다. 그것은 바로 정치와 경제의 관계 속에 드러나는 공적 영역과 사적 영역의 역할에 대한 부분이다. 잘 알려져 있듯이 공화주의는 res publica, 즉 공적인 것의 수호를 목적으로 한다. 공적인 것의 핵심인 공동체 혹은 국가의 수호를 위해서 자유, 공공선 그리고 애국심 등이 강조된다. 마키아벨리도 피렌체 공화국의 문제를 자유의 부재와 공공선보다 사익을 추구하는 경향들 속에서 발견했다. 아렌트는 고대 정치이론에 기대어 사적 영역보다 공적 영역 속에서 인간의 본원적인 행위가 가능하다고 본다. 경제적 이해관계가 개입될 때, 공적 영역은 자유로운 인간의 다양성이 실현되는 장으로서의 역할을 상실한다는 것이다. 이런 의미에서 아렌트는 근대 사회에서 고대의 공적 영역과 사적 영역의 구분에 포함될 수 없는 '사회적인 것'이 등장한다고 말한다. 경제적 문제가 사적 영역을 넘어 정치와 공적 영역을 잠식하게 되어 인간의 본원적 정치 행위가 불가능해지는 현상이 발생하게 된 것이다. 이렇듯 마키아벨리와 아렌트의 공화주의에서 핵심되는 공통 주장은 바로 공적 영역이 사적 영역의 침입으로부터 보호되어야 한다는 것이다. 그런데, 기존의 연구들은 이 점을 제대로 파악하지 못했다. 바루치의 글에서도 드러나듯 기존 연구들은 마키아벨리와 아렌트의 정치영역의 중요성, 정치행위의 우선성 혹은 정치행위에서 자유 등에 초점을 맞추었을 뿐이지, 공화주의의 핵심 문제인 공적 영역과 사적 영역의 관계 속에 공적 영역의 보호를 위해 그들이 주장한 점들에 대해서는 파악하지 못하였다.[5] 이에 이 장에서는 마키아벨리와 아렌트가 정치 혹은 공적 영역의 수호를 위해 사적 영역의 침투를 비판하는 논의를 살펴보고자 한다. 특히 경제적 이해관계의 침투를 통해 정치와 공적 영역이 부패하고 공화국의 몰락이 초래된다는 주장을 통해 마키아벨리와 아렌트 공화주의의 유사점을 밝히고자 한다.

II. 사적 영역의 침해로 인한 공적 영역의 몰락

1. 마키아벨리가 본 고대 로마 공화정의 몰락 – 공적 영역의 사사화

마키아벨리는 로마 공화국의 모범하에 피렌체 공화국이 재구성되어야 한다고 보았다. 로마 공화국이 번성할 수 있었던 핵심적인 요소는 국가를 공동체 구성원들의 공적 구성물로 잘 구성하고 유지하였기 때문이다. 이를 위해 고대 로마는 국가의 구성세력들인 귀족과 인민을 공화국 내에 잘 포섭하였다. 귀족과 인민의 이해관계를 잘 대변할 수 있는 원로원과 호민관이라는 각각의 제도를 만들었다. 또한 객관적이고 공정한 법제도를 통해 한 계층이 다른 계층을 억압하는 것을 제어하였다. 고소·고발 제도 또한 공적 제도를 통해 이해관계의 대립을 사적으로 해결하는 것을 막았다. 서로 다른 이해관계를 가지고 있었던 귀족과 인민의 갈등은 없앨 수 없는 것이었다. 문제는 이러한 긴장관계를 어떻게 해소하는가였다. 고대 로마는 갈등

5 이에 대해서는 Kateb(2000, 136-137) 참조.

을 국가 내에서 해소시키고, 발전의 원동력으로 재구성해내었다. 반면 마키아벨리가 살았던 피렌체는 법제도와 공적 제도의 미비로 인해 갈등을 사적으로 해결했고, 그것은 갈등의 격화와 무질서 상태인 준 내전상태로 인도했다. 결국 공화국의 공적 제도의 완비와 그 유지가 핵심이었다. 하지만 번영했던 로마도 그 몰락을 피할 수 없었다. 그 이유는 바로 공화국, 즉 'res publica'가 권력자, 즉 귀족세력의 사적 전횡의 도구로 전락했기 때문이었다. 이하에서는 마키아벨리가 고대 로마의 몰락 원인으로 지목한 사적 영역의 공적 영역으로의 침투를 살펴볼 것이다.

공적인 것(res publica)으로서 국가의 역할을 강조하는 마키아벨리의 주장은 그가 고소·고발의 중요성과 중상의 폐해를 논하는 곳에서 잘 드러난다. 더 많은 권력과 자원을 소유한 귀족은 억압하려는 기질을 가지고 있고, 인민은 자유롭게 살고자 하는 성향을 가지고 있기에 두 세력은 서로 갈등과 대립을 겪을 수밖에 없다. 이들의 갈등은 근본적으로 없앨 수 있는 것이 아니라, 해결하고 관리해야 하는 것이다. 당파적 증오의 해결 방법에는 두 가지가 있다. 하나는 고소·고발이라는 공적 방법이고, 다른 하나는 파당과 중상이라는 사적 방법이다. 전자가 공적인 법의 테두리 내에서 이루어지는 합법적인 방법이다. 공적인 법이 갈등을 해결해주지 못하면 사적인 방법에 의존할 수밖에 없다. 이는 갈등의 해결이 아닌, 증폭을 가져오고, 파당의 생성을 불러온다. 국가가 문제를 해결해주지 못하면, 사적으로 자신의 힘과 세력을 강화해 문제해결을 꾀하기 때문이다. 그리고 그 결과는 국가의 몰락이다. 마키아벨리는 로마의 일례를 들어 다음과 같이 말한다.

> 그러한 피해(개인과 개인 간의 피해: 필자)는 공포를 낳고, 공포는 방어하고자 하는 욕구를 낳고, 이는 파벌로 발전한다. 파벌에서 국가의 당파가 생기고, 이 때문에 국가는 파멸된다. 그러나 공적인 권위를 지닌 인물이 사태를 수습했기 때문에, 만약 그것이 사사로운 세력에 의해 처리되었더라면 일어났을 법했던 모든 해악을 피할 수 있었던 것이다(Machiavellil 2019, 112).

이러한 사적인 파당이 생기면 이들은 더 이상 공적이고 합법적인 수단이 아니라, 중상과 폭력에 의지한다. 고소·고발이 공개된 장소에서 객관적인 증거를 가지고 재판관과 인민들 앞에서 쟁론하고 판결을 받는 공식적인 과정이라면, 중상은 증거를 필요로 하지 않으며, 사람들이 모여서 쑥덕거리는 광장이나 건물 등에서 행해진다. 따라서 중상은 화를 부추겨 증오와 복수의 악순환을 노리는 반공익적 활동인 것이다.

또한, 마키아벨리는 『논고』 1권 18장에서 로마 공화국의 공적 제도가 잘 기능했을 때와 그렇지 못하고 부패했을 때를 구분하여 설명하고 있다. 이 차이를 볼 수 있는 것은 바로 국가의 기본조직으로서 공적 업무를 담당했던 행정관의 선임과 국가질서를 규율하는 법률 제정의 과정이었다. 먼저 공화국이 건실할 때, 로마의 집정관 및 로마의 고위직은 그 직위에 적격자들, 다시 말해 그 직위에 맞는 능력을 갖추고 있는 이들이 지원했고, 로마인들은 그러한 지원자들을 선출했다. 하지만 공화국이 부패했을 때, 로마에서는 역량 있는 적격자가 아니라, 권력이 가장 센 사람이 지원했고, 로마인들은 그러한 권력으로 자신들을 가장 기쁘게 해주는 이들을 선출했다(Machiavelli

2019, 160-161).

이는 법률제정에도 적용되었다. 로마 인민들은 누구나 법률을 민회에 제안할 수 있었고, 그것에 대해 논의하고 결의하였다. 그런데 나중에는 로마시민들 누구나가 아니라, 오로지 권력을 가지고 있는 자들만이 법률안을 제안하였고, 그러한 법률안이 통과되게 되었다. 이러한 차이가 나타나게 된 원인을 마키아벨리는 로마인들의 관심이 공익에서 사익의 추구로 옮겨졌기 때문인 것으로 파악하고 있다. 로마 공화국 초기에는 공동의 자유라는 공익에 관심을 가지고 있었기 때문에 능력 있는 적격자만이 공직에 지원했고, 공익에 부합하는 법률안을 제안하였다. 하지만 나중에 로마인들이 정치에서 사익을 무엇보다 추구하게 되면서, 자신들에게 이익을 제공해주는 권력자를 공직자로 선출하였다. 법률안의 경우도 권력자의 이익과 권력 강화만을 위해 법안의 제안과 통과가 이루어지게 되었다(Machiavelli 2019, 161-162).

그런데 마키아벨리는 로마 몰락의 주요한 두 가지 원인을 밝히고 있다. 하나는 농지법으로 야기된 투쟁이고, 다른 하나는 군대의 최고 지휘권의 연장이다(Machiavelli 2019, 577). 마키아벨리는 『논고』 1권 37장에서 농지법이 몰고 온 불화와 공화국의 몰락을, 3권 24장에서는 최고 지휘권의 임기 연장이 공화국의 몰락을 어떻게 가져왔는지를 서술하고 있다.

먼저, 농지법에 대해 마키아벨리가 서술한 것의 핵심은 경제적 이해관계를 둘러싼 부자와 인민 간의 대립이 합법의 테두리를 넘어 로마 공화정의 몰락을 가져왔다는 것이다. 이때 마키아벨리는 그라쿠스 형제(Gracchi)의 개혁의지는 높게 평가한다. 다만 경제적 평등을 향한 법안을 다시 꺼내든 시점이 불평등과 대립의 완화보다는 오히려 격화를 가져왔기에 마키아벨리는 그들의 신중하지 못함을 비판하고 있다. 그러나 마키아벨리는 명확히 농지법의 의도는 높게 평가한다. 그것은 바로 귀족 혹은 부자들의 야망을 억누르는 것이다: "만약 도시가 다양한 수단과 방식으로 부자들의 야망을 억누르지 않는다면, 그것은 즉시 그 도시를 파멸에 빠뜨릴 정도로 위험한 것이다"(Machiavelli 2019, 216). 농지법의 문제를 그라쿠스 형제가 제기했을 때, 로마는 이미 귀족과 인민의 대립 관계가 너무 격화되어 공적인 방식이 아니라, 사적인 방식에 의존할 수밖에 없는 상황에 도달해 있었다. 귀족과 인민들은 자신들의 이해관계를 대변해줄 각각의 지도자들을 선출하기로 결정했고, 이후 로마 정치는 귀족파와 인민파의 파당 대립으로 점철되게 된다. 그 결과는 카이사르에 의한 공화국의 몰락이었다(Machiavelli 2019, 215-216).

그런데 마키아벨리는 공화국에 도래한 이러한 무질서의 원인으로 인간이라면 공히 가지고 있는 명예와 부 등에 대한 욕망과 야망 그리고 기대감을 들고 있다. 농지법은 이것을 건드려 귀족과 인민 간의 대립과 투쟁을 격화시켰으며, 공화국의 몰락을 가져왔다는 것이다. 결국 인간의 욕망이 향하는 대상을 제어해야 하는 것이고, 이를 위해 마키아벨리는 공적 풍요와 사적 절제의 문제를 다음과 같이 제기한다.

> 잘 정비된 공화국은 그들의 국고를 넉넉하게 하고, 시민은 가난하게 해야 한다(Machiavelli 2019, 213).

마키아벨리가 국가는 부유해야 하고, 시민 각자는 가난해야 하다고 말한 것의 의미는 공적 영역이 사적 이해관계의 추구를 위한 공간이 되어서는 안 된다는 것이다.[6] 물론 가난의 의미가 헐벗고, 굶주리는 상황도 아니다. 국고의 풍부함과 대비시켜 개별 시민들의 절제된 삶을 강조하기 위한 것이다. 풍부한 국고와 시민의 가난함을 이해하기 위해서는 그 반대로 국가의 가난과 시민의 과도한 부와 권력 소유의 예를 살펴보는 것이 도움이 된다. 마키아벨리는 이러한 예를 『논고』 1권 55장의 독일과 이탈리아의 비교를 통해 설명하고 있다.

마키아벨리는 당시 독일에서 인민들의 선량함과 종교심이 잘 유지되고 있고, 특히 독일의 공화국들에서 자유가 잘 향유되고, 법률이 잘 준수되고 있다고 칭송한다. 이러한 현상들의 이유로 마키아벨리는 두 가지를 들고 있다. 하나는 외국과의 교류가 많지 않다는 점이고, 다른 하나는 시민들 사이의 완전한 평등으로 나라가 잘 정비되어 있다는 점이다. 전자는 타락한 외국의 관습을 받아들이지 않았기에 자급자족적 생활에 만족하였다는 것이다.[7] 후자는 평등과 질서 그리고 불평등과 부패의 관계를 지적한 것으로 이탈리아의 타락한 지역과의 대조를 통해 설명하고 있다. 이탈리아의 나폴리, 로마, 로마냐 및 롬바르디아 지역은 귀족과 인민의 불평등관계가 아주 심하였다. 특히 성곽을 가지고 토지소유에서 나오는 수입으로 사치스럽게 군림해온 귀족들은 동료 시민이 아닌 신민들을 가지고 있었다.

6 마키아벨리의 경제적 평등 및 가난의 문제에 대해서는 McCormick(2013)과 Rose(2016) 참조.

7 마키아벨리는 『군주론』 10장에서도 자급자족 속에 힘을 키운 독일의 자유도시에 대해 설명하고 있다(Machiavelli 2019, 79-80).

마키아벨리는 이들이 모든 종류의 자유로운 정부에 적대적이라고 말하고 있다(Machiavelli 2019, 271).

마키아벨리는 여기서 가난을 통해 경제적 이익 추구가 공적 정치영역에 침투하는 것을 경계하고 있으며, 귀족과 신민이라는 불평등 문제를 통해 권력의 독점에 의한 공적 정치영역의 부패 문제를 지적하고 있다.[8] 앞서 언급한 가난의 문제의식은 『논고』 후반부인 3권 16장과 3권 25장에서 잘 드러난다. 3권 16장에서 마키아벨리는 평온한 시기에 유능한 시민들이 정당한 대접을 받지 못하는 상황이 공화국에 많은 폐단을 가져올 수 있음을 언급하면서 그에 대해 치유책 2가지를 제시한다. 그중 하나가 바로 시민들을 가난하게 유지하는 것이다(Machiavelli 2019, 551).[9] 이를 통해 마키아벨리는 역량이 없음에도 재부를 통해 자신과 타인을 부패시킬 수 있는 가능성을 제어하고자 했다. 부와 부패에 대한 이러한 관념은 3권 25장에서도 나타난다. 로마의 유명한 장군 루키우스 퀸티우스 킨키나투스(Lucius Quintius Cincinnatus)와 로마시민들의 청빈함을 칭송한 이 장에서 마키아벨리는 로마 공화국이 초기에 건실할 수 있었던 핵심적인 이유로 시민들의 청빈함을 든다. 그리고 그 청빈함을 유지할 수 있었던 이유는 성공의 기준이 역량이었지 재부가 아니었기 때문이다.

나는 가난함이 어떠한 지위나 어떠한 명예든 당신이 거기에 이르

8 마키아벨리의 부패 개념에 대해서는 Bonadeo(1973); Shumer(1979); Vergara(2021) 참조.

9 다른 하나는 공화국이 지속적으로 전쟁을 하도록 조치를 취해 유능한 사람들이 쓰임을 받도록 만드는 것이다. 능력을 경시하지 못하는 필연의 상황에 노출되게 함으로써 나태와 부패를 막기 위한 조치이다.

는 길을 막지 않는다는 사실 그리고 능력 있는 인재가 어떤 집에 살고 있든지 그 인재를 등용한다는 사실에 대한 사람들의 확고한 믿음보다 이러한 효과를 만들어내는 데 더 강력한 어떠한 조건이 있다고 믿지 않는다. 그러한 삶의 양식은 명백하게 부에 대한 소망을 덜 품도록 만든다(Machiavelli 2019, 579).

가난함이 성공에 방해가 되지 않으며, 어떤 가문에 태어나는 것이 중요한 것이 아니라 유능한 인재라면 정치적·사회적 성공에 누구나 도달할 수 있는 공화국에서 부(富)는 시민들의 삶의 목표이자 기준이 될 수 없다는 것이다. 이는 같은 장에서 마르쿠스 레굴루스(Marcus Regulus)의 예를 설명할 때도 드러난다. 그는 로마의 장군으로서 가난에 만족했기에 전쟁에서 얻는 경제적 이익이 아니라, 명예에 만족했고, 모든 획득물을 공공의 처분에 맡겼던 것이다. 마키아벨리는 가난에 만족하는 이러한 태도가 선공후사(先公後私)의 태도와 정신의 위대함을 낳는다고 말한다. 그것은 바로 아무리 높은 지위를 누리고, 엄청난 승전을 거두었어도 공직을 그만두고 사적인 지위로 돌아왔을 때, 로마인들은 "검소하고 겸손했으며, 자신들의 작은 재산을 소중히 돌보았고, 행정관들에게 복종했으며, 연장자에게 경의를 표했다"는 것이다(Machiavelli 2019, 581). 시민들의 가난함은 공적인 질서의 부패를 막고, 국가의 부를 증가시키며, 시민들의 애국심과 시민의식을 드높여 그들의 연대의식과 국가공동체에 대한 헌신을 가져온다는 것이다. 이는 또한 부와 가문이라는 사적 요소가 공적 성공의 기준이 되는 것을 제어함으로써 공적 질서의 수호에 이바지하게 되는 것이다.

로마 몰락의 두 번째 원인은 최고 지휘관의 임기연장이다. 최고 지휘권을 연장하게 된 이유는 전선(戰線)이 멀리 떨어져 있는 상황에서 지휘관의 교체가 전쟁 상황에 심각한 영향을 미칠 수 있기 때문이었다. 따라서 이 지휘권의 연장 의도는 로마라는 공동체의 공공선을 위한 것이었다. 그리고 로마의 국경이 확장되고 전선이 로마에서 멀리 떨어져 있게 되면서 지휘권의 연장은 더 빈번히 일어날 수밖에 없는 자연스러운 현상이 되었다. 그런데 최고 지휘권의 연장은 그 의도와는 달리 로마 공화정을 몰락시키는 결과를 가져왔다. 마키아벨리는 최고 지휘관 연장이 가져온 심각한 결과를 두 가지로 언급한다. 하나는 최고 지휘권의 연장으로 인해 승리의 명성이, 지휘 경험이 많은 다수의 장군들에게 돌아가는 것이 아니라, 소수의 유능한 장군에게만 국한되었다는 것이다. 이로 인해 명성이 이들에게만 집중되었다. 다른 하나는 로마의 군대가 장군 개인의 추종자 집단이 되어 파벌화되었다는 것이다. 오랫동안 전장에서 동고동락하면서 병사들의 생존을 책임진 지휘관에게 군대는 충성을 다하게 된 것이다. 이렇게 로마의 군대는 조국 로마와 로마를 대표하는 원로원을 잊고 지휘관의 사병이 되어 버렸다. 마키아벨리는 카이사르(Caesar)가 로마 공화정을 몰락시킬 수 있었던 것은 바로 이렇게 사병화된 군대가 있었기에 가능했다고 적고 있다(Machiavelli 2019, 578).

마키아벨리가 로마 공화정 몰락의 두 가지 원인으로 말한 농지법과 최고 지휘권 연장의 문제는 공적 영역인 공화정이 사적 욕망과 이익 그리고 야망의 추구 공간으로 변한 것을 지적한 것이다. 사적 욕망과 이익의 추구가 공적 영역을 침해해 들어올 수 있었던 것은 공적 영역으로서 공화국의 질서가 무너졌기 때문이다. 그 핵심적인 지표는 바로 명예보다 재산을 높게 평가하는 로마 시민들의 부패와 권력균형의 파괴, 즉 권력의 독점이었다. 농지법은 귀족과 인민이 토지분배를 두고 벌인 다툼이 공적 제도의 한계를 넘어 불법적인 폭력의 사용으로 이어졌으며, 이는 귀족과 인민의 파벌 대립과 함께 하였다. 각 파벌이 자신들의 지도자를 뽑고 사적인 방법에 의존하게 된 이유는 청빈이 더 이상 중요해지지 않고, 재산이 명예보다 더 중요하게 평가된 세태를 반영한 것이었다.

> (로마: 필자) 사람들이 명예로운 직위보다 재산을 얼마나 더 소중히 여기는지를 잘 보여준다. 왜냐하면 그러한 직위에 관해서는 로마의 귀족들이 커다란 소동 없이 항상 평민들에게 양보했지만, 재산문제에 관한 한 그들의 저항은 매우 완강했기 때문이다. 평민은 그 욕망을 만족시키기 위해 급기야 불법적인 수단에 의존하지 않을 수 없었던 것이다(Machiavelli 2019, 217).

재산의 분배가 핵심적인 정치문제가 되고, 그것이 공적 영역에서 법제도를 통해 해결될 수 없고, 사적인 폭력에 의존하게 되었다는 것은 공적 영역이 사적 영역에 의해 침해되었다는 것을 말한다. 그런데 지휘권의 연장은 이러한 침해 현상을 더 극명하게 드러낸다. 공화국에 충성해야 할 군대가 적에게 향해야 할 창끝을 공화국으로 돌렸다는 것은 군인들이 지휘관 개인에 충성하는 사병(私兵)으로 변질되었다는 것을 잘 보여준다. 이러한 현상을 이끈 것은 지휘권의 연장으로 인한 권한과 명성의 독점이었다. 또한 그라쿠스 형제가 농지법을 부활시키려 했던 것은 토지 소유의 불평등이 심화돼 부의 독점이 심해졌기 때문이었다. 이들과는 반대로 공적 영역의 부패를 막을 수 있었던 독일 도시들의 특징은 귀족과 인민 사이의 완전한 평등이었다. 반면, 이탈리아의 몇몇 지역에서 성곽과 신민을 소유한 귀족들이 나올 수 있었던 것은 평등 대신 권력의 독점을 오랫동안 향유했기 때문이다. 권력의 독점을 통해 권력자의 사적 이익을 사적인 방법으로 추구할 수 있었던 것이다.

요약하자면 마키아벨리가 보기에 로마 공화정이 몰락한 이유는 'res publica', 즉 공적 영역이 'res privata', 즉 사사화(私事化)되었다는 것이다. 공적 영역으로서 공화국이 사사화되는 가장 큰 이유는 권력의 불균등·불평등화이다. 귀족이 경제적 부나 정치권력을 독점하게 되면 법과 공적 제도는 그 공공성을 상실하게 되고 자의적인 지배의 도구로 변하게 된다. 결국 사적 지배의 도구가 되는 것이다. 특히 공공선을 위해 만들어진 최고 지휘권의 연장과 로마라는 조국의 방어를 위해 파견된 공화국의 군대가 지휘관의 사적 군대로 변하는 것 속에서 마키아벨리는 공적 영역이 사적 영역의 침투를 막아내는 것이 얼마나 중요한지를 잘 보여주었다. 공화국은 국가 구성세력 모두의 공간이기에 그들의 의견과 이익을 대변할 수 있는 자유와 다양성 그리고 공개성 등이 중요하다. 이것이 바로 'res publica', 즉 공적인 것으로서 공화국을 수호할 수 있는 핵심기제인 것이다.

2. 아렌트의 근대 사회 – 경제적인 것과 노동의 지배

아렌트는 파시즘과 공산주의에서 나타나는 근대의 전체주의를 경험하고, 자유의 공화주의를 주장하였다. 그녀는 자신의 공화주의적 정치이론을 구성하기 위해 인간의 삶에 가장 기본적인 조건인 활동을 숙고하였다. 인간의 활동은 노동, 작업 그리고 행위로 구분할 수 있다. 노동(labour)은 인간 삶의 재생산을 위해 필요한 활동이다. 이를 아렌트는 "인간 신체의 생물학적 과정과 일치하는 활동"이라고 표현했다. 작업(work)은 "인간의 실존에서 비자연적인 부분에 상응하는 활동"으로 인간의 아이디어를 물질인 재료에 투영하여 인공물로 세상에 만들어 내는 활동이다. 마지막으로 행위(action)는 "사물이나 물질의 매개 없이 인간들 사이에서 직접적으로 이루어지는 유일한 활동"으로 아렌트는 이것을 정치 활동이라고 말하고 있다(Arendt 2019, 83).

아렌트는 노동과 작업이라는 인간 활동에 타인의 현존이 반드시 필요한 것은 아니라고 말한다. 반면 행위는 타인이 부재한다면 불가능한 것이다. 노동과 작업은 개인 혼자서 충분히 수행할 수 있는 개별적 활동이지만, 행위는 다른 사람과 같이 하지 않고서는 불가능한 공동의 활동이라는 것이다. 아리스토텔레스가 말한 정치적 동물(zoon politikon)로서 인간에게 본질적인 활동은 바로 행위인 것이다. 아렌트는 고대 아테네의 폴리스의 예를 들어 행위의 본질적 영역인 정치와 공적 영역에 대해 설명한다. 공적 영역은 정치의 영역으로 사적 영역과 대척점에 서 있으며, 사적 영역의 지원을 받는다. 가정은 주인과 노예, 가부장과 그의 부인과 자식들로 이루어지는 영역이며, 경제활동이 주를 이룬다. 가정은 지배와 불평등의 공간이며, 삶의 재생산을 위한 필연의 공간이다. 반면 폴리스는 평등한 시민들 간의 공간이며, 공동의 일에 관해 논하는 정치의 공간으로서 소유와 경제로부터 자유롭다. 이런 의미에서 가정이 사적인 영역이라면, 폴리스는 공적인 공간이다. 사적인 영역에서는 생명과 종족의 보존과 재생산을 위한 필요를 해결하는 것이 주목적이다. 따라서 이 영역에서 말의 사용은 명령과 복종 혹은 효율적인 경제생활을 위한 수단적인 의미밖에 가질 수 없다. 반면 공적인 영역에서 행해지는 것이 정치이며, 이는 동료 시민들 간에 공동체의 일을 두고 로고스를 담지하고 있는 언어를 통해 이루어진다. 이러한 공적 영역의 '공적'이라는 말은 공개성과 공동성을 특징으로 가지고 있다. 공동체 구성원 모두와 관계되는 공동의 일에 대해 모두에게 드러내놓고 논의해야 하기 때문이다. 이런 의미에서 아렌트는 '공적'이라는 용어를 다음 두 가지 의미로 설명한다. 첫째, "누구나 공중 앞에 나타나는 모든 것을 보고 들을 수 있고 따라서 가능한 한 가장 폭넓은 공공성을 가진다."는 것이다(Arendt 2019, 132). 둘째, "세계 자체를 의미하는데, 여기서 세계란 우리 모두에게 공동의 것이고 우리의 사적 소유지와는 구별되는" 것이다(Arendt 2019, 135).

이러한 공적 영역의 특징적 활동이 바로 행위이다. 아렌트에게 행위는 항상 말과 함께 한다. 공적 영역에서 인간 서로 간의 소통을 가능하게 하고, 자신의 고유성을 드러내는 인간의 고유한 능력이 바로 '말'이기 때문이다. 행위와 말을 통해 인간들이 공동의 일에 관해 정치를 수행하는 영역이 바로 공적 영역이자 공론 영역인 것이다.[10]

10 공적 영역 혹은 공론 영역은 'public realm'의 번역어이다. 국내 연구문헌들에서 'public realm'의 번역어는 '공적 영역' 혹은 '공론 영역'이 같이 쓰이고 있다. 이진우의 한글 번역본에서는 '공론 영역'으로 번역하고 있다. 행위와 말의 영역이라는 측면에서 공론 영역이라는 번역어는 적합해 보인다. 하지만 본 논문에서는 마키아벨리의 정치이론도 같이 다루기 때문에 공적 영역을 주로 사용할 것이다.

정치영역은 직접적인 공동 행위에서, 즉 '말과 행위의 공유'에서 발생한다. 그래서 행위는 우리 모두에게 공통적인 세계의 공적 부분과 가장 밀접한 관계를 가질 뿐만 아니라 공론 영역을 구성하는 활동이기도 하다. 그것은 마치 폴리스의 성벽과 법률의 경계선이 기존의 공적 공간의 둘레에 그어지는 것과 같다. 공적 공간은 이와 같이 안정을 도모하는 보호망이 없으면 지속할 수 없고 행위와 말 자체의 순간을 지나서까지 살아남을 수 없다(Arendt 2019, 299).

아렌트의 공적 영역은 인간의 행위와 말에 의존하기 때문에 잠재적 성격을 가지고 있다(Arendt 2019, 301). 아무리 많은 사람들이 있더라도 행위와 말이 사라지면 공적 영역은 존재할 수 없기 때문이다. 이러한 공적 영역의 잠재적 현상을 잘 보여주는 것이 바로 아렌트의 권력 개념이다.[11] 사람들이 모여 말하고 행위하는 공간에서 권력이 발생하고, 그 권력을 통해 공적 공간이 존재하게 된다. 아렌트는 "행위하고 말하는 사람들 사이의 잠재적 현상 공간인 공론 영역을 존재하게 하는 것이 권력"이라고 말한다(Arendt 2019, 301). 따라서 아렌트의 권력은 폭력과는 전혀 다른 것이 된다. 폭력은 도구적이기에 소유하고 저장 가능하다. 반면 권력은 사람들 사이에서 생성되기에 소유하고 저장할 수 없다. 사람들이 모여 행위할 때 나타나는 것이 권력이기에 사람들이 흩어지면 자연스럽게 사라지는 것이 권력이다. 따라서 사람들이 모이는 공적 영역은 권력과 함께하고, 권력은 공적 공간을 보존한다. 아렌트가 권력을 "세계의 생명줄"이라

11 아렌트의 권력 개념에 대해서는 박혁(2014)과 장명학(2002) 참조.

고 말한 이유는 바로 인간들의 말과 행위를 통해 공동으로 만들어낸 공적 공간의 생기와도 같은 것이기 때문이다. 권력은 또한 관계성을 특징으로 한다. 함께 모여 말하고 행위하는 가운데 발생하기에 권력은 타인의 실존을 전제로 한다. 관계성에 의존하는 권력은 폭력처럼 고정된 것이 아니고, 역동적이다. 사람들 간의 상호작용에 따라 더 많은 권력을 발생시켜 낼 수 있다는 것이다.

사람들이 함께 모여 행위하고 말하는 가운데 생성되는 공적 영역에 중요한 것이 바로 공동감각 혹은 공통 감각(common sense)이다.[12] 같이 모여 있어도 공통의 감각이 없다면 실제로는 함께 하는 것이 아니기 때문이다. 따라서 아렌트는 공통 감각을 정치적 특성들 중에서 최고의 지위에 있다고 말한다.

> 공통 감각(common sense)은 정치적 특성의 서열에서 최고의 지위를 점한다. 왜냐하면 공동감각은 엄격히 개별적인 우리의 오감과 그것들이 지각하는 엄격히 특수한 자료들을 현실에 적합하게 만드는 유일한 감각이기 때문이다(Arendt 2019, 311).

사람들이 모여 사적이고, 개별적인 관심만 가지게 될 때, 공개성과 공동성을 가지는 공적 영역은 해제된다. 따라서 공통 감각은 공적인 공간 속에서 인간들이 행위와 말을 통해 소통을 가능하게 하는 기반이 되는 것이다. 아렌트는 공통 감각을 세계에 대한 이해를 위해 오감을 종합시키는 여섯 번째 감각으로까지 이야기하고 있다(박

12 아렌트의 공통 감각 개념에 대해서는 박혁(2016) 참조.

혁 2016, 120).

공적 영역의 대립물이 사적 영역이다.[13] '사적인'의 영어 단어 'private'의 라틴어 어원인 'privatus'는 '박탈당한'이라는 뜻이다. 아렌트는 이것을 "타인이 보고 들음으로써 생기는 현실성의 박탈, 공동 사물세계의 중재를 통해 타인과 관계를 맺거나 분리됨으로써 형성되는 타인과의 '객관적' 관계의 박탈" 등으로 표현하며, 결국 "사적 생활의 박탈성은 타인의 부재에 기인"하는 것이라고 말한다(Arendt 2019, 142). 타인의 존재가 공적 영역의 특징이라면, 아렌트에게 사적 영역은 전정치적 영역으로서 그 전형은 가족과 가정의 영역이다. 가정 영역의 핵심은 소유이다. 가정은 생계수단을 제공하는 사적인 부의 재생산이 목적이다. 아렌트는 재산의 사적 성격은 소유를 사유로 변형시켜 '공동의 것'으로부터 완전히 독립시키고, 소유를 신체 활동의 결과물인 생산물로 간주하여 공동의 것으로부터 분리시키는 것에서 가장 잘 드러난다고 말한다(Arendt 2019, 202).

또한 가정은 생물학적 삶의 과정을 재생산하기 위해 존재하며, 필연성의 영역에 속하는 것이다. 아울러 아렌트는 가정을 자유와 평등의 장소인 폴리스에 대비해 "가장 엄격한 불평등의 장소"로 표현한다(Arendt 2019, 301). 왜냐하면 가장이 삶의 필연성을 해결하기 위해 가족과 노예에게 강제와 명령 그리고 때로는 폭력을 행사하는 것이 용인되는 공간이기 때문이다. 이렇게 욕구와 필요에 의해 주도되는 가정영역의 기본적인 활동은 바로 노동이다. 노동은 신체의 생물학적 과정과 일치하는 삶의 재생산과 연관되기에 소비활동과 밀

13 아렌트의 사적 영역 개념에 대해서는 김선욱(2020) 참조.

접히 결부되어 있다. 노동 생산물을 소비해야 삶을 유지할 수 있기 때문이다. 이렇게 노동은 삶의 필연성에 종속되어 "모든 물질을 파괴하여 게걸스럽게 삼키는 과정"일 뿐이다(Arendt 2019, 189). 가정이라는 사적인 영역의 본질적 활동인 노동은 가장 사적인 행동이 된다.

> 노동하는 동물은 세계로부터 도망가는 것이 아니다. 오히려 그는 자기 신체의 사적 성격에 갇혀서, 즉 누구와 함께할 수도 없고 온전하게 의사소통도 할 수 없이 필요의 충족에만 사로잡힌 채 세계에서 추방된다(Arendt 2019, 210).

그런데 아렌트는 근대에 들어 사회 혹은 사회영역이라는 것이 새로이 생겨났다고 말한다. 사회의 발생은 서구 세계가 근대 시대에 들어서 자본주의 발달로 경제영역이 확장되어 사적인 것과 공적인 것의 경계가 허물어지는 것과 밀접한 관련이 있다.[14] 고대 사회에서는 사적 영역과 공적 영역이 명확히 분리되어 있었다. 고대인들은 사적 영역에서 가부장으로서 지배의 관계를 통해 삶의 필연성을 해결하고, 이를 기반으로 공적 영역에서 평등한 시민으로서 말과 행위를 통해 정치에 몸담을 수 있었다. 그런데 근대에서 경제영역이 커지게 되자 가계와 경제활동이 가정이라는 사적 영역에만 머무르는 것이 아니라, 집단적 관심으로 확장되어 공론 영역으로 부상하게 된 것이다(Arendt 2019, 114). 사적 영역과 공적 영역의 혼합 그리고 가계의 관심이었던 경제가 공적 영역의 주된 관심사가 되면서 노동도

14 아렌트의 사회 개념에 대해서는 김선욱(2001); 김홍중(2013); 정미라(2015); 전혜림(2021) 참조.

공적으로 변하게 된다. 이는 근대 세계가 부의 축적을 무한대로 할 수 있게 되고, 그것이 화폐 경제와 함께 하면서 이전과는 달리 개인이 소유할 수 있는 한계를 넘어서게 된 것이다.

이 과정에서 일어난 일이 근대의 작업하는 인간, 즉 호모 파베르의 승리와 이어지는 노동하는 인간의 최종적 지배이다. 아렌트는 인류가 근대로 접어들면서 먼저 작업하는 인간의 승리가 일어난다고 말한다. 근대를 이끌었던 과학기술의 발전은 도구와 기계의 발달에 기인하였다. 이로 인해 도구를 만들고 제작하는 인간의 '작업'이 중요한 위치를 차지하게 된다. 과학과 실험 등을 통해 인간은 스스로를, 자연을 제작하는 이의 관점으로 접근했던 것이다. 아렌트는 근대 초기 홉스(Hobbes) 등에서 보이는 국가를 인간의 인공물로 파악하는 시도들에서 이런 모습들을 발견할 수 있다고 말한다(Arendt 2019, 410-415). 그런데 작업하는 인간은 곧 노동하는 인간에게 그 자리를 내어주게 된다.

근대에 나타난 분업의 발달로 인해 혼자 일하는 장인의 기술은 그 중요성을 상실하게 되었다. 이제 노동시장에서는 개인의 기술이 아니라, 노동력이 사고, 팔리는 대상이 되었다. 여기에 산업혁명으로 인한 대량생산은 모든 장인의 일을 노동으로 대체하였다. 장인이 내놓은 물건을 오랫동안 사용하는 것이 아니라, 이제 빨리 소비하고 다시 생산하는 사회가 온 것이다. 이로 인해 근대 세계에서는 사용가치와 그 지속성에 더 주목하는 작업의 생산물 대신 소비에 초점을 맞추는 노동 생산물이 더 중요하게 되었다. 작업하는 인간의 이상인 영속성, 안정성 그리고 지속성은 노동하는 인간의 이상인 소비와 풍요 등에 희생되었다.[15] 결국 근대 사회에서는 노동과 작업의 구별이 사라지고, 노동이 주요한 준거틀이 된 것이다(Arendt 2019, 177-178).

사실 아렌트에게 노동은 반정치적인 것이다. 왜냐하면 "인간은 노동하면서 세계와도 타인과도 함께하지 않으며, 스스로 생존해야 한다는 적나라한 필연성에 직면하면서 자신의 육체와만 함께"하기 때문이다(Arendt 2019, 316). 다시 말해, 사적인 영역에서 사적인 삶의 필연성의 충족에만 관심을 쏟기 때문이다. 그런데 근대는 사회를 탄생시키고, 사회는 공동체를 노동하는 인간들의 사회로 만들어버렸다. 이는 근대 사회의 구성원들은 사회 속에서 자신들이 수행하는 활동을 본인과 가족들의 생계유지를 위한 활동으로만 파악한다는 것이다. 결국 생존을 위한 활동만이 공적인 공간에서 의미를 지니며, 사회구성원들 간의 상호 의존이라는 공적인 삶은 서로의 생존을 위한 것으로서 사회 속에서 등장하는 것이다(Arendt 2019, 128-129).

결국 아렌트는 근대에서 사회의 발생으로 인해 인간의 기본적 활동 중에서 예로부터 정치적인 것의 핵심적 활동인 행위의 공간이 사라졌다고 파악한다. 사회의 핵심적 특징은 사적 영역과 공적 영역의 경계가 흐려진 것이다. 경제와 삶의 재생산이라는 사적인 것이 공적인 공간을 침해하고, 그 핵심 가치로 부상하면서 반정치적인 활동인 노동이 중심이 되었다는 것이다. 아렌트는 사적인 영역의 침해로부터 공적인 영역을 보호해야 인간의 본원적인 정치적 활동으로서 행위와 정치 그리고 공적 영역을 유지할 수 있다고 보았던 것이다.

15 이에 대해서는 Arendt(2019, 217-218) 참조.

III. 공화국의 보존–사적 영역의 침해로부터 공적 영역의 보호

마키아벨리는 로마 공화국의 발전과 몰락의 과정을 통해 공적인 것을 보호하는 것이 공화국을 유지하는 데 가장 중요한 것임을 보여주었다. 로마의 몰락 원인은 두 가지였다. 농지법의 부활 시도와 최고 지휘권의 연장이었다. 농지법 문제는 경제적 이해관계가 정치영역에 침투해 법제도의 테두리에서 대립을 조율할 수 없을 때, 파벌과 폭력에 의지하게 되는 상황을 보여주었다. 최고 지휘권의 연장은 경험과 명성이 지휘관 한 명에게 집중되어 공화국의 군대가 사병이 되어, 공공의 이익이 아닌 사익에 의해 지배됨을 보여주었다. 결국, 이 두 경우에 공히 나타나는 것은 로마의 부패였다. 그 부패는 사적 영역에 의한 공적 영역의 침해로 나타났다. 그리고 그것이 가능했던 것은 바로 권력의 불균형 현상이다. 권력의 균형이 깨졌을 때 귀족층은 권력을 독점하고, 인민층은 귀족들의 파벌에 속하여 분열과 대결의 정치에 동원되었다. 로마시민 전체가 공적 영역에서 공동선보다는 개인이나 파당의 사적 이익을 추구하였다. 이는 공적인 영역, 즉 공화국을 사적인 영역으로 만들었다. 이렇게 되자 로마인들은 행정관을 선출할 때, 객관적 능력이나 자질보다는 후보자들이 제공하는 수혜에 따라 움직였다. 법률은 공익을 위한 것이 아니라, 권력자들이 그들의 사익을 위해 제안한 것이 통과되었다.

공적인 것으로서 공화국을 보호하기 위해 마키아벨리는 권력을 사적인 방식이 아니라, 공적으로 획득해야 함을 강조하고 있다. 그것은 명성을 얻는 방법에 대한 언급에서 잘 드러난다.

시민들이 얻은 명성은 공화국에 참주정을 초래하는 원인이 되기도 한다. 만일 그러한 명성을 규제하고자 한다면, 시민들이 도시와 도시의 자유에 해가 되지 않고 도움이 되는 인기에서 좋은 평판을 얻도록 하는 제도적 장치가 있어야 한다. 그러므로 우리는 시민들이 명성을 얻는 방법들을 검토해야 한다.

사실상 그 방법에는 사적인 것과 공적인 것 두 가지가 있다. 공적인 방법은 한 사람이 공동선을 위하여 잘 조언하고 훌륭하게 행동할 때 명성을 얻는 것이다. 이러한 명예에 이르는 길은 시민들에게 열려 있어야 하며, 그들의 조언과 행동에 대해서는 그들이 명예를 얻고 만족할 수 있는 보상체계가 수립되어야 한다. 그러한 방법으로 얻어진 명성이 진정한 것이고 소박한 것이라면 그것은 위험하지 않다.

그러나 명성이 위에서 언급된 또 다른 방법인 사적인 방법을 통해 얻어졌을 때, 그것들은 몹시 위험하고 전적으로 유해하다. 사적인 방법은 다양한 개인들에게 사사롭게 돈을 빌려주고, 그들의 딸을 결혼시키며, 행정관들에게서 그들을 보호하고, 그밖에도 사적으로 유사한 호의를 베풀어 시혜를 제공하는 것이다. 이것들은 사람들을 시혜자의 파당이 되게 하고, 그들이 추종하는 사람에게는 공공을 부패시키고 법을 위반해도 무방하다고 생각할 수 있는 용기를 심어준다 (Machiavelli 2019, 589-590).

명성이라는 공적 권력을 공적 방법이 아니라, 사적 방법을 통해 얻게 된다면, 그것은 공적 영역이 사적 영역으로 변화된 것을 의미한다. 이때 공적 영역의 질서를 규율하는 법은 사적 파당이나, 권력자 개인을 위한 지배의 수단이자 사적 이익을 추구하기 위한 도구로 변질된다. 공적 영역이 사적 이익을 사적 방법으로 추구하는 사적 영역으로 변한 것이다. 이렇게 공적 영역의 사사화는 권력의 배타적 독점 속에서 시민들의 관계를 평등하고 자유로운 관계가 아니라, 지배와 종속의 관계로 변화시킨다. 마키아벨리가 이탈리아에서 성곽을 소유한 귀족들을 비판한 이유는 바로 권력의 독점에 따른 귀족과 신민 간의 지배관계가 형성되었기 때문이다. 공적 공간에서 평등과 자유가 사라지면 그것은 곧 사적 공간이 되고, 이 공간의 주요 관심은 사적인 이익, 곧 경제적 이익이 된다. 앞의 인용문에서 나오듯이 금전관계와 혼맥(婚脈) 등으로 이어진 사적 관계는 공적 업무를 책임진 행정관들의 엄격한 법집행으로부터 보호되고, 권력과 경제적 이익 등의 시혜와 수혜 관계로 얽히는 것이다. 이는 파벌을 수립하고, 권력자와 추종자들 간의 주종적 지배관계를 강화시켜, 법보다 우위에 서는 사적인 경제공동체를 형성시키는 것이다. 공공의 부패는 곧 사적인 영역에 의한 공적인 영역의 침해인 것이다.

마키아벨리에게 공적 영역의 사사화를 막기 위해서는 자유가 보장되어야 했다. 그것은 고소·고발의 예에서 보듯이 공동체 구성원 모두의 공개적이며, 공동의 공간에서 공동선을 위해 다양한 정치구성 세력들이 정치와 법적 과정에 참여할 수 있는 공적인 영역에서 가능했다. 이렇게 공적 영역은 바로 다양성이 보장되어야 하는 공간이었다. 권력의 독점은 다양한 계층의 권력분점을 고사시키기 때문이다. 마키아벨리가 로마의 정치체제를 귀족과 인민의 견제와 균형이 가능했던 공간으로 칭송했던 이유는 바로 자유와 다양성을 보장했기 때문이다.

아렌트는 근대에서 사회의 대두를 통해 공적 영역이 사적 영역에 의해 침해되는 것을 정치 그리고 공적 영역의 본원적 활동으로서 행위의 소멸로 파악하였다. 경제의 대두 특히 가족의 생계유지 수단으로서 모든 사회 활동을 파악하는 것은 인간의 활동을 노동으로만 치환하는 결과를 가져왔다. 앞서 언급했듯이 작업도 노동이 되고, 노동이 최고 지위를 차지한 사회에서는 노동력의 구매와 판매를 위해 사회 구성원들의 표준화와 동질화가 일어난다. 그리고 그것은 노동의 본질에 속하는 것이었다.

> 다수의 개인들이 '마치 한 사람인 것처럼 함께 노동하는' 노동자 무리의 형태로 사람들을 모으는 것은 노동의 본질에 속한다. (…) 이러한 '노동의 집단적 본질'은 결코 노동자 무리의 각 구성원을 인식가능한 동일한 실재로 확립하지는 못한다. 오히려 반대로 개성과 동일성의 의식을 실제로 버릴 것을 요구한다. 이 이유 때문에 노동에서 파생되는 모든 '가치들'은, 그것들이 삶의 과정에서 기능한다는 점을 제외한다면, 전적으로 '사회적'인 것이며, 함께 먹고 마실 때 얻는 부차적 즐거움과 본질적으로 동일한 것이다. 인간 육체가 자연과 행하는 신진대사에서 발생하는 이 (노동) 활동의 고유한 사교성은 동등성이 아니라 동질성에서 기인한다(Arendt 2019, 316-317).

아렌트는 이렇게 다수가 하나가 되는 것은 기본적으로 "반정치적"이라고 말한다. 그것은 정치적 혹은 공적 공간에서 나타나는 함께함과 정반대의 것이기 때문이다(Arendt 2019, 318). 이러한 문제의식을 아렌트는 그녀의 『혁명론』에서 구체적 사례를 통해 설명하고 있다. "사회의 문제"라는 제목을 달고 있는 이 책의 2장에서 아렌트는 프랑스혁명이 미국혁명과 달리 제대로 된 혁명으로 끝날 수 없었던 이유를 빈곤이라는 생존의 필연성 문제가 전면에 등장했기 때문이라고 설명한다.

아렌트는 프랑스혁명이 실패한 이유를 자유 대신 인민의 행복이 혁명의 목표가 된 것에서 찾고 있다. 그녀는 프랑스혁명에서 빈자들의 빈곤 문제가 혁명의 핵심문제로 등장하자 "사람들은 필연성, 생존 과정 자체의 절박성 때문에 자유를 포기해야만 했다."라고 말한다(Arendt 2004, 136). 빈곤이라는 필연성과 함께 등장한 것이 바로 테러이다. 필연성 앞에서 인민들은 자유를 포기하고 그들의 절박한 필수품을 위해 테러에 의지했다는 것이다(Arendt 2004, 137).

반면 프랑스 같은 빈곤문제를 겪지 않은 미국에서는 필연성에 구속되지 않았고, 이는 폭력에 의존할 필요가 없게 만들었다. 그 결과 미국혁명은 정치적 자유로 향해 갈 수 있었다. 미국혁명의 관심이 자유의 확립과 그것의 지속을 위한 정부제도 수립에 향해 있었다면, 프랑스혁명은 "고통의 직접성 때문에 (…) 전제정으로부터의 해방이 아닌 궁핍으로부터의 해방이라는 절박성에 의해 결정되었다."는 것이다(Arendt 2004, 176). 결국 아렌트는 빈민 집단의 분노와 그들이 빈곤을 극복하기 위해 행하는 폭력 속에서 프랑스혁명이 실패했고, 그것은 바로 사회 문제의 대두로 인한 것으로 보았던 것이다.

아렌트는 이러한 프랑스혁명과는 달리 미국혁명은 자유의 구성 공간으로서 헌정체제를 만들어내었다고 보았다. 삼권의 분립 속에 전제정을 극복할 수 있었으며, 이는 무엇보다 국민과 그들의 대표자들의 참여와 동의 속에 가능했다. 이를 아렌트는 앞에서 설명한 행위와 권력의 개념으로 설명한다. 약속하고 합의하고 조직하고 설립하는 등의 인간 능력은 행위에서 나온 것이다. 이 행위는 "인간들의 복수성을 요구하는 유일한 인간적 능력"으로서 이를 통해 폭력이 아닌 권력이 구성된다. 특히 아렌트는 미국건국에 있어 "인간들 사이에 존재하는 공간에만 적용되는 유일한 인간적 속성으로서" 권력이 건국행위에 결합되었다고 말한다(Arendt 2004, 286-287).

아렌트 또한 사적 이익이 공적 영역에 침투할 때 부패가 발생한다고 말했다. 그리고 이 부패를 막을 수 있는 유일한 대안으로 "공공 영역 자체 내에, 즉 그 경계선 내에서 행해진 각각의 행적을 드러내는 빛 속에, 그리고 공공 영역이 자신의 영역에 진입한 모든 사람들을 노출시키는 바로 그 가시성"을 언급했다(Arendt 2004, 386-387). 결국 행위의 공간으로서 공적 영역에 바로 자유를 확립하는 것이다. 그 자유는 바로 "모든 사람이 자유로울 수 있는 유일하게 가시적인 공간인 구 단위의 기초 자치체," 다시 말해 누구나 언제든지 공공 업무에 참여해 자유를 누릴 수 있는 공간을 설립하는 것이다(Arendt 2004, 390, 406).[16]

마키아벨리와 아렌트는 자유가 살아 있는 공적 영역을 공화국으로 파악했다. 공화국은 사적 영역이 공적 영역을 침해할 때 무너진다. 그것은 사사화로 표현될 수 있다. 마키아벨리는 사적인 방법으로 명예를 얻고자 했을 때 나타나는 공적 영역의 사사화 현상을 잘 보여주었다. 아렌트 또한 대중사회에서 모든 사람들은 한 가족의 구성원처럼 행동하고, 사람들은 완전히 사적으로 변한다고 말한다. 이렇게 되면 공동의 세계는 사라진다. 왜냐하면 공동의 세계를 한 측면

16 아렌트는 이것을 평의회제도라고 말하고 있다(Arendt 2004, 415, 420).

에서만 보고, 사람들이 한 관점만을 취할 때 다양성은 획일성에 자리를 내어주기 때문이다(Arendt 2019, 142). 결국 공화국의 핵심은 자유이며, 그것은 다양성과 복수성이 유지될 때만 보존될 수 있다.[17] 마키아벨리는 귀족과 인민 간의 견제와 균형 속에서 두 세력의 공존이 공화국을 발전시킬 수 있다고 보았다. 아렌트의 공적 영역은 인간의 행위의 공간으로 다원성이 핵심이며, 행위와 말은 공적 영역에서 차이에 상응하여 인간의 조건인 다원성을 실현하는 수단인 것이다.

결국, 마키아벨리와 아렌트에게 공적 영역의 몰락을 가져오는 것은 다양성의 말살과 동질화였다. 그것은 공화국(res publica)을 사사화된 공간(res privata)으로 만든다. 권력의 독점을 통해 재부라는 경제적 이익이 정치행동의 중심이 되면 파벌의 성립으로 지배귀족 가문에 종속된 인민들은 후견가문과 동일화 과정을 거칠 수밖에 없게 된다. 이는 결국 공화국을 부자유, 획일화, 은밀화 등을 통해 권력을 독점한 자들만의 배타적인 사적 영역으로 만드는 것이다. 이는 바로 아렌트가 경제영역의 확장으로 생존을 위한 노동이 중심이 된 근대사회 속에서 파악한 것과 일맥상통한다. 사회 속에서 노동하는 동물로서 인간은 행위와 말을 할 수 없는 무능력한 인간의 모습을 보이며 표준화와 동질성 속에서 이 차이를 만들어내지 못하고 그렇기에 행위 능력을 잃어버려 공적인 영역을 상실한 사적 인간들로 살아가는 것이다.

17 아렌트(Arendt 2004, 354) 참조.

IV. 결론

이 장에서는 마키아벨리와 아렌트의 공화주의 정치이론의 핵심적인 문제의식이 공적 영역의 보호에 있음을 살펴보았다. 마키아벨리는 로마 공화정이 몰락하게 된 원인을 농지법과 최고 지휘권의 연장에서 찾고 있다. 그런데, 토지의 독점 문제를 해결하고자 한 농지법은 오히려 파벌 간의 대립을 부추겨 폭력사태를 가져왔다. 최고지휘권의 연장은 공화국의 군대를 최고 지휘관의 사병으로 만드는 결과를 가져왔다. 경제적 문제가 정치적 대립의 전면에 나서자 갈등의 합법적 해결은 불가능했다. 청빈과 공적 명예 대신 부가 로마인들의 마음을 사로잡은 것이다. 파벌 간의 다툼과 장군의 사병으로 전락한 공화국의 군대는 로마 공화정의 몰락에 결정적 기여를 했다. 결국 로마 공화정은 공적 영역이 사적인 영역에 침해되어, 사익의 전쟁터가 되었을 때 몰락했던 것이다.

아렌트 또한 근대 사회의 문제를 공적 영역과 사적 영역의 문제의식을 통해 성찰하였다. 고대에는 경제활동으로 삶의 재생산을 수행했던 가정이라는 사적 영역과 말과 행위를 통해 동료 시민들 간에 공공사를 논의했던 공적 영역이 명확히 구분되었다. 하지만 근대에 들어 경제의 확장으로 사적 영역이 공적 영역의 주된 관심사가 되면서 사회라는 것이 등장하였다. 이제 사회 속의 인간들은 삶의 재생산이라는 오직 하나의 목적만을 가지게 되고, 가계의 구성원으로서 노동하는 인간으로만 활동하게 된다. 행위와 말을 통해 공개성과 공동성을 구현하는 공적 영역은 사라지게 된 것이다. 아렌트는 사회의 이러한 현상을 프랑스혁명을 통해 확인하였다. 자유를 구현하려는 시도 대신 빈곤을 타파하려는 분노로 점철된 프랑스혁명은 폭력을 필연적으로 수반하였기에 실패로 끝날 수밖에 없었다.

마키아벨리와 아렌트에게 공적 영역은 다양한 공동체 구성원들의 공동 공간이다. 이를 위해 공적 영역은 공개성과 공동성을 가져야만 한다. 반면 배제와 고립 그리고 폭력으로 인한 억압 등은 함께할 수 있는 공간을 없애기 때문에 공적 영역에 치명적이다. 고립되어 타인을 배제하고 자신만의 사적 이익을 추구하며, 그 가운데 폭력이라는 수단도 사용하는 것이 사적 영역의 특징이다. 결국 공적 영역을 유지하는 것은 공동체 구성원들의 자유와 다양성이다. 하지만 공적 영역에서 부와 경제적 이익이 추구될 때, 공적 영역의 핵심 가치인 자유와 다양성은 사라지게 된다. 공적 영역이 시민들의 동등성과 다양성을 추구한다면, 사적 영역은 동질성과 단일성을 통해 유지된다. 마키아벨리와 아렌트가 공적 영역을 사적 영역의 침해로부터 보호해야 함을 주장하는 핵심 이유는 부자유와 획일성 그리고 그로 인한 억압과 폭력으로부터 자유와 다양성을 보호하여 함께 하는 세상, 즉 '공화국'을 보존하기 위해서이다.

참고문헌

강진옥. 2021. “한나 아렌트의 마키아벨리 이해에 대한 비판적 고찰: 『혁명론』에 나타난 ‘폭력’ 개념을 중심으로.” 한국아렌트학회 정례학술회의 발표문.

김비환. 2003. “아렌트의 정치사상에서 정치와 법의 관계: 민주공화주의체제에서의 법의 본질을 중심으로.” 『법철학연구』 6(2): 93-118.

김선욱. 2001. “한나 아렌트의 정치 개념–“정치적”인 것과 “사회적”인 것의 관계를 중심으로.” 『철학』 67: 221-239.

______. 2014. “한나 아렌트의 공화주의와 한국 정치.” 『사회와 철학』 28: 207-244.

______. 2020. “한나 아렌트의 프라이버시 개념과 그 규범성.” 『철학』 143: 57-86.

김용민. 2016. “루소와 공화주의.” 『한국정치연구』 25(1): 167-192.

김홍중. 2013. “사회로 변신한 신과 행위자의 가면을 쓴 메시아의 전투-아렌트의 ‘사회적인 것’의 개념을 중심으로.” 『한국사회학』 47(5): 1-33.

박혁. 2014. “권력과 다원성-한나 아렌트의 권력개념에 관한 연구.” 『21세기정치학회보』 24(1): 3-32.

______. 2016. “정치와 공통감-아렌트의 공통감 개념에 대한 연구.” 『21세기정치학회보』 26(1): 117-140.

서유경. 2002. “정치, 거짓말, 그리고 한나 아렌트.” 『시민정치학회보』 5: 167-195.

신철희. 2016. “스피노자와 공화주의-‘자유’개념을 중심으로.” 『정치사상연구』 22(1): 61-81.

유홍림. 2018. “공화주의 전통의 현대적 의의.” 『한국정치연구』 27(3): 1-26.

윤은주. 2007. “아렌트의 정치적 행위에서 본 마키아벨리의 정치.” 『근대철학』 2(1): 79-104.

이명순. 2007. “공화주의 유형과 그 비판–강한 유형과 약한 유형.” 『철학사상』 27: 269-296.

장명학. 2002. “한나 아렌트의 공동권력과 정치.” 『한국정치연구』 11(2): 43-68.

전혜림. 2021. “한나 아렌트의 자유주의 비판–아렌트의 ‘사회적인 것’의 개념과 푸코의 생명정치 개념을 중심으로.” 『인문과학』 81: 147-177.

정미라. 2015. “‘공적 영역’의 상실과 현대사회의 위기-한나 아렌트의 정치철학을 중심으로.” 『철학논총』 81(3): 241-258.

정원규. 2016. “정치적 자유의 공화주의적 출구–아렌트, 페팃, 루소의 자유론을 중심으로.” 『민족문화연구』 70: 39-70.

정윤석. 2000. “아렌트의 근대 비판과 새로운 정치의 모색–근대적 정치 기획을 넘어서 공화주의에로.” 『철학사상』 11: 269-293.

Arendt, Hannah. 2004. 『혁명론』. 홍원표 역. 파주: 한길사.

______. 2005a. “권위란 무엇인가?” 『과거와 미래사이』 127-194. 서유경 역. 파주: 푸른숲.

______. 2005b. “자유란 무엇인가?” 『과거와 미래사이』 195-234. 서유경 역. 파주: 푸른숲.

______. 2019. 『인간의 조건』. 이진우 역. 파주: 한길사.

Baluch, Faisal. 2014. "Arendt's Machiavellian Moment." *European Journal of Political Theory*. 13(2): 144-177.

Bock, Gisela, Quentin Skinner, and Maurizio Viroli (ed). 1990. *Machiavelli and Republicanism*. Cambridge: Cambridge University Press.

Bonacker, Thorsten. 2002. "Die politische Theorie des freiheitlichen Republikanismus: Hannah Arendt." In André Brodocz, Gary S. Schaal (Hrsg.) *Politische Theorien der Gegenwart*. Band 1. 183-220. Opladen: Leske + Budrich.

Bonadeo, Alfredo. 1973. *Corruption, Conflict, and Power in the Works and Times of Niccolo Machiavelli*. Berkeley: University of California Press.

Canovan, Margaret. 1992. *Hannah Arendt: A Reinterpretation of Her Political Thought*. Cambridge: Cambridge University Press.

Nelson. John S. 1978. "Politics and Truth: Arendt's Problematic." *American Journal of Political Science* 22(2): 270-301.

Hammersley, Rachel. 2020. *Republicanism. An Introduction*. Cambridge: Polity Press

Hölzig, Philipp. 2014. *Republikanismus. Geschichte und Theorie*. Stuttgart: Franz Steiner Verlag.

Honig, Bonnie. 1993. *Political Theory and the Displacement of Politics*. Ithaca, N.Y.: Cornell University Press.

Kateb, George. 2000. "Political action: its name nature and advantages." ed. Dana Villa. *The Cambridge Companion to Hannah Arendt*. 130-148. Cambridge: Cambridge University Press.

Kohn, Jerome. 2000. "Freedom: the priority of the political." ed. Dana Villa. *The Cambridge Companion to Hannah Arendt*. 113-129. Cambridge: Cambridge University Press.

Machiavelli, Niccolò. 2019. 『로마사 논고』. 강정인·김경희 역파주: 한길사.

McCormick, John. P. 2013. ""KEEP THE PUBLIC RICH, BUT THE CITIZENS POOR": Economic and Political in Constitutions, Ancient and Modern." *Cardozo Law Review* 34(3): 879-892.

Pettit, Philip. 2012. 『신공화주의』. 곽준혁 역. 파주: 나남.

Pocock, J.G.A. 2010. 『마키아벨리언 모멘트』 1, 2. 곽차섭 역. 파주: 나남.

Rose. Julie. L. 2016. "'Keep the Citizens Poor': Machiavelli's Prescription for Republican Poverty." *Political Studies* 64(3): 734-747.

Shumer. S. M. 1979. "Machiavelli: Republican Politics and Its Corruption." *Political Theory* 7(1): 5-34.

Vergara. Camila. 2021. "Corruption as systemic political decay." *Philosophy and Social Criticism* 47(3): 322-346.

Viroli, Maurizio. 2006. 『공화주의』. 김경희·김동규 역. 고양: 인간사랑.

제2장

갈등 해결의 정치학

—아리스토텔레스, 마키아벨리 그리고 빈부 갈등—

* 이 글은 『한국정치연구』 제22집 제1호에 실린 "갈등 해결의 정치학: 아리스토텔레스, 마키아벨리 그리고 빈부 갈등"을 일부 수정한 글이다.

I. 들어가며

지난 미국발 금융위기와 유럽의 재정위기를 통해 드러난 핵심적인 문제 중의 하나는 사회구성원들 간의 갈등이라는 문제였다. 월가의 금융 엘리트들이 보여준 극단적인 사익추구욕구와 더불어 공적 자금의 투입이 이루어졌음에도 불구하고 고액의 성과급을 챙겨가는 행태는 일반 시민들의 분노를 폭발시켰다. 이들의 무책임한 행위는 비용과 책임은 공적으로 해결하고, 이익은 사적으로 취하는 모습을 보여주었고, 이는 '짝퉁 자본주의(Ersatz capitalism)'라는 말로 불리게 되었다(Stiglitz 2009). 시민들은 그들의 분노를 '점령하라(occupy)' 운동으로 표출하였고, 1 대(對) 99, 즉 1프로의 상류층과 나머지 99프로의 일반 시민들 간의 대립이라는 구호로 분출하였다. 이러한 시민사회의 분열과 극단적인 대립의 모습은 유럽에서도 나타났다.

재정위기를 극복하기 위한 해결책으로 제시한 긴축재정안에 격렬히 저항하는 시위대와 어떤 정책이 나오더라도 상관하지 않는 일부 부유한 시민들 간의 분열된 모습은 유럽 국가들에 뿌리내린 갈등의 모습을 그대로 보여주고 있었던 것이다.

분열된 시민사회의 모습에 대한민국 또한 예외가 될 수는 없다. 특히 한국사회에는 세대갈등, 지역갈등, 계층갈등 등 가히 갈등의 포화상태라 할 정도로 많은 갈등의 양상들이 나타나고 있다. 이런 갈등 중에서도 빈부격차로 인한 사회의 양극화와 그로 인한 계층 간의 갈등이 날로 심화됨을 여실히 보여주고 있다.[1] 신자유주의의 높은 파고와 경제위기 속에서 가장 피해를 보는 쪽은 저소득층이며 사회의 하층을 이루고 있는 사람들이다. 빚을 갚을 여력이 없어 마지막 수단으로 자살을 택하는 30대 남성의 이야기나 이미 OECD 국가 중 최고에 이른 자살률 등 우리 사회 곳곳의 암울한 이야기들은 경제여건의 악화와 그 속에서 소외된 빈곤층 그리고 그것을 낳게 한 양극화에서 찾아지고 있다.[2] 특히 한국의 경우 다른 OECD 국가들에 비해 소득불평등 구조가 급격히 악화되고 있다.[3] 이러한 소득불평등

1 물론 양극화 현상이 한국에만 국한된 현상은 아니다. 세계화의 진행 등 여러 가지 요소가 상호작용한 측면이 있다. 기획재정부 보도 자료에 의하면 이러한 현상은 "무역자유화, 기술진보, 자본자유화, 고령화 등이 복합적으로 작용한 것으로 풀이"된다고 말한다. 아울러 이러한 양극화 현상은 전 세계적으로 일어나고 있으며, 예전과 달리 경기순환으로 해소되지 않고 있고, 개인, 산업, 국가 간 동시다발적으로 일어나고 있다고 말한다(기획재정부 2011).

2 "South Korea: An economy divided"(*Financial Times* 2011/05/30) 참조.

3 문화일보 2010년 8월 2일자 기사는 대한민국의 소득불평등 구조가 OECD 중 '최고속'으로 악화되고 있음을 지적하고 있다. 10년 새 소득배율 3.83 → 4.78으로 상승하여, OECD 평균보다 4배 빨라졌음을 언급하고 있다("韓 소득불평등 OECD 중 '최고속' 악화, 10년 새 소득배율 3.83 →4.78… 평균보다 4배 빨라", 문화일보 2010/08/02).

과 양극화의 핵심에는 중산층이 차지하고 있는 부분이 급격히 줄어들고 있는 현상이 자리 잡고 있다. 현대경제연구원이 통계청의 가계동향 조사 자료를 바탕으로 분석한 자료를 통해 1990년부터 2010년까지 20년간 한국의 중산층 변화를 분석한 결과를 보면 이는 더 명확해진다. 75.4%이던 1990년의 중산층 규모는 2010년 67.5%로 7.9%가 감소하였다. 여기서 중산층은 일반적으로 도시가구 월평균 소득의 50~150% 범위에 있는 계층을 말하는데, 통계청에 따르면 2010년 2인 이상 도시가구 중산층 월평균 소득은 약 322만 원이었다. 지난 20년간 가구 월평균 소득의 150%를 초과하는 고소득층의 비율은 17.5%에서 20%로 증가한 데 비해, 가구 월평균 소득의 50% 미만을 차지하는 저소득층의 비율은 7.1%에서 12.5%로 증가하였다고 한다. 양극화가 심해지고 있는 것이다.[4] 여기에 더 심각한 문제는 "중산층 가구주의 평균 연령은 1990년 37.5세에서 2010년 47세로 열 살 가까이 늘었"으며, "같은 기간 맞벌이 비율도 15%에서 37%로 급증했다"는 것이다. 다시 말해 "중산층이 되려면 더 높은 학력과 더 오랜 경제활동 기간이 필요하고, 부부가 동시에 벌어야 한다는 얘기다."[5] 중산층에 진입하기가 예전에 비해 훨씬 어려워진 것이며, 중산층에서 탈락하기는 그만큼 더 쉬워졌다는 것이다. 이에 대해서는 늘어나는 가계부채의 증가, 고용 없는 성장, 비정규직의 문제, 사교육비의 과다한 지출 등 여러 가지 이유를 제시할 수 있을 것이다.[6] 아

4 "대한민국 중산층 20년간 줄고 늙고 고단해졌다…현대경제연구원분석"(동아일보 2011/08/29) 참조.

5 "대한민국 중산층 20년간 줄고 늙고 고단해졌다…현대경제연구원분석"(동아일보 2011/08/29).

6 한국은행 산하 경제연구원이 올해 초 발표한 '한국의 경제성장과 사회지표'에서도 소득

울러 사회취약계층에 대한 복지지출의 증가 및 가계부채의 축소를 위한 주택가격이나 전·월세 대책 그리고 사교육비 지출을 줄이기 위한 공교육 강화 정책 등 여러 가지 해결방안들이 제시되고 있다. 양극화라는 경제·사회적 문제를 정책, 즉 정치적 개입을 통해 해결하려는 노력들인 것이다. 하지만 이러한 양극화와 빈곤의 문제가 정작 정치적 문제이며 그것이 어떤 정치적 결과를 가져올 수 있는지에 대한 본격적 논의가 부족한 것이 사실이다.[7] 이에 이 장에서는 빈부격차와 양극화의 문제를 정치적인 관점에서 다루어보고자 한다.

이를 위해 '가난' 혹은 '빈부(貧富)'의 문제를 정치의 핵심적인 문제로 파악했던 서양 정치사상의 대표적인 두 사람을 중심으로 논의를 전개하고자 한다. 그들은 서양 고대 정치사상의 대표자인 아리스토텔레스(Aristoteles)와 근대 정치사상의 시조라 불리는 마키아벨리(Machiavelli)이다. 고대 정치사상을 대표하는 아리스토텔레스와 근세 초기의 정치적 문제의식을 대표하는 마키아벨리의 사고방식은 분명히 다르다고 할 수 있다.[8] "선의 단일성 및 윤리와 정치의 불가

격차의 심화와 더불어 중산층의 감소와 소득 하위층의 배에 가까운 증가를 언급하고 있다. 여기에 고소득층과 저소득층 간의 교육비 차이는 해마다 큰 폭으로 벌어지고 있는데, 이는 "소득악화→교육악화→고용악화→소득악화로 이어지는 악순환의 고리가 만들어질 가능성이 높다"고 지적하고 있다("불평등 코리아, 브레이크가 없다", 한겨레신문 2012/01/10).

7 양극화와 빈부격차의 문제가 심각해지면서 이 문제를 경제문제뿐만이 아니라 정치문제로 바라보는 시각이 늘어가기 시작했다. 기획재정부 2011년 9월 2일 보도자료 '세계적 양극화 현상 및 시사점'에서는 양극화 현상이 국가 체제에 대한 도전으로 발전할 가능성이 있다고 보고 있다. 이는 양극화 및 빈곤 문제의 정치적 효과에 대한 언급이라고 볼 수 있다.

8 대체로 목적론적 세계관과 윤리적 측면을 강조하는 고전 철학자로서 아리스토텔레스와 윤리와 정치를 분리하는 근대사상가로서 마키아벨리는 서로 다른 문제의식을 소유하고 있었음에 많은 학자들이 동의하고 있다. 이에 반해 참여와 시민적 덕성이라는 공화주의

분성"을 주장하는 아리스토텔레스와 정치와 윤리의 영역을 구별하는 마키아벨리는 엄연히 서로 다른 사상체계를 가지고 있다(Mouffe 2007, 65). 하지만 이 두 정치 사상가들은 정치 특히 정치체제의 형성을 바라보는 데서 동일한 관점을 보여준다. 공동체를 어떻게 구성해야 하는 것과 그것을 구성하는 세력들 간의 관계가 바로 정치와 그 이해의 핵심 관건이라는 것이다. 두 정치 사상가들에게 공동체를 구성하는 두 주요 세력은 바로 '빈자'와 '부자'이다. 이 두 세력 간의 갈등과 상호관계 속에서 서로 다른 정치체제가 나타난다고 보았던 것이다. 하지만 두 사상가들은 빈자나 부자만의 권력 독점을 비판한다. 그것은 정치체제 나아가 국가를 혼란과 몰락으로 이끌기 때문이다. 따라서 빈자와 부자들에게 공히 정치의 공간을 제공해야 함을 역설한다. 가난으로 인해 자신들의 정치적 의견이나 이익을 대변할 수 있는 공간을 빈자들이 상실한다거나 부로 인해 과도한 정치적 권리를 가지면 안 된다는 것이다.

아리스토텔레스와 마키아벨리에게 있어 부의 집중과 그로 인한 빈익빈 부익부 현상은 개인의 문제가 아닌 정치적 문제였다. 그것은 빈자와 부자가 시민으로서 동질성을 유지하는 것이 아니라, 부자는 지배자로 빈자는 피지배자로 만드는 것이기 때문이다. 동등한 시민이라는 이름만 남고, 실질적으로는 지배와 피지배 관계가 고착화될 때, 갈등은 증폭되고 이는 혼란을 가져와 국가를 약화시키게 된다.

적 문제의식에 주목하여 아리스토텔레스와 마키아벨리의 논의를 분석하고 있는 학자로는 포칵(Pocock 2011) 참조. 한편 아리스토텔레스의 정체구분과 마키아벨리의 혼합정론의 연관관계에 대해 개념사적으로 짧게 다루고 있는 논문으로는 파스키노(Pasquino 2009) 참조.

빈부격차의 문제는 개인 간의 사적인 경제문제가 아니라, 정치문제인 것이며, 체제유지의 핵심 관건이 되는 문제인 것이다. 그것은 사회통합을 저해하여 공동체의 유지를 위태롭게 하기 때문이다.

빈부격차는 건전한 사회를 부패하게 만든다. 부패는 동료 시민들 간의 불평등으로 인해 연대성이 사라지고, 지배와 복종 그리고 시기와 미움만이 남을 때 나타난다. 공적인 공간과 관계는 부자들의 파당화로 인해 그들에 의해 독점되고 배타적으로 지배되어 사유화된다. 파당화된 부자들은 자신들의 사익만을 위해 법질서를 무시하게 된다. 권력과 경제적 자원 등의 불평등한 소유와 지배로 인해 동료 시민들 간의 관계는 평등한 관계가 아니라, 주인과 노예의 관계로 전락하게 되는 것이다. 이럴 때 건전한 시민문화와 법질서 나아가 신뢰관계에 기반한 정치질서는 무너지게 되는 것이다. 이하에서는 빈자와 부자간의 갈등을 정치의 핵심문제로 파악하고 그 해결방안을 제시한 아리스토텔레스와 마키아벨리에 대해 살펴볼 것이다.

II. 아리스토텔레스와 빈부 갈등

1. 아테네 정치변동의 원동력으로서 빈부 갈등

아리스토텔레스는 고대 아테네의 정치변동과 정치발전의 문제를 부자와 가난한 자들 간의 대립과 반목의 관점에서 파악하였다.[9] 『아

9 아테네 민주정의 발달 과정에 대해서는 포레스트(Forrest 2001) 및 양병우(1976) 참조. 아울러 솔론에서 페리클레스 개혁기까지에 대한 간략한 분석으로는 서병훈(2011) 참조.

테네 정치제도사』에서 아리스토텔레스가 보여준 아테네 정치제도의 변화 과정은 부자와 가난한 자들 간의 갈등관계에 그 원동력이 있었다. 아테네 민주주의의 발전에 초석을 놓은 사람은 솔론(Solon)이었다. 그가 행한 정책의 핵심은 부자들의 전횡에서 피폐해지는 가난한 이들을 보호한 것이었다. 당시 부자들은 가난한 자들에게 토지를 임대해주었고, 그 대가로 경작물의 6분의 1을 받아 갔다. 이러한 과도한 부담은 그 부녀자들과 아이들까지도 부자들 밑에서 일하게 만들었다. 아울러 이들은 "제 몸을 담보로 돈을 빌려 채권자들의 처분에 자신을 맡겨 더러는 고향에서 노예가 되고 더러는 외국에 노예로 팔려갔다"(Plutarchos 2006, 99). 부자들은 토지를 독점하고 가난한 자들을 자신들의 예속하에 두었던 것이다. 하지만 예속이 계속되자 평민들은 부자들에게 저항을 하기 시작했고, 사회는 분열과 혼란에 빠지게 된다. 이러한 혼란을 극복하고자 아테네인들은 중재와 해결을 솔론에게 일임하게 된다. 이에 솔론은 우선 몸을 담보로 돈을 빌리는 행위를 금지하였으며, 부채를 삭감해주었다. 아울러 부자들의 전횡을 제어할 수 있는 여타 법제도를 만들었다.

아테네 민주정의 발전과정은 부자들의 전횡에서 민중들을 보호하고 정치공동체를 안정화시키려고 하는 과정이었다. 몸을 담보로 돈을 빌리는 것을 금지하고, 부채를 탕감한 것 이외에 솔론이 행한 중요한 업적은 시민층을 재산을 기준으로 4개의 계층으로 나눈 것이다. 500메딤노이, 기사, 제우기타이, 테테스가 그것들로, 이를 통해 솔론은 이전의 혈연, 지연 등으로 인한 시민 구성을 재산이라고 하는 객관적 기준으로 대체하려 하였다(Plutarchos 2006, 108-109). 아울러 솔론은 "억울한 처지의 사람을 위하여 원하는 사람이 구제

조치를 취할 수 있도록" 하였으며, "재판소에서 상소심 재판을 하도록 하였다"(Aristoteles 2002, 59). 이는 공적 제도를 확립하고자 한 솔론의 의도를 엿볼 수 있다. 때문에 아리스토텔레스는 그를 "자신의 욕심보다는 다수의 이익과 도시의 안전을 위하는 사람"으로 평가한다. 왜냐하면 그는 부자와 가난한 자, 양편 중 그 어느 쪽의 편도 들지 않았기 때문이다. 어느 한쪽의 손을 들어 주었다면 그들의 지지를 얻어 참주가 될 수 있었음에도 불구하고 "나라를 구하고 최선의 법을 만들기 위해 양편 모두의 적의를 얻는 길을 택"하였기 때문이다(Aristoteles 2002, 60). 이에 비해 페이시스트라토스(Peisistratos)는 민중을 등에 업고 권력을 장악하였다. 그는 참주라고 하기에는 공익을 옹호하고 대중을 괴롭히지 않았다. 하지만 그의 자손들은 참주적인 모습을 보여주었다. 이들이 타도되고 나서도 부자들과 민중들은 여전히 대립하였는데, 후자를 대변했던 클레이스테네스(Cleisthenes)가 권력을 잡게 된다. 클레이스테네스는 도편추방제를 도입한 것으로 유명하다. 이는 이전의 페이시스트라토스의 자식들이 보여주었던 참주정치의 폭정을 방지하기 위해 유력자를 제어하기 위한 장치였다. 하지만 이보다 더 중요한 것은 행정구역의 개편이었다. 클레이스테네스는 기존의 혈연, 지연 중심의 4부족을 10개의 공적인 새로운 행정구역으로 재편하여 폴리스 중심의 공동체로 묶으려 하였다. 부족중심이 아니라 폴리스라는 공적인 공동체를 중심으로 시민들을 재편한 것이었다.

이러한 공적 제도의 확충을 통해 아테네는 견실한 국가로 성장할 수 있었다. 그것은 외적의 침입에 효과적으로 대처할 수 있었던 아테네의 군사력에서 드러난다. 페르시아의 침입을 막아내고 마라

톤 전투에서 이길 수 있었던 원동력은 중무장 보병에 있었다. 그들은 자신의 무기를 스스로 구비할 수 있었던 중산층 농민계층에서 나온 것이다. 부자와 가난한 민중들 사이에서 중산층이 성장하였기에 가능한 것이었고, 이는 앞서 언급했던 공적 제도의 완비를 통해 가능한 것이었다. 그런데 아테네 정치제도는 아테네가 해상제국으로 성장하면서 변화를 겪게 된다. 살라미스 해전 이후 아테네는 그리스 국가들의 맹주로 자리매김하게 된다. 이에 전쟁은 아테네가 주도하게 되고, 다른 그리스 동맹 국가들은 그 재정을 보조하는 역할을 맡게 된다. 그런데 동맹의 군사부분을 담당하게 된 아테네의 군대는 육군에서 해군 중심으로 재편되고 그 중심에는 수병이 자리 잡게 된다. 삼단노선을 운영하기 위해서는 노 젓는 이들이 많이 필요하게 되고 그들은 일용직 노동자 등 하층 계급인 테테스로부터 충원되게 된다. 해군 중심으로 재편된 아테네 군대의 영향으로 힘이 세진 테테스 계층은 아테네의 정치에 적극적으로 관여하게 되며, 동맹국들로부터 들어오는 재화는 아테네 민주정의 강화에 사용되게 된다. 정치에 시민들의 참여를 독려하는 정책들로, 민회에 참여하거나 재판정에 배심원으로 참석할 때 보수가 지급되었는데, 이는 그러한 재화로 인한 재정적 후원 없이는 불가능한 것이었다. 아울러 군사업무에 복무함으로써 급여를 받아 생활하였던 테테스 층들은 민회에 적극적으로 참여하여 자신들의 이해관계에 부합하는 호전적인 정책을 결정하도록 하였다.[10] 따라서 이들은 스파르타와의 전쟁인 펠로폰네소스 전쟁에서 페리클레스(Pericles)의 사망 이후 무분별한 전투를

10 이로 인해 심해진 아테네의 빈부 갈등에 대해서는 김봉철(1996, 44쪽) 참조.

계속해서 감행하게 된다. 이는 결국 시칠리아 전투의 패배를 가져오게 되고 아테네는 펠로폰네소스 전쟁에서 지게 된다. 이러한 패전의 경험은 많은 아테네 사상가들로 하여금 자신들의 정치체제와 정치를 다시 생각하게 하였다. 데모스가 자신들의 사익만을 위해 지배하는 체제를 가리키는 고대 민주주의에 대한 부정적인 평가는 이로부터 기인한 것이다. 테테스는 당시 민중들의 대부분을 이루었기에 이들이 자신들의 이익만을 위해 행했던 정치가 데모스(Demos)가 지배(Kratia)하는 민주주의(Demokratia)로 불렸던 것이다.

중무장 보병이라는 중산층이 정치의 중심에 서서 균형을 잡아주지 못하게 되자, 부자들과 가난한 자들의 대립과 반목이 심해지게 된 것이다. 가난한 자들로 이루어진 민중과 부자들의 갈등이 증폭되면서 정치는 이성을 잃고 합리적인 결정을 내리기보다는 서로의 이익에 눈이 먼 결정을 내려 결국에는 파국으로 치닫게 되었다는 것이다. 이하에서는 이러한 부자와 가난한 자들의 갈등을 자신의 정치사상의 핵심으로 수용하면서 그것을 극복하기 위해 중산층에 중심을 둔 정치체제와 혼합정론을 전개한 아리스토텔레스에 대해 살펴볼 것이다.

2. 갈등 해결의 방안으로서 중산층 정체와 혼합정체

아리스토텔레스는 도시국가, 즉 폴리스의 삶이 자급자족의 상태일 때 최선이라고 말한다. 그런데 인간들은 먹고 살기 위해 노동을 하고 재산을 획득하는데 그것에는 자연적인 것과 관습적인 것이 있다. 문제는 관습적인 것에서 등장하는데 그것은 화폐의 사용을 통한 재산의 필요 이상의 축적이 가능해지면서 나타나게 된다. 각자가 먹고 살기에 필요한, 즉 자급자족하기에 충분한 것을 뛰어넘는 부(富)를 증식하는 것이 화폐를 통해 가능해지면서 빈부의 격차가 생겨났던 것이다.

그런데 고대 아테네에서는 국가를 시민들의 모임으로 생각하였다. 다시 말해 국가는 시민들로 구성된 복합체라는 것이다(Aristoteles 2009, 131). 시민들의 구성에 따라 국가의 성격이 규정된다는 것이다. 이것은 아리스토텔레스의 유명한 정체구분에서 잘 드러난다. 부자가 우위를 지니고 있으면 과두정이며, 가난한 자들이 권력을 잡게 되면 민주정이 되는 것이다. 그러나 아리스토텔레스는 여기에 사회 윤리적 가치를 기준에 추가한다.[11] 지배자의 수가 많든 적든 공동의 이익을 위해 통치하면 그것은 좋은 정체가 된다. 반면 지배자들이 자신들의 사익만을 위해 지배하면 그것은 나쁜 정체가 된다. 국가는 그것을 구성하는 시민들의 자족적인 삶을 목표로 하기 때문에 타인들을 배제한 일부의 사적 이익을 위해 통치하는 것은 최악의 정치체제가 되는 것이다. 그런데 이러한 사적 이익을 위한 통치는 국가를 동등한 시민들 즉 자유민들의 공동체로 만드는 것이 아니라 예속적이고 전제적인 국가로 만들어낸다(Aristoteles 2009, 150). 또한 이러한 사익추

11 누가 지배하는가와 무엇을 위해 지배하는가에 따라 아리스토텔레스는 정체를 다음의 6가지로 나누고 있다. 일인이 지배하는데, 공익을 위해 통치를 하면 그것은 왕정(basileia)이라 불리며, 반면 지배자 일인의 사익만을 위해 지배하면 그것은 참주정(tyrannis)이 된다. 소수의 뛰어난 인물들이 공익을 위해 지배하면 귀족정(aristokratia)이고, 그들의 사익만을 위해 통치를 하면 과두정(oligarchia)이 된다. 마지막으로 다수의 사람들이 공익을 위해 지배하면 혼합정(politeia)이라 불리우며, 그들만의 이익을 위해 정치를 운영하면 민주정(demokratia)이 되는 것이다(Aristoteles 2009, 151-152). 여기서 소수는 일반적으로 부자를, 다수는 빈자를 가리킨다.

구의 정치는 시민들 간의 권력 및 재산의 불균형을 만들어내고 이는 불평등과 분열을 불러일으킨다.

앞서 보았듯이 아리스토텔레스는 아테네의 정치혼란과 정체변동의 원인을 국가 구성원들 간의 파쟁에서 찾는다. 그리고 그 파쟁의 원인은 불평등에 있었다(Aristoteles 2009, 262). 불균형과 분열은 파당을 만들어내고 이는 정체변혁의 핵심이유로 작용한다. 아울러 파당의 대립은 뛰어난 한 인물에 자신들의 이해관계 해결을 전적으로 의지하고 전권을 위임하는 결과를 불러올 수도 있다. 이런 경우 나타나는 것이 참주 독재정이다. 부자와 가난한 이들 간의 대립은 이러한 문제를 일으킬 수 있는 핵심적인 요소이다. 빈부의 격차가 심해져 가난한 이들이 자유시민의 지위를 누릴 수 없게 될 때, 그들은 파당을 결성하고 부자들과 대결하려 할 것이다. 그러나 여러 가지 점에서 부족하고 힘이 없는 그들은 부자들을 누르기 위해 자신들의 이해관계를 대변하는 한 인물에 전적으로 의지하고 그를 참주로 만드는 것이다. 그러나 이러한 참주정치는 자유가 부재하고 법보다는 적나라한 폭력이 우선한다는 점에서 올바른 정치는 아닌 것이다.

이러한 정치의 혼란을 예방하기 위해 아리스토텔레스는 중산층에 기반한 혼합정을 주장한다. 아리스토텔레스가 보기에 부자와 가난한 자들은 자신들만의 이익을 추구하는 성향이 강하기 때문이다. 또한 한쪽은 지나치게 오만하고 다른 한쪽은 비굴할 수 있다. 하지만 중간계층은 그 물적 배경으로 인하여 중용지도(中庸之道)를 가질 수 있으며, 이성적이 된다. 따라서 부자와 가난한 자들 간의 해소되기 힘든 불화와 반목을 중재하기에는 중간계층의 중립성이 최선이라고 볼 수 있는 것이다.

> 모든 국가에는 세 부분이 있는데, 매우 부유한 자들, 매우 가난한 자들, 그리고 세 번째로 그 중간계급(hoi mesoi)이 그것이다. 그런데 중도와 중용이 최선이라는 것이 인정된 만큼, … 중간상태가 최선임이 명백하다. 이런 상태에 있는 사람들이 이성에 가장 잘 복종하기 때문이다. 반면 지나치게 아름답거나 지나치게 힘이 세거나 지나치게 집안이 좋거나 지나치게 부유한 자라든가, 반대로 지나치게 가난하거나 지나치게 약하거나 지나치게 한미(寒微)한 자는 이성에 복종하기가 어렵다. 이 가운데 전사에 속하는 자들은 무뢰한이나 대형 범죄자가 되고, 후자에 속하는 자들은 불량배나 경미한 범죄꾼이 되는 경향이 있다. 한쪽은 교만한 마음에서, 다른 쪽은 악의에서 불의한 짓을 저지른다. 이것은 둘 다 국가에 유해하다(Aristoteles 2009, 230).[12]

이렇듯 아리스토텔레스는 국가의 구성원들을 세 계층으로 구분한다. 부유한 자들은 복종하려는 의지도 복종하는 법도 모른다. 왜냐하면 어려서부터 부와 권력에 길들여졌기 때문에 복종하는 습관을 배우지 못한 탓이다. 반대로 가난한 이들은 지배할 줄 모르고 노예처럼 지배만 받으려 한다는 것이다. 따라서 이들은 자유민의 도시 즉 교대로 공무를 담당함으로써 번갈아 지배하고 지배받는 자유로운 국가에는 어울리지 않는 것이다. 한 국가 내에서 부자와 가난한 자들의 격차가 심해지면 그곳에서는 주인과 노예의 국가가 생겨나

12 아리스토텔레스는 『니코마코스 윤리학』에서도 행복한 삶의 전제로서 중용에 대해 칭송하고 있다. 이때 중용은 "두 악덕, 즉 지나침에 따른 악덕과 모자람에 따른 악덕 사이의 중용이다."라고 언급하고 있다(Aristoteles 2011, 66).

시민들 간의 유대감은 사라지고, 시기와 경멸의 관계가 형성된다. 이럴 때 국가를 안정화시키는 시민들 간의 우애로서 유대감은 사라진다. 동등한 자들 간에 생겨나는 유대감은 주인과 노예 관계 속에서는 나타날 수 없는 것이다. 유대감이 사라진 곳을 파고드는 것은 적대감 속에서 나오는 미움과 반목뿐이며, 파쟁(派爭)만을 낳을 뿐이다.[13]

국가를 이러한 파쟁과 분란으로부터 자유로울 수 있게 만드는 것은 바로 "동등하고 대등한 자들"인 중산계급이다. 그들은 "빈민들처럼 남의 재물을 탐하지도 않거니와, 빈민들이 부자의 재물을 탐하듯, 아무도 그들의 재물을 탐하지 않기 때문이다. 또한 남들도 그들에게 음모를 꾸미지 않고, 그들도 남들에게 음모를 꾸미지 않으므로 그들은 안전하게 살아가는 것이다"(Aristoteles 2009, 231). 중산계급이 많아 우위를 점한 국가에서는 시민들 사이의 반목과 파쟁이 일어날 가능성이 현저히 줄어든다는 것이다. 앞서 언급했듯이 그들은 적당한 재산의 소유로 인해 이성을 사용하여 중용적인 삶을 살 수 있기 때문이다. 이러한 중용의 삶은 서로 불신하는 부자와 빈자들 사이에서 "중재자"의 역할을 수행할 수 있게 해준다. 때문에 아리스토텔레스는 중산계급이 중심에 선, 다시 말해 "중산계급이 다른 두 계층을 합한 것보다, 또는 둘 중 어느 한쪽보다 수가 많은" 경우를 최상의 정치체제로 선호하고 있다(Aristoteles 2009, 236).

하지만 아리스토텔레스는 중간계층에 기반한 정체의 실현이 어려움을 토로한다. 대부분의 국가에는 중산계층의 수가 적어서 부자

13 도벨(Dobel 1978, 230) 참조.

와 빈자의 대립 속에서 민주정과 과두정이 나타날 수밖에 없음을 이야기한다. 아울러 그리스에서는 부자와 빈자들의 뿌리 깊은 불신 등으로 인해 파쟁과 대립이 발생할 수밖에 없다는 것이다. 이것은 민주정 아니면 과두정이라는 서로 한쪽에게만 유리한 정체를 만드는 분위기 조성하였고, 여기에 강력한 두 나라였던 아테네와 스파르타는 각 도시국가들에게 서로에게 유리한 정체를 세우려고 노력하였던 것이다(Aristoteles 2009, 233).[14] 따라서 좀 더 현실적인 대안으로서 부자들과 빈사들을 혼합한 혼합정이 필요함을 역설한다.[15]

아리스토텔레스는 부자와 가난한 자들의 대립이 극단으로 치닫는 것을 막으려고 하였다. 부자들만이 지배하는 정치는 과두정이 되고, 가난한 자들만이 지배하는 정치는 중우정이 된다. 한쪽이 다른 쪽을 배제하게 될 때, 그 국가는 미움과 분노의 표출을 막아낼 수 없고 그 귀결은 내란과 음모 나아가 몰락으로 가는 것이다. 이러한 대립의 파국을 막아내기 위해 아리스토텔레스는 혼합정체를 주장한다. 모든 정체가 무너지게 되는 핵심 요인은 어느 한 층이 다른 층보

14 이는 아리스토텔레스가 당시의 아테네와 그리스 국가들의 상황을 염두에 둔 것이다. 이런 의미에서 아리스토텔레스가 중산계층에 기반한 정체를 옹호한 것을 과거 회귀적 즉 솔론의 개혁과 클레이스테네스 시대의 중무장 보병에 기반한 정체를 기반으로 한 것이며, 이념형으로서 상정하는 학자들이 있다(Aalders 1968; Spahn 1977, 1988). 아울러 중간계층의 다수화에 대한 현실적인 어려움은 팔레아스가 제안한 정책을 아리스토텔레스가 비판하는 데서도 찾아볼 수 있다. 모든 파쟁의 원인을 재산문제에서 보고 재산의 평준화 혹은 균등화를 추구하는 팔레아스에 대해 아리스토텔레스는 산아제한 및 욕구제한의 필요성과 더불어 배운 자들은 이러한 평등에 불만을 품기 때문에 그 현실화 가능성이 지극히 어렵다고 말한다(Aristoteles 2009, 89-95).

15 아리스토텔레스의 혼합정과 중산층에 기반한 정체/혼합정의 관계에 대한 논의는 굉장히 모호하고 난해한 것으로 여겨져 왔고, 오랫동안 동일한 것으로 취급되어 왔다. 하지만 이 둘을 구분하는 굉장히 설득력 있는 논의들이 있으며 본 논문에서는 그것들에 기반하고자 한다(Sternberger 1978; Nippel 1980; Johnson 1988).

다 너무 크도록 놔두는 데 있기 때문이다(Aristoteles 2009, 295). 공동체를 이루는 두 중요한 층인 부자와 가난한 자들 사이의 불균형과 극단적 관계를 막기 위해서는 부자와 가난한 자들이 공히 정치체에 참여할 수 있는 체제를 만드는 것이다. 국가에 자신들의 부분을 가지게 해주는 것이다.[16] 민주정과 과두정의 방법을 혼합하는 것이다. 이에는 크게 다음의 세 가지 방법이 있을 수 있다. 우선 양 체제의 법규를 같이 취하는 것이다. 예컨대 가난한 자가 법정에 출석하면 수당을 지급하고, 부자가 불출석하면 벌금을 부과하는 것은 민주정과 과두정의 방법을 혼합하는 것이 된다. 두 번째는 두 체제의 상이한 법규의 중간을 취하는 것이다. 민회에 참여하는 데 민주정은 재산요건이 없거나 낮고 과두정은 높다. 이 경우 그 중간을 취하는 것이다. 세 번째는 각각에서 일부를 취하는 것이다. 민주정에서 공직자는 자격의 재산요건 없이 추첨으로 뽑지만, 과두정에서는 재산요건과 더불어 선거로 뽑는다. 재산요건을 무시하고 선거로 뽑으면 이는 각각에서 일부를 취하는 것이 된다(Aristoteles 2009, 225). 혼합정은 이렇게 가난한 자와 부자들의 참여를 공히 이끌어냄으로써 국가에 같이 복무토록 하는 것이다. 혼합을 통한 참여를 통해 파쟁을 제어하고 국가의 안정을 꾀할 수 있는 것이다.

> 제대로 된 '혼합정체'는 민주정체의 요소와 과두정체의 요소를 모두 포함하는 것처럼 보이면서 동시에 그중 어느 쪽 요소도 포함하지 않는 것처럼 보여야 한다. 그리고 그것은 외부의 지원이 아니라 자력

16 참여(participation; teilhaben)의 의미는 실로 모두(all)를 가지는 것이 아니라, 부분(part; teil)을 가지는 것이다.

으로 살아남아야 한다. 또한 그 '자력'이란 대다수가 정체의 존속을 원한다는 데서가 아니라—나쁜 정체에서도 그런 일이 일어날 수 있기 때문이다—국가를 구성하는 어떤 부분도 다른 정체를 원하지 않는다는 데서 나와야 한다(Aristoteles 2009, 226).

아리스토텔레스가 보기에 빈부격차의 문제는 경제의 문제가 아니라 정치의 문제 나아가 국가존립의 문제였다. 빈부격차로 인해 빈자와 부자간의 대립이 격해지면 서로 정치를 독점하여 상대를 배제하고, 자신들만의 이익을 추구하는 정치를 수행하려 하는 것이다. 그런데 이것은 국가를 위한 이성적인 행위 대신 자기 파당의 이익만을 위한 극단의 정책을 추진하게 된다. 펠로폰네소스 전쟁에서 무리한 전투를 벌여 결국 전쟁에서 패배하게 된 것도 가난한 자들이 지배한 중우정(衆愚政)의 영향이었던 것이다. 이를 극복하기 위해서는 자족적이기에 이성적이고 중용의 도를 수행할 수 있는 중산층이 다수를 차지하는 정체가 최선일 것이다. 하지만 그것이 어려울 때에는 부자와 가난한 자들이 공히 국가에 복무할 수 있는 혼합정을 만들어야 하는 것이다. 혼합을 통한 통합을 이루어내야 하는 것이다.

III. 마키아벨리와 빈부 갈등

1. 국가와 공적 질서를 무너트리는 빈부격차

마키아벨리에게 빈부격차의 심화는 한 국가의 몰락을 가져오는 핵심 문제 중 하나였다. 이는 로마 공화국의 몰락을 가져왔던 핵심적인 계기를 농지법 개혁을 두고 일어난 귀족과 인민들 간의 대립과 투쟁에서 찾고 있는 데서 잘 드러난다(Machiavelli 2003, 189-193). 귀족에 의한 토지 소유의 독점과 그것으로부터 배제되고 경작할 토지를 가지지 못해 점차 가난해져 갔던 인민들 사이에서 그락쿠스(Gracchus) 형제는 인민의 편에 서게 된다.[17] 토지 소유를 제한하는 조항과 적으로부터 빼앗은 토지를 인민에게 분배한다는 조항으로 이루어진 농지법은 부자인 귀족들의 불만을 사고 있었다. 이러한 귀족들의 불만은 이전부터 지속되어 오던 인민들과 귀족들의 대립과 갈등에 중첩되어 나타나게 되었다. 이는 평민파 혹은 인민파를 한편으로 하고 귀족파를 다른 한편으로 하는 파당들을 만들게 하였다. 마리우스(Marius)와 카이사르(Caesar)는 평민파의 우두머리였으며, 술라(Sulla)와 폼페이우스(Pompeius)는 귀족파의 수장이었다. 결국 이러한 평민파와 귀족파간의 대립은 농지법을 둘러싼 재산문제로 인해 그 극단으로 치닫게 되고, 양쪽은 더 이상 합법적인 수단에 의존하지 않고 사적인 방법인 무력충돌을 일으켜 로마 공화국을 몰락시키는 방향으로 나아가게 된다. 다시 말해 한쪽이 다른 쪽을 제어하기 위해 지도자를 선출하고 그에게 전권을 맡기게 됨으로써 자유가 아닌 지배의 체제, 즉 카이사르에 의한 참주정을 받아들이게 된다.

여기서 마키아벨리는 부자인 귀족들의 야망과 지배욕이 국가에 해가 됨을 지적하고 있다. "만약 도시가 다양한 수단과 방식으로 부

17 아테네에서 토지소유 귀족의 전횡을 제어하고자 했지만, 어느 편에도 서지 않았던 솔론과는 대비되는 일이다.

자들의 야망을 억누르지 않는다면, 그것은 즉시 그 도시를 파멸에 빠뜨릴 정도로 위험한 것이다”(Machiavelli 2003, 193). 이렇게 부를 쌓은 귀족은 자유를 같이 향유하는 동료 시민들보다는 자신들에게 복종하는 신민들을 가지고 싶어 한다. 이러한 상황을 마키아벨리는 당시 이탈리아에서 발견한다. 그는 자신들이 일을 해서 수입을 버는 것이 아니라 토지소유에서 나오는 수입으로 사치스럽게 사는 사람들을 비판한다. 그들은 “모든 공화국은 물론 모든 나라에 위험한 인물들”이라는 것이다. 그런데 더 위험한 이들은 거기에 더해 ‘성곽’을 가지고 있고 거기서 그들에게 복종하는 신민들을 가진 이들이다. 이들은 동료 시민들 간의 자유로운 관계보다는 명령과 복종의 관계에 더 익숙하여 “모든 종류의 자유로운 정부에 적대적이기 때문이다”(Machiavelli 2003, 241).[18]

이렇게 부자인 귀족과 인민들 간의 빈부격차가 심해져 서로 간의 불만과 불화가 쌓여가는 것을 막기 위해 마키아벨리는 국가는 부유하지만 시민은 가난하게 만들어야 함을 강조한다. 시민을 가난하게 만들어야 한다는 말은 빈곤에 허덕이게 만든다는 뜻은 아니다. 여기서 가난은 먹고 살기 적당한 중산층 정도의 경제상황을 말하는 것이다. 오히려 풍요롭고 사치스러울 때 시민들은 더 많은 것을 원해 탐욕스러워지고 나태해져 부패하게 된다는 것이다. 이렇게 적당한 재산에 만족하는 중산층 시민들이 넘쳐났던 나라가 고대 로마와 마키아벨리 당시에는 선량한 시민들이 많았던 독일이었다. 로마는 전쟁에서의 승리라는 명예를 전리품보다 더 귀중하게 여겼고, 가난이 명

18 르네상스 시기 이탈리아의 빈부격차 문제에 대해서는 퍼거슨(Ferguson 1989) 317쪽과 존스(Jones 1997) 235쪽 이하 참조.

예를 얻는 데 방해가 되지 않았기 때문에 시민들의 청빈함을 유지할 수 있었다. 독일인들은 법을 잘 준수하고 자유를 누리고 있었으며 공공재정이 필요할 때 기꺼이 세금을 납부하고 있었다. 이는 독일이 인접국과 많은 교류를 갖지 않음으로써 가능했던 것이다. 즉 "그들은 자기 나라가 제공한 물자를 즐기고, 식량을 소비하며, 양모로 옷을 지어 입는데 만족"해왔던 것이다(Machiavelli 2003, 240). 이에 이들은 시민들 간 평등한 관계를 유지하여 귀족의 전횡을 용납하지 않았던 것이다.[19]

시민들을 가난하게 유지하는 것의 유용성은 재물을 통해 자신이나 동료 시민을 부패시킬 수 있는 여지를 제거하는 데 있다.[20] 시민들을 가난에 묶어 두지 못하여 재부(財富)를 축적한 자가 나타나 빈부의 격차가 심해지고 그로 인한 권력의 불평등현상이 나타난다면 이는 국가질서를 무너트리는 첩경이 된다. 재산과 권력을 독점한 이들은 자신의 객관적 능력이 아니라 재부와 사사화된 방법을 통해 명성을 얻으려고 할 것이다. 이는 다른 시민들의 불만을 초래하고, 그것은 파당을 만들어 혼란을 추동해낸다. 이러한 사적인 방법의 유해성에 대해 마키아벨리는 다음과 같이 묘사하고 있다.

19 마키아벨리는 『군주론』에서도 독일인들의 국고의 풍부함과 더불어 시민들의 넘치지 않는 자족적인 삶을 칭송하고 있다(Machiavelli 2008, 75).

20 마키아벨리에 의하면 부패는 평화 속의 나태 속에서 나타나는데, 그 직접적 계기는 부와 권력의 불평등한 소유에 있다. 이는 로마가 멸망한 원인을 농지법에 의해 야기된 투쟁과 최고 지휘권의 연장을 통해 분석한 것을 통해서도 알 수 있다(Machiavelli 2003, 513). 즉 전자는 부의, 후자는 권력의 불균등한 분배를 지적한 것이다. 이에 대해서는 도벨(Dobel 1978, 963-964) 참조. 아울러 마키아벨리의 타락개념에 대해서는 브라이틀링(Breitling 1988), 비롤리(Viroli 1998) 4장 및 스키너(Skinner 2010) 3장 참조.

사적인 방법은 다양한 개인들에게 사사롭게 돈을 빌려주고, 그들의 딸을 결혼시키며, 행정관들로부터 그들을 보호하고, 그 밖에도 사적으로 유사한 호의를 베풀어 시혜를 제공하는 것이다. 이것들은 사람들을 시혜자의 파당으로 만들고, 그들이 추종하는 사람에게는 공공을 부패시키고 법을 위반해도 무방하다고 생각할 수 있는 용기를 심어준다(Machiavelli 2003, 525).

이렇게 사적인 방법으로서 재부의 사용은 역량 없는 부(富)를 용인하는 것이다. 다시 말해 관직이나 어떤 공적 지위에 필요한 합당한 능력이나 역량이 없음에도 재부를 사용하여 그 직위나 지위를 차지하는 것이다. 능력이나 역량이라는 공적인 기준을 재력이나 그것을 가능케 하는 가문 등 사적인 기준으로 대체하는 것이다. 이렇게 될 때 국가 질서는 무너지고, 가진 자와 못 가진 자, 즉 부자와 가난한 자들 간의 반목과 대립은 격화되는 것이다.

국고는 부유하게 하고, 시민들을 가난하게 유지해야 한다는 마키아벨리의 말 속에는 개인들의 사적 부가 공적 질서의 기준으로 침투하는 것을 막아야 한다는 생각이 내포되어 있다. 다시 말해 관직을 얻어 명예를 얻는 등의 공적 행위와 평가의 기준이 그것에 합당한 역량을 가지고 있는가에 있어야 한다는 것이다. 이럴 때 부라는 사적 기준이 파고 들어올 여지를 없앨 수 있는 것이다. 나아가 부를 추구함으로써 생길 수 있는 시민들의 부패의 경향을 제어할 수 있다고 보는 것이다. "나는 가난함이 어떠한 지위나 어떠한 명예든 당신이 거기에 이르는 길을 막지 않는다는 사실, 그리고 능력 있는 인재가 어떤 집에 살고 있든지 그 인재를 등용한다는 사실에 대한 사람들의 확고한 믿음보다 이러한 효과를 만들어내는 데 더 강력한 조건이 있다고 믿지 않는다. 그러한 사회 상태는 명백하게 부에 대한 소망을 덜 갖도록 만든다"(Machiavelli 2003, 515).

부에 의해 공적 명예를 얻는 것이 아니라, 재능과 그에 따른 명예를 통해 부를 얻을 수 있을 때, 부는 더 이상 기준이 되지 않는 것이다. 이때 시민들은 가난을 명예롭게 생각할 것이며, 부당한 부의 추구를 멀리할 것이라는 것이다. 그러나 이를 위해서는 빈부격차의 심화와 이로 인한 불평등의 문제를 제어해야 하는 것이다.

2. 갈등 해결의 방안으로서 혼합정체

마키아벨리는 귀족과 인민들 간의 갈등과 대립 관계가 정치의 핵심문제라고 파악하였다.[21] 귀족은 그 재산과 권력 그리고 가문 등으로 인해 지배하려는 욕구를 지니고 있다. 반면 인민은 지배받지 않고 자유롭게 살기를 바란다. 한쪽은 지배하려 하고 다른 쪽은 자유롭게 살고자 하기 때문에 둘의 관계는 갈등할 수밖에 없는 것이다. 그러나 이 둘의 갈등 관계로 인해 법질서가 탄생한다고 말한다. 서로의 갈등을 직접적인 폭력이 아니라 공적 제도를 통해 해결하는 것이다. 그런데 인간은 누구나 소유욕을 가지고 있기 때문에 재산문제가 이들의 갈등관계에 중첩되어 나타나면 그것은 어느 대립관계보다 더 걷잡을 수 없게 된다.[22] 그것은 로마의 농지법 문제를 통해

21 이에 대해서는 『군주론』 9장과 『로마사 논고』 1권 2장-5장 참조.

22 마키아벨리는 『군주론』에서 군주는 타인의 재산에 손을 대어서는 안 됨을 강력히 주장하고 있다. 왜냐하면 "인간이란 어버이의 죽음은 쉽게 잊어도 재산의 상실은 좀처럼 잊지

입증된 것이었다. 아울러 재산의 문제가 정치에 개입될 때 시민은 그 어느 경우보다 빨리 부패하게 된다고 말한다. 주어진 정치 문제를 객관적으로 판단하는 것이 아니라, 재물로 기쁨을 선사하는 이들에게 무조건 찬성하는 등 그 타락속도는 타의 추종을 불허한다는 것이다. 이에 마키아벨리는 빈부격차가 심해지는 것을 통해 사적인 부를 추구하는 경향이 정치영역에 침투하는 것을 가장 경계하고 있다. 빈부격차는 가난한 자들에게 생존의 문제를 야기시키고, 그것은 재물과 부의 추구를 모든 영역, 특히 정치의 영역에서 제일의 목표로 만들 수 있기 때문이다. 빈부격차는 정치를 사사화(私事化)하는 지름길을 제공하는 것이다. 정치를 부패시키는 가장 심각한 문제인 것이다.

이러한 빈부격차의 심화를 통해 야기되는 정치의 사사화를 방지하기 위해 마키아벨리는 부라는 기준이 정치의 영역에 들어오는 것을 막으려고 한다. 그것은 공적 질서에서 명예를 얻는 기준을 역량에 한정시키는 것이다. 행정관에 선출되는 사람은 그 직무에 합당한 자질과 능력을 가진 이들에 국한될 때, 역량이라는 기준은 준수될 수 있다. 그럴 때 사람들은 굳이 부를 추구하려는 노력을 하려고 하지 않는다는 것이다. 타인에게 인정받는 기준이 '부'가 아니라 '역량'일 때, 시민들은 부를 추구하지 않고, 가난을 부끄러워하지 않는다는 것이다. 그런데 이것은 어떻게 가능할까? 마키아벨리는 고대 로마가 모범을 보여준 혼합정에서 찾고 있다.

혼합정은 군주제, 귀족제 그리고 민주제의 요소를 혼합한 것이

못하기 때문이다"(Machiavelli 2008, 115).

다. 로마의 경우에는 집정관, 원로원 그리고 호민관 혹은 민회를 통해 앞의 3가지 요소를 혼합할 수 있었다(Machiavelli 2003, 83). 그런데 이 혼합은 제도적인 측면을 이야기한 것이며, 그 실질적 내용은 국가를 구성하는 두 가지 층인 귀족과 인민들을 공동체 내에서 묶어내기 위한 것이다. 다시 말해 귀족들에게는 원로원이라는 공간을 주고, 인민들에게는 그들을 보호하고 대변할 호민관이나 민회를 제공하는 것이다. 국가 체제 내에 서로의 공간을 제공함으로써 두 계층의 국가에의 참여와 복무를 독려해내는 것이다. 아울러 한 층에 의한 권력독점을 제어하고, 견제와 균형을 이루어낸다. 이를 통해 파당투쟁으로 혼란이 야기하는 것을 제어해내는 것이다. 어느 한쪽을 국가체제에서 배제하는 것이 아니라 각각의 공간을 제공함으로써 융합시키고 통합시켜 내는 것이다. 이러한 융합과 통합의 공간이 바로 공적인 법질서와 제도를 근간으로 하는 혼합정적인 국가체제인 것이다.

이러한 공공성을 유지하는 국가는 자유를 근간으로 한다. 여기서 자유는 획일적인 평등에 기반한 자유가 아니라 국가질서에 참여할 수 있을 뿐만 아니라, 타인이나 타 계층으로부터 억압받지 않고 살 수 있는 자유를 의미한다. 공공성을 통해 담보되는 자유 질서에서는 공정한 경쟁과 그 속에서 개인이 가진 능력과 재능의 계발과 발휘가 가능하고 그것이 아무 제약 없이 인정받게 된다. 이렇게 자유로운 국가체제를 갖추고 있는 나라는 큰 번영을 누릴 수 있음을 마키아벨리는 다음과 같이 표현하고 있다.

세계의 어느 곳에서나 자유를 누리는 모든 도시와 지방들은 매우 커다란 번영을 누린다. 이는 무엇보다도 인구가 증가하기 때문이다. 결혼이 사람들에게 보다 자유롭고 매력적인 것이 되고 각자 자신의 가산을 빼앗길 것이라는 두려움이 없게 되어 아이들을 기꺼이 낳아 키우기 때문이다. 또 사람들은 아이들이 노예가 아닌 자유인으로 태어난다는 사실뿐만 아니라 자신의 능력을 통해 뛰어난 인물이 될 수 있다는 사실도 알게 되기 때문이다(Machiavelli 2003, 278).

반면 앞서 말한 공적 국가질서를 유지하는 혼합정의 체제가 무너지면 그것은 단순정체가 된다. 이는 어느 한 층이 지배권을 행사하는 것을 말한다. 다시 말해 귀족이나 인민 혹은 이들의 지지를 받는 폭군이 전권을 행사하는 경우를 말하는 것이다. 이때는 자유와 평등은 사라지고 노예상태만이 남게 된다. 지배하는 자와 복종하는 자만이 남게 되는 것이다. 나아가 합의와 토론을 통해 통합의 정치를 펴기 보다는 자의적 지배를 행사하게 되는 것이다. 사적 폭력과 무법이 판치게 되며 지배하는 이들에게는 오만과 방종이, 지배받는 자들에게는 굴종과 비굴함만이 남게 된다. 그리고 이러한 노예상태는 불만과 미움을 재생산하게 되어 음모와 모반이 끊이지 않는 항상적인 내전상태로까지 발전하게 된다. 이러한 무질서의 혼란상황은 다름 아닌 권력을 독점한 층이 정치를 사사화함으로서 나타나는 것이다.

이러한 사사화를 통한 정치와 권력의 부패는 혼합정을 통해 극복 가능한 것이다. 서로 다른 층들이 정치에 참여하고 자유롭게 쟁론하는 제도가 완비될 때, 서로 견제하고 균형을 맞추는 모습을 갖출 수 있는 것이다. 다름을 인정하고 그들 간의 견제와 균형을 통해 동질적인 집단이 행할 수 있는 권력의 독점과 전횡을 방지하려고 하는 것이 혼합정의 모습인 것이다. 이러한 모습을 통해 빈부격차의 문제는 극복 가능해진다. 혼합정은 다른 계층 간의 공존과 공치(共治)를 꾀하기에 공정한 규칙을 핵심으로 삼는다. 불공정한 규칙은 어느 한 계층도 받아들이려 하지 않기 때문이다. 그런데 이 공정함이라는 기준, 즉 공정한 법제도를 통해 자유로운 경쟁하에서 능력발휘가 가능하게 되는 것이다. 서로 감시하고 견제하는 것이 가능할 때 어느 누구도 불만을 제기할 수는 없다. 이렇게 볼 때 혼합정은 출발의 동등함과 경쟁의 공정함을 꾀한다. 그런데 빈부격차의 심화는 출발과 경쟁의 불공정함을 재생산한다. 혼합정의 이념과 근본적으로 대치되는 것이 바로 빈부격차의 문제인 것이다. 이런 의미에서 빈부격차의 문제를 제어하기 위해 마키아벨리는 국가는 부유하게 시민들은 가난하게 유지해야 함을 이야기하고 있다. 그리고 시민들의 가난함을 유지하기 위해 부가 유일한 기준이 되지 않는 상황을 만들려고 한다. 그것은 공적인 지위나 명예를 얻는 데 역량을 핵심 관건으로 만드는 것이다. 부를 중요시 여기지 않도록 만드는 것이다. 그것은 귀족과 인민이 서로 견제하고 균형을 이루는 가운데 공정한 법질서를 확립할 수 있는 혼합정 속에서 가능한 것이다.

IV. 나가며

빈부격차 문제는 가장 심각한 정치문제이다. 빈익빈 부익부 현상은 부자에게는 오만을, 가난한 자에게는 굴종을 재생산시킨다. 그것은 자유를 고사시키는 것이다. 자유롭고 평등한 시민들 간의 관계가 무너지기 때문이다. 지배하려는 자와 기꺼이 복종하려는 자가 있다면 법질서는 무력화된다. 질서가 해체되는 것이다. 이는 국가의 근간을 무너트리는 것이다.

아리스토텔레스와 마키아벨리의 논의는 빈부격차의 정치학을 잘 보여주고 있다. 빈부격차는 결국 자유와 평등이 근간인 민주주의를 파괴하게 된다는 것이다. 오만과 굴종의 문화는 재능과 자질 계발을 북돋는 자유의 공기를 질식시킬 것이다. 지배하려는 부자와 순종하려는 가난한 자 사이에는 동등하고 자유로운 시민들 간에 생기는 연대성의 정치는 나타날 수 없다. 연대성이 사라진 시민들은 모래와 같이 흩어지는 사이가 된다. 사상누각 위에 국가가 세워지게 되는 것이다. 이러한 사상누각은 위기의 상황에 제 모습을 드러낸다. 위기의 시기에 가난한 자들 중 누가 부자를 돕겠다고 나서겠는가? 적군이 쳐들어왔을 때 누가 우리 모두의 조국이 아닌, 부자들만의 나라를 지키려 나서겠는가? 빈부격차로 인한 연대성의 상실과 대립의 격화는 '우리의 나라'가 아닌 '그들만의 나라'를 만듦으로써 무력(無力)한 국가를 만드는 것이다.

빈부격차가 심해져 부자와 가난한 자들 간의 대립과 파쟁이 심해질 때 나타나는 또 다른 위험 중의 하나는 독재정치 혹은 참주정치의 출현이다. 이것 역시 민주주의의 고사(枯死)를 가져온다. 미움과 시기가 만연해지고 좌절과 분노가 심해지면 그것은 이성과 합리가 통하는 판단을 불가능하게 한다. 상대방이 싫어 자신도 꺼려하는 일을 저질러 버리게 되는 것이다. 미운 사람에게 복수하기 위해 악마에게 자신의 영혼을 파는 일이 일어나게 된다. 그것이 바로 상대편을 제압하기 위해 자신의 이익을 대변한다고 생각되는 한 인물에게 모든 것을 위임하는 것이다. 이를 통해 독재이자 참주정이 출현하게 되는 것이다. 히틀러(Hitler)의 예에서 볼 수 있듯이, 1차 세계대전 이후 정치·경제 위기에 빠졌던 독일 국민은 투표라는 합법적 행위를 통해 자발적으로 그들을 구해 줄 영웅을 찾았던 것이다.

빈부격차의 심화가 심각한 정치문제라고 했을 때 이에 대한 대처 방안은 아리스토텔레스와 마키아벨리에게서 조금씩 다르게 나타난다. 우선 아리스토텔레스는 중산층의 강화를 이야기한다. 적당한 재산을 통해 자족하는 삶을 사는 중산층은 합리적이고 이성적인 판단이 가능한 계층이다. 아울러 부자들과 가난한 자들을 국가체제 내에 통합시키는 것이 중요하다. 이것이 아리스토텔레스가 강조했던 중간계층에 기반한 정치체제 혹은 혼합정론이다. 중산층이 존재함으로써 부자와 가난한 계층 사이에 일어날 수 있는 대립의 격화를 제어할 수 있는 것이다. 부자와 가난한 계층 사이에서 균형추의 역할을 함으로써 안정된 국가체계를 이룰 수 있는 것이다. 아울러 부자와 가난한 계층을 국가에 참여시키고 그들의 이해를 각기 대변하는 제도나 법규 등을 만들 때, 다시 말해 어느 한층은 배제시키고 다른 계층만의 이해관계를 대변하는 것이 아니라 그들 모두를 혼합시킬 때, 그들은 국가의 구성원이라는 연대감을 가질 수 있는 것이다. 이것을 통해 비로소 통합과 연대는 가능한 것이다.

마키아벨리는 빈부의 문제가 정치 영역에 들어오는 것을 제어하고자 한다. 빈부격차의 문제가 정치 영역에 들어오면 그것은 정치의 사사화를 조장하여 공적인 국가질서를 부패시키고 몰락시키기 때문이다. 이를 극복하기 위해 마키아벨리는 역량이 중요시되는 정치질서와 문화를 만들고자 한다. 역량이 기준이 될 때, 부를 유일한 목적으로 추구하는 황금만능주의를 극복할 수 있고 귀족이나 인민 공히 경제적인 부보다는 국가에 봉사할 수 있는 역량을 쌓고자 노력할 것이기 때문이다. 이를 위해 마키아벨리는 귀족과 인민의 갈등이 제도화되어 자유롭게 표출될 수 있으며 그것을 통해 법질서의 지속적인 발전을 가져오는 혼합정체를 옹호한다. 서로 대립할 수밖에 없는 귀족과 인민을 국가질서에 통합시켜 견제와 균형을 내재화하려는 것이다. 이것을 통해 객관적이고 공적인 국가제도가 만들어질 수 있기 때문이다. 가문이나 부 같은 사적인 수단을 통한 권력의 재생산이나 공적인 명예의 추구가 견제와 균형을 통해 제어되기 때문이다. 이를 통해 빈부격차의 심화는 제어될 수 있으며, 국민들은 검소하지만 국가는 부강한 나라가 될 수 있는 것이다.

선거는 대한민국 국민들에게 다양한 갈등과 불만을 표출할 수 있는 기회를 제공한다. 제도권 정치에 불만을 품은 젊은 유권자들의 소위 '바람의 정치'에 대한 욕구가 분출될 수도 있다. 그런데 이러한 불만의 표출은 한국 국민들이 처해 있는 삶의 곤란들과 맥을 같이하고 있다. 한국의 대기업 지배 경제구조로 인해 아무리 수출이 많이 되어도 그 과실이 서민경제에까지 미치지 못하고 있다. 생산의 자동화와 자본의 국제화로 인해 일자리는 갈수록 줄어들어 실업률은 높아만 가고 있다. 가계대출은 이미 그 도를 넘어섰으며, 인구의 고령화는 실업률의 증가와 맞물려 실업자를 양산하고 있다. 아울러 고가의 사교육비는 공교육의 부실에 편승해 학부모들의 허리를 휘게 하고 있으며, 경제자본과 교육자본이 일치하는 현상을 낳게 하고 있다. 공부만 잘하면 개천에서 용이 날 수 있었던 시대는 가고 부자 부모를 두어야 좋은 대학을 갈 수 있는 시대가 되었다. 계층의 고착화를 낳고 있는 것이다. 이 모든 현상 속에 빈익빈 부익부 현상이 자리 잡고 있다. 가난하면 사교육을 받을 수도 없고, 그렇다면 좋은 대학에 가서 연봉이 많은 취직자리를 얻을 수도 없는 배제와 소외의 시대에 살고 있는 것이다. 대한민국의 빈부격차로 인한 시기와 질투 그리고 갈등은 증폭하고 있다. 방종과 오만으로 가득 찬 가진 자의 행위는 최근 매 값을 주고 사적 폭력을 행사한 재벌가의 행태에게서 찾아볼 수 있다. 또한 돈이라면 어떤 굴종적인 일이든지 할 준비가 되어 있는 젊은 층을 쉽게 찾을 수 있다. 자유롭고 평등한 시민 간의 관계가 약해지면서 불만과 분노가 그 자리를 차지하게 된다.

빈부격차로 인한 민주주의의 위기를 극복하는 첫 번째 길은 중산층을 육성하는 것이다. 아울러 오만과 굴종을 통해 사적 폭력 같은 사사화된 관계가 공적 관계를 침범하지 못하도록 법제도가 완비되어야 한다. 그런데 그러한 법제도는 합리적인 시민들이 있어야 가능하다. 합리적인 민주시민의 토대로서 중산층이 필요한 이유이다. 가진 자와 못가진 자의 예속관계와 그 관계의 폭력성은 그 어느 때보다 우리 사회에 잠재해 있다. 자신의 목소리를 낼 수 없는 약자들은 권력을 가진 자들 앞에서 속수무책이 된다. 그와 같은 나라는 더 이상 자유공화국이 아니다. 자유의 공화국을 만들기 위해서는 소외와 배제가 아니라 연대와 통합의 정치가 필요하다. '배제의 정치'를 '통합의 정치'로 바꾸기 위해 혼합정의 문제의식을 적극적으로 수용할 필요가 있다. 가진 자들의 목소리를 담는 것도 중요하지만 지금 같이 균형추가 기울어져 있는 시기에는 가지지 못한 자의 목소리를 더 담아야 한다. 하나의 국가질서에 서로 혼합되어 자신들의 목소리와 이익을 대변해줄 공적 제도가 정립되어 있을 때 서로 다른 계층 간의 통합은 가능한 것이다. 혼합을 통한 연대와 공감의 정치만이 분열과 배제를 극복하고 통합을 가능하게 할 수 있는 것이다.

참고문헌

김봉철. 1996. "아테네의 역사." 김진경 외 지음. 『서양 고대사 강의』. 서울: 한울아카데미.

서병훈. 2011. "아테네 민주주의에 대한 향수-비판적 성찰." 전경옥 외 지음. 『서양 고대·중세 정치사상사: 아테네 민주주의에서 르네상스까지』. 서울: 책세상.

양병우. 1976. 『아테네 민주정치사』. 서울: 서울대학교 출판부.

Aristoteles. 2002. "아테네 정치제도사." 『고대 그리스정치사 사료: 아테네·스파르타·테바이 정치제도』. 서울: 도서출판 신서원.

______. 2009. 『정치학』. 천병희 역. 서울: 도서출판 숲.

______. 2011. 『니코마코스 윤리학』. 강상진·김재홍·이창우 옮김. 서울: 도서출판 길.

Ferguson, Wallace Klippert. 1989. 『서양 근세사-중세에서 근대로의 이해』. 이연규·박순준 공역. 서울: 집문당.

Forrest, W. G. 2001. 『그리스 민주정의 탄생과 발전』. 김봉철 역. 서울: 도서출판 한울.

Machiavelli, Niccolo. 2003. 『로마사 논고』. 강정인·안선재 역. 서울: 한길사.

______. 2008. 『군주론』. 강정인·김경희 역. 서울: 까치글방.

Mouffe, Chantal. 2007. 『정치적인 것의 귀환』. 이보경 역. 서울: 후마니타스.

Plutarchos. 2006. 『그리스를 만든 영웅들』. 천병희 역. 서울: 도서출판 숲.

Pocock, J. G. A. 2011. 『마키아벨리언 모멘트』 전2권. 곽차섭 옮김. 파주: 나남.

Skinner, Quentin. 2010. 『마키아벨리의 네 얼굴』. 강정인·김현아 공역. 서울: 한겨레출판.

Aalders, G.J.D. 1968. *Die Theorie der gemischten Verfassung im Altertum*. Amsterdam: Verlag Adolf M. Hekkert.

Breitling, Rupert. 1988. "corruzione und virtù - zur Dialektik Machiavellis." Ein Essay, Rupert Breitling und Winand Gellner, eds. *Machiavellismus: Parteien und Wahlen, Medien und Politik. Politische Studien zum 65. Geburtstag für Professor Dr. Erwin Paul*, 127-148. Gerlingen: Maisch + Queck.

Dobel, J. Patrick. 1978. "The Corruption of a State." *The American Political Science Review* 72(3): 958-973.

Jones, Philip. 1997. *The Italian City-State: From Commune to Signoria*. Oxford: Clarendon Press.

Johnson, Curtis. 1988. "Aristotle's Polity: Mixed or Middle Constitution?" *History of Political Thought* IX(2): 189-204.

Nippel, Wilfried. 1980. *Mischverfassungstheorie und Verfassungsrealität in Antike und Früher Neuzeit*. Stuttgart: Klett-Cotta.

Pasquino, Pasquale. 2009. "Machiavelli and Aristotle: The anatomies of the city." *History of European Ideas* 35(4): 397-407.

Spahn, Peter. 1977. *Mittelschicht und Polisbildung*. Frankfurt/a.M: Peter Lang.

______. 1988. "Aristoteles." Iring Fetscher und Herfried Münkler (hrsg), *Pipers Handbuch der Politischen Ideen, Bd. 1, Frühe Hochkulturen und Europäische Antike*, 397-437. München: Piper.

Sternberger, Dolf. 1978. *Drei Wurzeln der Politik*. Vol. 1. Frankfurt am Main: Insel Verlag.

Viroli, Maurizio 1998. *Machiavelli*. Oxford: Oxford University Press.

기획재정부. "세계적 양극화 현상 및 시사점." 2011년 9월 2일 보도자료.

동아일보. "대한민국 중산층 20년간 줄고 늙고 고단해졌다…현대경제연구원분석." 2011년 8월 29일.

문화일보. "韓 소득불평등 OECD 중 '최고속' 악화, 10년 새 소득배율 3.83 → 4.78… 평균보다 4배 빨라." 2010년 8월 2일.

한겨레신문. "불평등 코리아, 브레이크가 없다." 2012년 1월 10일.

Financial Times. "South Korea: An economy divided." 2011년 5월 30일.

Stiglitz, Joseph. 2009. "Obama's Ersatz Capitalism." *The New York Times* (March 31).

제3장

프랑스 공화국과 공화주의의 탄생

—프랑스혁명 전후 그 구성(constitution)을 둘러싼 논의들—

* 이 글은 『한국정치연구』 30권 2호(2021)에 실린 것으로 이 책에 맞게 수정 보완한 것이다.

I. 들어가는 말-두 가지 전통

역사적으로 존재했던 공화주의의 복원과 더불어 그에 대한 정치적 관심이 확장되고 있다. 우선 지성사적 측면에서 근대가 자유주의 시대였다는 것은 분명하지만, 그와 동시에 그것이 만들어낸 폐해 역시 분명하다는 것 때문에 새로운 대안에 대한 탐구와 더불어 잊혀져 왔던 역사에 대한 탐구가 진행되었다. 그 결과물 중의 하나가 공화주의의 역사적 복원과 현재에서의 정치적 전망으로서 대안적 제시이다. 스키너 및 포콕은 근대정치사상에 대한 새로운 이해를 통해 휘그적 전통이 아닌 마키아벨리적 전통, 즉 로마공화국에서 시작한 혼합정을 통한 공화국과 공화주의적 시민의 모습을 복원하고자 하였고, 르네상스 시기 마키아벨리 및 이후 영미 대서양 공화주의 전통을 복원하고자 하였다(Skinner 1978; Pocock 1975). 현대 공화주의 정치철학자들은 로마공화정 이래 이른바 이탈리아-대서양 공화주의 전통이 시민적 덕성, 정치참여, 평등하고 자유로운 대화와 토론 및 숙의, 법치 및 권력분립을 통한 견제와 균형 등을 강조하였고, 18세기 들어서 상업(자본주의)의 발달에 따른 부패에 대한 경계를 주요 관심으로 드러냈다는 점을 강조하고 있다. 또한 간섭의 부재로서 자유라는 자유주의적 자유 개념의 한계를 지적하면서 자유주의 이전부터 존재했던 지배의 부재로서 자유, 즉 '비지배 자유(non-domination liberty)'를 부각시키고 있다(Viroli 2006; 2016).

이러한 이탈리아-대서양 공화주의 전통과 구별되어 혁명을 통한 근대 공화국의 건설과 그 과정에서 공화국의 모습을 새롭게 구성해 내고자 했던 흐름이 프랑스 공화주의라고 할 수 있다. 프랑스 역사학계나 정치학계에서는 프랑스혁명 이전 18세기 계몽주의 전통에서부터 시작되어 프랑스혁명과 이후 100여 년의 역사를 통해 19세기말 제3공화국에서 모습을 드러낸 공화국과 공화주의가 프랑스 고유의 공화주의 모델을 형성해왔다고 주장해왔다(Berstein et Rudelle 1992). 그리고 그러한 프랑스 공화주의 전통은 현재에도 영미적 공화주의와 구별되는 사회적 통합방식이나 복지에 대한 상이한 접근 등을 통해 차별화된 사회모델을 보여주고 있다(Esping-Anderson 2007). 자유주의에 의해 상대적으로 묻혀왔던 이탈리아-대서양 전통의 공화주의와 대비되어 프랑스 공화주의는 근대 프랑스 공화국 자체의 구성을 통해 형성되어 왔으며, 그러한 점에서 오히려 프랑스에서는 자유주의의 미약—혹은 프랑스 자유주의의 특성으로서 공화주의를 반영한 '국가에 의한 자유주의'—을 이야기해왔다.

영미적 흐름과 구별되는 프랑스의 특수성과 관련하여 이미 아렌트는 자신의 『혁명론』에서 미국혁명과 대비되는 프랑스혁명에 대해 언급하면서 근대 초기 두 개의 공화국의 탄생에서 비롯한 특수성을 언급한 바 있다. 아렌트는 정치적인 것이 전면에 등장하고 그것에 의해 혁명이 주도되었던 미국혁명과 구별하여, '사회적인 것'이 침범하면서 정치적인 것의 고유성을 훼손하였던 프랑스혁명에 대한 비판적 시각을 드러내고 있다(Arendt 2004).[1] '정치적인 것'의 고유성을 강조하는 시민적 공화주의(civic republicanism) 전통의 복원이라는 차원에서 아렌트의 문제제기와 기여는 미국혁명과 프랑스혁명에 대한 이해로 이어져 아렌트의 독특한 시각을 보여준다. 하지만 다른 한편에서 아렌트가 비판하는 프랑스혁명의 특성, 즉 '사회적인 것'에 의한 '정치적인 것'이 침범이라는 점이 프랑스 공화국의 특성을 잘 보여주는 것이자 동시에 장점, 즉 '사회적인 것'에 대한 지속적 관심과 정치적인 것을 통한 '사회적인 것'에 대한 형태규정과 의미를 부여함으로써 정치적인 것의 우선성을 강조하는 독특한 전통을 만들어냈다고 할 수 있다. 그러한 의미에서 프랑스 공화주의 모델이 갖는 특수성을 드러냄으로써 신로마 공화주의 혹은 대서양 공화주의 전통과 구별되는 지점을 포착하고 공화주의의 다양한 모습을 이해할 필요성이 있다.

현재에 존재하는 프랑스 공화국 및 공화주의는 1789년 프랑스혁명 과정에서 다양한 정치적 실험 과정을 거치면서 이후 19세기 동안 다양한 정치 체제의 부침을 통해 서서히 균형점을 찾고 그 모습

1 아렌트의 이러한 지적, 즉 미국 공화국의 역사에서 사회적인 것—사회적 문제 혹은 사회적 책무—에 대한 무관심은 혁명 시기에만 한정되는 것이 아니라 19세기 동안에 미국 자유주의자들이나 민주주의자들에게 공히 나타난다(Hartz 2012).

을 만들어왔다. 하지만 그러한 흐름은 그 이전 프랑스 절대주의 역사와 계몽주의에서부터 배태되었던 공화주의의 다양한 흐름에서 연원한다고도 할 수 있다. 18세기 프랑스의 계몽주의자들에게 공화국과 공화주의의 문제는 프랑스 절대왕정의 문제와 결합된 것으로, 절대왕정이라고 하는 '폭정'의 가능성을 가진 통치체의 개혁의 문제와 연결되었다. 18세기 계몽주의 속에서 드러난 프랑스 공화주의자들의 해결책은 두 가지 흐름으로 나타났다. 하나는 몽테스키외가 제시한 '군주정의 얼굴을 한 공화정', 즉 영국식 입헌군주정이라는 해결책을 찾는 것이었고, 다른 하나는 루소가 제시한 '민주주의적 공화정'이었다.

우선 베니스와 영국을 여행하면서 공화정의 모습을 발견한 몽테스키외는 군주제를 유지하면서도 권력분립을 통해 폭정의 가능성을 차단하고 또한 근대적 상업의 발달 속에서 공화주의적 덕성을 통해 습속을 순화하고 있는 영국을 이상적인 경우로 이해하고, 프랑스에서 그러한 모습을 구현하고자 하였다. 예를 들어 파리 고등법원(parlement)을 강화하여 절대 군주의 힘을 견제하는 방식으로 프랑스에서 영국적 혼합정을 구현해 보고자 하였다(Montesquieu 1975; 홍태영 2008, 41-69).[2] 하지만 1750년대 재정적, 종교적 위기 속에서 국민주권에 대한 의회주의적 그리고 얀센주의적 해석을 통한 급진화의 시도, 즉 '고래의 헌법(ancienne Constitution)'이라고 할 수 있는 왕

2 이것은 로마적 공화주의의 흐름과 동시에 18세기 서서히 형성되는 자유주의, 특히 멘더빌의 『꿀벌의 우화』에서 등장하는 상업적 자유에 대한 수용과 결합, 공화주의적 애국심이란 법과 조국에 대한 사랑이라는 『법의 정신』의 서문에서 보여지는 언명처럼, 권력분립과 법치를 강조하는 로마적 공화주의 전통 등을 볼 때, 슈클라의 말처럼 '자유주의적 공화주의'의 흐름을 형성하였다고 할 수 있다(Shklar 1993).

국의 전통적 법률에 근거하여 고등법원(parlement)이 국민을 대표한다는 일종의 헌정주의를 확립하고자 한 시도—이른바 1771년 모푸(Maupeou)의 반란—는 실패로 끝나게 된다(Wright 1993, 133). 하지만 이미 1750년대 말 마블리(Mably)는 당시의 이러한 긴장을 읽으면서 고등법원들의 저항이 삼부회의 소집을 가져올 수 있을 것이며, 그것은 절대왕정을 무너뜨리고 국민의회의 성립을 가져올 수 있을 것이라고 예언하기도 하였다.[3] 결국 프랑스는 절대군주의 길을 지속, 강화하였다. 이후 프랑스에서 제시된 또 하나의 해법은 루소에 의한 '민주주의적 공화정'이라고 할 수 있다. 루소에게서 주목해야 할 개념은 '주권'이다. 고전적 공화주의나 마키아벨리적 전통의 혼합정에서는 존재하지 않았던 '주권' 개념은 프랑스 절대주의의 특성으로 보댕(J. Bodin) 이래 확립된 개념이다. 결국 권력의 분할을 통한 입헌군주정으로의 길이 불가능해진 상황에서 절대군주의 주권을 인민주권으로 대체하고자 하는 루소의 민주주의적 공화정 개념이 새로운 대안으로서 제시되었다.[4] 18세기 대의제 정부론은 절대군주제는 물론 민주주의에 대해서도 적대적이었다(Derathé 1979, 269-273). 그

3 베이커는 마블리의 이러한 예언을 "프랑스혁명을 위한 하나의 시나리오"였다고 불렀다(Baker 1993, 64).

4 오래전 스피노자의 급진성으로부터 유래하는 공화주의의 흐름과의 연관성을 고려할 수 있다. 즉 스피노자의 공화주의, 개인의 자유와 덕성 그리고 그것을 존재목적으로 하는 국가의 존재 및 주권의 절대성에 대한 관념 등은 루소적 공화주의와의 친밀성을 엿볼 수 있다(신철희 2016). 또한 시민의 국가에 대한 사랑의 필요성에 기인한 시민종교에 대한 관념 역시 그러하다(공진성 2013). 즉 개인과 공동체/국가와의 관계에 대한 스피노자와 루소의 유사성이다. 이러한 평등주의적 공화주의에 대해 엘베시스(C-A. Helvétius), 돌바크(P. H. d'Holbach) 등은 고대의 공화주의 및 그 중심에 있는 덕성(virtue)에 대한 재해석, 특히 상업의 발달과 이윤 추구에서 변화된 덕성의 문제를 제기하면서 근대적 공화주의로의 변신을 시도하였다(Spitz 2000, 53-105; Hirschman 2020).

러한 의미에서 루소는 절대군주제에 대항하는 동일한 논리, 즉 주권이 대표되거나 양도될 수 없다는 논리 속에서 대의제 정부에 대해서도 반대하였다. 루소적인 공화주의의 흐름은 로마적 공화주의의 복원이기도 하지만, 그것은 혼합정에 대한 강조보다는 『에밀』에서 보여지는 로마의 시민적 덕성을 갖춘 시민과 『사회계약론』에서 제시되는 일반의지 및 프랑스 주권사상을 반영한 인민주권론과의 결합을 통한 민주주의적 공화정에 방점이 있었다.[5]

이 두 가지 흐름은 1789년 프랑스혁명의 발발과 함께 프랑스 공화국의 형태를 구성하고 구체화하는 과정에서 경쟁적으로 출현하였고 또한 부침을 거듭하면서 19세기 프랑스 역사를 만들어갔다. 이 글은 이 두 가지 흐름이 뚜렷하게 대비되어 등장하였던 1789년 프랑스혁명의 발발부터 10여 년 동안의 공화국과 공화주의를 둘러싼 논의를 정리하면서 그 쟁점과 해결의 방식에 대해 추적해 보고자 한다. II절에서는 프랑스혁명에서부터 자코뱅 산악파의 공포정치 시기까지에 등장한 민주주의적 공화주의의 흐름을 살펴보고, III절에서는 테르미도르 이후 등장한 자유주의적 공화주의의 흐름을 검토할 것이다. 그리고 결론적으로 그 두 흐름, 자유주의적 공화주의와 민주주의적 공화주의가 만들어낸 쟁점이 19세기에 어떻게 변형되고 또

5 장-파비앙 스피츠(Jean-Fabien Spitz)—아마도 신로마공화주의의 입장을 취하는 소수의 프랑스학자 중의 대표적 정치학자—의 표현에 따르면, 루소적 흐름을 평등주의적 공화주의의 흐름이라 지칭하고, 인민의 자치정부에 대한 강조, 자연적 평등이 도덕적—정신적moral—평등을 위협하기 때문에 시민사회의 목적은 자연적 평등을 정정하는 것이라는 등의 사유를 전개한다고 본다(Spitz 2000). 페팃 역시 공화주의의 두 가지 전통을 구분하면서 비지배, 혼합정 등을 강조하는 이탈리아-대서양 전통에 대비되어 주권과 시민의 역할을 강조하는 공동체주의적 경향이 강한 프랑스-독일의 공화주의 전통을 구별한다(Pettit 2013).

한 19세기 말 제3공화국에서 어떠한 방식으로 체제 속에 스며들게 되는지에 대한 간략한 실마리를 제시하고자 한다.

II. 공화국의 탄생과 민주주의적 공화주의의 시도(1789 – 1794)

1. 개념들의 착종: 주권, 대표, 민주주의

프랑스혁명은 하나의 사건 혹은 하나의 덩어리로 볼 수 있는 단일한 역사라기보다는 1789년에 발생하였던 일련의 사건들—삼부회의 소집, 테니스장 선언, 바스티유 함락 등등—을 통해 루이 16세의 절대적 권력이 국민의회로 이전되는 과정, 즉 군주주권에서 국민주권의 시대로 전환이 발생하는 긴 과정, 또한 정치체제의 구성을 둘러싼 다양한 논쟁과 그것들의 부침이 있는 복잡한 과정이라고 할 수 있다. 1791년 입법의회가 성립되고 1792년 8월 10일 전국적 차원에서 발생한 이른바 제2차 혁명 이후 공화국이 선포되기 이전까지 프랑스는 영국식 입헌군주정의 형태를 띠고 있었다. 하지만 많은 역사가들이 지적하듯이, 이미 1789년 이후 일련의 과정은 1793년 공포정치를 충분히 예견할 수 있을만큼 시작에서부터 근본적인 전환이 발생하고 있었다. 1791년 헌법을 통해 확립된 입헌군주정의 경우 이미 주권은 군주에게서 '국민(nation)'을 대표하는 의회로 넘어왔으며, 그것은 의회가 대표의 과정을 통해 '국민' 자체와 일치된다라는 점에서 국민주권의 확립이었다. 따라서 시에예스의 경우 입헌군주정에서 군주와 국민주권 사이에 모순이 존재한다고 보지 않았다. 다만 그에게 공화정과 민주정이 동일하지 않았던 것은 전자는, 미국의 예가 보여주듯이, 대표를 통해 작동하는 것이며, 후자는 대표와 양립할 수 없다는 것 때문이었다(Halévi 1993, 168-169). 따라서 1791년에 성립된 "군주제 공화국(République monarchique)"은 혁명적 정당성을 가진 국민을 주권자로 하고, 왕은 그에 종속된 정부 형태라는 것을 의미한다는 점에서 국민주권에 기반한 통치방식이었다. 그러한 의미에서 게니페가 주장하였듯이, 이미 1791년에 비록 왕이 존재하였지만 공화정이 확립되었고, 1792년 8월 10일 혁명을 통해 마지막 남아 있던, 어쩌면 별 의미 없던 왕을 권좌에서 끌어내렸을 뿐이었다(Gueniffey 1993).

이러한 사실은 왕의 권한과 관련하여 '거부권(veto royal)'을 인정할 것인지를 둘러싼 논의에서 잘 드러난다. 주권의 문제에 있어서 새롭게 주권자로 선언된 '국민' 주권의 단일성과 불가분성, 절대성의 원칙의 확립은 절대왕정에서 주권의 원칙과의 연속성과 단절의 문제를 어떻게 확립할 것인가의 문제였다. 국민주권의 체현체로서 의회의 절대적 권력이라는 문제는 국왕의 '거부권' 문제를 둘러싸고 논쟁을 불러일으켰다. 이 논쟁에서 시에예스는 국민의 일반의지가 의회를 통해 드러나기 때문에 왕에게 절대적 거부권(veto absolu)은 물론 의회의 의지에 대한 유예권(veto suspensif)조차 인정할 수 없다고 주장하였다. 그것은 라보 생테티엔트(Rabaut Saint-Etienne)가 말한 것처럼, 이전의 국왕의 완벽함이 이제 의회, 즉 국민의 의지의 완벽함으로 이전되었음을 의미하는 것이며, 국왕에게 저항할 수 없듯이, 의회에 대해서도 마찬가지였다(Gauchet 1995, 57). 이러한 전환은 국민의 의지, 즉 일반의지의 완전함을 주장하는 것은 어떠한 의미에서는 루소적일 수 있었지만, 그 일반의지가 국민의 대표체인 의회를 통해 구현된다는 점에서 루소와는 결별하는 것이기도 하였다. 이에 반하여 국왕에게 감시의 기능을 부여할 필요성을 제기한 미라보(Mirabeau)는 대의제가 일종의 귀족정을 발생시킬 가능성이 있기 때문에, 권력의 균형을 위해 인민과 국왕의 연대가 불가피하다는 점을 역설하였다(Gauchet 1995, 66). 무니에(Mounier) 역시 왕의 권력은 권력의 균형이라는 차원에서 불가피한 도구이며, 그러한 견제의 권한이 주어지지 않을 경우 과거 군주의 전제정과 같은 의회의 전제정 혹은 의회절대주의의 위험성이 출현할 것이라고 주장하였다(Halévi 1993, 186-188).[6] 결국 논쟁의 결말은 국왕에게 '유예권'을 인정하는 것으로 타협점을 찾았다. 하지만 국민주권을 체현하고 있는 의회의 절대적 권력이 서서히 확립되어 가고 있는 상황에서 권력의 분립이나 균형이라는 관념은 존재할 수 없는 것이었다.

입헌군주정에서 공화정으로의 마지막 한 걸음을 내딛는 것은 '인민'의 참여가 진행된 1792년 8월 10일 튈르리 궁 습격 이후 일련의 과정, 즉 왕권의 중지 및 루이 16세 부부의 유폐 그리고 이어지는 인민의 직접적 정치참여가 현실화되는 과정을 통해서였다. 프랑스혁

6 무니에는 국민의 대표이자 일반의지의 보증자로서 국왕이 의회에 대한 해산권과 더불어 국민에 대한 직접적 자문 내지는 호소(l'appel au peuple)의 권리를 가질 수 있어야 한다고 했으며, 미라보는 국왕은 "국민의 영원한 대표자(représentant permanent de la nation)"라고 주장하였다(Baczko 1997, 317-320). 이와 같이 행정부 권력과 인민의 직접적 관계를 강조하는 '우파 공화주의' 전통은 프랑스 공화주의의 또 다른 한 축을 형성하였다고 볼 수 있으며, 그것은 나폴레옹 시기 신임투표(plèbiscite)나 드골(de Gaule) 시기 국민투표(referendum)와 같은 행태로 나타났다(Rémond 1982).

명이 17세기 영국혁명—청교도혁명과 명예혁명—과 18세기 미국독립혁명과 뚜렷하게 구별되는 지점은 바로 혁명의 순간에 '인민'이 현존하였다는 점이다. 크롬웰이 찰스 1세의 목을 자르고 공화정으로의 길을 선택했지만, 그 동력은 신형군이라는 군대에 의존했다는 점 그리고 미국혁명에서 건국의 아버지들은 대의제 공화국이라는 개념에 근거하여 민주주의를 배제하려 했다는 점은 영국과 미국의 공화주의 전통에서 민주주의가 상대적으로 미약하거나 부재했다는 사실을 보여준다(Pocock 1975; Bailyin 1999). 이와 대비되어 프랑스혁명에서 '인민'은 현존하였고, 따라서 민주주의의 문제는 프랑스 공화주의의 중심에 놓여 있었다.

이미 혁명 초기부터 인민들은 자신의 목소리를 직접적으로 전달하고자 시도하였다. 초기 파리의 60개 구(district)의 대표를 뽑는 것에 한정되었던 시민들은 직접적으로 주권을 행사하고자 하였다. 결국 시민들은 서서히 구 자체가 진정한 코뮌을 형성하고 모든 권력은 구 안에 있으며 구만이 권력의 원천이라고 주장하기 시작하였다(양희영 2011, 67). 그리고 지속적으로 시민들은 구 의회에 대해 권력의 위임자로서의 역할, 즉 구의회의 대표들은 지정된 사안에 대해 위임을 받은 수탁자일뿐이라고 주장하였다. 이러한 파리 시민들의 활동은 새로운 정치공간으로서 '우애협회(sociétés fraternelles)'를 통해서 이루어졌다. 대표적인 예로서 당통(Danton), 카미유 데물랭(C. Desmoulin), 로베스피에르 등이 활동하였던 '인간과 시민의 벗 협회', 즉 코르들리에(Cordelier) 클럽은 권력에 대한 감시와 통제라는 정치적 권리를 행사하고자 하였다. 코르들리에 클럽의 브리쏘나 로베스피에르에게는 이미 1790년부터 프랑스는 공화국이었고, 결코 자유로운 정부는 군주와 양립할 수 없는 것이라고 주장하였다(Gueniffey 1993, 205). 이러한 공화주의적 클럽과 시민들의 활동에 대해 의회는 1791년 5월 10일 샤플리에(Le Chapelier)의 발의를 통해 모든 청원(pétitions)은 개인만이 가능하다는 것, 즉 우애협회와 같은 집단의 이름으로는 청원이 불가함을 선언하였다. 1791년 초 우애협회는 권력에 대한 감시와 통제는 물론 공론의 확산과 헌법적 원칙의 확산, 민주주의적이고 공화주의적 원칙이라고 할 수 있는 주권에 대한 인식과 공적 삶에의 참여 등을 자극하는 목적을 가지고 활동하고 있었다(Monnier 1994, 51).

1792년 8월 10일 상퀼로트들에 의한 튈르리궁의 습격과 곧이은 왕정 폐지는 외부의 적과 협정을 체결하려는 왕에 대항하는 봉기였지만, 파리 시민들의 지속적인 정치참여에 대한 욕망 분출의 결과였고, 이미 혁명 전쟁의 선포를 통해 '수동적 시민'들이 국민방위대에 들어감에 따라 전 프랑스 민중이 참여하는 봉기라는 점에서 '국민적' 혁명의 결과였다(Soboul 1984a, 242). "시민의 어떤 특정한 계급도 조국을 수호할 배타적 권리를 독점할 수는 없다"는 파리의 한 구(district)의 선언처럼, 하층 인민 역시 국민(nation)을 구성하는 주체임을 선언하고 또한 실천하는 정치적 민주주의가 도래하였다(Soboul 1984a, 244-245). 상퀼로트의 정치에의 참여는 그간 재산을 기준으로 하는 제한 선거권에 기반한 소수의 정치를 넘어서는 '고대적' 민주주의의 부활을 의미하였다. 이것은 주권자로서 '국민(nation)'이라는 추상화된 개념에 근거한 대의제 정치와 구별되어 '국민'을 구성하는 구체적인 '인민', 즉 사회를 구성하는 실질적 복합성을 가진 구체적이고 실질적인 존재로서 인민의 정치의 출현을 의미하였다.[7] 시에예스가 노동분업에 기반한 정치의 기능적 제한과 인민의 정치로부터의 배제를 주장하였다면, 이제 인민은 스스로 주권자임을 선언하면서 민주주의를 통한 공화국의 실현을 구체화하고자 하였다. 공화국이 '공공의 것'이라는 의미에서 민주주의는 공화국을 실현할 수 있는 진정한 방법이라고 간주되었다.

이 시기 "주권자가 군대와 국사(國事)에 대한 통제권"을 실현하려 했던 이른바 '봉기(insurrection) 꼬뮌'의 '정치'는 루소가 말했던 인민주권의 실행과 민주주의를 통한 공화국의 구현이라고 할 수 있다(Soboul 1984a, 244, 252). 또한 그러한 이유에서 '봉기의 꼬뮌'과 의회는 일정한 갈등을 발생시킬 수밖에 없었다. 인민주권이라는 인민의 직접적 행위 혹은 민주주의와 제도화된 규칙성 혹은 일상성을 어떻게 화해시킬 것인가의 문제가 제기되었다. 이 문제를 둘러싸고 온건파와 급진파의 분할이 선명히 드러나고, 그것은 공화국의 상을 둘러싼 투쟁으로 이어진다. 자유주의적 시각을 지닌 지롱드에게 정부의 정당성은 선거를 통한 대표성에 있었다면, 보다 급진적 사유를 전개하였던 산악파에게는 인민의 정치적 권리와 행사는 인민주권으로부터 직접적으로 도출되는 당연한 결과였다(Boroumand 1991, 236). 이러한 고민의 산물로 이 시기 처음으로 "민주주의 공화국(République démocratique)", "인민공화국(République populaire)" 내지는 "대표 주권(souveraineté représentative)" 등 신조어들이 출현하기

7 로장발롱의 해석처럼, 주권의 담지자로서 인민과 사회로서 인민 사이의 간극이다. 대표의 과정은 결국 구체적인 인민에서 출발하지만 정치적 단일성을 구성해내야 하는 역할을 갖는다(Rosanvallon 1998, 40). 스테판 욘손의 책 『대중의 역사』는 1789년 혁명 이래 이 간극이 어떻게 정치적 현실 속에서 드러나고 해결하고자 했는지를 보여준다(Jonsson 2005).

시작하였다(Rosanvallon 2000, 58). 지롱드파와 산악파의 갈등은 인민의 정치에 기댄 산악파의 승리와 지롱드파의 몰락으로 귀결되었지만, 권력을 장악한 산악파는 전쟁의 수행과 비기독교화의 진행, 그리고 공포정치를 지속하는 가운데서 인민의 직접적인 운동의 정치를 일정한 테두리에 가두려 하였다. 혁명력 2년 프리메르 14일(1793년 12월 4일)의 '혁명정부조직법'은 전시의 공화국을 위하여 중앙집권화를 확립하고자 하는 것이었다. "국민공회는 통치의 유일한 추진체"(1조)이며… "모든 법정 단체와 공무원은 … 공안위원회의 직접적인 감독 하에 놓"이게 되었다(Soboul 1984a, 351). 인민의 민주주의적 정치를 통해 권력을 장악한 로베스피에르의 산악파가 이후 취한 이러한 조치들은 혁명 초부터 존재해왔던 인민과 대표체로서 의회의 동일시에 따른 필연적인 결과였다.

이와 함께 로베스피에르는 "민주정을 설립하고 공고화하려면, 평화로운 입헌통치 원칙을 달성하려면" 요구되는 것은 바로 "덕성(virtue)"임을 강조하였고, 덕성이란 "다름아닌 조국과 조국의 법에 대한 사랑"이라고 강조하였다(Robespierre 2009, 225). 또한 로베스피에르는 평상시에 인민정부를 움직이는 동인이 '덕성'이라면 혁명 시기에 그 동인은 "덕성과 공포 양쪽 모두"라고 말하면서 "공포는 덕성의 발현체"이고 "조국의 절박한 필요"에 응답한 결과라는 점을 강조하였다(Robespierre 2009, 231). 결국 로베스피에르는 혁명 전쟁 중이고, 또한 국내에는 혁명의 적들이 있는 비상 상황에서 공포정치의 불가피성 그리고 권력의 집중과 효율화를 강조하였다. 따라서 이러한 비상 시기에 인민의 직접적인 정치참여보다는 덕성을 통한 조국에 대한 사랑이 필요하다고 주장하였다. 로베스피에르가 말하고 있는 민주주의적 공화국은 덕성을 갖춘 시민들로 구성된 공화국, 따라서 사사로운 개인들이 아닌 공화주의적 시민들의 구성물이었기에 일반의지를 실현하고 있다고 상정되는 국민공회라는 대표기관과의 일치를 가정할 수 있었다. 혁명정부는 공화주의 축제를 통해 끊임없이 시민들의 공화주의적 덕성을 고취하고자 하였고, 공포정치는 공화국의 적들을 제거하는 장치였다.

공화주의적 덕성을 갖춘 시민들의 집합체로서 주권자인 국민의 일반의지는 국민공회라는 입법부를 통해 실현되고 대표되었다는 점에서 이미 1789년 혁명 초기부터 강조되었던 의회를 통한 국민주권의 절대화, 결국 대표의 절대화가 귀결되는 지점이었다. 인민의 봉기의 정치라는 동력을 통해 프랑스혁명은 급진적 성격, 즉 민주주의적 성격을 강화하면서 민주주의적 공화국을 실현하고자 했지만, 아이러니하게도 권력은 의회에 집중되는 의회 공화국, 대표의 공화국이라는 결과를 만들어냈다.[8] 국민공회에서 새로운 헌법을 준비하는 작업을 진행하는 동안 다양한 안들이 제출되었고, 그 중 콩도르세(Condorcet)가 제시한 안은 의회의 절대적 권력 집중에 대항하여 행정부를 강화하는 제안을 담고 있었다. 행정부의 장관들 역시 2년 임기로 선출되며, 그들로 구성된 국무회의의 권한을 강화하는 것이었

8 하층 인민들이 정치의 공간에 들어설 수 있었던 주요한 계기 중의 하나는 전쟁이었다. 전쟁 선포를 통해 총동원령이 선포되었고, 하층 인민은 군대에 들어올 수 있었던 만큼 그들의 정치적 권리를 행사하고자 했던 것이다. 하지만 전쟁을 둘러싼 의회의 논의 속에서 로베스피에르 등 소수만이 전쟁을 반대하였는데, 그 이유는 전쟁을 주장하는 이들이 질서와 군대 규율의 확립을 이유로 혁명을 종식시키려는 것이고, 또한 브리쏘(Brissot) 등이 행정부 권력과 결합하는 '애국정부' 구성을 요구했기 때문이다(Belissa 1998, 269). 로베스피에르는 전쟁은 결국 권력의 집중과 영웅의 탄생을 통한 독재권력이 등장할 것이라고 예언하면서 전쟁에 반대하였다. 그리고 이후 그것은 나폴레옹으로 현실화되었다.

고, 또한 행정부는 국민의 대표체의 행위에 대한 인민의 검열(censure)의 권한을 가지도록 하는 것이었다(Gauchet 1995, 109-110). 콩도르세의 안은 전통적 공화주의의 언어, 즉 공적 덕성이나 공통의 가치 등이 아닌 권리, 이성, 대표 등의 언어를 통해 제시되고 있다는 점에서 근대적 공화국을 지향하고 있었다고 할 수 있다(Baker 1993, 243). 이러한 콩도르세의 안은 1791년부터 지롱드의 수장이었던 브리쏘의 안에서도 이미 제시되어 있었다. 즉 대의제 의회와 더불어 인민에 의해 선출된 행정권력은 지롱드가 가지고 있었던 근대적 공화국으로서 권력의 분립과 균형에 대한 생각들이었다. 그리고 브리쏘는 미국헌법이 "인간이 상상할 수 있는 가장 완벽하게 민주주의적인 헌법"이라고 주장하였다(Gueniffey 1993, 215). 그러한 의미에서 브리쏘는 "대의제 민주주의(démocratie représentative)", 즉 민주주의에 의해 대표를 순화시키고 또한 계몽된 이들에 의해 매개된 민주주의를 통해 대표와 민주주의 둘 모두를 자유에 대한 위험으로부터 보호할 수 있으리라 기대하였다(Gueniffey 1993, 218). 하지만 산악파가 제출한 안은 일반의지의 실현체인 의회에 절대적 권한을 부여하는 것이었고, 결국 산악파의 승리를 반영한 헌법안이 통과되었다. 물론 이 헌법안은 실행되지 못한 채 테르미도르와 함께 사문화되었다.

혁명의 출발점이자 종착점이라고 해도 과언이 아닐 문제는 주권의 문제였다. 군주주권에서 국민주권으로의 이행은 그것을 어떻게 구체화하고 또한 제도화할 것인가의 문제를 둘러싸고 초기에는 대표의 문제가 등장하였고, 그것의 문제점 속에서 민주주의의 문제 그리고 그것들에 의한 공화국의 문제로 이어졌다. 주권자로 호명된 국민을 구성하는 낱낱의 개인들은 구체적인 인민—사회로서 인민이자 사회학적 주체로서 인민—이었고, 그들은 대표를 통한 정치가 아니라 스스로 정치의 공간에 등장하여 자신에게 주어진 권력을 행사하고자 함으로써 민주주의적 공화국을 구성하고자 하였다. 따라서 새로이 탄생한 공화국의 모습과 내용을 둘러싸고 주권, 대표, 민주주의 개념들이 얽히면서 혁명이라는 비상 상황이 전개되고 있었다.

2. 자유의 혁명에서 평등의 혁명으로

1789년 7월 14일 프랑스혁명은 절대왕정의 상징물이었던 바스티유 감옥을 함락한 '자유'의 혁명으로 위상 지어졌다. 물론 그 이전 7월 초 법령을 통해 절대군주의 주권은 국민의회를 통해 표현되는 국민주권으로 대체되었다. 그리고 1789년 8월 4일 밤 국민의회는 "봉건체제를 전면적으로 폐지한다"고 선언하였고, 이어서 의회는 십일조 및 봉토의 위계질서 특히 장자상속제를 폐지하였다. 그리고 그때부터 준비된 '인간과 시민의 권리선언'은 8월 26일 채택되고 헌법의 앞머리에 삽입할 것을 결정하였다. 이제 소유권에 대한 근대적 개념이 확립되어 자연적 권리로서 인정되었다. 상업의 자유가 인정되면서 국내유통에 있어 제약이었던 다양한 세제들, 예를 들어 내국세관, 입시세(入市稅), 보조세 등이 폐지되었다(Soboul 1984a, 184). 또한 중요하게 노동의 자유와 생산의 자유, 기업활동의 자유 등을 보장해주었고, 그를 위해 1789년 8월 4일 밤에 폐지된 동업조합의 특권은 물론 1791년 6월 동업조합 자체를 폐지하는 샤플리에(Le Chapelier) 법을 1791년에 통과시켰다. 하지만 동시에 샤플리에 법은 도시나 농촌의 임금노동자들에게 집단적 청원과 회합의 권리를 금지하였으며, 결국 노동자들의 파업의 권리를 금지하는 것이었다. 이 샤플리에 법은 이미 1789년 10월 21일 제정된 계엄법에 의해 투기와 생존에 대항하여 가격을 규제하는 인민의 직접적 행동에 대한 금지의 연장선상에서 그것을 보충하는 것이었다(Gauthier 1992, 56-57).

혁명의 진행 속에서 1791년 헌법이 선포되고 입헌군주정이 자리잡았다. 그런데 새로운 입헌군주정에서 제시된 재산에 기반한 제한선거권이 쟁점으로 등장하였다. 1791년 4월 제한선거권이 확립되면서 소유와 물질적 재화, 즉 사유재산에 대한 자연권과 자유와 평등의 자연권 사이의 모순이 드러나는 것이었다. 이미 그러한 입법을 둘러싸고 혁명 초기부터 농민들의 폭동, 도시와 농촌의 노동자들의 연합 등이 발생한 것은 물론이었다. 1791년 헌법은 1789년의 원칙을 배반한 '백인 남성 부유층들의 귀족정'이라는 비난을 받아야 했다(Gauthier 1992, 65). 하지만 1789년에 채택된 '인간과 시민의 권리 선언'은 프랑스는 물론 생-도밍고(Saint-Domingue)와 같은 식민지에서도 노예해방운동의 출발점이 되었다.[9] 즉 '선언'이 갖는 보편성의 원칙은 분명 양날의 칼과 같은 것이었다. 프랑스에서도 하층인민들의 운동은 점점 무제한적 소유 혹은 거대생산자와 곡물보유자들에게 투기를 허용하는 근거로 작동하기 시작한 소유권에 대한 자연권적 원칙에 대한 비판을 제기하였다. 농촌에서 국유재산의 매각을

9 자유주의적 공화주의자로 분류될 수 있는 브리쏘, 콩도르세의 경우 귀족정에 반대하는 만큼이나 적극적으로 노예제에 대해 반대하였다. 그들의 입장에서 불평등의 해소는 자유로운 상업활동, 시장의 자유 그리고 그에 합당한 법률이라고 판단했기 때문이다(Raynaud 1991, 300).

둘러싸고 농민들의 토지에 대한 접근의 원활화, 소유와 상업에서 무제한적 자유에 대한 제한, 계엄법의 폐지 등의 사항을 중심으로 하는 하층 인민들의 요구가 결집되기 시작하였다(Gauthier 1992, 66). 결국 인민들은 임금의 균형을 위한 최고가격제, 상업이윤의 최대치와 소유의 최대치를 제한하는 등의 요구를 통해 소유에 대한 무제한적 권리를 거부하는 요구를 전면에 내세우기 시작하였다.

이제 1792년 여름 이후 빵의 문제는 모든 정치적, 사회적 투쟁의 우선 순위에 올라왔다. 국민공회에 제출한 한 청원서는 명백히 곡물 유통의 무제한적 자유에 대한 반대를 분명히 하고 있었다. "곡물의 상업적 자유는 우리들의 공화국의 존재와 양립할 수 없다. … 이러한 무제한적 자유는 인민의 신념에 반대되는 것이다. 그것이 발생시킬 무수한 봉기는 당신들을 충분히 두렵게 할 것이다"(Gauthier 1988, 125에서 재인용). 청원서는 곡물가격과 하루 노동임금 사이의 공정한 비율을 확립시키는 것이 가장 시급한 문제임을 지적하고 있다. 이 시기 로베스피에르는 인간의 권리로서 생존권에 대한 이론가 중 하나였다. 로베스피에르가 말하는 인민이란 "자신의 손 노동을 통해 살아가는 사람들이며, 임금 이외에는 아무것도 가지지 않은 사람들이며, 신사들이 하층민이자 저급한 사람이라고 깔보는 사람들"이었다(Gauthier 1992, 68에서 재인용). 로베스피에르는 부자들의 타락에 대비되는 인민의 덕을 찬양하였고, 여전히 "민중의 이익은 보편적 이익이며, 부자들의 이익은 특수한 이익"이라고 주장하였다(Massin 2005, 147). 따라서 재산에 따른 제한선거권 제도는 자유로운 사람들의 사회를 구성하지 못하며, 부자와 인민의 새로운 억압자들의 특수한 이익에만 봉사할 뿐이라고 비판하였다.

1792년 8월 10일 인민의 봉기는 하층민들에게 자신의 정치적 권리를 주장하는 것이었고, 제한선거권을 전복시켰다. 자연스럽게 정치적 영역에 상퀼로트들이 등장하면서 동시에 그들에게 가장 민감한 문제라고 할 수 있는 '사회적인 것'의 문제가 부각되었다. 이제 소유에 대한 자연권적 문제의식에 대해 일정한 문제제기가 본격화되었다. 소유는 생존을 위해 필요한 것이며, 따라서 사적 재산으로 간주될 수 없고, 공동의 사회적 특징을 갖는 것이라는 주장으로까지 이어졌다. 로베스피에르는 "첫 번째 사회적 법률은 사회의 모든 구성원에게 생존의 수단을 보장해 주는 것이다. 그리고 다른 모든 것이 그것에 종속된다"라고 주장하였다(Gauchet 1989, 210에서 재인용). 1792년 가을 경제적 자유와 평등의 문제가 충돌하거나 적어도 경쟁하고 있을 시기에 로베스피에르에 대립하여 콩도르세는 '구호의 원칙'을 통해 그 문제를 해결하고자 하였다. 하지만 자유주의적 원칙에 근거한 구호의 원리는 기본적으로 노동에 대한 의무를 강조하면서 굴욕을 통한 구호였다고 할 수 있다. 반면에 로베스피에르의 개념 속에서 자유에 대한 권리는 물론 소유에 대한 권리까지도 정치적 참여의 권리와 결합되어 인간의 권리 속에 자리매김되었다. 생존을 위한 소유와 재산의 권리가 인간의 자유를 실현할 권리와 결합된 것이다. 이것은 1792년 8월 10일 봉기 이후 민주주의적 욕구의 분출이 확장하고자 하는 인간의 권리에 대한 새로운 개념의 등장이라고 할 수 있다. 이제 '인간과 시민의 권리'에 대한 자연권적 속성에 대항하여 "사회 속의 인간의 권리"라는 새로운 개념이 대체되었다. 국민공회에 출몰한 파리 시민들은 "빵이 없는 곳에는 법도 자유도 공화국도 더 이상 존재하지 않는"다고 주장하였다(Soboul 1984a, 287). 파리 시민들은 곡물거래의 절대적 자유를 비난하고 공정가격제를 요구하였다. 그리고 파리 시민들의 이러한 요구에 힘입어 지롱드파의 몰락과 산악파의 권력장악이 이루어졌다.

로베스피에르가 1793년 4월 24일 국민공회에 제출한 인권선언의 수정안에 따르면, "사회는 일자리를 제공하거나 일할 수 없는 사람에게는 생존의 수단을 보장함으로써 모든 사회성원의 생계에 필요한 것을 제공해야 한다. 필요한 것을 갖지 못한 사람에 대한 불가결한 원조는 여분을 소유한 사람의 의무이다"라고까지 급진적, 나아가 사회주의적이라고 할 수 있는 제안을 하였지만, 최종안에는 포함되지 못하였다. 결국 1793년 국민공회는 "모든 인간은 능력이 있는 경우 노동에 의해 생존할 권리를 가지며, 노동할 수 없을 경우 무상구호를 받을 수 있다"라고 선언하였다(Castel 1995, 190). 따라서 공적 구호는 기본적으로 "신성한 빚"으로 간주되어 사회가 시민에게 일자리를 통해서든 구호를 통해서든 의무적으로 제공해야 했다. 그리고 1793년 헌법 논의 과정에서 '공공의 행복'을 사회의 목적으로, 부조권, 노동권, 생존권을 사회구성원의 권리로 선포하는 수준에 이르는 합의가 이루어졌다.

'자유'의 혁명에서 시작한 프랑스혁명은 인민의 민주주의적 정치참여를 통한 공화국의 확장과 구성의 과정을 거치면서 '평등'의 문제를 직접적으로 제기하면서 '평등'의 혁명으로 전환되어 갔다. 하지만 당시에 '평등'의 혁명은 결국 공포정치와 함께 몰락한 운명이었다. 그럼에도 불구하고 이 문제는 19세기 프랑스에서 계속해서 재등장하였다. '인간과 시민의 권리'를 둘러싸고 자유와 평등의 문제와 관련한 이러한 논의는 크게 세 가지 정도의 논점을 가지고 있었다. 우선 표면적으로 당시 논쟁에서 드러났던 것으로, 인간의 권리를 자연권으로 볼 것인가 아니면 사회적 권리로 이해할 것인가의 문제이다. 혁명 초기 자연권으로 이해되었던 소유권은 사회적 권리로 이해되어야 한다는 반론에 부딪혔고, 그것은 19세기 내내 논쟁의 대상이 되었다. 둘째는 자유와 평등의 관계 설정의 문제이다. 발리바르의 문제제기처럼 평등-자유(*l'égaliberté*) 명제, 즉 '인간과 시민의 권리선언'에서 제기한 자유와 평등의 관계를 두 개념의 동등성, 평등이 자유와 동등하다는 것으로 이해할 가능성과 필요성의 문제이다(Balibar 1992). 세 번째 문제는 아렌트가 제기한 것처럼, 정치적인 것의 영역에 사회적인 것이 침범하는 현상과 그것이 가져온 효과의 문제이다. 아렌트는 프랑스혁명이 정치영역을 빈민에게 개방함으로써 원래 가정의 영역이었던 문제, 즉 필요의 문제가 정치영역을 잠식하였다고 보았다(Arendt 2004, 175). 그리고 어떤 혁명도 해결하지 못한 사회문제를 정치적 수단을 통해 해결하려는 시도는 결국 테러를 불러왔을 뿐이라고 개탄하였다(Arendt 2004, 200-201). 아렌트가 보기에 프랑스혁명은 강조점이 "공적 자유에서 사적 자유로, 공적 행복을 추구하기 위한 공공업무의 분담에서 사적 행복의 추구가 공권력에 의해 보호되고 장려된다는 보장으로 이동"했다고 보는 반면에, 미국혁명은 공적 행복과 정치적 자유라는 개념이 사라지지 않고 공화국이라는 정치체의 구조의 일부가 되었다고 주장한다(Arendt 2004, 231-235). 이상의 세 가지 문제는 동일하지는 않지만 일정하게 결합되는 과제들이었고, 또한 19세기 내내 프랑스 공화국을 괴롭히는 문제였고, 당장은 1795년 테르미도르와 함께 새로운 방향을 찾게 되었다.

III. 근대적 그리고 자유주의적 공화주의로의 전환: 테르미도르 이후

1. 대의제 공화국

오랫동안 '테르미도르 반동'이라는 용어가 익숙했던 것은 20세기 초반 마티에즈(A. Mathiez) 이후 마르크스주의 경향의 프랑스혁명사 해석이 제시한 로베스피에르의 공포정치에 대한 정당성과 혁명을 지속해야 할 필요성에 대한 강조 그리고 테르미도르 이후 등장한 "유산자에 의한 지배"에 대한 비판적 시각에 기인했을 것이다(민석홍 1987; Soboul 1984b). 하지만 산악파의 공포정치를 "일탈"로 보는 시각에서 본다면, 테르미도르는 '정상화'의 과정이자 '혁명을 끝내야' 하는 의지의 표현으로 읽히게 된다(Furet et Richet 1990).[10] 테르미도르의 공화주의자들은 1789년과 1793년 사이의 어딘가에 위치하면서 그 둘 사이의 타협점을 찾고자 하였다.[11] 그리고 그것을 통해 '혁명을 끝내고자' 하였다. 테르미도르의 공화주의자들은 이제 "혁명

10 1970년 프랑수아 퓌레(F. Furet)의 자유주의적 혁명 해석 이후 이러한 연구경향은 혁명사에 대한 이해에 있어서 정치적 입장은 물론 방법론상의 변화와도 맞물려 있다. 즉 방법론적으로 마르크스주의적 사회경제사적 방법론보다는 정치사적, 문화사적, 지성사적 접근은 물론 미시사적 접근, 언어적 전회 이후 담론분석 및 개념사적 접근 등 다양한 방법론의 적용은 해석의 다양성으로 나타났다.

11 테르미도르와 함께 로베스피에르, 생-쥐스트, 꾸통 등 급진적 경향의 공화주의자들이 사라졌지만, 여전히 국민공회 내에는 온건한 공화주의자들로서 자코뱅들이 다수를 차지하고 있었다. 이후 1797년 3월 프뤽튀도르(fructidor) 18일 왕당파에 의한 폭동 그리고 1798년 4월 급진파에 의한 플로레알(floréal) 쿠데타 시도 등을 통해 의회를 무력화하려는 시도들이 있었지만 모두 실패하였다. 그리고 1799년 시에예스가 나폴레옹의 쿠데타를 유도해냄으로써 혁명은 일단 종결된 것으로 볼 수 있다.

적 국가"를 "헌법적 질서"로 대체하고자 하였고, 그것을 통해 "혁명을 끝낼 수 있는" 공화국을 확립하고자 하였다. 그러한 의미에서 혁명을 통해 탄생한 '공화주의적 정부'에 대해 역사적 사건과 전통과의 관계를 통해 그 본질과 함의를 처음으로 진지하게 성찰한 시기가 바로 테르미도르 이후였다는 평가도 주어진다(Fontana 1993, 258). 공포정치 시기 자코뱅이 추구하였고, 급진적인 민주공화국 내지는 천년왕국적인 언어를 통해 묘사되었던 공화국으로부터 벗어나 이제 세속적이고 엘리트주의적인 공화국을 제도화하고자 하는 시도가 이루어졌다. 테르미도르의 공화주의자들은 로베스피에르에 의해 실현된 폭정의 위험성을 제거하고 새로운 헌법적 질서를 확립하고자 하였다. 그들은 자코뱅 클럽을 폐쇄시켰고, 산악파에 의해 제거되었던 지롱드를 복권시켰다. 지롱드는 자코뱅주의에 대한 새로운 대안으로서 떠올랐다.

테르미도르 혁명정부는 1794년 10월 12일 루소의 유해를 빵테옹(Panthéon)으로 안장하였는데, 그것은 "첫 번째 *진정한 테르미도르적인*(*vraiment thermidorirenne*) 축제"였다고 평가된다(Baczko 1997, 240 – 원저자 강조). 즉 테르미도르의 공화주의의 특성을 보여주는 사건이라고 할 수 있다. 루소의 가르침은 공포정치 시기 그리고 로베스피에르에 대립하여 새롭게 부각되었다. 테르미도르 시기에도 여전히 '시민 축제(fêtes civiques)'가 열렸고, 자유의 순교자로서 르펠르티에(Le Peletier), 마라(Marat), 샬리에(Chalier) 그리고 브루투스(Brutus)와 루소가 소환되었다. 이 시기 루소는 『사회계약론』의 추상적인 루소보다는 『폴란드정부론』의 구체적인 루소가 주목되었다(Baczko 1997, 248-250). 또한 『에밀』의 루소 역시 덕성스러운 시민이라는 측면에서 강조되었다. 여전히 공화주의적이었지만 『사회계약론』의 루소가 제시하였던 '민주주의적 공화국'이라기보다는 『에밀』의 루소가 말하는 능동적인 시민의 독립적이고 덕성스러운 성향이 강조되었고, 그에 따른 시민의 '의무'가 새롭게 강조되었다. 1793년 국민공회의 헌법에 대비되어 '혁명력 3년 헌법'이 준비되었다. 테르미도르의 공화주의자들은 '덕성스러운 입법자(virtuous legislator)'를 찾고자 했고, 그에 따라 선거권을 일정하게 제한하면서 엘리트에 기반한 공화국을 세우고자 하였다.

테르미도르의 혁명가들은 정치에 참여하는 민주주의적 시민보다는 독립적이고 덕성스러운 시민을 강조하였다. 이를 위해 그들이 주목했던 것은 소유/재산과 교육이었다. 테르미도르의 혁명가들은 소유/재산에 의해 독립과 덕성이 보증되지 않은 사람들이 정치적 과정에 참여하는 것에 대한 엄청난 두려움을 드러냈고, 그러한 공화국은 분명하게 부패할 것이라고 확신하였다(Jainchill 2008, 46). 그리고 능동적인 시민이 갖추어야 할 물질적 기초와 더불어 11인 헌법기초위원회는 '정신적 기초(moral foundation)'를 제도화할 것을 요구하였다. 투표권자의 독립을 보장하기 위해서는 문맹의 극복은 기본적인 조건이었고, 나아가 시민으로서의 지식을 일정하게 충족시켜야 한다고 보았다. 따라서 테르미도르의 엘리트들은 공공교육, 문화교육, 시민축제, 나아가 국립연구소(National Institute)를 설립할 것을 그들의 시민교육 프로그램으로 제시하였다(Baczko 1988). 초등학교에서는 어린아이들에게 "공화주의적 도덕"을 교육시켜야 했고, 공화주의적 덕성을 유지, 함양하기 위해 국민축제를 조직해야 했다. 이 과정에서 교육의 중심에는 공화주의 정부가 있어야 했고, 그 모든 것들을 조직화하고 집중화할 수 있는 국립연구소가 필요하였다. 아직은 준비되지 않은 시민들을 위한 교육이 필요했고, 국가는 그것을 제공해야 했다.

결국 구체적인 인민들의 주권적 행사를 통한 민주주의적 정치의 실현과 공화국의 형성이라는 목표는 사라졌다. 주권은 '시민의 보편성(universalité des citoyens)'에 근거한다는 표현을 통해 구체적인 인민의 현존이 아닌 추상적인 인민의 존재에서 출발하는 국민주권 개념으로 이해하고자 하였다. 혁명력 3년 헌법 360-364조에서 시민들은 정치적 권리를 기초의회나 꼬뮌의 의회를 통해서만 행사할 수 있다고 규정하였고, 청원(petitions)은 개인의 차원에서만 가능하며, 어떠한 집단이나 결사도 집단적으로 청원을 할 수 없다고 규정하였다(Gauchet 1989, 271). 테르미도르 시기 뢰드레르(Roederer)는 르 샤플리에의 언어를 정확히 반복하고 있었다. 이미 시에이에스가 언급한 근대적 분업과 소유의 중시라는 전제 속에서 개인들은 자신의 삶을 영위하고 사적인 독립을 강조하는 삶을 추구하여야 하는 것으로 요구되었다. 그러한 점에서 혁명력 3년의 헌법에 비판적이었던 앙토넬(Pierre-Antoine Antonelle)은 헌법안을 보고서 "헌법안 어디에서도 인민을 찾을 수 없다"고 비판하였다(Jainchill 2008, 31). 분명 테르미도르의 헌법에서 구체적인 인민에 근거한 민주주의는 더 이상 찾아보기 힘든 요소였다.

법은 시민의 보편성에 혹은 자유롭게 헌법적으로 구성된 시민의 대표자들에 의해 표현된 일반의지라고 간주되었다. 대의제 시스템이 인민주권을 제한하는 것이라 할 수 있었다(Baczko 1989, 341-342). 최종적으로 헌법에 명시된 것은 "법은 시민의 다수 혹은 그들의 대표자들에 의해 표현된 일반의지"라는 것이었다. 이 시기 일반의지(volonté général)와 대의제 정부와의 타협점을 찾는 것이 과제였다. 그리고 그 해결책은 인민의 의지를 대표자들의 의지로 대체하기 보다는 대표체(representative body)가 국민의 의지를 결정한다는 것이었다. 입법부는 고전적 공화주의에서 존재했던 위대한 입법자의 위치를 차지하였다. 결국 현실적으로 드러나는 것은 엘리트들의 공화국이라고 할 것이다. 도누(Danou)는 "귀족적 공화국"이라는 이념, 즉 "뛰어난 자들"의 공화국, 즉 부아시 당글라(Boissy d'Anglas)가 말한, "가장 잘 교육받고, 법의 유지에 가장 관심이 있는 이들"의 공화국을 옹호하였다(Gauchet 1989, 300).

나아가 혁명력 3년의 헌법은 최초로 행정부 권력에게 그 자율성과 고유성을 인정하고 권력의 구체적인 기술들에 대해 서술하였다(Rosanvallon 2000, 84).[12] "입법부의 중심성"이라는 원칙에 의해 정당화되면서도 동시에 행정부라는 집중화된 권력에 의한 통제가 테르미도르 이후 나폴레옹 황제의 등장 전까지 "중도 공화국(république du centre)" 혹은 "자유주의 공화국(république libérale)"의 특성을 구성하였다(Serna 2005, 365-369). 이러한 근대 초기의 고전적 공화주의의 정치적 언어와 교훈이 시민의 덕성과 더불어 헌법적 권력 기관들의 균형과 견제에 대한 주장으로 부각되었다.[13] 부아시 당글라는

12 전쟁과 유럽적 질서의 변화 속에서도 이러한 변화들은 드러난다. 1795년 발(Bale) 조약 이후 프랑스는 '혁명전쟁'이라는 측면, 즉 프랑스혁명과 공화국의 보호라는 측면보다는 이제 영토의 확장과 프랑스 스스로 유럽군주국과의 공존이라는 외교의 영역—행정부의 고유의 업무로서 외교의 강조라는 전쟁 촉발 전의 브리쏘의 시각—으로 회귀가 분명해진다(Belissa 2006, 22). 결국 이는 테르미도르와 우파공화주의자들에 의해 인민의 등장을 제압하고 국외의 평화를 통해 혁명을 종식시키고자 하는 목표 속에서 진행되었다.

존 아담스(J. Adams)의 『미국정부 헌법 옹호(*A Defence of the Constitution of Governemnt of the United States*)』를 인용하면서 "삼권의 균형 없이는 좋은 정부도, 안정적인 정체도 존재할 수" 없다고 강조하였다(Jainchill 2008, 36). 이때 삼권은 행정부와 두 개의 의회를 지칭하는 것으로 기능적 분립에 조응하는 것이었지, 군주정, 귀족정, 민주정이라는 계급적이고 사회적인 분할을 의미하는 것이 아니었다. 그러한 점에서 본다면 18세기의 몽테스키외에 있어서 존재하였던 이중적 분립—기능적 분립이자 사회적 분립—은 더 이상 의미가 없었다. 그것은 혁명이 만들어낸 상황이기도 하였고, 결국 주권론을 통해 강조되었던 국가의 단일성의 문제이기도 하다. 그러한 의미에서 마르셀 고쉐가 말한 것처럼, 혁명 과정에서 루소에 대한 몽테스키외의 늦은 복수가 있는 듯했지만, 그것은 외양상 그러한 것이지 엄격하게 요구된 '권력의 단일성'에 대한 요구는 결코 부정되지 않았다(Gauchet 1989, 272-273).

테르미도르의 혁명가들은 이 세 개의 권력이 결국은 "인민으로부터 나온다"는 사실을 강조하였다. 그럼에도 불구하고 공화국은 "지혜"와 "이성"에 근거해야 하며, 그것은 마치 5백인회라는 하원과 더불어 원로원을 두어야 하는 것과 같은 것이었다. 또한 뢰드레르는

13 케이쓰 베어커(K. Baker)는 고대공화국에 대한 부활이 공포정치 시기에 절정에 이르고 이후에는 사그라들었다는 주장한다(Baker 2001, 35-36). 하지만 이에 대한 반대의 시각, 즉 테르미도르 이후에도 고대 공화국은 여전한 매력으로서 등장하였고, 여전히 공화주의자들에 의해 근거점을 이루고 있었다는 주장도 있다(Jainchill 2008, 26). 테르미도르 시기 혼합정에 대한 언급이 부활하는 것은 분명하지만, 그것이 고대 공화국의 시각과 유사한지에 대해서는 논의의 여지가 있다. 권력의 분립을 모두 말하는 것은 분명하지만, 계급적 분할에서 기능적 분할로의 강조의 이동은 분명하다는 점에서 근대적 시각으로의 전환이 발생한 것으로 봐야 한다.

행정부 권력에게 위험한 법률에 대항할 수 있는 수단을 부여하는 것이 불가피하며, 그를 위해 모든 법률에 대한 검토할 권한을 부여할 것을 요구하였다(Gauchet 1995, 157). 인민주권은 마치 '최종심급에서' 지배할 뿐이며, 또한 권력의 통합성 속에서 보존될 수 있는 뿐이었다. 그러한 의미에서 민주주의는 직접적으로 혹은 인민의 구체적인 몸을 통해 실행되기보다는 대표에 의한 거리두기를 통해 또한 "개인들의 민주주의"로 남아 있을 뿐이었다. 즉 "법률이 일반의지의 표현"이라는 것은 분명하지만 그 의지가 표현되는 것은 "헌법적 대표 기관을 통해서"라는 문구를 넣었던 것이다(Gauchet 1989, 293).

테르미도르의 혁명가들에게 공화국은 '근대적 공화국', 즉 넓은 영토와 상업의 발달이 이루어진 사회에 적합한 공화국이었고, 인민은 그들의 투표행위를 통해 의사를 표시하고 헌법적 질서가 보장된 공화국이어야 했다. 네케르(Necker)의 딸이자 시에예스의 정치적 후예, 그리고 콩스탕의 후견인이었던 스타엘 부인(Madame de Staël)은 대의제 정부이자 공화정부에 대해 정교화된 의견을 제시하였다. 그녀는 정치적 평등을 대의제 정부 형성의 중요한 조건으로 보았지만, 물질적 풍요와 문명화된 사회가 가져오는 경제적 불평등 역시 중요한 조건이었고, 정치적 권리는 소유와 결합된 방식을 강조하였다. 특히 스타엘 부인이 강조한 대의제 정부의 원칙은 "여론(l'opinion publique)이 대의제 정부의 주권 권력이어야 한다"는 것이었다(Fontana 1993, 272). 여론은 대중의 의견이었고, 그것은 문필가들에 의해 충분히 계몽되고, 또한 사적인 삶 속에서 편안함과 독립을 추구하면서 공동체의 집단적 목표를 추구하는 방식의 표현이라고 이해하였다.[14]

1789년에서부터 시작된 군주주권에서 국민주권으로의 전환은 구체적인 인민의 민주주의적 정치에의 욕구와 그 실행을 가져왔고, 그것은 민주주의적 공화국의 선포라는 결과를 낳았다. 하지만 혁명은 전쟁, 물가앙등, 최고가격제 등의 경제적 문제, 공화국의 구성을 둘러싼 논쟁 등의 상황 속에서 공포정치라는 극단적 상황으로 치달았다. 결국 그것은 테르미도르라는 전환점을 만들었고, 이후 중도적 공화주의자들은 인민주권의 민주주의적 실행보다는 권력분립 및 견제와 균형이라는 고전적 공화주의의 틀을 도입하고 그것의 근대적 실행을 위한 방식, 결국 근대적 공화국을 모색하였다. 인민주권은 '시민의 보편성'이라는 추상적 언어를 통해 이해되었고, 민주주의는 아테네적 이해보다는 근대적 이해방식을 찾고자 하면서 구체적인 인민의 정치적 참여가 아닌 인민의 추상성을 통해 이해되었다. 이제 근대인들은 정치적 참여를 통해 민주주의를 실행하는 시민이기보다는 자신의 사적인 독립과 경제활동을 통해 자유를 실현하는 개인이 되기를 요구받았다.

2. 다시 자유 그리고 소유의 공화국으로

퓌레와 리셰가 공동 저술한 1973년의 『프랑스혁명사』는 로베스피에르의 처형으로 끝을 맺는다. 그리고 마지막 문장은 로베스피에르가 처형되었다는 소식을 들은 상뀔로트의 혼잣말, "그놈의 최고가격제!"였다. 로베스피에르와 함께 최고가격제는 사라졌다는 의미

14 이러한 스타엘부인의 견해는 19세기의 사상가들의 사유들, 즉 콩스탕의 '고대인과 근대인의 자유', 기조(F. Guizot)의 이성의 주권과 여론에 대한 이해 등을 충분히 예견하고 있다고 볼 수 있다(홍태영 2008).

일 수 있지만, 또한 최고가격제 때문에 로베스피에르가 반격을 당했음을 의미하는 것일 수 있다. 테르미도르와 함께 등장한 것은 평등이 아닌 '소유(권)'였고, 또한 다시 '자유'의 문제였다. 그래서 흔히들 1789년이 자유의 혁명이었다면, 1793년은 평등의 혁명, 그리고 1795년은 소유의 혁명으로 불려 왔다. '소유'의 문제가 이 시기 가장 중요한 쟁점으로 자리 잡은 것이다. 하지만 공화주의자로서 테르미도르의 혁명가들은 1789년과 1793년 사이에서 균형점을 찾고자 하였다. 우선 자유를 복원한다는 것은 경제적 문제에 대한 정치적 답변을 제공하는 것으로서 상업과 매뉴팩처가 굴러가도록 하는 것이어야 했다. 따라서 사회적 삶의 영역의 자유화를 진행하였고, 테러의 공포로부터 해방시키기 위해 자코뱅 클럽은 폐쇄되었고, 자의적인 구금이나 무고한 사람들을 석방하였다. 이제 시민(citoyen/citoyenne)이라는 호칭을 대신하여 신사(monsieur)와 숙녀(madame)라는 호칭이 다시 등장하였다(Soboul 1984b, 91). 그리고 그들의 활동무대로 살롱이 다시 활기를 띠기 시작하였다.

테르미도르와 함께 통제경제와 최고가격제가 폐지되고 곡물의 자유로운 유통이 허용되고 경제적 자유로의 복귀가 이루어졌다. 최고가격제의 폐기에 따른 직접적인 결과는 아시냐[15]의 가치폭락이었고, 그것은 계급의 새로운 재편을 가져왔다. 민중계급은 더 힘들어졌고, 구체제의 부르조와와 아시냐로 상환을 받은 채권자들은 몰락하였다. 반면에 인플레이션, 국유재산의 매각, 군수품의 조달 등을 통

15 1789년 혁명과 함께 의회는 교회 재산을 매각하기로 하고, 그에 상당하는 양의 아시냐를 국유재산을 담보로 지불 보증하는 어음 형태로 발행하였다. 고액권으로 발행된 아시냐는 이후 인플레이션을 불러일으켰고, 지속적으로 가치 절하되었었다.

해 부상한 새로운 부르조아들이 사업가로 변신하였고 이제 자본주의적 생산의 선도자가 되었다(Soboul 1984b, 100). 다른 한편으로 지속된 전쟁은 정부의 재정적 압박의 강도를 높였고, 전쟁비용을 감당하기 위해 정부는 금융업자, 은행가, 군수조달 상인과 납품업자에 의지하지 않을 수 없었다. 그러한 점에서 프랑스는 왕정으로의 복귀나 공포정치로의 회귀를 모두 막기 위해 '경직된 부르주아들'에 의한 명사들의 공화국이 되어갔다. 테르미도르의 혁명가들은 자연스럽게 '소유자들'에게 기울었고, 공포정치 시기에 망가진 상업과 메뉴팩처를 부흥시킬 의지를 가진 명사들에게 기대었다(Baczko 1989, 345). 그것은 가장 계몽된 이들에 의해 통치되는 능력을 갖춘 이들의 민주주의 모델로 가는 길이었다.

또한 그러한 점에서 권리에 대한 문제의식 역시 추상적이기보다 구체적이었다. 이 시기 새로이 작성된 '인권선언'의 1항은 "사회 속에서의 인간의 권리들"에 대한 묘사였다. 그것은 1789년, 1793년의 "자연권"이 더 이상 아니었고, 사회적 권리의 언어가 자연적 권리의 언어를 대체하기 시작하였음을 의미하는 것이었다(Gauchet 1989, 279). 이제 더 이상 자연(nature)은 권리의 준거점이 되지 못하였고, 소유권과 관련하여 생존권의 문제는 사회적 제도의 문제로서 이해되었다. 그러기에 '인간의 권리' 역시 '사회 속에 존재하는' 인간의 권리로서 이해된 것이다. 이것은 분명 고전적 공화주의의 특수하고, 역사적이며, 사회적 그리고 후(後)정치적인 개념이었다. 자연법이나 어떠한 형태이든 전(前)정치적인(prepolitical) 틀이나 근거점들은 거부되었고, 권리는 정치 이후(postpolitical) 내지는 사회적인 것으로 간주되었고, 헌법은 주요한 건축물로서 강조되었다. 1789년 혁명 시기 추상적 개인주의는 이제 현실주의적 개인주의로 대체되었다(Gauchet 1989, 283). 니꼴레의 지적처럼, 공화국은 "모든 형태의 초월적인 것에 대한 의식적인 거부"에 근거하여 확립되고자 하였으며, 그에 따라 공화국은 메시아적인 어떤 것과도 단절하고 인간적인 시간과 인간적인 행위 속에서 상상되고자 하였다(Nicolet 1994, 484; Jainchill 2008, 32). 또한 이 시기 '인권선언'은 입법자의 의무를 포함하고 있었고, 또한 동일하게 사회를 구성하는 사람들의 평등한 의무를 인정하고 있었다. 의무 선언은 사적인 독립과 공적인 덕성의 상호의존성을 의미하는 것이었고 인민들이 공공선에 이르기 위한 도덕적 처신을 요구하는 것이었다. 이러한 내용들은 마치 루소의 『에밀』에서 말하는 좋은 아들, 좋은 남편, 좋은 아버지가 좋은 시민을 만든다는 언명을 반복하는 것이기도 하였다.

테르미도르의 혁명가들 특히 새로운 인권선언과 헌법을 준비하고 있었던 '11인 위원회(la commission des Onze)'가 출발로 삼았던 문서는 콩도르세와 지롱드의 선언과 헌법안이었다. 그럼에도 불구하고 그들은 "사회의 목적은 공동의 행복이다"라는 산악파의 선언 문구를 다시 가져오는 것에 대해서는 두려워하지 않았다(Gauchet 1989, 277). 정치적으로 테르미도르의 공화주의자들이 인민의 민주주의적 정치참여를 부차화하면서 대표에 의한 정치를 강조했다면, 그것은 '근대인의 자유'로서 정치적 자유보다는 '경제적 자유'에 대한 강조와 연결되었다. 이 시기 근대적 공화주의 사유를 전개했던 테르맹(Charles-Guillaume Théremin)은 근대 공화국에서 인간성의 진보에 있어서 가장 고려해야 할 점은 근대적 경제조건의 변화이며, 그것은 고전적 공화주의 사유가 적합하지 않은 상황, 즉 인민의 필요와 욕구에 있어서 근본적 변화가 발생했다는 사실을 강조하였다(Jainchill 2008, 117-119). 결국 근대공화국이 대의제 시스템을 도입하는 것은 인민에게 정치적 생활의 부담을 덜어주어야 하고, 그들에게 중요한 최상의 경제적 자유를 보장해야 한다는 것 때문이었다. 스타엘 부인은 이러한 경제적 자유의 발달을 통해 개인들의 능력의 다양화로부터 발생하는 불평등의 확장은 지극히 자연스러운 불평등이며 정당한 것이라고 보았다(Spitz 2000, 148-149). 그것은 그러한 자연스러운 불평등이 개인들의 능력 발휘의 결과물로서 사회의 일반적인 부의 증진에 기여하기 때문이다.

혁명력 5년(1797년) 봄 콩스탕(B. Constant)은 "힘과 정부의 안정"만이 "시민들에게 신체의 안전과 소유의 불가침권을 보장해줄 수 있다"는 주장을 담은 저서—『정치적 반동들에 대하여(*Des réactions politiques*)』—를 출판하였다(Holmes 1994, 18). 콩스탕은 그것이 자코뱅주의 그림자와 왕정의 망령으로부터 피할 수 있는 유일한 길이라는 판단이었다. 스타엘 부인 역시 동일한 입장을 표시하였다(Soboul 1984b, 223). 결국 테르미도르 이후 다시 자유의 원칙을 강조하고, 소유와 경제적 자유를 우선에 두는 정책으로 선회했지만, 중도의 공화국이 가지는 좌우로부터의 공격에 따른 불안정성은 힘과 안정을 가진 정부를 원하도록 만들었다. 시에예스와 나폴레옹의 합작품이라고 할 수 있는 브뤼메르 쿠데타는 1789년 이래 포기되지 않았던 국민주권의 원칙과 안정되고 강력한 행정부를 양립시킬 수 있는 방식으로 선택된 것이라 할 수 있다. 그러한 의미에서 공포정치로 귀결된 민주주의적 공화주의와 더불어 자유주의적 공화주의 역시 전제정이라는 귀결을 가져왔다는 것은 분명 아이러니였다.

IV. 결론

르네상스 시기 이탈리아에서 시작된 고대 공화국의 부활은 중세 기독교 제국하에서 존재하였던 성직자, 봉건영주와 기사, 농노라는 주요 계급에 속하지 않는 새로운 시민의 성장과 맞물려 있다고 할 수 있다. 상업활동을 통해 부를 축적한 시민의 성장은 공동체 내에서 그들 역시 정치적 권력에 대한 욕망을 드러내도록 만들었다. 공화국이 구체화한 혼합정은 결국 공동체 내에 존재하는 다양한 사회 세력들에 의한 권력의 공유이자 그들 간의 권력의 견제와 균형을 위한 장치라고 할 수 있다. 영국혁명과 미국혁명은 새로운 부르주아 계층의 전면적 등장을 알리는 것이었고, 프랑스혁명은 그 물결을 전 유럽으로 확장시키는 계기가 되었다. 프랑스혁명의 지적 기원이자 기반이 되었던 계몽주의는 자연권에 근거하여 모든 인간—그 시점에서는 백인 남성 시민으로 이해된—의 소유권과 생명에 대한 안전의 권리를 요구하였고, 나아가 정치적 권리—통치에 참여할 권리—에 대한 요구로 나아갔다는 점에서 보편성에 기반한 무한한 확장성을 지니는 것이었다. 프랑스혁명의 발발과 이어지는 사건의 전개 과정에서 이러한 보편주의적 원리는 양날의 칼과 같은 것이었다. 새로운 시민 계급이 주장하였던 '인간과 시민의 권리'의 보편성은 자연스럽게 모든 인간의 자연스러운 요구로 확장될 수 있었고, 그것은 혁명전쟁이라는 특수한 상황에서 가속되어 프랑스 인민 모두의 민주주의적 욕망의 분출로 확장되었던 것이다. 따라서 프랑스혁명이 제기한 '인간과 시민의 권리선언'과 그에 근거한 공화국의 구성은 그것이 갖는 보편성과 그 확장의 가능성 때문에 일국적 사건이 아니라 세계사적 사건으로 자리매김될 수 있었던 것이다.

비록 1789년 이후 10여 년 동안 전개된 공화국의 구성을 둘러싼 다양한 논쟁과 사건의 전개 속에서 민주주의적 공화국의 구현은 짧은 시간의 일이었지만, 그것이 보여주었던 잠재성은 이후 19세기 프랑스 내내 매달리면서 해결해야 할 과제였을 만큼 폭발적인 것이었다. 당시 제기된 다양한 정치적 개념들에 대한 논의, 즉 주권, 대표, 민주주의 그리고 사회적인 것을 둘러싼 논의들은 어떠한 공화국을 구성(constitution)할 것인가를 둘러싼 논의였으며, 근대정치의 핵심적 사안들이었다. 특히 영국이나 미국혁명에서 배제되거나 부재하였던 민주주의의 문제가 프랑스에서는 공화국과 공화주의의 특수성을 규정하는 것이었다. 19세기 동안 프랑스를 괴롭힌 문제가 민주주의였다는 것은 토크빌의 고민에서도 잘 드러난다. 19세기 말 프랑스 제3공화국의 성립은 그러한 민주주의 문제에 대한 해결의 방식이었고, 이후 20세기 초반 들어서 서서히 구성해낸 공화주의 모델은 프랑스 혁명이 제기했던 '사회적인 것'에 대한 해결의 과정에서 형성되었다. 그러한 점에서 볼 때 1789년 프랑스혁명은 근대 프랑스 정치와 공화국에 대한 가장 확장된 방식의 문제제기였고, 제3공화국의 공화주의 모델의 형성은 그에 대한 답변이었다. 프랑스 공화주의 모델의 구체적인 모습에 대한 이해는 이 책의 4장에서 이루어지고 있다.

참고문헌

공진성. 2013. "루소, 스피노자, 그리고 시민종교의 문제." 『정치사상연구』 22(1).

양희영. 2011. "공화주의 이념의 성장: '자유'와 '평등'의 변주곡." 『프랑스의 열정: 공화국과 공화주의』. 서울: 아카넷.

민석홍. 1987. "서론: 프랑스혁명에 관한 새로운 해석과 그 문제점." 민석홍 엮음. 『프랑스革命史論』. 서울: 까치.

신철희. 2016. "스피노자와 공화주의- 자유 개념을 중심으로." 『정치사상연구』 22(1).

홍태영. 2008. 『국민국가의 정치학』. 서울: 후마니타스.

Arendt, H. 2004. 『혁명론』. 홍원표 역. 서울: 한길사.

Baczko, Bronislaw. 1989. *Comment sortir de la terreur. Thermidor et la Révolution*. Paris: Galliamrd.

______. 1997. *Job, mon ami. Promesse du bonheur et fatalité du mal*. Paris: Gallimard.

______. 1988. "Thermidoriens." in F. Furet et M. Ozouf. ed. *Dictionnaire critique de la Révolution française*. Paris: Flammarion.

Baker, Keith. M. 1993. *Le Tribunal de l'opinion. Sur l'imginaire politique au XVIIIe siècle*. trad. de L. Evrard. Paris: Payot.

______. 1993. "Condorcet ou la république de la raison." F. Furet et M. Ozouf. dir. *Le siècle de l'avènement républicain*. Paris: Gallimard.

______. 2001. "Transformation of Classical Republicanism in Eighteenth-Centruy France." *Journal of Modern History* 73.

Bailyin, Bernard. 1999. 『미국혁명의 이데올로기적 기원』. 배영수 역. 서울: 새물결.

Balibar, E. 1992. *Les frontières de la démocratie*. Paris: La découverte.

Belissa, Marc. 1998. *Fraternité universelle et intérêt national (1713-1795)*. Paris: Kimé.

______. 2006. *Repsenser l'ordre européen (1795-1802)*. Paris: Kimé.

Berstein. S. et Rudelle, O. (dir.). 1992. *Le modèle républicain*. Paris: PUF.

Boroumand, Ladan. 1991. "Les Girondins et l'idée de République." F. Furet et M. Ozouf. dir. *La Gironde et les Giorondins*. Paris: Payot.

Castel, Robert. 1995. *Les métamorphoses de la question sociale*. Paris: Fayard.

Derathé, Robert. 1979. *Jean-Jacques Rousseau et la science politique de son temps*. Paris: Vrin.

Esping-Anderson, G. 2007. 『복지 자본주의의 세 가지 세계』. 박시종 역. 서울: 성균관대학교출판부.

Fontana, Biancamaria. 1993. "La république de Thermidor et ses principes dans les écrits de Madame de Staël", F. Furet et M. Ozouf. dir. *Le siècle de l'avènement ré-*

publicain. Paris: Gallimard.
Furet, F. et Richet, D. 1990. 『프랑스혁명사』. 김응종 역. 서울: 일월서각.
Gauchet, Marcel. 1989. *La Révolution des droits de l'homme*. Paris: Gallimard.
______. 1995. *La Révolution des pouvoirs*. Paris: Gallimard.
Gauthier. Florence. 1988. "De Mably à Robespierre. De la critique de l'économique à la critique du politique 1775-1793." E. P. Thompson et al. *La guerre du blé au XVIIIe siècle*. Paris: Les Editions de la passion.
______. 1992. *Triomphe et mort du droit naturel en Révolution, 1789-1795-1802*. Paris: puf.
Gueniffey, P. 1993. "Cordeliers et Girondins: la préhistoire de la république?" F. Furet et M. Ozouf. dir. *Le siècle de l'avènement républicain*. Paris: Gallimard.
Halévi, Ran. 1993. "La république monarchique." F. Furet et M. Ozouf. dir. *Le siècle de l'avènement républicain*. Paris: Gallimard.
Hartz, Louis. 2012. 『미국의 자유주의 전통』. 백창재·정하룡 역. 서울: 나남.
Hirschman, A. O. 2020. 『정념과 이해관계』. 노정태 역. 서울: 후마니타스.
Holmes, Stephen. 1994. *Benjamin Constant et la genèse du libéralisme moderne*. Paris: Puf.
Jainchill, Andrew. 2008. *Reimagining Politics after the Terreor. The Republican Origins of French Liberalism*. Ithaca and London: Cornelle University Press.
Jonsson, Stephen. 2005. 『대중의 역사』. 양진비 역. 서울: 그린비.
Massin, Jean. 2005. 『로베스피에르, 혁명의 탄생』. 양희역 역. 서울: 교양인.
Monnier, Raymonde. 1994. *L'espace public démocratique*. Paris: Kimé.
Montesquieu. 1975. *De l'Esprit des lois. Oeuvres complètes*. II. la Pléiade. Texte présenté et annoté par Roger. Paris: Gallimard.
Nicolet, Claude. 1994. *L'idée républicaine en France (1789-1924). Essai d'histoire critique*. Paris: Gallimard.
Pettit, Philip. 2013. "Two Republican Tradition." in *Republican Democracy*. ed. by A. Niederberger and P. Schink. Edinburgh: Edinburgh University Press.
Pocock, J. G. A. 1975. *The Machiavellian Moment*. Princeton: Princeton University Press.
Raynaud, Philipe. 1991. "Y a-t-il une philosophie girondine?" F. Furet et M. Ozouf. dir. *La Gironde et les Giorondins*. Paris: Payot.
Rémond, R. 1982. *Les Droites en France*. Paris: Aubier.
Robespierre, M. 2009. "공화국 내무 관리에 있어 국민공회가 지켜야 할 정치적 도덕 원칙에 관하여." 지젝 서문, 배기현 역. 『로베스피에르. 덕치와 공포정치』. 서울: 프레시안북.
Rosanvallon, Pierre. 1998. *Le peuple introvable. Histoire de la représentation démocratique en France*. Paris: Gallimard.
______. 2000. *La démocratie inachevée. Histoire de la souveraineté du peuple en*

France. Paris: Gallimard.

Serna, Pierre. 2005. *La république des girouttes*. Paris: Champ Vallon.

Shklar, Juith. 1993. "Montesquieu and the the new republicanism." in G. Bock, Q. Skinner & M. Viroli. ed. *Machiavelli and Republicanism*. Cambridge: Cambridge UP.

Spitz, Jean-Fabien. 2000. *L'amour de l'égalité. Essai sur la critique de l'égalitarisme républicain en France 1770-1830*. Paris: Vrin.

Skinner, Q. 1978. *The Foundations of Modern Political Thought*. Vol. I, II. Cambridge: Cambridge University Press.

Soboul. A. 1984a. 『프랑스 大革命史』 上. 최갑수 역. 서울: 두레.

______. 1984b. 『프랑스 大革命史』 下. 최갑수 역. 서울: 두레.

Viroli, M. 2006. 『공화주의』. 김경희·김동규 역. 서울: 인간사랑.

Wright, J. Kent. 1993. "Les sources républicaines de la Déclaration des droits de l'homme et du citoyen." F. Furet et M. Ozouf. dir. *Le siècle de l'avènement républicain*. Paris: Gallimard.

제4장

프랑스 공화주의 모델의 형성과 민주주의의 '근대적' 전환

—갈등과 통합의 프랑스적 해결 모델을 찾아서—

* 이 글은 『현대정치연구』 16권 1호(2023)에 실린 것으로 이 책에 맞게 수정 보완한 것이다.

I. 들어가는 말

1789년 프랑스혁명과 함께 등장한 국민주권 혹은 인민주권 개념 그리고 결국은 주권자로서 인민의 출현은 근대 국민국가의 출발을 알리는 것이었다. 하지만 프랑스혁명 당시 그리고 19세기 동안 주권자로서 인민의 존재와 그것을 대표(representation)하는 의회 사이의 간극은 현실성의 차원에서, 즉 국민/인민 주권의 구체화에 있어서 난점을 드러냈다. 국민을 대표하는 의회가 인민의 봉기를 진압하라는 명령을 내리는 사건이 발생하였다면, 국민/인민주권은 무엇을 의미하는가? 동즐로가 말했듯이, 19세기 프랑스는 "권력으로부터 가장 소외되었던 인민의 한 분파가 여전히 자신의 목소리를 낼 수 없다면… 주권이 합리적인 방식으로 가장 빈곤한 사람들의 조건을 개선할 능력이 없다면", 국민/인민 주권 개념이 어떠한 가치가 있을 것이며, 단지 속임수에 불과하지 않은가?라는 반문을 던질 수밖에 없었다(Donzelot 2005, 29). 19세기 동안 프랑스 민주주의의 중심 과제 중의 하나는 국민/인민주권에 대한 이해의 방식을 둘러싼 것이었다. 국민주권의 문제와 관련하여 동즐로가 제기했듯이, 1848년 혁명과 함께 본격적으로 등장한 '사회적인 것(le social)'의 문제는 국민주권을 둘러싼 이해의 간극의 문제를 제기한 것이었고, 그것의 해결이야말로 1789년에 시작된 근대 국민국가의 구체적 현실화를 의미하는 것이었다.

제3공화국은 1789년에 시작하여 19세기 동안 프랑스 정치를 규정하였던 이성과 수의 갈등 그리고 사회적인 것이라는 과제를 해결해야 했다. 그것은 프랑스혁명과 함께 등장한 근대의 정치공동체로서 국민국가의 주체로 설정된 시민과 시민들의 집합체로서 국민의 위상, 그리고 그로부터 출발하여 확립된 국가권력의 형성 과정, 즉 시민들의 정치적 실천이라는 민주주의의 구체화이든 대표를 통한 정치이든, 이는 국민국가의 정치적 형태로서 민주주의의 구체적인 양식을 규정하는 것이었다. 그리고 그것은 근대정치철학에서 전제하였던 근대적 개인들에 의한 국가권력의 확립이라는 차원에서 주권의 실현의 과정이었다. 19세기 말 제3공화국은 '사회적인 것'의 문제를 해결하는 방식을 통해 국민/인민주권 및 국가에 대한 새로운 위상을 정립하였다. 공화주의적 교육을 통한 공화주의적 시민에 대한 상의 정립과 연대주의를 통한 공화주의적 연대의 형성 및 그에 기반한 '사회적인 것'의 해결은 국민-국가의 연결로서 주권 및 대표 개념의 새로운 정립이기도 하였다. 주요하게 국민의 대표로서 의회에 대한 새로운 위상을 정립시켜 나가면서 '의회주의'를 확립시켰고, 그것은 대표 개념은 물론 주권 개념의 변환을 수반하는 것이었다. 즉 1789년 혁명 시기에 있었던 국민/인민주권의 분리 및 '국민'과 '공화국'에 대한 정치신학적 문제설정의 작동이 있었으며, 한편으로는 근대정치의 여전한 아포리아를 보여주는 것이기도 하였다.

근대의 정치적 주체로서 시민의 탄생과 국민으로의 구성 그리고 그들에 의한 국가권력의 확립과정에서 작동하였던 대표의 과정과 주권의 실현과정은 세 개의 분리된 과정이자 동시에 서로에 영향을 주면서 맞물려 있는 과정이라 할 수 있다. 1875년 성립된 프랑스 제3공화국은 19세기 동안 다양한 방식으로 제기되었던 이 문제들을 해결해냄으로써 1789년 혁명에서 등장한 프랑스 공화주의를 제도적으로 실현하는 공화국을 안정적으로 정착시킬 수 있었고, 그러한 공화국의 틀은 현재까지 프랑스 공화국의 모태를 형성하고 있다고 할 수 있다. 흔히들 제3공화국은 타협으로서 공화국으로 불린다. 한편으로 19세기를 거치면서 극단적 흐름들이 사라졌다. 즉 1871년 파리코뮌을 통해 극단적이었던 블랑키주의자들이 사라졌고, 그 이전 제2제정을 거치면서 왕당파와 보나파르트주의자들이 스스로의 정당성을 잃어버림으로써 정치 전면에서 후퇴하였다. 따라서 중도세력들, 중도우파의 자유주의자와 중도좌파의 공화주의자, 사회주의자들의 타협으로서 제3공화국이 탄생하였다. 또 다른 한편으로 프랑스혁명 이후 대립하였던 다양한 이념과 사유들의 타협을 통한 공화국의 구성이었다. 정치세력의 측면에 타협적 공화국을 공화주의화하는 과정을 통해 공화국의 내용을 채우고자 하였고, 또한 그것은 1789년 프랑스혁명이 제기한 문제에 대한 답변이자 동시에 19세기 동안에 제기된 해결의 방식들에 대한 반성적 결과이자 타협으로서의 의미를 지니는 것이었다. 따라서 민주주의의 실행할 '이성'과 공화주의적 '덕성'을 갖춘 시민을 만들어내고, 그에 기반한 민주주의적 정부를 구성—국민주권의 실현—하는 것을 통해 민주주의적 국가의 모습을 갖추는 것, 그리고 민주주의적 국가를 통해 '사회적인 것'을 해결함으로써 공화주의적 통합을 성취해 내는 것이 프랑스 제3공화국이 구성해낸 프랑스 공화주의 모델이다.[1]

국민의 구체적 구성과 국민에 의한 국가권력의 확립이라는 주권의 실현은 1789년에 시작된 근대적 국민국가 형성의 일정한 완성이라고 할 수 있다. 신이 아닌 개인에 기반하고, 개인들의 시민 및 국민으로서 구성과 국민주권의 확립 그리고 이러한 과정들을 매개하고 또한 그 역사를 형성하는 민주주의의 과정이 19세기를 통해 진행되었다. 그것은 세속화된 권력의 확립이라는 차원에서 국민주권에 근거한 국민국가의 성립이었지만, 동시에 정치신학적 문제설정이 진행되는 것이기도 하였다. 주권과 국가에 대한 정치신학적 문제설정을 통한 이해는 1789년에 부활한 민주주의—고대 아테네적 의미의 민주주의—가 프랑스 공화주의를 통하여 어떠한 방식으로 근대 민주주의 제도로서 정착하게 되었는가, 즉 민주주의의 '근대적' 전환을

1 공화주의에 대한 새로운 연구와 역사적 경험에 대한 새로운 해석을 통해 신로마공화주의, 즉 고대 로마공화국과 르네상스 시기 이탈리아 도시국가에서의 부활 속에서 법에 의한 통치, 혼합정, 비지배적 자유 등에 대한 부각과 그것의 현재성에 대한 논의는 익히 알려져 있다. 그와 대비되어 프랑스 공화주의는 주권에 대한 특수한 개념으로 인해 혼합정보다는 인민주권 개념에 주목하였고, 그에 따라 덕성을 갖춘 시민에 기반한 정치참여에 대한 강조, 사회적인 것에 대한 공동체적 해결 등에 대한 강조를 특징으로 하고 있다. 그리고 제3공화국에서의 공화주의 모델의 형성은 공화국의 내용을 채우고 프랑스 공화주의를 구성해 내는 과정이라고 할 수 있다. 신로마적 공화주의 전통, 즉 대서양적 전통의 공화주의와 루소적 흐름의 대륙적 공화주의 차이에 대해서는 이 책의 3장 참조.

볼 수 있을 것이다. 이를 위해 이 글은 프랑스 공화주의 모델의 큰 틀을 형성하는 공화주의적 시민에 대한 상과 시민교육의 문제(II절), 공화국의 중심적 내용을 형성하는 '사회적인 것'을 둘러싼 이론적, 실제적 투쟁들의 해결을 위한 '연대주의'의 문제(III절)을 살펴보고, 마지막으로 그러한 공화국이 근대 국민국가로서 가지는 정치신학적 문제설정을 이해함으로써 공화주의가 구성하는 공동체의 모습을 그려보고자 한다(IV절).

II. 공화국과 시민

1. 공화주의적 개인주의

19세기를 거쳐 민주주의가 부침을 거듭하는 과정에서 민주주의의 주체로서 시민 형성과 시민교육의 문제는 정치의 주요한 관심사가 되었다. 시민은 우선은 정념과 의지, 욕망의 주체라는 개인의 차원에서 출발하지만 동시에 공동체의 구성원이라는 점에서 형제애의 주체이자 공적 덕성의 실현자라는 차원을 고려해야 하는 존재였다. 시민교육과 관련한 제3공화국의 첫 번째 법률이었던 1882년 3월 28일 법은 일종의 '신이 없는 학교에 관한 법'으로서 종교 및 도덕 교육을 도덕 및 공민교육으로 대체하는 법률이었다. 이 법률은 '타락한 인간'이라는 기독교적 개념과 단절하고 시민과 인간에 대한 새로운 개념을 정립하고자 하는 제3공화국의 공화주의자들의 의지의 표현이었다. 그것은 민주주의 사회에서 자신의 역할을 수행하는 인간이라는 의미에서 '공민적 의무(devoirs civiques)'와 자기자신에 대한 의무를 연결시키면서 자신의 '신체와 정신의 위생학(l'hygiène du corps et de l'esprit)'을 근본적인 도덕적 의무로 만드는 것이어야 한다는 것으로 나타났다(Murard et Zylberman 1996). 자율적이고 책임성을 갖는 개인들이 사회라는 축조물을 구성해야 한다는 점이 강조되었다. 제3공화국이 흔히들 루소와 콩도르세를 결합시켰다는 평가를 받는 것은 공화국 개념은 물론 그들이 상정하였던 시민의 모습, 즉 이성과 공화주의적 애국심 모두를 갖춘 시민을 만들고자 했기 때문이다.

공화주의 교육의 기본적인 목표는 자유와 평등이라는 개인주의적 가치와 공화주의적 형제애라는 공동체의 가치를 화해시킬 수 있는 공화주의적 개인주의를 추구하는 것이었다. 공화국의 시민들에게 개인의 자율성 강조하고, 더불어 도덕과 공민교육을 통해 도덕적 규율을 내면화시키고자 하였다. 공화주의자들은 기존의 종교적 색채의 도덕 개념을 거부하고, 도덕을 관찰과 추론을 통해 만들어진 경험과학으로 만들고자 하였다(Lalouette 2002, 145). 즉 형이상학적 도덕을 거부하고 도덕을 "습속의 과학"으로 구축하고자 한 것이다. 따라서 이러한 공화주의적 도덕을 확립하기 위해 교육은 중요한 도구로 제시되었다. 공화주의적 개인주의는 시민과 인간의 열망을 화해시키고자 하였으며, 개인의 능력의 만개와 국민적 집단 이익 사이에서 발생하는 긴장과 대립을 도덕교육을 통해 해소해야 하였다. 도덕 및 공민 교육은 시민들에게 자신에 대한 통제를 강제할 수 있는 정치적, 사회적 규준을 확립시키는 것을 목표로 하였다. 뒤르케임의 사회학에서 상정하고 있는 개인과 개인주의는 개별 인간(la persone)에 근거하는 것이 아니라 사회적 인간(la personne sociale)을 구성하는 개인과 집단의 상호작용에 근거하는 것이다(Déloye 1994, 34). 이러한 뒤르케임의 사유체계는 뒤르케임에 영향을 미친 르누비에(Ch. Renouvier)나 푸이예(A. Fouillé)의 신칸트주의의 영향이다. 개인주의에 충실하였던 르누비에였지만, 원자론적인 개인주의에 맞서서 사회 속의 개인을 사유하였고, 그러한 차원에서 개인의 사회에 대한 의무를 사유하고자 하였다(Blais 2007, 145-147). 푸이예 역시 개인들 사이 존재하는 개인의 의무가 사회적 연결을 위한 구성요소가 되어야 한다는 점을 강조하였다(Berstein 1999, 129).

심리학 역시 공화주의 도덕과 분리될 수 없는 부분이었는데, 의지(volonté)에 대한 교육, 진정한 의지, 계몽되고 이성적이며 자유로운 의지가 바로 개인성의 근본이 되어야 한다는 점이 강조되었다. 형이상학적 도그마와 종교에 대항하는 '과학'에 대한 신념, 합리적 이성 등에 대한 강조는 콩도르세의 계몽주의적 합리주의의 연장선상에 있었다(Nicolet 1982, 288-289). 개인의 해방은 자신 스스로 자신의 주인이 될 수 있으며, 이성적인 시민의 상 속에서 그 성취가 이루어진다. "인간은 어떻게 자유로우면서 법에 종속될 수 있는가?"라는 질문을 던지면서 자발적인 복종이 공화주의적 도덕의 본질적인 요소로 간주되었다(Déloye 1994, 90). 개인의 자유가 실현될 수 있도록 하는 것은 바로 도덕적 힘이었다. 복종해야 할 공화국과 공화국의 법이 결코 외재적인 것이 아니라 '진보'의 과학적 법칙에도 부합하고 또한 합리적인 이성의 원칙과도 부합한 것이다. 또한 공화주의적 도덕가들은 특정한 정념, 즉 삶의 본질이자 도덕적 에너지의 근원으로 간주되는 특정한 정념을 활성화시키고자 하였다. 이성

(raison)과 의지(volonté)는 인간으로 하여금 자신의 정념(passions)에 근거하여 행위하도록 하며, 사회에 바람직한 방향 속에서 정념이 이끌어지도록 한다(Déloye 1994, 95). 정념들을 규율하기 위해 이성에 호소하는 것은 인간이 교육을 통해 계몽되는 순간부터 스스로 완전해질 수 있는 능력과 관련하여 공화주의 도덕가들에게도 타당하고 또한 필요한 것이었다.

공화주의적 도덕교육과 더불어 공민교육으로서 민주주의 교육에서 보통선거권은 필수적인 요소로 작용하였다. 투표행위가 시민 형성에서 본질적인 요소로서 작용하며, 선거행위는 신성한 의무라고 간주되었다. 투표는 "자유롭고 의식적이며, 계몽적이자 동시에 이익으로부터 분리된(désintéressé) 행위"여야 했다(Déloye 1994, 124). 투표행위자의 독립이 강조되었고, 투표를 통해서 국민주권의 표현에 참여하는 것이었고, 국민주권이라는 개념을 통하여 시민을 성장시키는 것이었다. 투표권자는 개인의 이익을 떠나 공동체의 구성원이자 국민으로서 의견을 표출해야 했기에, 사적인 행복을 일반이익에 종속시키는 것을 수용할 수 있어야 했다. 투표권자는 사회적 지평을 확장해야 하며, 보편적인 틀 속에서 사유할 수 있어야 한다. 공화주의 도덕가들은 개인의 이기심과 시민공동체에의 참여가 양립하는 것은 불가능하다는 점을 강조하였다. 공화주의자들은 진정성 있는 시민이란 누구인가?라고 물었고, 그것은 "투표행위가 있는 날, 바로 일반이익에만 사로잡혀 있는 시민"이라고 답하였다(Déloye 1994, 125).

당시 공화주의 도덕에 대한 강조 속에서 공화주의자들이 바람직한 공동체에 대해 상상했던 것은 '과거 구체제와 유사성을 갖는 공동체'와 '사회적 갈등이 난무하는 현대 사회' 사이에서 찾고자 하였다. 이는 곧 주권자로서 등장한 국민(nation)이라는 정치적 주체에 대한 사유와 더불어 네이션이라는 공동체의 모습에 대한 상상이기도 하였다. 다시 묻는다면 nation은 공동체인가 아니면 사회인가?였다. 퇴니스(Tonnies, 1887)가 제시한 공동체인가, 사회인가라는 개념적 대립 속에서 국민이라는 집단은 어떤 성격을 가져야 하는가에 대한 논의라고 할 수 있다. 퇴니스에게 공동체는 서로 사랑하는 사람들 사이의 본질적인 정체성을 지닌 반면에, 사회는 이익의 개인화에 근거하여 존재한다고 구별되었다. 따라서 네이션을 개인들의 이익의 단순한 총합 이상의 것으로 만들고자 하였고, 네이션을 '이익들의 공동체'이자 동시에 '동정(sympathie)에 근거한 사회'라는 것, 개인들의 이익의 필연적 연대의 공동체로서 상상하고자 하였다. 학교를 통해 양성하고자 하는 공화주의적 시민의 모습은 개인주의와 동시에 공동체의 구성원으로서 공민적 의무를 실행하는 시민이었고, 이들에 의해 구성된 네이션의 모습이 그러한 이중성을 반영한 것이어야 했다. 이러한 모델에서 학교가 중심적 위치를 차지하였으며, '개인-시민'으로 하여금 공동체 의식을 가지고 공동의 시민으로 구성된 '상상의 공동체'에 대한 의식을 갖게 하는 것이 학교라고 간주되었다. 개인이라는 기초에서 출발하여 공동체라는 최종 지점까지 이르도록 하는 것이 학교를 통해 사회적 삶을 구성해내는 방식이었다.

공동체로서 네이션의 형성 과정은 19세기 말 가톨릭공동체라는 전통적인 공동체 개념은 물론 19세기 자본주의 발달 속에서 형성된 공리주의적 사회 개념 모두를 거부하면서, 개인주의에 기반하지만 동시에 세속화된 정치적, 문화적 동질화를 통해 공동체를 새롭게 구성해내고자 한 시도라고 할 수 있다. 이렇게 형성된 네이션이 프랑스혁명 이래 공화주의자들이 강조해온 "위대한 국민(Grande Nation)"으로서 공화주의적 프랑스를 의미하였고, 이는 빅토르 위고가 강조하였듯이, "자유와 진보의 근원으로서 인류의 등대"라는 것이었다(Darriulat 2001, 239에서 재인용). 위대한 국민의 공화국으로서 프랑스 공화국은 또한 보편주의적 공화국(République universelle)으로서 인간주의적이고 보편주의적 철학과 국민적 공간—애국주의적 공간으로서—이라는 경계의 필요성 사이에서 화해를 시도하고자 하였다. 그것의 구체적인 예가 1차 대전이 종결된 후 레온 부르조아가(Léon Bourgeois)가 시도한 국제연맹—Société des nations—이었다(Berstein 1999, 132). 그것은 애국주의와 평화주의의 결합이었고, 공화국과 보편적 문명의 결합이었다.

2. 공화주의적 연대와 사회적 공화국

공화주의적 도덕을 내면화한 시민의 형성이 제3공화국의 공화주의자들에게 주요한 과업이었지만, 그것의 한계는 분명하였다. 국민 및 공화국 내부에 좀 더 구체적이고 실질적인 사회적 유대를 형성시킬 장치가 필요하였다. 그 장치로서 제시된 것이 공화주의적 연대 및 연대주의였다. 공화주의적 연대 및 연대주의는 민족/국민 공동체의 구성원들 사이에 소속감 및 사회적 유대를 실질적으로 형성시킴으로써 국민적 동일성을 갖도록 하는 데 중요한 역할을 하였다.

제3공화국 초기 발덱-루소법(la loi de Waldeck-Rousseau 1884)을 통해 노동자와 자본가 사이에서 국가는 한 걸음 물러서서 그들 사이

분쟁의 심판자 역할만을 하고자 하였다. 따라서 그들 사이의 경기의 규칙을 가능한 한 공정한 방식으로 제공하는 것이 국가의 역할이라고 생각하였다. 그러한 점에서 발덱-루소법은 노동자의 권리의 차원에서 그들에게 조합의 권리를 보장하는 수준에 한정되는 것이었지만, 그것은 어찌 됐건 적어도 19세기 내내 쉽게 인정되지 않았던 노동자들의 연대와 연합의 권리를 인정했다는 점에서는 진일보한 것이었다. 물론 1860년대 나폴레옹 3세에 의해 노동조합의 권리가 인정되었지만, 그것은 경제적 영역에 한정된 것이었고, 이제 노동조합에게 경제적인 영역뿐만 아니라 정치적 발언권을 부여한 것이었다.

하지만 '사회적인 것'에 대해 국가가 좀 더 적극적인 해결자로서 역할을 수행할 것이 요구되었고, 공화국은 '사회적인 것'에 대한 구체적인 답변을 찾아야 했다. 이는 제3공화국 초기 공화주의자들이 공화국을 확립하고 공화주의적 시민을 만들어내는 작업을 통해 공화국의 기초를 만들었다면, 이제 그러한 공화국을 통해 좀 더 적극적으로 공화국을 구성해내는 작업을 시작한 것이라 할 수 있다. 이는 민주주의의 문제가 단지 정치적인 영역에 한정되는 것이 아니라 사회적 문제와 결합되어 있음을 인식한 것이고, 19세기의 오랜 역사적 과정의 반영이기도 하였다. 그것은 이미 토크빌이 이해한 사회(학)적 상태로서 민주주의, 즉 단지 주권의 문제나 정치의 문제로 환원되지 않은 민주주의의 문제를 제기한 것이다. 공화주의적 도덕가들은 루소가 인식하였던 개인주의와 시민성 사이의 대립을 지양하는 데 성공했다고 자신하였다. 교육과 관용, 공민교육은 의지(volonté)에 대한 교육이며, 자신의 통치로서 집단적 의무이자 권리의 총체로서 인식된 공민주의의 행사를 가능케 하였다. 이제 시민권은 사회적 관계를 강화하여야 했다. 공화주의적 개인주의와 세속화에 기반한 공화국의 도덕이 완성되는 것은 '연대(solidarité)'와 '연대주의(solidarisme)'를 통해서였다. 결국 뒤르케임의 사회학적 도덕을 통해 공화국의 도덕이 완성된다는 것을 의미하였다. 뒤르케임은 쥘 페리에 의해 시작된 세속화된 도덕 개념의 한계 혹은 잘못된 전제를 비판하였다. 그것은 쥘 페리의 세속화된 도덕 개념은 결국 "모든 시대와 모든 나라의 모든 인간에게 유효할 수 있는 보편적인 도덕"을 상정하고 있지만 그러한 것은 존재할 수 없다는 것이다(Durkheim 1887, 464).

사회학자로서 뒤르케임은 도덕 문제에 있어서 추상적이고 관념적인 접근방법을 비판하였으며, 결국 구체적이고 실제적인 인간은 사회적이고 물리적 공간 속에서 살아가며, 도덕 역시 그러한 인간들과 함께 변화한다는 사실을 강조한다. 결국 도덕의 사회적이고 역사적인 성격을 강조한 것이었고, 뒤르케임은 도덕의 존재이유를 역사적으로 존재하는 사회의 목표에 봉사하는 개인을 완전하게 만드는 것이라고 보았다. 뒤르케임이 도덕의 개인주의적 토대를 부인하는 것은 아니었지만, 그럼에도 도덕은 개인이 사회의 일부를 구성하는 부분이라는 것을 인식시키는 것에 적합해야 한다는 사실을 강조하였다. 세속화의 도덕만으로는 충분치 않다고 판단한 뒤르케임은 집단적 전체만이 타인에 대한 무관심을 극복하고 각각의 시민들에게 일반이익을 위한 개인적 이익을 희생시킬 수 있도록 부과할 수 있다고 보았다. 뒤르케임은 "개인의 이기주의에 중재자 역할을 할 수 있는 힘은 바로 집단의 힘일 뿐이다"라고 보았다(Durkheim 1996, 401).

미래의 시민은 '사회적인 것'이 추상적인 총체가 아니라 사회학이 인식하는 살아 있고 복잡한 실재라는 것을 이해해야 한다. 사회는 "무엇보다도 모든 종류의 이념, 믿음, 감성들의 총체를 표상하며, 개인들에 의해서 구체화(실현)된다. 그리고 그 이념들의 최우선에 도덕적 이념이 존재한다"(Durkheim 1907, 79). 바로 도덕이 인간들 사이에서 그들을 연결시키는 권리와 의무의 체계를 지속적인 방식으로 만들어낸다. 사회적 삶의 조건으로서 연대(solidarité)가 제기되어야 하고 또한 지속적으로 교육되어야 한다. 노동분업의 과정은 개인의 탄생과정이면서 동시에 사람들 사이에서 상호의존성을 강화시킨다. 개인은 사회적 인간성을 인식해야 하며, 그를 위해 타인에 대한 신뢰를 강화하고, 이기주의적 충동과는 다른 기반 위에서 움직일 수 있도록 도덕이 필요한 것이다. 뒤르케임은 도덕의 세속화와 공민적 의무의 합리적 증명에 대한 정당성을 부정하지 않음에도 불구하고 1880년대 세속화된 도덕의 한계를 지적하고 그에 대한 비판에서 출발하였다.

개인과 공동체 그리고 공화주의적 개인주의와 사회적 연대 사이를 화해시키고자 하는 것이 세기의 전환기에서 뒤르케임의 문제의식이라고 할 수 있다. 인간과 시민의 권리에 기반하고 계몽주의 이래 인간 본성에 대한 낙관주의적이고 추상적인 개념에 뿌리를 둔 초기 공화주의 도덕가들의 개인주의적 행보와 사회적 인간과 그 의무 개념에 기반하여 이제 갓 탄생한 사회학의 행보가 뒤르케임의 도덕에 대한 사유 속에서 명확하게 드러난다. 공화국은 개인의 주도권과 소유권의 보호라는 의지와 함께 사회적 약자에 대한 보호와 그를 위한 국가의 정정의 역할이라는 측면을 동시에 성취하여야 했다. 일반이익의 이름으로 시민의 권리에 대한 일정한 제한의 명분을 유지하고자 한 것이다. 뒤르케임의 연대에 대한 사회학적 개념을 확장하여 연대주의를 구성해낸 레온 부르조아(Léon Bourgeois)는 연대주의를 통해 기독교가 정식화한 자선(charité)의 한계를 극복하고자 하는 동시에 프랑스혁명의 철학에 뿌리를 두고 또한 제3공화국 초기 시민교육 교과서가 제시한 '형제애(fraternité)'의 추상적 한계를 극복하고자 하였다. 레온 부르조아의 저서 『연대주의(*Le Solidarisme*)』(1896)에서 말하는 도덕적 의무는 '사회적 빚'에 대한 인정에서 시작된다. 시민이 타자에 대해 인정해야 하는 의무는 각자가 사회적 상황에서 얻는 이익에 대한 반대급부이며, 모두에 대한 이익을 실현하기 위한 조건이다. 도덕적 의무는 이익의 대가로서 얻는 것에 대한 책임을 인정하는 것으로 사회적 빚에 대한 인정이다. 국가는 개입의 권리를 갖고 있으며, 이를 통해 개인의 삶에 대한 사회의 지지를 제공하고 또한 동시에 개인에게 모두의 더 좋은 삶을 위해 행해야 할 것을 요구할 수 있는 이중적 권리를 갖는 것이었다.

뒤르케임의 사회학과 레온 부르조아의 흐름에 앞서 독자적으로 '사회경제학(l'économie sociale)'의 전통에서 연대와 연대주의를 제시했던 이는 지드(Charle Gide)이다. 19세기 프랑스에서 사회경제학의 전통은 정치경제학 전통, 즉 경제적 자유주의를 강조하는 흐름을 비판하면서 개인주의를 극복할 수 있는 상호부조, 협동조합, 노동조합 등 결사체를 통해 사회적인 것에 대한 해답을 찾고자 하였다(Gueslin 1998). 사회경제학자들에게 '연대'는 경제학적 개념으로서, '이익들의 연대'였고, 이를 위한 경제 프로그램을 제시하였다. 샤를 지드의 경우, 형제애(fraternité)는 이미 낡은 개념이며, 삶을 구성하는 것으로서 '연대'는 결코 자족적이지 못한 개인들에게 특별한 사회적 기능을 부여하면서 타인의 필요를 만족시키는 방식으로 서로를 상호의존하는 관계로 연결시키면서 공동운명체로 만드는 것이라고 강조하였다(Blais 2007, 199). 지드는 협동조합체제에서 연대가 그 특징을 잘 드러낼 수 있을 것이라고 기대하였으며, '사회적 연대의 표상'으로서 국가가 의식적인 연대를 구성해내야 한다는 점을 강조하였다. 사회학적 흐름과 사회경제학적 흐름 모두 19세기 동안에 경쟁하였던 자유주의와 마르크스주의 사이에서 종합적 테제를 마련하고자 하는 노력으로서, 마르크스주의의 계급투쟁이나 계급 개념의 거부와 자유주의의 방임주의적 국가관을 모두 거부하는 것이었다.

제3공화국 초기의 공화주의적 개인주의를 넘어서 연대주의에 근거한 사회적 공화국의 모습은 프랑스 공화주의가 영미적 공화주의와 구별되는 지점으로서 구체적으로 정치체제와 제도를 통해 구현된 형태이자 모델로서 확립되었다. 제3공화국이 만들어낸 '공화주의 모델'은 프랑스 공화주의의 구체성이다. 연대주의가 구체적인 프로그램으로 제시된 것은 1907년에 급진공화당과 급진-사회당이 공동으로 채택한 '낭시 프로그램 14개조항'이다. 이를 들여다보면, 단기적으로 국가의 역할은 어린이, 병약자, 노령층에 대한 사회적 의무를 다해야 하며, 여성과 아동노동에 대한 규제입법을 실행해야 하고, 산업재해 시 고용주의 책임, 보험제도, 노사 분쟁시 조정 의무 등 집단적 계약을 시각을 통한 접근 등으로 제시되었다(Berstein 1992, 194-195). 그리고 장기적으로 국가 개입을 통해 소생산자 및 중산층의 민주주의를 실현하는 것을 이상으로 제시하였다. 이러한 목표를 실현하기 위해 세 가지 과정이 제시되었는데, 첫째는 누진세의 강화를 통한 재정의 방식, 구성원들의 지적 능력과 재능을 향상시키는 것을 통한 사회진보를 실현하기 위한 교육의 방식, 개인들의 소유를 구성하기 위한 입법의 방식 등이 제시되었다. 이렇게 공화주의적 연대를 통해 공화주의자들이 도달하고자 하는 사회는 '중간계급'과 다양한 중간집단들로 구성된 사회, '중간계급의 프랑스'였다. 물론 루소가 꿈꾸었던 '소생산자의 사회'를 구체화하려는 시도는 현실적으로 많은 곤란함에 부딪혔고, 구체적으로 20세기 자본주의의 발달 속에서 현실성이 떨어진다는 것을 인식할 수 있었다. 그럼에도 이 시기 연대주의에 근거한 사회정책과 프랑스 사회에 대한 전망은 여전히 프랑스 사회를 구성하는 데 중요한 요소로서 작동하고 있다.

III. 의회주의의 확립과 민주주의의 전환

공화주의적 시민과 사회적 연대와 더불어 이에 기반한 주권의 구성의 문제가 등장한다. 결국 어떻게 인민주권을 구성할 것인가? 또한 현실적으로 등장한 원자화된 대중 사회에 어떻게 형태를 부여하고 비유기적인 군중의 망령을 어떻게 내쫓을 것인가? 이 문제가 19세기 말 제3공화국의 공화주의자들이 해결해야 할 과제였다. 이 문제는 근대 정치철학적 인민과 19세기 등장한 사회학적 인민 사이의 괴리 속에서 제기된 것이었다. 이 문제는 또한 어떻게 대표할 것인가의 문제와도 결합된 것이었고, 종국적으로 이어지는 주권의 구체화의 문제이기도 하였다. 대표(representation)의 문제와 주권(souveraineté)의 문제가 결합되어 있었다.[2]

1. 의회주의의 확립

1848년 혁명과 함께 선언된 남성보통선거권의 실행이 만들어낸 결과는 루이 나폴레옹의 대통령 당선 그리고 제2제정 기간 동안 황제의 통치를 합리화하는 수단—이른바 신임투표(plèbiscite)의 역할—으로 전락하였다는 사실이다. 따라서 제3공화국의 공화주의자들은 민주주의적 장치로서 투표행위가 제자리를 찾기를 원하였다. 따라서 공화주의적 시민교육을 통해 정치적 주체로서 시민을 만들고자 하였고, 투표행위의 실질적인 결과가 민주주의적 절차로서 자리 잡도록 시도하였다. 민주주의적 절차로서 투표행위는 무엇보다도 19세기 동안 끊이지 않았고, 1871년 파리코뮌에서 보여주었던 폭력의 일상화를 제거할 수 있을 것으로 제시되었다. 즉 시민의 투표행위는 폭력을 무력화시키는 새로운 정치적 상황을 만들어낼 것으로 기대되었다. 투표를 통한 대표행위는 정치적, 사회적 투쟁의 관리의 양식을 변화시킬 수 있으며 그 결과 폭력과 소요, 즉 폭동은 이제 더 이상 정치적 행위의 개념 속에서 자리를 잃게 될 것으로 보았다. 투표를 통한 다수결에 의한 합의의 가능성이 열렸고, 또한 투표행위는 사회적 규율화의 장치로서 확정되었다. 또한 19세기 말 프

2 의회주의의 다양한 흐름과 이론적 특성을 탐구한 Ihalainen et al.(ed. 2016) 그리고 Aerts et al.(eds. 2019) 등에 따르면, 의회주의를 구성하는 내용으로서 대표, 주권의 문제와 함께 심의(deliberation), 책임(responsibility)의 문제를 제시하고 네 가지 측면에서 의회와 근대 의회주의 확립을 둘러싼 특수성들을 살피고 있다. 의미 있는 접근이기도 하지만, 본문에서 볼 것처럼, 프랑스 의회주의의 확립과정을 통해 본다면, 심의의 문제는 대표에 대한 이해 속에서 일정하게 결합되며, 책임의 문제는 권력분립의 문제를 통한 주권의 문제와 결합되어 있다는 것을 알 수 있다.

랑스를 비롯한 유럽의 많은 나라들에서 선거권의 확장에 따른 대중의 정치적 진출은 물론 사회적 이익집단 및 노동운동의 조직화 그리고 정당의 발달 등 다양한 요인들이 작동하면서 의회는 정치적 쟁투의 장이나 대상이 되었고, 또한 정치적 의제와 사회적 요구들을 수렴할 역할을 부여받는 등 정치사회적 장의 중심에 등장하였다(Aerts & van den Berg 2019, 10). 당시 르봉(1895)의 말처럼 의회는 "현대의 문명화된 이상"으로 표상되었다(Le Bon 2005, 216). 제3공화국의 공화주의자들이 의회주의를 수용하기 시작한 것은, 극단적인 혁명을 피하기 위해 보나파르트주의자나 보수주의적 공화주의자, 자유주의자들과의 연합 혹은 대화의 가능성을 인정하고 나아가 '권력의 교체 가능성'을 수용했다는 것이었다. 이는 분명 이전의 '완고한' 공화주의자들과는 차별화된 점으로 가히 '혁명적인' 것이었다(Grévy 1998, 52-53).

제3공화국 들어서 의회주의가 자리 잡기 시작하면서 내각의 책임성(responsibility) 개념이 도입되었다(Garrigues & Anceau 2016, 57-58).[3] 즉 의회의 의원은 질의하고 발의하고 결의하고 또한 내각의 구성원을 호출하기 시작하였다. 제3공화국에서 의회와 대통령의 초기의 권력균형은 맥마흔(Mac-Mahon) 대통령에 의해 의회해산권이 실행된 후 겪은 위기 이후 의회로 권력이 집중되는 방향, 즉 일반의

3 프랑스의 의회주의는 일반적으로 혁명적이기보다는 덜 급진적인 시기에 영국의회의 방식으로 선택적으로 흡수하면서 모습을 갖추기 시작했다고 할 수 있다. 예를 들어 1795년 테르미도르 이후 양원제, 1815년 이후 내각책임제나 심의(deliberation)에 대한 강조 등이 그것들이다(Ihalainen 2016, 29). 19세기 동안 공화주의 프랑스에 대립하는 자유주의 영국 모델이라는 구도가 존재하였고, 프랑스혁명 이후 영국에 대해 우호적인 흐름들은 영국 의회주의에 대한 선호를 드러내었다(Darriulat 2001).

지의 실현체인 의회의 우위라는 프랑스혁명 정신에 충실해야 한다는 방향으로 바뀌었다. 따라서 시민들의 투표 행위의 결과로서 성립된 의회는 이제 공화주의 정치의 중심에 놓이게 되었다. 우선 주권자로서 네이션에 대해 새로운 이해를 확립하고자 하였다. 1789년 프랑스혁명이래 '인민(peuple)'은 '다양하고 변화하는' 따라서 구체성을 띤 인민의 모습으로 개념화되었다면, 이제 '국민(nation)'은 응축된 신체이자 추상화된 개념으로 이해되어야 한다고 강조되었다. 따라서 구체적인 정치적 과정에 개입하는 인민과는 거리를 두는 의회권력이 강조되고 국민주권에 대한 강조는 동시에 의회, 즉 국민의 일반의지의 체현으로서 의회에 대한 강조로 이어졌다. 이것은 거리의 구체적인 인민적 권력과는 거리를 두는 것이었다. 이제 국민주권 개념은 대의제적 형태와 분리될 수 없으며, 주권자로서 국민의 추상화를 통해 국민을 대표하는 의회가 실질적인 주권자의 역할을 하는 것으로 이해된다(Rosanvallon 2000, 233). 이는 인민적 권력의 위험성으로부터 회피하고자 하는 의지의 표현이며, 의회권력을 중심으로 하는 국가가 주권자라는 방식으로도 이해될 수 있다.

이 시기 국민주권 개념을 헌법학적으로 정립하고자 했던 카레 드 말베르그(1922)는 1791년의 비인격적이고 자유주의적인 것으로 이해된 국민주권과 1793년 시민들의 세분화되고 직접적으로 활동적인 힘에 근거한 것으로 이해된 인민주권을 구분하였다. 이것은 조직화된 유기적 집단으로서 국민과 비유기적이고 위협적인 군중으로서 인민의 구별이었으며, 대의제에 근거한 국민주권과 의회주의의 강화로 이어졌다. 국민주권은 정부의 대의제적 형태와 분리될 수 없었으며, 일반이익은 그것에 대한 해석과 조직화된 형태를 통해서만 유추될 수 있었다. 국민주권의 표현이자 그 권리의 행사라고 할 수 있는 선거는 더 이상 임무의 전달—마치 직접민주주의의 변형이라고 할 수 있는 위임명령(mandat impératif)—이 아니라 통치엘리트의 선출의 의미를 지니는 것이었고, 선거를 통해 구성된 의회는 일반이익을 숙고하는 현자들과 전문가들의 모임으로서 이해되어야 했다.[4] 결국 의회를 중심으로 하는 대의제 및 일반이익의 이해 등은 프랑스혁명 이래 강조되었던 '수'에 대비되는 '이성'에 대한 강조의 문제였다. 그리고 이미 기조(F. Guizot)에 의해 선언되었던 '이성의 주권'이 비민주주의적이 아닌 민주주의 시대에 적응하기 위한 '민주주의적 변형'이라고 할 수 있다.[5] 즉 민주주의적 엘리트주의이며, 일종의 '선출된 귀족정'이라고 할 수 있다. 1880년대 수상이었던 쥘 페리는 민주주의적 엘리트주의에 근거한 공화주의 제도의 확립을 강조하면서 그 목표가 "공화국을 보통선거 기반 위에 놓는 것"이라고 주장하였고, 이는 '수(nombre)'의 위험으로부터 거리를 두고자 하는 것이었다(Rosanvallon 2000, 241).[6]

이와 함께 대표자와 대표되는 자, 즉 인민/국민의 관계 역시 새롭게 설정되었다. 과거 위임명령(mandat impératif)을 대신하여 대표

4 이미 버크(E. Burke)가 구분하였고, 미국혁명과 프랑스혁명 당시에도 끊임없이 문제가 되었던 '현실적(actuel)' 대표와 '가상적(virtuel)' 대표 사이의 긴장이며, 오래된 논의이다. 이에 대해서는 Pitkin(1967); Vieira & Runciman(2020) 참조.

5 로장발롱은 제3공화국은 민주주의적 공화국이지만 동시에 이성의 주권의 연장선상에서 이해할 수 있다는 점에서 '기조의 계기(le moment Guizot)'였다고 주장하고 있다(Rosanvallon 1985).

6 의회가 광범위한 사회의 충실한 복제가 아니라 사회의 가장 우수한 부분의 집합이라는 사유는 19세기 영국에서도 역시 존재하였다(te Velde 2019, 32-33). 대표로서 의회에 대한 이러한 개념은 19세기 자유주의자들에게는 공통된 인식이었을 것이다.

위임(mandat représentatif)이라는 개념이 등장하였다. 당시 헌법학자 에스맹(1896)은 대표는 하나의 기능이며, 의회는 선거 지역의 축약이 아니라, 하나의 권력, 자율적인 권위라는 점을 강조하였다. "주권적 인민의 대표자들을 특징짓는 것은 그들이 인민의 이름으로 자유롭게 결정하고, 인민은 대표자들의 입을 통해 자신의 의지를 표현하고 말하는 것으로 간주되는 것이다"(Rosanvallon 2000, 263에서 재인용). 그리고 이러한 새로운 대표 개념을 통해 국민은 자신의 주권을 실현한다고 간주되었고, 공화국 역시 그러한 개념을 받아들여 새롭게 규정되었다. 능력 있는 정부에 대한 사회학적 전망으로서 '절대적 공화국(République absolue)'이라는 표현이 등장하였다.[7] 뒤르케임은 위임명령을 비판하면서 국가에 대한 새로운 정의를 제시하였다. 뒤르케임은 "민주주의 체제 하에서 통치하는 사람들의 의지와 사고는 통치되는 사람들의 그것과 동일하고 융합된다"는 사유가 바로 '명령적 위임'에 해당한다고 보았다. 하지만 뒤르케임은 국가의 역할은 "인민대중의 비반성적 사고를 표현하고 요약하는 것이 아니라 이 비반성적 사고에 더욱 깊이 생각된, 따라서 다르지 않을 수 없는 사고를 더하는 것"이라는 점을 분명히 한다. 결국 국가는 "새롭고 독창적인 표상의 중심이고 또 중심이어야 하며, 이런 표상은 사회로

7 강베타(Gambetta), 페리(J. Ferry) 등 3공화국 초기 20여 년 동안의 공화주의자들은 '공화국'을 '보통선거권 위(au-dessus du suffrage universel)'에 놓고자 하였다. 즉 정부의 공화주의적 형태가 '수'에 의해 좌우되거나 여타의 논의의 대상이 되는 것을 막아야 한다는 점에서 더 이상 논의할 필요가 없는 절대적인 특징을 부여하고자 하였다(Nicolet 1982, 273-277). 이러한 공화국에 대한 절대화가 이후 프랑스 정치사의 불편함들을 낳게 하는 원인이 되기도 했다는 점을 니꼴레는 지적한다. 즉 공화주의 전통에 대한 신화화, 공화주의에 내재한 민족주의 및 애국주의의 과도한 경향 등이 그것이다.

하여금 보다 큰 지성을 갖고 행동하도록 만들어야" 한다고 강조하였다(Durkheim 1998, 163).

대표 개념의 이러한 변화 속에서 일정하게 민주주의적 변화의 방향으로의 전환이 발생한 것은 분명하였다. 우선 선거 양상이 변화하였다. 선거에서 공약집이 등장하여 의원 후보들은 자신의 정치적 프로그램을 제시하여야 했다. 결과적으로 1881년 선거는 강벳타(Gambetta) 등 공화주의자들의 의회 진출에서 보이듯이 과거 "명사들의 공화국(République des notables)의 패배"를 의미하였다. 하지만 동시에 결국 이러한 과정은 "민주화"의 진행이 새로운 형태의 "과두정화"의 결과를 낳고 있음을 보여주는 것이었고, 민주주의, 즉 대중의 정치적 참여에 대한 증오와 멸시가 증가되었고, 또한 동시에 대표자들에 대한 부정적 묘사가 등장하기도 하였다.[8]

이러한 의회주의의 확립 과정은 19세기 말 선거권이 확장되면서 민주주의의 확장, 즉 대중의 정치적 참여 공간의 확장이라는 사실과 맞닥뜨리면서 이루어졌다. 그러한 점에서 의회의 이러한 권한 및 권력 강화에 대하여 의회의 권한 남용 나아가 의회의 전능에 대한 비판이 등장하였다.[9] 대표적으로 이 과정에서 당시 헌법학자들의 역할은 이중적이었다. 한편으로 민주주의의 지나친 출몰로부터 의회 및

8 사실상 19세기 내내 국회의원들의 위선과 거짓, 사악한 특성 등에 대한 경고와 풍자가 존재했지만, 이 시기 일종의 "전형적인 사회적 형태"로서 자리잡았다(Rosanvallon 2000, 280-281). 마치 당시 언론에서 '자본가' 혹은 '유대인'이 그렇게 묘사되는 것과 유사한 사회적 형태로 자리 잡은 것이다.

9 프랑스 제3공화국에서 의회의 전능에 대해 독일의 의회주의 비판자들은 "의회절대주의(parliamentary absolutism)" 혹은 "절대적 의회주의(absolute parliamentarism)"라는 표현을 통해 묘사하면서 의회주의에 대한 부정적 견해를 확산시켰다(Raithel 2019, 164).

의회주의를 방어해야 할 필요성이 제기되었지만, 동시에 의회의 법률적 전횡으로부터 개인의 권리를 보호해야 한다는 당위성 역시 존재했기 때문에 의회주의에 대한 비판을 동시에 제기하였던 것이다. 헌법학자들은 '법'이 일반의지의 표현이며, 나아가 '일반의지의 주권'으로 등장하면서 입법자인 의회의 전능을 제한할 수 있는 안전장치가 되어야 한다는 점을 강조하였다(Redor 1995, 93-94). 이러한 과정에서 이 시기 '법치국가(Etat de droit)' 개념이 확립된다고 할 수 있다. 국가는 'droit'에 묶여 있어야 한다. 여기서 droit는 이중적 의미, 즉 '법(law)'의 의미를 지니면서 동시에 '권리(right)'의 의미를 지닌다. 국가(Etat)는 droit에 종속되어야 한다는 의미에서 '법치국가(Etat de droit)' 개념을 만들어낸 것이다. 법치국가의 경우 국가는 더 이상 정치적 개념으로서 '국민' 혹은 일반의지 혹은 권력의 기원의 문제 등에 매달리지 않으며, 합리성과 그 기능성에 관심을 둘 뿐이다. 모든 정치적 문제는 이제 법률적 문제로 전환되며, 일반의지(volonté générale)는 일반이익(intérêt général)에 의해 대체되고, 개인은 시민이 아닌 관리의 대상으로 전환되는 것이다(Redor 1995, 96).

20세기에 들어서 프랑스 의회는 무제한적이고 자의적인 의회주의에서 규칙에 근거하고 제한된 의회주의로 공화주의 체제 속에 자리 잡기 시작하였다. 1908년 클레망소가 "우리는 너무나 긴 연설에 시간을 소비하고 있다"(Garrigues & Anceau 2016, 58 재인용)라고 불평했듯이, 의회민주주의의 본질을 총회에서의 토론으로 이해하던 것에서 이제 상임위원회의 구성을 통한 전문화로 전환이 이루어졌다(Bouchet 2016, 165). 의회주의의 정착은 다른 한편으로 정당, 즉 제3공화국에서 서서히 체계화되고 1910년 법률을 통해 비로소 법적으로 인정되는 '원내 교섭단체(groupes parlementatires)'의 현대적 정당으로의 체계화와 맞물린다(Hudemann 1998, 320-329). '의회 내 그룹'은 서서히 조직화되고 특히 투표 규율의 확립을 통해 자신의 존재감을 드러냈다. 중요한 결정, 특히 예산위원회나 상임위원회 구성 등을 통해 중요한 법률의 입안과 집단적 결정을 수행함으로써 체계화되기 시작하였다. 또한 의회의 의제는 정부에 의해 제시되었고, 다양한 장치들을 통해 "합리화된 의회주의(rationalized parliamentarism)"를 만들고자 하였다.[10]

2. 민주주의의 다층화

급진적 혹은 사회주의적 정당에게 의회 및 의회주의는 19세기의 산물이자 통제와 지배를 위한 자유주의적 부르조아의 도구로서 이해되었다. 나아가 엘리트주의적 의회주의로의 경향은 민주주의적 견제 및 민주주의와의 결합의 필요성을 제기하였다. '의회민주주의(parliamentary democracy)'라는 개념은 의회의 국민(nation)과의 결합을 의미하였다. 의회는 다양한 국민을 위한 공간이자 국민적 만남의 장소로서 간주되었다(Aerts & van den Berg 2019, 11). 비록 프랑스혁명에서 시에예스가 군주주권에서 국민주권으로서 이행을 통해 추구했던 것이 인민(people)에게 권력을 주는 것이 아니라 "대표 권력(representative power)"을 확립시키는 것이었지만, 19세기를 걸쳐

10 프랑스나 영국 모두 의회주의의 발달은 일정한 행정부의 자율화를 동반하였고, 이 시기에 현대 국가의 특징이자 20세기 들어서 정치사회학자들의 관심사가 된 관료제의 등장을 볼 수 있다(Dreyfus 2000, 141).

서 성장해온 민주주의의 힘은 대표권력에 대한 자신들의 영향력을 미치고자 하였다. 그것이 국민주권의 의미 있는 실현이라고 판단하였고, 의회라는 대표권력을 통한 대의제민주주의의 실현이라고 믿었다. 따라서 19세기 말 의회주의의 확립 과정에서 민주주의적 영향력을 행사하기 위한 다양한 모색들이 이루어졌다.

우선 1880년대 의회주의에 대한 강조 및 과두정화되는 공화국에 대한 비판의 의미로서 '국민투표(réferendum)'가 정치적 논의의 중심에 등장하였다. 이것은 제2제정에서 민주주의의 희화화한 형태로서 작동하였던 신임투표(plèbiscite)와 구별되어 인민에의 직접적 호소 및 직접적 입법 등의 사유와 함께 민주주의적 측면을 강조한 흐름이었다. 이는 '이성'에 대한 강조 속에서 '수'에 대한 소홀함이 분명해지면서 등장한 반작용이었고, 또한 의회의 전능에 대한 반발이기도 하였다. 그리고 다양한 방식의 길거리 민주주의가 등장하였는데, 대표적으로 "manif"—시위를 의미하는 'manifestation'의 일종의 약어—는 거리를 평화적이고 의례화된 방식으로 집단적으로 점거하는 행위였다(Rosanvallon 2000, 324). 이것은 과거의 폭동과도 거리를 두는 것이었고, 하나의 정치적 형태로서 등장한 것이었다. 그것은 한편으로 행동에 대한 원초적 형태였고 또한 대표에 대한 보충적 의미를 지니는 것으로 '수'의 평화적 연출이었다. 결국 의회주의에 일정한 반발은 다양한 방식의 민주주의적 표출이라는 반작용을 가져왔다. 물론 오랫동안 19세기 프랑스를 괴롭혔던 폭동과 같은 폭력적 방식의 민주주의적 표출이 아니라 국민주권의 다양한 표현양식을 찾고자 하는 것이라 할 수 있다. 르봉이 군중에 대한 두려움을 표현하고 엘리트에게서 그 구제책을 찾으려 했다면, 타르드는 "훨씬 더

맹목적이고 훨씬 더 지속적인" 군중과 여론에 의해 "감염"되고 "지성화된 공중"을 구분하고자 하였다(Le Bon 2005; Tarde 2012a). 타르드의 경우 여론(l'opinion publique)은 사회적 일반성에 대한 적절한 표현이자 동시에 일반의지의 표현이라고 보았다. 특히 타르드는 '모방'에 대한 사회학적, 심리학적 분석을 통해 사회적 공통의 여론이 형성되는 과정을 분석하였으며, 그에 따라 집단의 힘에 의한 '대중민주주의(G. LeBon)'가 아닌 각 부분이 그 자신의 전통에 따르고 개인들의 합의에 기초하고 있는 분산된 국민에 의한 공중민주주의를 강조하였다(Tarde 2012b; Moscovici 1996, 337). 또한 타르드는 여론과 선거는 경쟁적인 것이 아니라 상호 보충적인 정치적 형태들로 이해하고자 했으며, 실제적으로 의회가 국민의식을 표현할 수 있으면서 주권을 구현한다고 주장할 수 있었던 것은 바로 신문의 성장 때문이었다고 보았다(Tarde 2012a, 90-91). 르봉이 군중의 시대를 강조하면서 한 지도자의 주위에 모인 대중의 민주주의를 원했다면, 타르드는 신문, 그리고 보다 일반적으로 미디어가 당면 문제에 따라서 구성하고 재구성하는 공중(le public)의 민주주의를 옹호하였다(Moscovici 1996, 337). 타르드는 조직과 커뮤니케이션이 군중을 공중으로 전환시킬 수 있다고 보았다. 이렇듯 제3공화국의 '인민'은 적절하게 '이성'에 의해 통제된 '수'로서 표현되었다.

의회주의의 절대화를 경계하면서 민주주의의 다양한 형태를 제시하는 가운데 등장한 또 다른 개념은 산업민주주의이다. 민주주의가 경제적 영역으로 확장된 형태를 의미하는 것은 노동자통제, 노동자위원회 운동 등으로 나타났다. 이것은 산업의 영역에 적용된 일종의 대의제 형태였다. 즉 산업의 영역에서도 '능력'의 문제를 제기하였고, 합리적 조직화와 계획화라는 오래된 생시몽주의적 전통—"공화국을 산업화하자"—이 부활한 것이기도 했다(Rosanvallon 2000, 350-353). 1936년 노동자와 고용주 사이의 마티뇽협약은 단체협약제도, 노동권의 확대, 고충처리위원제 등과 함께 모든 기업에 노동자들의 대표가 진출하는 것을 제도화함으로써 기업에서 사회적 대화를 통한 경제민주주의를 이룰 것을 기대하였다.

이러한 과정에서 생디칼리즘에 대한 법적인 인정이 이루어지고 이제 노동조합은 "파업만을 하는 것이 아니라, 그것을 규제하고 조절하는 역할"을 하는 것이라는 점을 강조하였다(Rosanvallon 2004, 289).[11] 생디칼리즘에 대한 인정은 경제적, 사회적 조절/규제에 있어서 보다 조직화된 시대로 들어섰음을 의미하는 것이었다. 1902년 노동조건과 관련한 집단계약과 관련한 첫 번째 법안이 제출됨으로써 일종의 집단협약(convention collective)이 이루어졌다(Rosanvallon 2004, 295). 개인-유권자라는 원자화, 추상적인 집단적 의지의 산술적 집합에 대하여 생디칼리즘의 창시자들은 집단의 경제적 뿌리에 근거한 보다 실질적인 응축을 대체하고자 하였다. 전자는 일종의 "Démocratisme"으로 지칭되었으며, 이에 반하여 생디칼리즘은 문화적으로 그리고 실천적으로 정반대의 입장에 선다고 제시되었다(Rosanvallon 2004, 300). 민주주의가 의견(opinion)의 지배를 추구한다면, 생디칼리즘은 이익의 동일성/동일한 이익에 근거하는 것이었다. 민주주의가 담론의 체제라고 한다면, 생디칼리즘은 생산의 문제에 둘러싸고 조직된다. 민주주의가 순수하게 형식적 평등을 추구

11 1884년 발덱-루소법을 통해 생디칼리즘에 대한 법적인 인정된 후 그해 68개의 생디카가 있었다면, 세기의 전환기에 생디카는 5,000여 개가 넘게 조직되었다.

한다면, 생디칼리즘은 구성원들 사이의 실질적 평등을 추구한다. 이러한 대비 속에서 노동자들은 노동자조직을 "의회주의화(parlementariser)"하는 모든 것을 비난하였다. 생디칼리즘은 거의 유사-공적 제도로 확립되었고, 나아가 진정한 사회혁명의 주체로 만들고자 하였으며, 생산관계의 완벽한 재조직화를 이루고자 하였다. 이에 따라 "생디카 주권(souveraineté syndicale)"이라는 개념이 등장하기도 하였다(Rosanvallon 2004, 351). 일종의 "정치적 생디칼리즘"이 출현했다고 할 수 있는데, 이는 개인주의적 정치사회와 생디칼리스트적인 경제사회 사이의 모순을 의미하는 것이었고, 집단적 특성에 대한 강조는 결국 개인에 근거한 민주주의의 부정처럼 비칠 수 있었다(Chatriot 2002, 20).

하지만 급진공화주의자 레온 블룸(L. Blum)이 "정치적 민주주의는 사회적 민주주의가 꽃피우지 않으면, 존속할 수 없고, 사회적 민주주의는 정치적 민주주의에 근거하지 않으면 실질적이지도 안정적이지도 않다"고 주장했듯이, 민주주의의 두 측면의 긴장과 공존은 분명하였다(Chatriot 2002, 1에서 재인용). 특히 이러한 문제는 의회든 혹은 다른 기구이든 대표의 문제와 연결되었다. 즉 누가 무엇을 대표할 것인가?의 문제가 곧 주권을 어떻게 구성해낼 것인가?라는 국가권력의 문제로 연결되는 것이었다. 프랑스혁명과 함께 중간집단의 제거를 통해 개인/시민에 기반한 대표와 개인/시민의 집합체로서 국민에 기반한 대표 체계와 주권이 확립되면서 근대정치가 구체화되었다면, 19세기 '사회적인 것'의 등장과 함께 '사회적인 것'의 해결로서 '연대'와 국가의 역할을 강조하는 것은 '사회적인 것'의 정치적 민주주의로의 연결고리를 위한 대표의 다양화를 통한 사회적 민주주의의 실현의 시도라는 것을 의미하였다.

생디칼리즘의 확산 및 다양한 민주주의적 구체화 속에서 공화국 정부는 노동위원회(Conseil du travail)를 통한 노동문제의 인식의 장치를 확립하고자 하였다. 이는 다른 한편으로 획기적인 사건이었는데, 그것은 대표 과정에 대한 의회의 독점을 막고 행정부 역시 일정한 대표 과정을 실행할 수 있다는 사유의 전환이 발생하였기 때문이다. 20세기 초반 제3공화국은 '위원회 공화국'이라는 말이 등장할 정도로 사회의 다양한 문제들에 대한 '적극적' 인식의 장치로 위원회를 행정부 내에 설치하였다. 행정부가 기존에 입법부의 법률을 실행하는 '집행부'라는 한정된 성격을 넘어서 사회문제의 적극적 인지와 그에 바탕을 둔 적극적 해결자로서 등장한 것이다. 행정부의 역할이 강조되고 또한 강화되면서 1932-33년에는 강한 '반의회주의'의 반향 속에서 정치적 결정의 신속화, 행정의 효율성 등을 더욱 강화하는 방향으로 국가개혁의 논의가 진행되기도 하였다(Rousselier 1992, 322-323). 결국 1936년 인민전선정부하에서 국가경제위원회(Conseil National Economique)가 법으로 규정되어 소비자-노동자-자본가를 세 축으로 하여 국가경제 영역의 문제를 연구하고 해결방안을 모색하는 역할을 수행하였다(손영우 2018, 194-195).[12]

노동조합 및 다양한 방식의 대표기구들은 의회를 중심으로 정치적 이성에 대한 독점을 막고 다양한 방식의 이익 대표 체계를 구성해냄으로써 그것을 통한 국가권력 혹은 주권의 재구성이라는 사유가 진행되었다고 볼 수 있다. 대표의 과정을 다양한 방식으로 이루

12 경제위원회는 1946년 제4공화국 헌법 속에서 명시되었고, 1984년 사회 변화에 맞추어 경제사회위원회로 개편되고, 2008년에는 경제사회환경위원회로 다시 확대 변경되었다.

어내면서 동시에 국민주권 혹은 인민주권을 이해하는 시각이라고 할 수 있다. 즉 대표를 통한 주권의 구성을 사유한 것이다. 결국 이것은 기조(F. Guizot)의 이성의 주권론의 민주주의적 방식의 전유라고나 할까? 그러한 점에서 기조의 시대에 이성의 주권론이 비민주주의적 자유주의의 경향을 보였다면, 제3공화국의 민주주의 시대에 이성의 주권론은 대표의 민주주의적 과정을 통한 자유주의적 민주주의로의 전환이라고 할 수 있다. 이것은 의회주권을 강조하면서 민주주의적 요소를 경시했던 영국이나 의회주의를 무시하고 민주주의적 결단을 강조하면서 결국 전체주의로 흘렀던 독일과는 다른 모습의 프랑스 민주주의의 형태를 만들어낸 것이라 할 수 있다.

IV. 국민주권의 전환과 정치신학

주권자로서 국민(nation)과 그것을 구성하는 공화주의적 시민을 만들기 위한 공화국의 다양한 장치들, 의회주의의 확립과 이에 동반된 다양한 대표체계의 확립 그리고 결과적으로 주권에 대한 새로운 사유, 즉 대표를 통한 주권의 구성 등등 일련의 사유들의 전환과 구체적인 실행의 과정은 제3공화국에서 확립된 국민국가로서 프랑스 공화국에 대한 이해가 프랑스혁명 이래 상당한 변화가 진행되었음을 보여준다.

중세의 왕이 인간으로서 자연적 신체와 공공선을 구현하는 정치적 신체를 결합하여 체현하고 있다고 한다면, 근대적 정치체의 등장은 자연적 신체로서 왕의 소멸과 비인격적 권력의 등장을 의미한다. 과거 전통적 권력이 초월적인 것, 즉 종교적인 것을 통해 권력의 정당성과 영속성을 부여받았던 권력이라면, 근대적 권력은 이제 그로부터 벗어나 공동체 내에서 새로운 근거와 정당성의 기원을 부여받아야 하는 과제를 안게 된다. 자연권과 계약론의 전통을 통해 근대 국가권력은 개인의 권리의 양도와 그들의 동의에 기반한다. 실질적으로 근대 민주주의의 기원적 의미는 주권이 곧 인민에게 있다는 인민주권—국민주권 개념 역시 그로부터 유추된다—에서 출발한다. 그러한 점에서 인민주권론은 근대 정치체의 근원이자 정당성의 문제이지만, 그것이 결국 정치신학적 문제를 동시에 안고 있다. 슈미트의 말처럼 "근대 국가이론의 중요 개념은 모두 세속화된 신학 개념"인 것이다(Schmitt 1988, 42). 우선 슈미트가 정치신학과 관련하여 주목한 것은 주권 개념이다. 슈미트는 루소의 주권 개념이 신학 개념의 정치화를 뚜렷하게 보인다고 말한다. 또한 홉스의 리바이어던은 "하나의 거대한 인격에로 신화화한 것"이라는 점을 분명히 한다.

하지만 근대 주권 개념의 신화화에 앞서 진행되어야 했던 것은 중세 신성주권의 세속화였다. 프랑스혁명 당시 세속화 문제가 본격적으로 제기된 것은 주권의 세속화, 즉 신으로부터 정당성을 부여받은 군주주권을 국민으로부터 정당성을 부여받는 국민주권으로 전환하기 위한 사전작업이었다. 물론 계몽주의 시기 기독교에 대한 비판과 함께 개인의 이성에 기반한 사회에 대한 정치철학적 작업이 시작되었지만, 세속화가 실질적으로 구체화된 것은 프랑스혁명 시기였다. 교회 재산의 국유화와 함께 사회구조적으로 출생, 결혼, 사망 등의 형식의 세속화라는 삶의 세속화가 진행되었고, 개인의 삶을 지배하는 시공간의 세속화가 진행되었다(백인호 2013).[13]

혁명은 기독교를 분명 공적 영역에서 몰아냈고, 종교는 사적인 믿음의 문제라는 점을 분명히 하였다. 하지만 '신학'은 사라지지 않았고, 새로운 정치신학으로 등장하였다. 우선 프랑스혁명은 주권자로서 "새로운 인민"을 창조해내고자 기획하였다(Ozouf 1989). 그것은 새로운 주권자로 등장한 '인민'을 구성하는 "재탄생된 인간(l'homme régénéré)"—교회로부터 벗어나 세속화된 새로운 인간—이었고, 그들을 결합시켜 새로운 주권자 '네이션'을 만들어내는 작업이었다. 따라서 이 작업은 급속한 세속화 작업과 동시에 새로운 주권자로 등장한 인민에 대한 '신격화' 작업을 동반하였다. '최고존재의 축제'에서 보여지는 시민종교는 공화주의자 루소가 이미 분명하게 언급했을 만큼 중요한 과제로서 애국심을 위한 시민적 믿음이 필요하였다. 미슐레(1846)가 "프랑스혁명은 교회 자체였다"라고 선언했던 것은 프랑스혁명 이후 왕 혹은 교회의 신성함을 대신하는 인민의 신성함, 교회의 목소리를 대신하는 인민의 목소리, 순교자 예수를 대신하는 혁명의 희생자들, 교회의 제단을 대신하는 죄수대, 성배주를 대신하는 눈물을 발견하였다는 의미였다(Michelet 2021).[14] 미슐레는 프랑스혁명을 통해 초월적 존재로서 인민이 탄생했음을 보았다. 미슐레에게 인민은 새로운 종교적 교주이자 조국의 희망이었다.

13 프랑스혁명 시기 강력한 비기독교화 정책들, 예를 들어 탈기독교화를 위한 시공간의 새로운 구성으로 종교적 상징의 파괴와 새로운 거리 및 광장의 세속적 명칭 부여, 혁명력을 통한 세속적 시간의 재구성, 교육에서 탈기독교화 등등 작업이 진행되었다.

14 뒤르케임 역시 종교에 대해 서술한 책에서 사회 속에서 등장하는 '신성화'의 문제를 언급하면서 프랑스혁명에서 "조국, 자유, 이성"이 성스러운 사물로 변화되었고, 그 자체가 "교리, 상징, 제단, 축제일들을 가지는 형태"로 등장하였고, '이성과 최고존재에 대한 숭배'는 대중들의 충동적인 열망들에 일종의 공적인 만족감을 주려 하였다는 점을 지적하고 있다(Durkheim 1992, 306).

그리고 프랑스혁명은 인류의 새로운 정신사 속에서 인민의 새로운 우애 정신이 등극하도록 만든 계기였다. 미슐레는 군주제의 가치와 단절을 확정하면서 그것을 대신하는 새로운 이상을 민주주의적 인민과 정치적 자유에서 찾고자 하였다.

세속화를 통해 용어들이 전환되었지만, 기본적인 원칙이 보존되고 있는 표상시스템의 전개 속에서 정치신학적인 것들이 드러나고 본질적인 것은 유지되고 있었다고 할 수 있다. 마치 그것은 시에예스가 혁명 시기 "국민은 우선적으로 존재하며 모든 것의 기원이다. 국민의 의지는 항상 합법적이며 법률 그 자체다"라고 확정하면서 국민이 헌법제정권력의 주체임을 선언하였던 사실로부터 출발한다(Sieyès 1989). 시에예스는 헌법이 근본적임을 강조하고 그것은 일상적인 권력, 즉 구성된 권력(pouvoir constitué)의 작업이 아니라 '헌법제정권력'의 작업임을 강조하였다. 그 과정에서 시에예스는 세 종류의 권력을 구분하였다. 우선 '구성된 권력'은 법률의 제정 및 행사와 관련된 것으로 일상적인 입법부 및 행정부를 의미하며, 이 '구성된 권력'을 발생시키는 권력이 바로 '헌법제정권력'이다. '헌법제정권력'은 헌법을 제정하는 권력이며, '예외적인' 상황에서만 출현하며 한시적인 권력이다. 그리고 또 다른 하나의 권력으로 '임명 권력'(pouvoir commettant)이 있으며, 그것은 주권자인 국민에 의해 행사되는 권력으로 자신의 대표자를 선출하는 권리를 통해 실행된다. 시에예스는 "인민은 스스로 유일한 임명 권력을 행사하며, 그것은 자신들의 실질적인 권리를 행사하게 될 사람들을 선택하고 위임하는 것이고, 또한 그 권리에 의해 공적 기관을 구성하게 한다"라고 말한다(Sieyès 1789c, 36).

결국 주권자 인민과 헌법 제정 권력으로서 인민에 대한 의미 부여는 다른 한편으로 신격화된 인민의 탄생이라는 결과를 동반하였던 것이다. 그것을 분명하게 설명하고 있는 것이 칼 슈미트의 '정치신학'이다. 칼 슈미트는 시에예스를 참조하여 인민(people)의 존재 형태를 세 가지로 구분하였다. 첫째는 "헌법 이전에, 헌법보다 상위에" 존재하는 인민으로서 헌법제정권력의 주체로서의 인민, 둘째는 "헌법 안에" 존재하는 인민으로서 헌법에 정해진 규범과 절차에 따라 선거에 참여하거나 인민발안제도를 통해 의사를 표하는 인민, 셋째는 "헌정체제와 비견되는" 혹은 "헌법 옆에 있는" 인민으로서 제도적인 틀 바깥에서 여론의 주체로서 존재하는 비정형화된 인민을 지칭한다(Schmitt 2008, 268-271). 슈미트는 토크빌이 미국의 민주주의에서 묘사하고 있는 인민의 지위가 "만물의 원인, 목적, 발단, 귀결점인 신이 세계에 대해서 가지는 지위와 같은 것"이라는 것을 지적하면서 근대 국가에서의 인민을 신격화하고 있음을 지적하였다(Schmitt 1988, 52). 헌법제정권력으로서 주권자 인민은 마치 신적인 존재처럼 헌법 이전에 그리고 헌법제정 이후에도 헌법 위에 군림하는 존재로서 등장한 것이다. 슈미트는 "주권자란 예외상태를 결정하는 자"라는 언명과 함께 그 "예외 상황이란 신학에서 기적에 비유할 만 하다"라고 말하면서 그 관계를 분명히 한다(Schmitt 1988, 42). 이는 슈미트의 결단주의를 보여주는 것이며, 그가 비판하는 자유주의 헌법학, 즉 근대의 법치국가의 이념이 "기적을 추방"하고 예외를 거부했음을 주장한다. 결국 바이마르 공화국을 통한 나찌의 등장의 이론적 흐름을 슈미트의 사유 속에서 읽어볼 수 있다.

칼 슈미트는 초월적 존재로서 주권자를 상정하지 않으면 헌법과 법질서 전체의 정당성을 설명할 수 없으며, 따라서 규범의 체계 바깥에 있지만 규범의 근거를 형성하는 주권 개념을 법학의 영역으로 끌여들여야 한다고 주장한다(Schmitt 2019, 12-13). 칼 슈미트의 결단주의가 가지고 있는 전제는 주권자 국민의 규범적 정당성의 선험성이라고 할 수 있다. 헌법을 포함한 정치체의 기원이자 모든 판단의 기준으로 주권자 국민의 정당함이라는 전제가 신학적 영향 혹은 침투속에 존재한다고 할 수 있다.[15] 결국 그러한 정당함을 갖추기 위한 의지적 노력이 국민의 단일성을 인위적으로 만들어내기 위한 테러를 만들어내는 전체주의 사회의 구성으로 귀결된 것이다. 이미 1789년 프랑스혁명 과정에서 등장하였던 로베스피에르의 '공포정치' 시기에 보여졌던 '대표의 절대화', 즉 인민과 대표의 일치를 통한 대표권력의 절대화가 발생하였다. 인민주권을 절대화하면서 동시에 인민과 지도자, 즉 로베스피에르와의 동일시가 발생하면서 대표의 절대화가 발생한 것이다. 시에예스의 권력에 대한 구분을 통해 주권자 인민의 헌법제정권력으로서의 성격을 강조하였지만, 일상적 상황에서는 구성된 권력의 통치, 즉 주권자 인민을 대표하는 권력의 절대화가 발생한다는 점은 분명하였다(Gauchet 1995). 이에 대한 반대항이 반민주주의적 자유주의에서 출발하였던 기조의 이성의 주권론이었다. 인민이 아니라 사회 속에 흩어져 있는 '이성'을 의회라는 합리적 집단에 의해 발견하고 구성해내어 주권으로 확립하는 것이다.

15 바이마르 민주주의의 특수성으로서 의회주의와 민주주의의 간극, 특히 의회주의에 대한 불신과 결국은 민주주의에 대한 물신화의 결과로 바이마르 공화국의 붕괴를 살펴본 이 책의 5장 권형기의 논의에서는 프랑스의 의회주의와 민주주의의 관계에 좋은 대비를 찾을 수 있다.

프랑스 제3공화국의 공화주의자들은 프랑스혁명 이후 19세기의 경험, 즉 민주주의와 자유주의의 긴장을 이해하면서 그것을 해소시키고 또한 결합시켜 내고자 하였다. 이를 위해 우선 세속화를 진행하면서 동시에 공화주의적 시민의 교육과 양성 그리고 그렇게 탄생한 공화주의적 시민들의 연대를 통한 단일성을 확보하기 위한 시도를 수행하였다. 공화국은 공화주의적 교육을 통해 형성된 시민에서 출발하여 시민들의 연대에 의한 공동체의 구성 그리고 그러한 시민들의 총합으로서 국민의 주권에 기반한 국가권력을 구성하지만 동시에 국가는 사회로부터의 표상 과정을 거치면서 사회의 집합적 의식 내지는 이성을 결집하는 것을 통해 국가권력의 행위를 결정한다. 분명 민주주의적 과정을 통한 국민의 구성과 일반의지의 형성 그리고 그것의 국가권력으로의 전환을 추구하였다는 점에서 특정한 영역의 절대화나 신성화가 존재했다고 보기 어렵다. 국민주권의 원칙에 대한 천명은 분명 국민의 일반의지를 인식하고 그에 따라 주권의 행사가 이루어져야 한다는 것을 의미하였다. 하지만 국민의 일반의지를 어떻게 이해하고 판단할 것인가의 문제는 프랑스혁명 이후 지속적으로 난제였다. 제3공화국은 의회주의와 민주주의의 결합을 통해 이 난제에 대한 해결책을 찾고자 하였다. 공화주의적 시민교육을 통해 공화국에 합당한 시민을 만들어내고자 하였고, 지속적인 세속화작업—1905년 라이시테 법이 그 정점이다—을 통해 교육과 정치 등 모든 공적인 영역에서 기독교의 영향력을 제거하고자 하였다. 공화주의적 시민은 공화국의 근간이었고, 이들은 민주주의적 주체로서 자리매김되었다. 공화주의적 시민에 의한 의회의 구성과 의회주의화가 진행되면서 대표의 과정을 통한 국민의 일반이익을 인식하는 것은 기조(Guizot)의 '이성의 주권'의 민주주의적 시도였다. 의회를 통한 대표의 과정과 더불어 다양한 방식의 민주주의적 과정과 다양한 이익대표체계의 확립을 통해 의회가 절대화되는 것을 방지하고자 하는 장치가 작동하였다. 그러한 점에서 '대표를 통한 주권'의 확립이라는 점이 강조되었다.

하지만 제3공화국이 동시에 공화국의 신성화 작업을 수행하였다는 점은 분명하였다. 대표적으로 프랑스혁명 100주년 기념을 전후해 축제의 조직화, 프랑스혁명사의 정립과 재해석 등등의 작업을 통해 공화국 프랑스와 프랑스혁명을 신성화하였다. 예를 들어 프랑스혁명사 해석에서 혁명의 정통성을 누구에게 부여할 것인가를 둘러싼 논쟁의 결과는 당통(Danton)이었다. 가장 급진적이었던 로베스피에르나 자유주의적 경향이 브리쏘도 아닌 부패한(?) 당통에게 정통성을 부여했던 것은 그가 탈기독화와 세속화를 주도했기 때문이었다. 세속화된 공화국에 대한 강조와 지속적인 세속화 작업을 통해 공화국은 다시 신성함을 획득하였다. 공화국의 신성화에 의한 공화국의 존재 자체의 수용은 프랑스 사회주의자들에게도 자연스러운 것이었다. 세기의 전환기에 대표적인 세 명의 프랑스 사회주의자, 게드(J. Guesde), 바이양(E. Vaillant), 조레스(J. Jaurès) 모두 공화주의자들이었고, 공화국의 사회주의의 승리를 위한 체제로서 남아 있었다(Sadoun 1993, 25-37). 그들에게 공화국, 사회주의, 민주주의는 동일한 것으로 존재하였다.

인민은 주권자로서 존재한다. 다만 민주주의 사회에서 어떠한 개인, 계급, 집단도 그것을 현실화하기 위해 결정된 형태를 부여할 수 없다. 주권자로서 인민의 '단일성'을 상정하는 민주주의적 원칙과 실재적인 현실로서 인민의 '다원성'으로부터 출발하는 대표의 원칙 사이의 간극에 대한 인정과 동시에 그 간극을 극복 혹은 적어도 좁혀보려는 현실정치의 노력이 바로 근대 민주주의 역사일 것이다. 이에 대해 민주주의 사회에서 상징적인 것과 실재적인 것 사이의 간극의 존재를 강조하였던 르포르(C. Lefort)의 사유를 접할 수 있다. 민주주의 사회는 그 토대의 확실성, 역사법칙에 대해 열려 있으며, 권력을 체화할 수도, 전유할 수 없는 하나의 공백의 장소로 존재하도록 만드는 것을 특징으로 한다(Leofrt 2016). 전체주의 사회는 이러한 비결정성을 거부하고 권력의 장소를 특정한 계급과 집단을 표상하는 이들이 독점하는 과정에서 발생하는 것이다. 그러한 점에서 제3공화국의 공화주의자들은 민주주의적 과정을 강조하면서 권력의 독점을 방지하고자 하였고, 권력기구들에 의한 독점 역시 발생하지 않도록 권력분립의 원칙을 강화하고자 하였다. 즉 주권자로서 인민/국민의 신성화와 공화국의 신성화가 진행되었지만, 그것을 표상하는 권력의 장치들이 독점되는 것을 막고자 한 것이다.

V. 글을 맺으며

세계사적 혁명으로서 1789년 프랑스혁명은 '인간과 시민의 권리'라는 보편주의적 원칙을 제시하였고, 그에 따라 근대의 정치공동체로서 국민국가가 구성되는 중요한 원칙으로 자리 잡을 수 있도록 하였다. 그리고 프랑스라는 하나의 국민국가 틀 속에서 그것이 어떻게 구체화되고 정치적 형태를 갖추는가의 특수한 모습을 보여주는 것이 19세기 프랑스의 역사였다. 프랑스혁명 과정을 통해 마키아벨리와 대서양 전통의 공화주의와는 구별되는 '사회적' 공화국의 모습 그리고 주권을 둘러싼 풍부한 논의를 끌어냈던 것이 프랑스 공화주의의 특수성을 드러내는 역사이기도 하였다. '사회적인 것'을 둘러싼 프랑스 정치의 갈등은 19세기 내내 프랑스를 흔들었고, 그것에 대한 적극적인 답변을 행한 것이 제3공화국이었다. 공화주의적 시민 교육을 통해 공동체 속의 시민을 만들어내고, 그들 간의 사회적 연대에 기반한 공화주의적 사회를 구성하고자 한 것이 제3공화국 공화주의의 목표였다. 또한 그러한 시민들에 의해 대표로 구성된 의회와 의회주의의 다양한 원칙들을 만들어냄으로써 사회적 갈등 해결을 위한 정치적 민주주의의 틀을 만들고자 하였다. 그리고 의회주의는 이미 토크빌이 지적했듯이, 사회적 상태로서 민주주의 그리고 혁명 이해, 국민주권의 실현으로서 민주주의라는 것에 의해 일정한 견제와 균형을 갖고자 하는 긴장을 지속적으로 유지하고자 하였다. 프랑스 혁명을 통해 부활한 아테네의 민주주의는 19세기를 거치면서 또한 프랑스 공화주의의 형성을 통하여 '근대적' 민주주의로 전환되었다. 근대 국민국가의 형성과정, 특히 근대 민주주의를 통한 국민국가의 형성은 한편으로는 중세 교회로부터 벗어나고자 하는 세속화의 과정을 거치지만, 권력의 속성이라는 측면에서 일종의 세속화된 정치신학적 문제설정을 전개할 수밖에 없었다. 정치신학적 문제설정을 통해 헌법 제정 권력으로서 주권자 인민의 위상과 역할에 대한 정립과 더불어 그것의 민주주의적이고 공화주의적인 구성은 권력의 일탈을 막고자 하는 노력이라고 할 수 있다.

참고문헌

권형기. 2022. "민주주의관과 민주주의 붕괴: 바이마르 공화국의 붕괴에 대한 재고찰." 『국제·지역연구』 31(2): 1-57.

백인호. 2013. "18세기는 세속화의 결정적 시기였는가?: 프랑스혁명을 중심으로." 김응종·민유기 외. 『프랑스의 종교와 세속화의 역사』. 대전: 충남대출판문화원.

손영우. 2018. 『사회적 대화』. 서울: 이매진.

홍태영. 2021. "프랑스 공화국과 공화주의의 단생." 『한국정치연구』 30(2).

Aerts, R. & J. Th. J. van den Berg. 2019. "The Ideal of Parliament in Europe since 1800: Introduction." R. Aerts, ed. *The Ideal of Parliament in Europe since 1800.* Palgrave.

Berstein, Serge. 1992. "La politique sociale des Républcains." S. Berstein et O. Rudelle. dir. *Le modèle républicain*. Paris: puf..

______. 1999. "Le modèle républicain: une culture politique syncrétique." S. Berstein. dir. *Les cultures politiques en France*. Paris: Seuil.

Blais, Marie-Claude. 2007. *La solidarité*. Paris: Gallimard.

Bouchet, T. 2016. "French Parliamentary Discourse, 1789-1914." in P. Ihalainen, C. Ilie, & K. Palonen, ed. *Parliament and Parliamentarism. A comparative history of a european concept*. New York: Berghahn.

Bourgeois, Léon. 1912. *Solidarité*. 7e éd. Paris: Armand Colin.

Chatriot, Alain. 2002. *La démocratie sociale à la française*. Paris: La découverte.

Darriulat, Philippe. 2001. *Les patriotes*. Paris: Seuil.

Déloye, Y. 1994. *Ecole et ciyoyenneté. L'individualisme républicain de Jules Ferry à Vichy: controverses*. Paris: Presses de la FNSP.

Donzelot, Jacques. 2005. 『사회보장의 발명』. 주형일 역. 서울: 동문선.

Dreyfus, Françoise. 2000. *L'invention de la bureaucratie*. Paris: La découverte.

Durkheim, E. 1886. "Les études de science sociale." in *La science sociale et l'action* (1987). Paris: PUF.

______. 1887. "La philosophie dans les universités allemandes", dans *Textes*. vol. 3. Paris: Minuit, 1975.

______. 1888. "Cours de science sociale. Leçon d'ouverture." in *La science sociale et l'action* (1987). Paris: PUF.

______. 1899. "Une révision de l'idée socialiste." *Textes*. Vol. III. présentés par V. Karady. Paris: Minuit.

______. 1900~1905? "L'Etat." in *Textes*. Vol. III, présentés par V. Karady. Paris: Minuit.

______. 1907. "Cours sur les origines de la vie religieuse"(1907). dans *Textes*. vol. 2.

Paris: Minuit, 1974.
______. 1909. "Sociologie et science sociale." in *Textes*. Vol. III, présentés par V. Karady. Paris: Minuit.
______. 1992. 『종교생활의 원초적 형태』. 노치준·민혜숙 역. 서울: 민영사.
______. 1996. *De la division du travail social*. (초판: 1893). Paris: PUF.
______. 1998. *Leçon de sociologie*. 『직업윤리와 시민도덕』. 권기돈 역. 서울: 새물결.
Grévy, Jérôme. 1998. *La République des opportunistes. 1870-1885*. Paris: Perrin.
Gueslin, A. 1998. *L'invention de l'économie sociale. Idées, pratiques et immaginaires coopératifs et mutualistes dans la France du XIXe siècle*. Paris: Economica.
Garrigues, J. & E. Anceau. 2016. "Discussing the First Age of French Parliamentarism(1789-1914)." in P. Ihalainen, C. Ilie, & K. Palonen, ed. *Parliament and Parliamentarism. A comparative history of a european concept*. New York: Berghahn.
Gauchet, Marcel. 1995. *La révolution des pouvoirs, La souveraineté, le peuple et la représentation 1789~1799*. Paris: Gallimard.
Hudemann, Rainer. 1998. "Les Groupes parlementaires dans les stades de formation du parlementairisme français au XIXe siècle." S. Berstein et P. Milza. dir. *Axes et méthodes de l'histoire politique*. Paris: puf. 319-333.
Ihalainen, P. 2016. "European Parliamentary Experiences from a Conceptual Historocial Prspective", in P. Ihalainen, C. Ilie, & K. Palonen, ed. 2016. *Parliament and Parliamentarism. A comparative history of a european concept*. New York: Berghahn.
Lalouette, Jacqueline. 2002. *La république anticléricale XIXe-XXe siècles*. Paris: puf.
Le Bon, G. 2005. 『군중심리』. 이상돈 역. 서울: 간디서원.
Lefort, C. 2016. 『19-20세기 정치적인 것에 대한 시론』. 홍태영 역. 서울: 그린비.
Michelet, Jules. 2021. 『미슐레의 민중』. 조한욱 역. 서울: 교유서가.
Moscovici, Serge. 1996. 『군중의 시대』. 이상률 역. 서울: 문예출판사.
Murard, L. et P. Zylberman. 1996. *L'hygiène dans la République. La santé publique en France ou l'utopie contrariée 1870~1918*. Paris: Fayard.
Nicolet, C. 1982. *L'idée républicaine en France (1789~1924)*. Paris: Gallimard.
Ozouf, Mona. 1989. *L'homme régénéré*. Paris: Gallimard.
Pitkin, Hanna. 1972. *The concept of representation*. L.A.: University of Califonia Press.
Raithel, Th. 2019. "'A Bad Parliamentarism': Normative Expectations and Criticism of Parliamentarism in the Weimar Reichstag." in R. Aerts, ed. *The Ideal of Parliament in Europe since 1800*. London: Palgrave.
Redor, Marie-Joëlle. 1995. "'C'est la faute à Rousseau ...' Les juristes contre les parlementaires sous la IIIe République." *Politix*. Vol. 8, No. 32.
Rosanvallon, P. 1985. *Le Moment Guizot*. Paris: Gallimard.
______. 1992. *Le sacre du citoyen, Histoire du suffrage universel en France*. Paris: Gallimard.

______. 1998. *Le peuple introuvable. Histoire de la repésentation démocratique en France*. Paris: Gallimard.

______. 2000. *La démocratie inachevé. Histoire de la souveraineté du peuple en France*. Paris: Gallimard.

______. 2004. *Le Modèle politique français. La société civile contre le jacobinisme de 1789 à nos jours*. Paris: Seuil.

Roussellier, Nicolas. 1992. "La contestation du modèle républicain dans les années 30: La réforme de l'Etat." S. Berstein et O. Rudelle. dir. *Le modèle républicain*. Paris: puf.

Sadoun, Marc. 1993. *De la démocratie française*. Paris: Gallimard.

Schmitt, Carl. 1988. 『정치신학』. 김효전 역. 서울: 법문사.

______. 2008. *Constitutional Theory*. translated et edited by J. Seitzer. Duke University Press.

______. 2019. "헌법학." 『독일헌법학의 원천』. 김효전 역. 서울: 산지니.

Sieyès, E. 1789a. "Vues sur les moyens d'exécution dont les représentants de la France pourront disposer en 1789." *Oeuvres des Sieyès*. Tome I. Notes liminaires par Marcel Dorigny. Paris: EDHIS. 1989.

______. 1789b. "Quelques idées de Constitution applicables à la Ville de Paris. En juillet 1789." *Oeuvres des Sieyès*. Tome II. Versaille: Baudouin.

______. 1789c. "Préliminaire de la Constitution française - Reconnaissance et exposition raisonnée de Droits de l'homme et du citoyen." *Oeuvres des Sieyès*. Tome II. Paris: Baudouin.

______. 1989. *Qu'est-ce que le tiers Etat?* Paris: PUF.

Tarde, Gabriel. 2012a. 『여론과 군중』. 이상률 역. 서울: 지도리.

______. 2012b. 『모방의 법칙』. 이상률 역. 서울: 문예출판사.

te Velde, H. 2019. "Between National Character and an International Model: Parliaments in the Nineteenth Century." in R. Aerts, ed. *The Ideal of Parliament in Europe since 1800*. London: Palgrave.

Vieira, M. B. & D. Runciman. 2020. 『대표: 역사, 논리, 정치』. 노시내 역. 서울: 후마니타스.

제5장

바이마르 공화국

―민주주의관과 민주주의의 붕괴―

* 이 글은 『국제지역연구』 제31권 제2호(2022)에 실린 것으로 이 책에 맞게 수정 보완한 것이다.

I. 서론

최근 '민주주의 붕괴'의 이슈가 크게 대두되면서, 바이마르 공화국이 다시 주목을 받고 있다. 최근 민주주의 위기를 둘러싼 연구에서 주목받는 점은 민주주의가 단순히 쿠데타에 의해 물리적으로 전복되는 문제뿐 아니라, 합법적 절차에 의해 선출된 "민주정부"에 의해 민주주의가 후퇴하고 전복되는 경우가 허다하다는 것이다(Levitsky and Ziblatt 2018, 10-11; Ginsburg and Hug 2018; Lust and Waldner 2015). 바이마르는 바로 이러한 사례의 초기 전형을 보여주기 때문에 특히 주목을 받는다. 예를 들면, 쉐보르스키는 최근 저서 *Crises of Democracy*에서 바이마르의 사례를 합헌적으로 정치 지도자가 권력을 획득했고, 여전히 헌법에 기초하여 권력을 행사했지만 민주주의가 무너진 사례라고 분석하였다(Przeworski 2019, 39).

바이마르 공화국 붕괴 원인에 대한 기존의 수많은 연구들은 2차 대전 이후 정치학과 사회과학의 이론적 발전에 따라 변화해왔다. 먼저 근대화 이론에 기초하여 '자본주의 발전의 후진성'이나 혹은 최근에 다시 등장하는 새로운 근대화 이론의 변형으로 '경제의 실패'나 '경제위기'가 민주주의 붕괴의 원인으로 꼽히기도 한다. 반면, 베링턴 무어에서 보듯이 근대화 이론에 대한 비판에서 시작된 계급투쟁과 계급연합이론은 바이마르 민주주의 붕괴를 '부르주아 계급의 허약성' 혹은 반민주 계급으로서 '지주계급의 강함'을 들고 있다. 그리고 최근에는 제도주의적 접근에 기초하여 비례대표제에 기초한 정당 난립 혹은 지블렛(Ziblatt 2017)이 주장하듯이 '보수정당의 저발전' 등을 지적하기도 한다.

그러나 본 논문에서는 이러한 기존의 접근들과 달리, 사회경제적 영향이나 계급의 힘(power) 혹은 제도적 영향보다는 주요 정치행위자인 정당들의 아이디어(ideas), 특히 그들이 생각하는 민주주의와 의회주의에 대한 아이디어가 어떻게 민주주의 발전에 크게 문제를 유발했는지를 살펴볼 것이다. 아래 기존 문헌연구에서 자세히 살펴보겠지만, 독일 바이마르 사례는 결코 저발전된 자본주의 체제가 아니었다. 그리고 1918년 이후 집권한 바이마르 연합정당들은 그 힘이 부족해서 민주주의 안정화가 실패한 것이 아니었다. 동일한 힘이라도, 그리고 동일한 민주헌법의 제도나 의회제도라도 그것을 어떻게 사용하는가는 결국 주요 행위자들인 정당과 당시 사람들의 아이디어에 달려 있다.

이러한 점에서 본 연구는 바이마르 공화국의 붕괴를 분석하기 위해서 부르주아와 노동운동 세력들이 생각한 민주주의와 의회주의에 대한 독특한 사고에 주목하고자 한다. 동일한 부르주아 혹은 노동계급이라고 하더라도 바이마르의 부르주아와 노동계급은 민주주의에 대해서 영국이나 스웨덴의 계급들이 생각한 것과 매우 다른 아이디어를 가지고 있었고, 이것이 바이마르 붕괴에 결정적인 영향을 미쳤다고 가정한다. 아이디어적 접근은 사회경제적 조건이나 위치 그리고 제도적 조건이 중요하지 않다는 것은 아니지만, 그것은 주요 행위자들의 해석을 위한 재료의 역할로서 영향을 미칠 수 있을 뿐이라고 전제한다. 그래서 본 연구는 바이마르 공화국의 붕괴를 분석하기 위해서 사회경제 혹은 계급 분석보다 정당들의 민주주의관(ideas on democracy)과 그것이 정치과정에 미친 영향을 중심으로 살펴볼 것이다.

본 논문은 우선 바이마르 민주주의 붕괴를 구체적으로 살펴보기 전에 기존문헌들의 연구내용을 검토한 후, 대안적 이론과 가설들을 제시하고자 한다. 바이마르 공화국의 붕괴를 살피는 본문에서는 먼저 바이마르 공화국의 변화 과정을 개괄하면서 붕괴 원인의 분석을 위해 어디에 초점을 두어야 할지를 분명히 하고자 한다. 그 다음 절에서는 의회 안팎에서 보는 의회주의에 대한 불신의 정치 문화를 살펴볼 것이다. 이것은 바이마르가 의회주의적 체제를 취하지만 실제 그것이 작동하는 데 한계가 있었음을 보여준다. 마지막 절에서는 바이마르 민주주의의 1차 책임자라고 할 수 있는 사회민주당과 자유주의 정당들의 민주주의관을 살펴볼 것이다. 이들 정당들은 민주주의 정부를 책임지는 위치에 있었지만 운영 과정에서 실패함으로써 지지세력을 히틀러의 NSDAP에 내주게 되었다. 본 연구는 사민당과 자유주의 정당들의 실패를 그들의 민주주의관을 통해서 분석할 것이다.

II. 기존 문헌 연구와 대안 모색

'어떤 민주주의는 왜 안정적으로 잘 발전하고 다른 나라는 그렇지 못한가?'는 정치학의 오랜 연구 주제인 만큼 이론적 관점에 따라 매우 상이한 입장들이 발전해왔다. 여기서는 경제성장을 강조하는 근대화 이론과 이를 독일에 구체적으로 적용한 Sonderweg—"독일의 또 다른 길"이라고 번역할 수 있지만, 여기서는 워낙 유명한 명칭이라 그대로 사용하고자 함—이론, 그리고 계급투쟁이론과 제도주의 이론을 중심으로 간략히 살펴볼 것이다. 그런 다음, 행위자의 아이디어("idea matters" approach)를 중심으로 한 대안적 이론을 제시하고자 한다.

1. 근대화 이론과 Sonderweg 이론

먼저 근대화 이론과 최근의 변형을 살펴보자. 이 이론의 흐름은 민주주의 발전을 사회경제적 발전과 연계시킨다. 2008년 글로벌 금융위기 이후 많은 전문가들은 심각한 경제위기가 민주주의 국가들에 미치는 영향을 경고하면서 바이마르 공화국의 역사를 재조명하는 경향이 있다.[1] 최근의 연구들은 바이마르의 경험을 통해서 경제적 위기와 민주주의 붕괴, 사회적 불안, 우익 극단주의의 발흥이라는 현상과 결부시킨다. 예를 들면, 폴 크루그만(Krugman 2015; 2010)

1 2008년 금융위기에 따른 민주주의 위기라는 관점에서 바이마르 공화국의 경험이 다시 주목을 받는 것을 보기 위해서는, *Journal of Modern European History* 11, no. 3 (2013), pp. 272-328의 여러 저자들의 글들을 참조.

은 2010년대 글로벌 금융위기를 바이마르 상황과 비교한다. 또한 프레데릭 테일러(Taylor 2014)는 그의 책에서 최근의 유로존 위기와 바이마르 시기의 하이퍼 인플레를 비교하면서 그것이 민주주의에 미치는 위기 효과를 강조한다. 그에 의하면, 바이마르 공화국 시기의 하이퍼 인플레는 독일의 교육받은 중간계급의 파산을 불러왔고, 중간 계급이 공화국에 대한 지지를 철회하게 함으로써 결국은 나찌 정당의 핵심을 형성하게 되었다고 한다.[2] 민주주의 위기의 사회경제적 측면을 강조하는 이들의 주장은, 전쟁의 경제적 부담, 하이퍼 인플레, 정부의 잘못된 재정정책 등에 따른 경제위기를 공화국 붕괴의 원인이라고 본다.

그러나 바이마르 민주주의 붕괴에 대한 경제적 설명은 주요 행위자들의 정치적 해석과 투쟁을 지나치게 단순화하는 경향이 있다. 경제적 위기는 누가 어떻게 해석하느냐에 따라 다른 의미를 가지기 때문이다. 미국 루즈벨트 정부 사례에서 보는 것처럼 경제위기가 있다고 해서 민주주의가 붕괴하는 것은 아니다. 오히려 새로운 유형의 민주주의 창출과 공고화가 이루어질 수 있다. 바이마르 공화국은 많은 전쟁 부채와 1923년 하이퍼 인플레에도 불구하고, 좌우의 극단적 쿠데타 시도에도 무너지지 않았다. 오히려 1924년 이후에는 상대적 안정기로 접어들었다. 1928년 이후 히틀러가 집권하는 1933년까지 바이마르 공화국의 문제는, 경제적 위기의 문제도 있겠지만, 이를 해결하려고 하는 주요 정치세력들이 스웨덴이나 미국처럼 합리적 대안을 찾아 합의를 만들어 내지 못했기 때문이라고 할 수 있다. 그래

2 테일러(Taylor 2014)의 주장은 존스(Jones 1988)가 바이마르 시기 자유주의자들의 붕괴를 설명하는 주장과 유사하다.

서 스트로트(Strote 2017)는 최근의 연구를 통해 바이마르의 문제를 "가치와 제도들"에 대한 정치세력들의 심각한 불화(acrimonious disagreement)라고 설명하였다. 그리고 이와 대별되어 1945년 이후 서독에서 민주주의가 안정을 이룬 이유는 주요 정치세력들 사이에 합의(consensus)가 이루어졌기 때문이라는 것이다.

그런데 사실 이러한 자본주의적 경제발전과 민주주의의 상관관계를 주장하는 이론은 뿌리 깊은 이론적 연원을 가지고 있는데, 대표적인 것이 "근대화 이론"이다. '독일에서 왜 권위주의가 오래 지속되었는가?'라는 문제에 대해 근대화론자들은 독일의 경제적 후진성(Economic backwardness) 때문이라고 주장한다(Lipset 1959; Gerschenkron 1989). 이러한 주장은 근대화론자들뿐 아니라 베엘러(Hans-Ulrich Wehler) 같은 Sonderweg 이론가들에게도 대체로 받아들여졌다. 베엘러(Wehler), 빈클러(Heinrich-August Winkler), 그리고 버간(Volker Berghahn) 등을 중심으로 하는 Sonderweg 이론가들의 주장에 의하면, 독일이 민주주의가 발전하지 못한 이유는 경제의 후진성에 기초하여 융커로 대표되는 프러시아의 봉건적 지주계급의 반민주적 권위주의적 문화가 나치 시기까지 지속되었기 때문이라고 한다. 독일의 긴 근대화 역사에서 볼 때 바이마르 민주주의는 단지 짧은 예외에 불과하다는 것이다. Sonderweg 이론가들은 독일제국에서는 부르주아 계급이 발전하지 못하여 영국과 같은 의회주의가 발전하지 못하고, 억압적 국가와 여론의 조작에 의해 구지배세력이 지배를 지속했다고 주장한다. 그래서 유럽의 다른 민주주의 국가들에 비해 독일이 다른 길을 걷게 되었고, 그것이 곧 바이마르 붕괴의 핵심 요인이 되었다는 것이다(Wehler 1985; Kreuzer 2003,

328; Hanson 2010, 123-124).

그러나 최근의 많은 연구가 보여주듯이 19세기 말과 20세기 초 독일은 결코 봉건적 후진경제가 아니었다. 1890년대 도약기를 거쳐 독일 경제는 세계대전 시작 이전인 1913년경 이미 영국에 필적할 만큼 세계에서 가장 발전한 자본집약적 자본주의 경제로 올라섰던 것이다. 독일을 포함한 선진 산업사회들은 근로인구(working population) 중에서 35% 미만이 농업부문에 고용되어 있었다. 반면 유럽의 동부, 남부, 북부, 주변부 국가들에서는 농업에 근로인구의 약 40%에서 80%가 고용되어 있었다(Broadberry et al. 2010, 61, table 3.1). 고용 데이터에 기초해서 보면 1913년 독일은 안정적 민주주의를 이룩한 스웨덴, 프랑스, 덴마크보다 산업화가 더 발전한 나라였다. 더구나 독일은 1890년 이후 세계에서 자본수출국(a net exporter of capital) 이었다. 그리고 독일의 수출품도 섬유나 피혁 같은 저자본재에서 전자, 엔지니어링, 화학 제품이 주를 이룬 자본과 기술집약적 상품이 주를 이루었다. 1차 세계대전 이전에 이미 독일은 총산업생산(total industrial output)에서 영국을 넘어섰다(Garst 1998). 1차대전을 전후로 독일은 영국과 스웨덴에 비해 산업화나 일인당 국민소득 면에서 결코 뒤쳐졌다고 할 수 없다. 그러나 1차대전 이후 독일은 전형적인 권위주의 국가로 전락했고, 반면 영국과 스웨덴은 민주주의를 안정시켰다(Berman 1998). 경제발전 상태만으로는 정치적 차이를 설명하기 어렵다.

2. 계급투쟁과 계급 연합이론

한편 사회경제적 발전과 민주주의 발전의 단선적 연계를 강조하는 근대화론류의 이론에 대한 가장 대표적 비판이론은 베링턴 무어(Barrington Moore)에서 비롯된 계급투쟁과 계급연합이론이라고 할 수 있다. 계급투쟁이론은 동일한 사회경제적 발전에도 불구하고 계급과 계급연합에 따른 힘의 관계로 인해 정치적으로 상이한 결과—민주주의, 파시즘, 사회주의—로 귀결됨을 보임으로써 사회경제적 측면을 강조하는 근대화 이론들을 비판하고 있다. 그런데 계급 투쟁이론들에서도 민주주의 발전을 위해서는 부르주아 계급의 힘을 강조하는 흐름(Moore 1966; Ansell and Samuels 2014)—예를 들면, 베링턴 무어의 "부르주아 없이 민주주의 없다(No bourgeoisie, no democracy)"—이 있는 반면, 러쉬마이어 등이 주장하듯이 노동계급과 하층민의 힘이 민주주의 발전의 가장 중요한 요소라고 강조하는 흐름이 있다(Rueschemeyer et al. 1992; Eley 2002, 109; Acemoglu and Robinson 2006).

그러나 이러한 계급투쟁 특히 노동계급과 하층민의 힘이 민주화에 결정적이라는 주장에서 보면 독일은 커다란 퍼즐이다. 왜냐하면 독일 사회에서 노동계급과 하층민의 민주화 압력은 결코 약하지 않았다. 독일의 노동운동과 사민당은 1차대전 이전 이미 세계에서 가장 강력한 세력 중에 하나였다. 산업화와 함께 독일 노동자들의 조직화와 동원은 급속히 증가한다. 사민주의 노조는 1913년까지 모든 노동자의 27%를 조직하였다. 이는 다른 선진 산업사회에 결코 뒤지지 않는다(Garst 1998, 33). 미첼(Mitchell 2003, 3-8, 172-185)의 1899-

1912년 사이 노동자 연평균 스트라이커 회수에 대한 조사에 의하면, 독일은 유럽의 주요국들 중에서 스트라이커 비율이 가장 높았다. 특히 프러시아는 노동자투쟁이 가장 많이 일어난 곳이다.

특히 주목할 것은 독일사민당(SPD)의 급성장이다. 독일 사민당의 성장은 구지배세력에게 가장 커다란 위협이었다. 독일사민당은 대중정당으로서 노조와 긴밀한 연계를 가지고 있었다. 만약 기존에 계급투표권이 아니라 제한 없는 보통선거가 도입되었다면, 사민당은 훨씬 일찍 의회를 지배했을 것이다. 실제로 사민당은 1890년 총선거에서 약 20%로 급성장하고 이후 1912년에 이미 약 35%의 득표로 제1당이 된다. 이는 독일의 다른 정당뿐 아니라 유럽의 다른 사민당을 추월한 성과였다(Ziblatt 2017, 229-230). 독일의 경우 구지배세력에 대항하는 민주 저항 세력들은 영국이나 스웨덴에 비해 훨씬 더 잘 조직되어 있었다. 그러나 독일의 저항 세력들은 이들 나라에 비해 실질적인 민주주의를 진전시키는 데 실패했다.

왜 그런가? 쉐리 버만(Berman 1998)이 지적하듯이, 조직력과 힘도 중요하지만 무엇보다 아이디어(idea)가 중요하기 때문이다. 아래 본문에서도 살펴보겠지만, 독일의 사민당과 바이마르 연합은 1차대전 후 같은 시기 스웨덴의 집권민주세력에 비해서 훨씬 더 힘 있고 광범위한 지지를 받고 있었다. 그러나 독일 사민당은 프롤레타리아트 순수성에 기초한 사회주의적 노선으로 인하여, 자유주의 정당과의 연합이나 의회주의적 개혁에는 별로 관심을 두지 않았기에 자신의 지지와 조직적 힘이 주는 기회를 놓치게 된다. 본 논문이 주요 정치세력들의 의회와 민주주의에 대한 아이디어를 중심으로 바이마르 공화국의 붕괴원인을 살펴보고자 하는 이유가 바로 여기에 있다. 힘도 중요하지만, 힘을 어디로 어떻게 사용할지를 결정하는 것은 아이디어이다.

3. 제도주의적 입장

대안적 이론을 살펴보기 이전에 끝으로 최근의 제도주의적 입장을 간략히 살펴보자. 이 제도주의적 흐름에 있는 학자들은 바이마르 공화국의 정치제도가 가지는 결함들—예를 들면, 비례대표제로 인한 정당 난립, 혹은 지나치게 강력한 대통령제 그리고 보수당의 조직 저발전 등—을 지적한다.

우선 몇몇 학자들은 바이마르 공화국이 비례대표제를 채택함으로써 다수당의 정당난립과 정치체제가 파편화되어 민주주의가 붕괴했다고 한다. 이 주장은 원래 헤르멘스(Hermens 1951)에 의해 제기된 것이다. 그러나 비례대표제라는 제도로 민주주의 붕괴를 설명하는 것은 다소 어려움이 있다. 왜냐하면, 벨기에, 스웨덴 같은 나라에서는 유사한 비례대표제에서도 전간기에 민주주의를 안정화시켰기 때문이다. 한편 지블렛(Ziblatt 2017) 등을 위시한 많은 문헌들은 독일에서 정당의 미발달로 인해 독일의 의회주의가 저발전하게 되었고, 이것이 민주주의 퇴보의 원인이었다고 한다(Ziblatt 2017; Wirtsching 2000, 17; Fenske 1994, 183).

그러나 이러한 기존 연구들은 독일 제국 선거에서 사민당을 위시해서 잘 조직된 대중정당이 등장했다는 사실을 무시한다(Anderson 2000, 418; Kreuzer 2001, 23-52). 크로이저(Kreuzer 2001)에 의하면 선거가 곧 정당의 발전을 가져왔고, 이것은 이후 독일 의회주의 발전의 초석이 되었다고 한다. 정당 조직의 제도화는 로버트 미헬스(Michels)의 주장처럼 독일에서 정치인들의 커리어주의와 관료적 체계화를 가져올 정도로 발전했다(Kreuzer 2003, 355).

다른 한편 바이마르 공화국의 붕괴 원인으로 비상대권과 의회해산권을 가진 대통령제의 문제를 지적하기도 한다. 바이마르 공화국은 보통선거권에 의해 구성된 제국의회가 헌정체제의 중심에 있는 의회제 국가였다. 그러나 다른 한편으로 취약한 국민통합과 전후처리문제, 경제위기를 극복하기 위해 강력한 대통령제를 두었다. 특히 문제가 되었던 것은 바이마르 헌법 48조의 대통령 비상대권이었다. 실제로 의회정치가 대통령제 내각으로 전환된 1930년에서 1933년 1월 히틀러가 수상으로 임명되기까지 헌법에 명시된 비상시국의 예외법이 모두 동원되었다(Boldt 1988, 51).

그러나 대통령제의 존재 혹은 비상대권이 헌법에 있다고 해서 그 권한이 곧장 사용되는 것은 아니다. 핀란드, 프랑스 제3공화국, 그리고 미국도 대통령제를 도입하였지만 의회와 민주주의가 발전하였다. 레비츠키와 지블렛이 설명하는 미국의 사례를 본다면, 헌법에 대통령의 비상대권이 있다는 것 자체보다는 주요 행위자들의 "헌법적 강경태도(constitutional hardball)"가 민주주의를 위기에 빠뜨릴 수 있다는 점을 알 수 있다(Levitsky and Ziblatt 2018, 139-140, 154-155, 161-175). 미국 헌법은 대통령이 대법관의 해임을 허용하고, 덧붙여 그 수를 구체적으로 정하지 않고 있다. 헌법의 규정대로 한다면, 대통령은 사법부를 친정부 인사로 채우고 의회를 우회하여 행정명령을 남발할 수 있다. 최근 트럼프 정부 하에서의 민주주의 위기가 이를 잘 보여준다. 따라서 헌법과 제도의 존재도 중요하지만 그것을 사용하는 주요 행위자들(정당과 정치세력)이 어떤 생각으로 어떻게 사용하는지가 중요한 것이다. 이러한 의미에서 바이마르 공화국에서 주목해야 할 문제는, 대통령제의 존재 자체가 아니라, '왜 바이마르 지도자들은 헌법적 강경태도를 취했는지' 하는 것이다. 아래에서 자세히 살펴보겠지만, 이것은 의회와 민주주의를 이해하는 독일 자유주의자들의 독특한 아이디어에서 기인한다. 결국 바이마르의 붕괴를 이해하기 위해서는 주요 정치세력들과 대중들이 사고하는 민주주의에 대한 아이디어가 어떻게 다른 나라들과 다른지 그리고 그것이 정치적 과정에서 어떤 효과를 나타내는지 분석하는 것이 중요하다고 할 것이다.

4. 대안적 문제의식: 주요 정당들의 민주주의관과 민주주의 위기

본 연구는 바이마르 공화국의 붕괴 원인을 이해하기 위해서 주요 정치세력과 정당들의 '민주주의에 대한 이해' 혹은 '민주주의관(ideas on democracy)'에 초점을 두고자 한다. 앞의 기존 문헌을 비판적으로 검토하는 과정에서 살펴보았듯이, 사회경제적 발전의 정도나 계급과 민주세력의 힘, 그리고 제도적 조건은 나름 유의미한 측면을 가지고 있는 것은 사실이다. 그러나 기존의 문헌들은 객관적인 경제 문제나 힘의 관계, 그리고 제도에 주로 초점을 맞추었지, 주어진 제도와 힘을 이용할 주요 정치행위자들의 적극적인 해석(interpretation)과 전략적 아이디어를 경시해온 것은 사실이다. 기존의 연구들에서 정치행위자들의 아이디어는 주로 계급의 이해(interests)로 사회경제적 위치를 반영하는 것으로 이해되든지 혹은 합리적 선택에서 보듯이 제도적 조건에 의해 선호가 결정되는 것으로 이해하는 경향이 있었다.[3]

앞의 문헌검토에서 살펴보았듯이, 경제적 발전 수준은 음으로 양으로 행위자들에게 영향을 미치지만 그 자체가 정치적 결과를 결정할 수는 없다. 계급투쟁이론과 계급연합이론은 주요 행위자들의 능동적 행동에 초점을 맞춘다는 점에서는 중요할 수 있으나 힘(Power)만으로는 행위자들의 독특한 행동방식과 전략을 설명하는 데 한계가 있다. 예를 들면 아래에서 구체적으로 살펴보겠지만, 바이마르 초기 사민당이나 바이마르 연합은 어느 나라의 집권세력보다 대중적 지지와 조직적 힘을 가지고 집권했다. 그러나 권력을 가진 사민당은 역설적이게도 대중들의 민주주의 확장 요구를 무시하고 의회를 경시함으로써 권력을 잃게 된다. 왜냐하면 사민당은 자신들이 집권한 민주주의 체제를 발전시킬 대상이 아니라 무너져야 할 대상으로 인식했기 때문이다. 바이마르 자유주의자들도 영국의 자유주의자들과 달리 자신들이 지배하는 의회의 권한을 강화하는 것이 아니라 역설적이게도 의회가 비대해지는 것을 두려워하고 보편적 자유주의적 개혁을 주저하였다. 이것은 민주주의에 대한 독일 자유주의의 독특한 이해에서 기인하는 것이라고 할 수 있다. 힘이나 계급의 위치만으로는 이러한 정치적 전략과 발전 방향을 이해하기 어렵다.

3 기존의 근대화 이론, 마르크시즘 그리고 합리적 선택이론들에서 행위자들의 아이디어를 상대적으로 경시한 것을 비판한 것에 대해서는 Hanson(2010, preface, 3-57) 참조. 본 연구는 오히려 당의 민주주의에 대한 아이디어 내용에 초점을 둔다. 이와 유사한 "idea matters" 연구에 대해서는 Berman(1998) 참조.

그래서 본 연구는 바이마르 공화국의 붕괴 원인을 주요 정치세력들의 아이디어, 특히 그들의 민주주의와 의회주의에 대한 아이디어(ideas on democracy)에 초점을 두어 분석하고자 한다. 이런 점에서 본 연구는 우선 로장발롱(Rosanvallon 2021)이 언급하듯이, 민주주의의 개념은 단일하고 명확한 것이 아니라, 오히려 그 자체로 다양한 내적 모순을 가지고 있다고 전제한다. 이러한 다양한 모순은 다양한 형태의 민주주의관(ideas on democracy)과 함께 다양한 실천적 문제를 유발한다고 본다.

흔히 민주주의는 군주주권에 대항하는 "인민주권(people's sovereignty)"으로 혹은 "인민의 의지에 의한 지배"로 이해된다. 그러나 '누가 인민(people)이고 인민의 의지(people's will)는 무엇인지'에 대해서 서로 다른 견해를 가짐으로써 다양한 민주주의관을 가진다. 역사적으로 존재했던 다양한 정치세력들을 통해서 보면, 프랑스혁명에서나 독일의 많은 자유주의자들처럼 인민을 민족(nation)으로 보기도 하고, 혹은 루이 보나파르트나 오늘날의 포퓰리스트들처럼 수(number)로 대표되는 '다수의 의지'를 인민의 의지로 보기도 한다. 혹은 마르크스주의자들이 보는 것처럼 모든 시민들을 인민으로 보기보다는 프롤레타리아트처럼 특정한 사회적 카테고리에 속하는 사람을 인민으로 보기도 한다.

또한 인민의 의지(people's will)는 무엇이고 정치적 결정을 위해 어떻게 대표될 수 있는지에 대해서도 다양한 입장들이 있다. 루소(Rousseau)나 마르크스주의자들의 포퓰리스트의 입장에 의하면, "인민의 의지"는 일반의지(general will)나 프롤레타리아트의 역사적 임무 혹은 민족의 역사적 사명 혹은 '국민투표로 표현된 다수'를 절대적으로 강조하는 본질적인 입장이다. 이 입장들의 특징은 인민의 의지는—그것이 일반의지 혹은 프롤레타리아트 혹은 국민투표의 절대다수라고 하든—통합되어 있고 명확하다고 전제한다는 것이다. 그래서 본질주의적 민주주의 주창자들은 이미 명확하게 존재하는 인민의 의지를 직접적으로 가감없이 표현하고 집행하기만 하면 된다는 것이다. 이들에게 인민의 의지가 무엇인지 추론하고 해석하기 위한 중간매개로서 정당과 의회는 별로 의미가 없다. 이런 점에서 본질주의적 민주주의는 대의제보다 인민의 의지를 중간매개(mediation) 없이 직접적으로 표현해야 한다는 점에서 직접 민주주의(immediate expression of people's will)를 강조한다. 이에 비해 영국의 의회주의 전통이 보여주는 민주주의 이해는, 인민의 의지란 다원적(plural)이고 알기 어렵다는 것을 전제한다. 그래서 무엇보다 의회에서 이성적 심의(deliberation)를 통해서 인민의 의지가 형성된다고 보았다. 이러한 자유주의적 입장은 단순한 직접민주주의(direct democracy)의 불가능성에 따른 간접 민주주의를 의미하는 것이 아니라, 인민의 의지를 형성하는 의회의 적극적 기능을 염두에 둔 것이라고 할 수 있다.

본 논문은 이러한 다양한 민주주의관은 그것을 가진 정치세력들을 통해서 다양한 현실적 실천적 효과를 가져온다는 것을 강조한다. 예를 들면, 아래 본문에서 보겠지만 독일 사민당의 마르크스주의적 민주주의 그리고 독일 자유주의자들과 보수주의자들의 민족에 기초한 인민의 이해는 본질주의적 민주주의관으로 이미 단일한 인민의 의지를 전제로 하여 그것의 직접적 표현을 중시하기 때문에, 중간매개 정당이나 의회를 무시하는 경향이 있다. 본 논문은 주요 정치세력들의 이러한 민주주의관에 대한 이해 없이 힘이나 사회경제적 배경만으로는 민주주의 정치발전의 방향—안정화 혹은 붕괴—를 이해하기 어렵다고 본다. 본 논문은, 불행히도 독일의 바이마르 공화국에서는 자유주의적 다원주의적 민주주의관을 가진 정치세력이 약화되었고, 반대로 본질주의적 민주주의관을 가진 세력들이 힘을 가지면서 권위주의적 체제로 귀결되었고 주장한다.

III. 바이마르 공화국의 변화 개괄

주요 정당과 정치세력들의 민주주의관과 그에 따른 실천이 어떻게 바이마르 공화국의 패망으로 이르게 되었는지를 살펴보기 이전에, 이 절에서는 바이마르 공화국의 변화에 대해 개괄하고자 한다.

흔히 바이마르 공화국의 패망 원인에 대한 지배적 입장은, 공화국 수립부터 잘못된 기원—경제위기, 전쟁 패배에 따른 민족주의 감정과 불완전한 혁명 등—이 처음부터 패망에 이를 운명이었다는 것이다(Stern 1992, 162; Fischer 2006, 6-32). 그러나 최근의 연구들은 이러한 기존의 주장들이 과장되었음을 보여준다. 우선 주목해야 할 사실은 바이마르 공화국 초기에 구세력이 그렇게 강하지 않았다는 것이다. 오히려 1918년 말 혁명기에 민주세력이 우위에 있었고 결정적인 정치적 승리를 했다는 것이다. 구지배세력들은 두려워했고, 변화의 불가피성을 인정했다. 예를 들면, 1918년 10월 반동적 프러시아 충성파인 보수당 지도자인 쿠노 폰 베스타르프(Kuno von Westarp)는 다음과 같이 상황의 변화를 표현한다. "전쟁에서 나온 정치적 조건들의 변화로 인해 보수당은 현재의 도전들을 대응하기 위해서 이제 과거의 존경받던 전통을 시대의 새로운 정신으로 교체하지 않으면 안 되도록 강요받고 있다"(Ziblatt 2017, 264, fn 18 재인용). 세력 균형이 변화하고 있다는 것은 전쟁 말기부터 당시 수상인 베트만-홀벡(Bethmann-Hollweg) 정부가 대중들의 민주적 개혁 요구에 따라 1917년 봄에 구체제를 지탱했던 핵심 제도인 프러시아 계급기초투표제(the Prussian three-class voting system)를 전쟁 끝에 개혁하겠다고 약속하는 것에서 잘 나타난다(Ziblatt 2017, 265).

국내외적 세력관계의 변화 역시 구세력의 약화와 민주주의 세력의 우위를 보장했다. 우선, 미국의 1차 대전 참전은 민주세력에게 유리했다. 보다 결정적인 것은 기존에 영토확장을 주장하던 가톨릭 중앙당이 드라마틱하게 기존의 입장을 변경하여 사민당과 좌파 자유주의 그룹들과 함께 연합을 하겠다 선택한 것이었다. 좌파 자유주의자들, 사민당, 그리고 가톨릭 중앙당(Center Party)의 "바이마르 연합"은 3당 간 협의체로서 의회 내부에 "분파연합위원회(Interfraktionelle Ausschuss, IFA)"를 통해서 구체화되었다. IFA는 때론 우파 '민족 자유주의자들(National Liberals)'까지 포함해서 연합하기도 하면서 바이마르 공화국 초기 결정적 순간의 15개월 동안(1917년 7월 7일에서 1918년 9월 30일까지) 존재했었다(Ziblatt 2017, 266).

특히 전후 첫 선거에서 좌파 자유주의자인 민주당(DDP), 가톨릭 중앙당(Center Party) 그리고 사민당(SPD)의 연합인 바이마르 연합의 대승은 정치권력이 진정으로 바뀌었음을 잘 보여준다. 〈표 5-1〉에서 전후 첫 선거인 1919년 1월 선거 결과는 사회적 권력이 어디로 갔는지 잘 보여준다. IFA를 구성한 바이마르 민주연합 정당들이

표 5-1 바이마르 연합의 득표율, 1919년과 1920년 연방의회선거

	1919년 1월 19일	1920년 6월 6일
바이마르 연합 총 득표율	76.2%	43.6%
사민당(SPD)	37.9%	21.7%
민주당(DDP)	18.6%	8.3%
중앙당(Center Party)	19.7%	13.6%
그외 나머지 정당들	23%	56%

출처: Elections in Europe: A Data Handbook 2010; Ziblatt (2019, 267, table 8.1)

압도적인 승리로 전체 유권자들의 표 중에서 76%를 얻었다. 심지어 구세력의 아성이자 독일의 가장 큰 주인 프러시아(Prussia)에서도 사민당, 중앙당, 민주당은 주의회의 76%를 차지한다. 이러한 바이마르 연합의 정치적 압승에 기초하여 1919년 8월 바이마르 민주헌법이 승인되는데, 그것은 바이마르 민주세력의 비전과 디자인을 반영하지 않을 수 없었다. 바이마르 민주정체는 그렇게 쉽게 무너지리라 상정할 수는 없었다(Ziblatt 2017, 268).

사회 권력이 이동했다는 것을 보여주는 또 다른 사례는 고용주들이 적극적으로 타협안을 제시했다는 것이다. 1918년 11월 15일 독일의 산업과 노동의 대표들은 "슈틴네스-레기엔 합의(the Stinnes-Legien Agreement)"라는 코포라티즘적 노사합의를 형성한다. 이 합의에서 고용주들은 노조들에게 협상권한, 하루 8시간 노동제, 50인 이상의 작업장에 노동자위원회 구성 등을 인정한 반면, 노조는 고용주들에게 소유권과 사적주주권의 보장을 약속했다. 이 합의의 의미는 자본가들이 기존의 융커와 권위주의적 국가와의 연합을 포기하고 조직노동과 연합하는 것으로 전환했다는 것이다(Feldman

1966, 523).

결국 바이마르 민주주의는 '붕괴가 예견되었다'고 하기보다, 오히려 사회권력의 균형을 변화시켰다는 것을 알 수 있다. 그런데 이제 변화된 힘의 관계를 배경으로 민주주의가 공고화될 수도 있었다고 예상할지 모르겠다. 많은 민주화 이행론은 민주세력의 사회적 정치적 힘의 우위하에서 구세력과의 일정 정도 타협은 민주화를 안정화시키는 데 적격이라고 한다(O'Donnell and Schmitter 2013, 68). 바이마르 공화국은 이러한 주장의 전형이다. 그러나 현실에서 바이마르는 실패한다. 왜 이런 결과가 발생하였는가?

붕괴에 대한 일단의 단초는 헌법 구성 후 첫 번째 선거인 1920년 6월 선거에서 바이마르 연합정당들이 크게 패배했다는 사실에서 엿볼 수도 있겠다. 1920년 6월 선거에서 바이마르 연합은 기존의 76.2% 득표율에서 43.6%로 내려앉는다. 주목할 사실은, 1920년 6월 선거의 패배는 결코 구세력의 공격 때문이라기보다는 사민당을 위시한 민주연합 정당들의 잘못된 행동들—예, 구군대를 이용한 대중들의 민주화 시위 진압과 민주화 요구 묵살 등—에서 기인한 것이라는 점이다. 바이마르 민주세력들의 민주주의관과 그에 따른 실책을 다음 장에서 살펴보기 이전에, 끝으로 바이마르 주요 정당들의 득표율 변화를 개괄함으로써 바이마르 공화국의 진화를 살펴보자.

〈그림 5-1〉은 1918년 공화국의 수립에서 1933년 히틀러의 집권까지 바이마르 전기간의 정치적 상황을 보여준다고 할 수 있다. 〈그림 5-1〉에서는 바이마르 시기 군소정당들은 제외하고 가장 주요한 정당들을 극좌에서부터 극우까지 이데올로기 순서로 나열하고 있다. 극좌로는 공산당(KPD)에서부터 온건 좌파인 사민당(SPD), 좌파

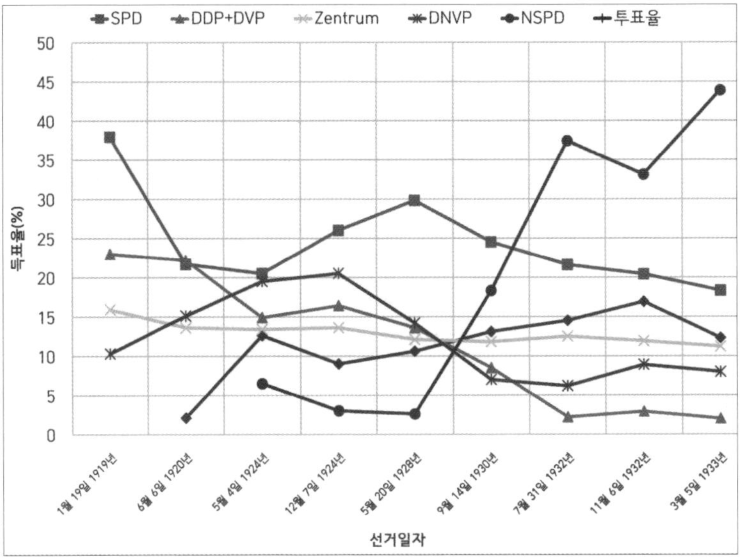

그림 5-1 바이마르 공화국의 주요 정당 투표율 변화

출처: Bracher(2011, 192)의 역자주 도표에 기초함.

자유주의자인 "독일민주당(DDP)", 우파자유주의 정당인 독일인민당(DVP), 가톨릭 정당인 중앙당(Zentrum) 그리고 군주제를 추구하는 보수주의 정당인 독일민족당(DNVP) 그리고 극우정당인 히틀러의 나치당(NSDAP) 순서이다. 그런데 〈그림 5-1〉에서는 자유주의 좌우파 당인 민주당(DDP)과 인민당(DVP)의 득표율을 합산해서 변화를 보여준다. 전체 정당들에서 자유주의자들의 세력 변화를 보여주기 위한 편의상 이유이다.

〈그림 5-1〉에서 가장 주목할 사실은, 바이마르 연합을 구성했던 온건 좌우정당들—사민당과 자유주의 정당들(DDP와 DVP)—은 시간이 지남에 따라 점점 지지를 잃어가고, 반대로 양쪽 극단인 공산당(KPD)과 히틀러의 나치당(NSDAP)이 급성장했다는 것이다. 좌익

에서는 사민당의 지지가 공산당으로 전환하고, 우익세력 쪽에서는 자유주의 지지자들과 보수주의(DNVP)의 지지가 나치당으로 흘러갔다는 것을 확인할 수 있다.

바이마르 공화국의 붕괴 원인으로 '안정적인 정당연합이 어려웠다'는 점도 흔히 지적된다(Przeworski 2019; Raithel 2019, 165; 2005, 102-105, 525-526). 그리고 연합정당 구성이 어려웠던 원인으로 비례대표제에 기초한 정당난립을 든다. 그러나 다당제이거나 혹은 정당 간의 연합이 어려웠다는 것은 바이마르 민주주의 붕괴의 직접적인 원인이라고 할 수 있지만, 문제는 왜 바이마르 공화국의 정당들은 연합정부를 구성하기 어려웠는가 하는 것이다. 아래에서 살펴보겠지만, 그것의 근저에는 정당들의 의회주의에 대한 불신과 함께 독특한 민주주의관이 자리를 잡고 있다.

또 다른 주목할 사실은, 시간이 지남에 따라 자유주의 정당들이 사회적 지지를 급격히 잃어가는 것—1930년대 초 민주당(DDP)과 인민당(DVP)을 합한 자유주의 득표는 겨우 2%에 불과함—과 자유주의 지지자들인 중간계급들이 히틀러의 NSDAP로 옮겨갔다는 것이다. 이러한 변화를 이해하기 위해서는 독일 자유주의자들의 영미 자유주의자들과 다른 독특한 민주주의관과 그에 따른 행동을 이해해야 한다.

IV. 의회주의에 대한 불신

개별 정당들이 어떤 민주주의관을 가지고 있었으며 그것이 정당들의 실천에서 어떻게 나타났는지 그래서 민주주의 안정화에 어떻게 부정적으로 작용했는지를 살펴보기 이전에, 이 장에서는 바이마르 의회(Reichstag) 밖에서뿐만 아니라 의회 내부의 정당들 사이에서조차 공통적으로 의회주의에 대한 불신이 팽배했다는 사실에 주목하고자 한다.

바이마르 공화국은 의회를 중심으로 한 의회주의 체제였지만, 정작 의회주의에 대한 신뢰는 낮았다. 국민들 사이에서 군주와 관료에 대한 신뢰는 높았던 반면, 의회와 정당에 대해서는 불신이 깊었다. 정당이 파당적 이해를 대변한다면 군주와 관료는 보편적 이해를 대표한다는 전통적인 인식이 공화국 수립 이후에도 여전히 지배하고 있었던 것이다(Kluxen 1983, 180). 바이마르 시기에 엘리트뿐만 아니라 대중들 사이에도 분파주의적인 정당들에 대한 불신이 깊어서 정부에 대한 의회의 간섭에 반감이 높았다고 한다(Kreuzer 2003, 329). 게다가 바이마르 시기 국가정책 결정의 중심으로 떠오른 의회에 대한 기대가 컸던 만큼 의회의 무능과 실정에서 오는 실망 때문에 의회주의에 대한 비판은 도처에 널리 퍼져 있었다(Sontheimer 1978; Wasser 1974, 65-107; Jansen 1992, 181ff, 250ff).

의회주의에 대한 대중들의 반감에 덧붙여 더욱 주목할 사실은, 의회에서 직접 활동하는 정당들도 의회주의에 대해서 불신하고 있었다는 것이다. 이것은 단순히 공산당이나 히틀러의 NSDAP 같은 반체제 정당은 두말할 필요도 없고, 의회주의를 책임져야 할 온건 자유주의 정당들도 의회주의에 대한 불신을 강하게 가졌다는 것이 바이마르 공화국의 문제였다. 바이마르 공화국에서는 보수주의 정당뿐만 아니라 심지어 자유주의자들도 '의회의 정당들이 정부 형성에 심각하게 영향을 행사하려는 것' 자체가 문제라고 생각하고 있었다. 예를 들면, 1921년 12월 독일 민주당의 루드비히 하아스(Ludwig Haas)는 사민당이 예외 법안을 폐지할 것을 요구하는 것에 대해 비판하면서, '의회가 지배하고 정부로부터 거버넌스를 빼앗으려는 것은 나쁜 의회주의'라고 비판한다. 1929년 하아스는 의회가 정부 구성에 관여하는 것은 독일에서는 맞지 않다고 주장한다. 보수주의 DNVP 의원들도 의회주의는 독일에서 하나의 "서툰 흉내(a travesty)"에 불과하다고 주장한다(Raithel 2019, 166-167).

이러한 반의회주의적 사고에 기초하여 자유주의자들과 보수주의자들은 의회의 입법 능력을 강화하기보다는 반대로 약화시키는 데 적극 찬성하였다. 예를 들면 1923년 경제위기를 배경으로 의회는 대통령의 비상대권인 헌법 48조를 확장한 이후 행정부의 입법활동을 허용한다. 사실 자유주의자들과 보수주의자들 사이에 퍼진 이러한 의회주의 불신을 가장 잘 보여주는 것이 바이마르 헌법 작성과정에서 대통령제를 도입한 것이다. 자유주의자들과 보수주의자들은 정도의 차이가 다소 있지만 모두가 정부구성에서 의회의 개입을 줄이고, 정부의 수상과 내각의 장관은 의회가 아니라 직접 선출된 대통령에 의해 승인되고 불신임되어야 한다고 생각했던 것이다. 또 다른 사례로는 1929년 3월 정부 구성에서 반년 가까이 난항을 거친 후 자유주의 우파인 DVP가 의회의 불신임을 어렵게 하는 제안에 자유주의 두 당(DDP와 DVP), 그리고 보수주의자들이 모두 동의했던 것이 있다. 그들의 목표는 정부를 의회에 의존하는 것에서 부분적으로 혹은 완전하게 독립시키는 것이었다(Gusy 1997, 399; Raithel 2019, 163-164).

자유주의자들과 보수주의자들이 볼 때, 1918년 이래 의회주의 체제 아래에서 정부는 의회에 지나치게 의존하게 되었다는 것은 큰 문제였다. 부정적인 의미에서 "의회 절대주의(parliamentary absolutism)" 혹은 "절대적 의회주의(absolute parliamentarism)"라는 개념이 1918-1919년 헌법을 만들 때부터 영향력을 미치다가 1920년대 말에도 여전히 지배적인 개념으로 영향력이 컸던 것이다.[4]

바이마르 시대 반의회주의 사고의 근저에는, '보편적 이익을 추구하는 정부에 분파적 영향력을 행사하는 정당들이 간섭해서는 안 된다'는 사고가 있었던 것이다. 이러한 사고는 특히 자유주의자들과 보수주의자들 사이에 널리 퍼져 있었다. 정당과 의회제에 대한 불신은 '의회의 당들이 "정당 이기주의(party egoism)"에 의해 지배받는다'는 의심과 염려를 반영한 것이다. 자유주의자들과 보수주의자들은, 정당과 분파들의 이기주의에 대신해서 비분파적 전문가의 지식이나 인민전체의 보편적 복지를 위한 보편적 정부를 신뢰했던 것이다. 이러한 반정당과 반의회주의적 사고는 1차 대전 이후 민족에 대한 전체주의적 인종적 인식을 배경으로 일반 대중들 사이에서도 만연해 있었던 것이다(Mergel 2002, 400-401; Raithel 2019, 167; Hering 2005, 33-43).

바이마르 시기 보수주의자들과 자유주의자들이 의회주의를 바라보는 관점은 여전히 빌헬름 독일제국 시대의 전통적 군주주권의 기본틀에 기초해 있었다. 19세기 독일에서는 프랑스와 달리 진정한 인

4 '의회 절대주의' 개념은 원래 독일 보수주의자들이 프랑스 제3공화국의 상황을 비판하는 데에서 유래했지만 로버트 레드스로브(Robert Redslob)를 통해서 독일에 도입되어 바이마르 헌법 초안 시기에 영향을 미친다(Raithel 2019, 164).

민의 대표는 의회가 아니라 군주라고 생각했다. 독일 헌법의 군주주권 전통에서 의회는 진정한 인민의 의사를 표현하는 것이 아니라고 생각되었다. 의회 대신 군주가 '국가의 의지 주체'이고 의회는 단지 사회의 다양한 세력과 흐름들을 정확히 반영할 뿐이라는 것이다. 이러한 전통적 사고가 바이마르 시기에도 여전히 영향력을 가지고 있었다. 다만 바이마르 시기에는 군주 대신에 인민주권의 원리에 의해 민족의 통합된 의지가 그 자리를 대신하였을 뿐이다. 즉, 민족의 정신은 의회가 아니라 통합된 민족의 보편의지를 체현한 국가와 대통령에 있다고 보았던 것이다(Schönberger 1997, 406-410; Raithel 2019, 167; 2005, 34-35).

그런데 바이마르 시기 정부와 의회의 구별, 특히 의회의 비례적 대표성은 곧 의회가 일반 대중들과 구별되지 않는 무능력과 지도력 부재로 연결됨으로써 반의회주의 사고의 또 다른 기반이 되었다. 의회가 대표성을 강조하다 보니 그저 일반 대중과 차이가 없는 평범함(mediocrity)으로 우수한 리더가 부재하다는 비판이 나왔던 것이다. 또한 주목할 점은 좌우 정당들 모두 어려운 시기 민족을 이끌 지도자는 의회 내에서가 아니라 의회 밖에서 나온다고 생각했다는 점이다. 예를 들면, 독립사민당 정치인 쿠르트 가이어(Curt Geyer), 법률가 한스프리츠 뢰더(Hansfritz Röder), 우파 민족주의자 한스 보그너(Hans Bogner)는 의회가 오히려 위대한 지도자의 무덤이라 생각했다는 점에서 서로 다르지 않았다. 당시 많은 독일인들에게 의회는 "규칙적이고 예상가능한 그리고 절차에만 집중한 '정상 정치'"로서 결코 지도자를 만들어내지 못한다고 보았다. 그래서 외부에서 전체 민족을 책임질 지도자가 나타날 것이라 생각했다(Mergel 2002, 369-

370). 특히 1929년 3월 장기간의 정부 구성에 난항을 겪은 후, 의회 내부에서 정부를 안정시킬 조건을 토론하는 논의가 신문을 통해서 일반 대중들에게도 알려지고, 시민들 특히 헌법 개정을 둘러싼 논쟁이 법학자들 사이에 활발히 이루어졌다(Groh 2010, 584-85). 이 과정에서 대중들 사이에서도 의회와 의회주의에 대한 경멸의 분위기가 더욱 높아졌던 것이다.

결국 1930년대 초 의회주의에 대한 비판이 더욱 가시화되고 대통령제의 방향으로 바이마르 국가는 재조직되었다. 그리고 1933년 바이마르 민주주의는 붕괴하고 히틀러의 나치 독재가 수립되었다(Raithel 2019, 170). 바이마르 공화국은 의회주의에 기초해 있었으면서도, 의회는 인민의 의지를 형성하는 심의 기능을 제대로 하지 못했을 뿐만 아니라 의회 자체에 대한 불신으로 인민의 직접적 의사 표현의 방편으로 민족의 정신을 대변할 지도자의 희구 속에서 히틀러의 집권을 열었던 것이다.

V. 주요 정당들의 민주주의관

바이마르 당시 반체제 정당(anti-system parties)이라고 할 수 있는 극좌 공산당(KPD)과 극우 히틀러의 NSDAP는 차지하더라도, 온건한 사민당에서부터 자유주의 정당들은 왜 안정적 연합을 구성하지 못했는가? 무엇보다 바이마르 공화국의 수립과 그 정당성을 공유한 독일 사민당은 왜 강력한 지지 기반에도 불구하고 안정적인 민주 정부를 구성하고 개혁을 추진하는 데 실패했는가? 자유주의 정당들은 왜 초기의 성공에도 불구하고 인종적 민족주의를 표방하는 정당인 DNVP와 히틀러의 NSDAP에 지지를 잃고 쇠퇴하게 되었는가? 이는 사소한 이슈들의 차이를 넘어 기본적으로 주요 정당들의 민주주의관이 안정적인 연합을 구성하기 어렵게 하였다는 데서 비롯된다. 비록 반체제적(anti-systemic) 정당인 극좌 공산당(KPD)[5]과 극우 나치당(NSDAP)[6]도 민주주의를 주장하지 않은 것은 아니지만, 이 장에서는 바이마르 민주주의를 실질적으로 책임진 사민당과 자유주의 정당들의 민주주의관과 실제 행동을 살펴볼 것이다.

1. 사회민주당(SPD)의 민주주의관과 바이마르 붕괴

바이마르 공화국의 붕괴 이유는 여러 가지가 있겠지만 무엇보다 초기의 사민당이 이끄는 바이마르 연합세력들이 안정적인 의회주의 정부를 정착시키지 못하자, 극좌와 극우 세력들이 대안으로 힘을 얻었기 때문이라고 할 수 있다. 집권당이었던 사민당이 민주주의를 안정시키는 데 실패한 이유는, 무엇보다 교조적 마르크스주의에 기초한 사민당의 민주주의 개념 때문이라고 할 수 있다. 사민당은 사회주의의 도래를 바라보며 의회주의적 민주주의의 확장에는 별로 관

5 당시 공산주의자들은 바이마르 의회민주주의가 독점자본의 힘에 의해 지배되는 형식상의 민주주의라고 비판하고, 이에 대한 대안으로 소비에트 "평의회 민주주의(council democracy)"를 제시한다. 공산주의자를 포함한 급진 좌파들의 의회민주주의에 대한 생각에 대해서는, Bavaj(2005, 488-489)와 Durner(1997, 119-127) 참조.

6 히틀러도 자기 나름의 민주주의 모델을 제시한다. 히틀러는 의회민주주의를 비판하면서 "게르만 민주주의(Germanic democracy)"(Müller 2014, 29)를 대안으로 제시한다. 그가 말하는 민주주의는 단일한 민족의 의지를 실현하는 일인 지도체제(Führer system)를 의미한다(Raithel 2019, 160-161).

심이 없었고, 철저한 계급투쟁 노선에 따라 자유주의적 부르주아 정당과의 연합에 큰 의미를 두지 않았다. 이 절에서는 이러한 사민당의 사회주의적 민주주의관이 어떻게 바이마르 공화국의 운명에 작용했는지를 살펴볼 것이다.[7]

바이마르 공화국에서 극좌와 극우에 의한 양극화가 심화된 것은 필연적이라고 할 수는 없다. 이 시기 양극화의 심화는 집권당인 사민당이 민주주의 개혁에 주저하는 사이 중도좌파 지지세력들이 이탈했기 때문에 발생했다. 그렇다면 왜 사민당은 민주적 개혁에 주저했는가? 그것은 독일 사민당이 힘이 부족했거나 조직이 약해서가 아니라 사민당의 민주주의관 때문이다. 즉, 당시 사민당은, '현재 민주주의는 부르주아 의회민주주의로서 폐기처분해야 할 대상이다, 진정한 민주주의는 프롤레타리아트에 의한 사회주의이다, 의회주의로는 사회주의로의 이행 수단이 되지 못한다'라고 생각했기 때문이다(Berman 1998; Kautsky 2019).

당시 독일 사민당은 "교조적" 혹은 "과학적" 마르크스주의 입장을 견지하고 있었다. 특히 독일 사민당은 엥겔스(Friedrich Engels)와 다윈(Charles Darwin)의 저작들에 영향을 심하게 받았다. 당시 독일 사민당의 민주주의관을 형성한 대표적 인물은 카우츠키(Karl Kautsky)이다. 카우츠키는 독일사민당에서뿐 아니라 유럽의 다른 나라에서 이용되는 마르크스(Marx) 해석의 제1인자였다. 카우츠키를 통해서 마르크시즘이 이해되고 확산되었다. 카우츠키판 마르크시즘에서 마르크스 이론은 하나의 완결된 이론 체계로서 역사와 사회발전의 법

7 사민당의 민주주의관에 대해서는 버만(Berman 1998)과 카우츠키(Kautsky 2019) 참조.

칙을 내포하고 있다고 해석되었다. 이러한 해석에는 인간의 의식적 정치행동에 대한 여지가 거의 없이 경제 발전의 객관적인 법칙에 의해 사회주의가 이루어진다고 보았다. 이러한 경제결정론적 마르크스주의 해석은 정치적 수동성(Political passivity) 혹은 대기주의를 낳았다(Berman 1998, 77-78).

카우츠키로 대변되는 정통 마르크스주의는 당시 독일을 위시한 유럽 국가들에서 민주화의 과정으로 떠오른 자유주의적 과제를 경시했다. 카우츠키는 특정한 자유주의적 개혁을 위해 노력하는 것을 거부하지는 않았지만, 자유주의적 개혁이 당의 궁극적 목표라고 간주하지도 않았고, 그것이 사회주의 건설에 직접 기여한다고 생각하지도 않았다.

독일 사민당은 의회에 참여하는 것, 그리고 민주주의의 유용성을 받아들이는 것에 대해서 처음부터 매우 주저하고 제한적인 입장을 보였다. 사민당은 처음부터 부르주아 정치의 전체 틀을 반대하였기 때문에, 당 지도부는 의회주의 활동에 대해서 높게 평가하지 않았다. 의회주의 활동을 단지 사민주의 선전을 위한 수단 정도로 생각했던 것이다(Berlau 1949, 32; Berman 1998, 85). 비록 제국말기 의회에서 차지하는 의석수가 증가하고 사민당의 영향력이 증가함에 따라, 사민당 지도부는 의회주의적 개량의 중요성에 주목을 했다. 그러나 변화된 입장도 자유주의적 개량이 결코 사회주의나 사회주의로의 이행에 기여한다고 보지는 않았다. 카우츠키는 엥겔스와 유사하게 부르주아 내부의 분열을 이용하기 위해서 그리고 자유주의의 붕괴를 앞당기기 위해서 의회를 적극 이용할 수 있다고 보았던 것이다. 비록 베른슈타인과 같은 당내 수정주의자들이 의회주의뿐 아니라 중간계급과의 연합을 강조하는 분파가 있기는 했지만 독일 사민당은 교조적 마르크스주의에 입각해서 의회주의적 활동과 민주주의 개혁에 대해서 경시했을 뿐 아니라 자유주의와의 협력도 거부하였던 것이다(Berman 1998, 80, 86, 92-93).

카우츠키로 대변되는 독일 사민당의 민주주의 이해는, 의회주의적 민주주의가 아니라 프롤레타리아트로 대변되는 사회주의가 진정한 민주주의라는 것이었다. 인민(people)이 프롤레타리아트로 대체된 것이다. 그런데 이때 프롤레타리아트의 계급이익은 사회학적, 인구학적 의미에서 당시 노동자들의 선호를 의미하는 것이 아니라 추상적이고 이론적으로 정의된 계급이익을 의미한다. 이러한 사민당의 민주주의 이해는, 의회주의적 심의를 통해 인민의 의지를 형성해야 한다는 의회주의적 민주주의의 가능성을 차단했을 뿐만 아니라 현실적으로 안정적인 정당연합의 가능성을 차단하는 효과를 가졌던 것이다.

사민당의 민주주의관이 실천에서 어떻게 구체적으로 나타났는지 구체적 사례를 보자면, 사민당은 1908년 데일리 전보 사건(Daily Telegraph Affairs), 1909년 조세개혁, 1912년 선거 등의 계기들에서 자유주의자들과 연합을 통한 민주주의 확장 기회를 모두 놓친 것에서 확인할 수 있다(Berman 1998, 124-131). 무엇보다 1918년 혁명이후 자신에게 돌아온 바이마르 정권의 권력을 독일 사민당은 온전히 사용할 수 없었다. 왜냐하면 민주화에 대한 명확한 로드맵이 없었기 때문이다. 우선 권력구조를 정하는 헌법을 만드는 과정에 사민당은 별로 관여하지 않았다. 왜냐하면 독일 사민당은 자신들의 독자적인 정치적 혹은 헌법적 전략을 발전시키지 못했기 때문이다. 바이마르 헌법은 사민당 대신에 주로 자유주의 진영의 학자들, 예를 들면 휴고 프로이스(Hugo Preuss), 막스 베버(Max Weber), 프리드리히 나우만(Friedrich Naumann)등이 주요하게 초안을 잡았다(Brecht 1970; Marwedel 1978).

그러나 바이마르 공화국 운명의 가장 결정적인 부분은 사민당의 집권초기 치명적인 실수—질서유지 명목으로 구지배세력인 군부와 연합해서 민주화 시위를 과도하게 진압한 것 그리고 새로운 인민의 군대 창설 요구를 등한시한 것—일 것이다(Löwenthal 1981; Gibben 1977, 249; Matthias 1960, 101-102). 1918년 혁명적 상황의 초기에 구지배세력의 토대라고 할 수 있는 독일 군부는 거의 무너진 상태라고 할 수 있다. 군대 내 반란이 거의 일상이 되었고, 장교들은 통제를 상실했다. 당시 군대 개혁과 새로운 공화국의 인민방위군(Volkswehr)을 창설해야 한다는 목소리가 높았다. 그러나 사민당은 군대 개혁에 대한 요구를 묵살했고, 사민당 대통령 에버르트(Ebert)는 기존의 장군과 장교들의 권위가 그대로 유지되는 것을 허용했다. 이를 기회로 기존의 군부 지도자들은 군대에 대한 방해받지 않는 통제력을 그대로 유지했던 것이다(Hanson 2010, 139-141).

무엇보다 사민당은 민주적인 공화국의 권력구조 개편에 대해서 구체적인 플랜이 없었다. 당시 다수사민당(MSPD)—사민당의 소수파가 사민당 지도부의 반혁명적 태도에 불만을 품고 1917년 독립사민당(USPD)을 건설하면서 남은 다수파 사민당—은 혁명적인 상황에서 절대다수의 지지를 받고 있었기 때문에 충분히 민주적 권력구조를 개편할 수도 있었다. 1918년 12월 열린 노동자 병사 평의회 전국대회에서 사민당(MSPD)를 지지하는 대의원들이 압도적이었지만, 그들은 사민당이 주도하는 정부에 대한 불만이 높았다. 왜냐하면 그들은 사민당의 지도부와 달리 흔히 함부르크 포인트(Hamburg points)로 알려진 요구들—"반혁명세력들의 무장해제"와 "인민의 군대(People's Militia)의 창설" 등—을 주장했지만, 사민당이 이끄는 정부는 이를 수용하지 않았기 때문이다. 사민당은 군대개혁을 하려는 의지를 보이지 않았을 뿐만 아니라, 반대로 1919년 1월 사회주의 좌파와 공산당이 지도하는 시민들의 "1월 봉기"를 질서 유지라는 명목으로 진압하기 위해서 반동적 구군대를 이용하였다. 구세력의 군대는 무자비하게 노동자 시위를 진압하였고, 이 과정에서 급진파 지도자인 리프크네히트(Karl Liebknecht)와 로자 룩셈부르그(Rosa Luxemburg)를 살해한다. 약 천 명의 사상자를 낸 이 사건은 사민당의 명성에 결정적인 치명타를 입힌다(Berman 1998, 143-144; Hanson 2010, 139-140).

1919년 초기 몇 달 동안 독일의 정치에서 권력 균형은 심각하게 바뀌기 시작했다. 1918년의 상황과 대조적으로 혁명적 소요에 참여한 사람들의 요구는 보다 급진화되었을 뿐만 아니라 바이마르 연합정당들에 대한 거부를 명확히 보여주었다. 1920년 6월에 있었던 선거에서 사민당의 지지는 1919년 1월의 37.9%에서 21.7%로 폭락하였다. 사민당 주도의 정부가 구지배세력 군대의 도움을 받아 민중들의 봉기를 진압했다는 것은 많은 사람들로부터 사민당 주도 정부에 대한 혐오를 불러왔다. 비록 1923년 우익 카쁘(Wolfgang Kapp) 장군의 쿠데타를 계기로 다시 한 번 더 민주주의 세력의 결집 기회가 있었지만, 사민당은 대중들의 요구에 올바로 대응하지 못함으로써 다시 한 번 더 민주주의 안정을 위한 골든 타임은 지나가버렸다

(Halperin 1965, 186; Hanson 2010, 140, 146; Kolb 1988, 20-21).

바이마르 초기 사민당의 실책에도 불구하고 바이마르 공화국은 민주적 안정화의 기회를 완전히 잃은 것은 아니었다. 1924년에서 1928년 바이마르 공화국은 상대적 안정기로 다시 한 번 더 기회가 온 것이다. 특히 1928년 사민당의 선거 승리는 바이마르 민주주의의 마지막 안정화 기회였다고 볼 수 있다. 1928년 선거 이후 사민당의 헤르만 뮬러(Herman Müller)가 수상이 되고, 사민당, 자유주의 민주당과 인민당 그리고 바이에른 인민당과 가톨릭 중앙당이 모두 참여하는 대연정 정부가 수립된다. 그러나 전통적인 사회주의적 노선을 고집하는 사민당이 중앙당의 경제위기 대안을 거부함으로써 대연정은 곧 파괴되었다. 결국 1930년 3월 27일 뮬러의 사민당 연합정부는 무너지고 이후 바이마르는 급격하게 보수주의 우파의 손으로 넘어가게 되었던 것이다(Berman 1998, 179).

왜 독일 사민당은 스웨덴의 사민당과 달리 위기에서 민주주의를 안정화시키는 데 실패했는가? 그것은 사민당 내부의 민주주의 인식 때문이라고 할 수 있다. 사실 사민당 내부에서는 민주주의를 부르주아 체제로 인식하고 타도의 대상으로 생각하는 입장과 의회주의적 민주주의의 가치를 추구하는 분파들로 분열되어 있었는데, 전자가 우세하면서 의회 민주주의 체제에서 지배정당으로서 자신의 위치와 역할에 대해서 커다란 혼란이 있었던 것이다. 특히 1922년 분열되었던 좌파 그룹들인 독립사민당(USPD)이 복당함에 따라 사민당 내부는 더욱 좌경화되었고, 그에 따라 '계급정당에서 인민정당으로의 전환'은 더욱 어려웠던 것이다(Winkler 1982). 사민당의 엄격한 계급투쟁 노선으로 인해서 사민당은 화이트칼라와 공무원들 그리고 무엇보다 농민들에게 다가가는 정책을 개발하는 데 실패했다. 사민당은 추상적인 프롤레타리아트를 인민(people)이라고 상정하는 민주주의관을 가지고 있었기 때문에 실제 중간층과 하층계급들의 민주주의 확장과 국민통합의 열망을 무시하게 된 것이다. 사실 이러한 국민통합의 열망은 나치의 민족 공동체에 의해 이용되었다(Berman 1998, 181-183).

2. 자유주의 정당들의 민주주의관과 바이마르 붕괴

대부분의 연구들이 바이마르 민주주의 붕괴 원인으로 독일 자유주의 정당의 붕괴를 꼽고 있다. 그 이유는 자유주의의 붕괴로 인해 안정적인 의회주의가 수립되기 어려웠기 때문일 것이다. 왜 독일 부르주아 정당들은 실패했는가? 전통적인 Sonderweg 이론가들의 주장처럼 '독일 자유주의의 실패는 이미 1848년 혁명의 실패로 필연적이었다'고는 할 수 없다. 자유주의자들은 비스마르크의 분할 정책에서 고전했었지만, 20세기 초반에 다시 부활하는 모습을 보여주었다. 그러나 자유주의 운동 내부의 좌우(DDP와 DVP)의 분화와 갈등 그리고 민족문제와 관련된 이슈—예를 들면, 베르사유 조약을 받아들일지 '민족의 수모(humiliation)'를 감당하면서 배상문제를 받아들여야 할지—를 두고 주저하는 사이 원래의 지지자들은 급진적 민족주의자들에게 돌아섰던 것이다. 그래서 바이마르 공화국 초기인 1919년에만 하더라도 전체 유권자의 약 23%를 득표했던 두 자유주의 정당들은 1933년에는 두 당을 합쳐도 2%가 채 되지 못했다. 바이마르 시기 자유주의가 붕괴한 이유는, 쉬한(Sheehan 1978) 등이 지적하듯이 독일 자유주의의 독특한 성격, 어찌 보면, 실천적 과정에서 강화된 “비자유주의적(illiberal)” 성격—독일 자유주의자들의 국가주의적 성격과 민족적 개념에 기초한 인민주권—때문이라고 할 수 있다(Sheehan 1978; Gall 1975). 이 절에서는 독일 자유주의의 민주주의 개념과 그들의 실천이 가지는 문제를 살펴볼 것이다.

또한 본 절에서는 ‘자유주의를 지지하던 중간계급들과 하층계급들이 어떻게 극단적인 인종적 민족주의인 히틀러의 NSDAP를 지지하게 되었는가’에도 주목하고자 한다. 많은 연구에 의하면 히틀러의 나치당이 획득한 표는 대부분 기존의 부르주아 자유주의 정당들의 지지표를 획득한 것이라고 할 수 있다(Milatz 1960, 744-58; Lipset 1960, 131-152, 173-176; Jones 1972, 23). 20세기 초 스웨덴과 같은 다른 나라의 자유주의 붕괴를 보면, 남성 보통선거권의 도입으로 자유당은 보다 조직적인 사민당에게 지지를 내주면서 쇠퇴한다(Hanson 2010, 13). 그러나 독일의 경우는 자유주의 지지가 사회당으로 가기보다는 인종적 민족주의인 히틀러의 나치당으로 간 것이다. 왜 그런가?

우선 바이마르 시기 자유주의자들의 민주주의관에 대해서 살펴보자. 바이마르 시기 자유주의자들은 앞서도 살펴보았지만, 인민의 의지(people’s will)를 형성하기 위한 의회의 역할을 과소평가한다. 그래서 1919년 바이마르 헌법 초안을 주동한 좌파 자유주의자들인 휴고 프로이스(Hugo Preuss)와 막스 베버(Max Weber) 같은 사람들은 의회의 권한을 강화하기보다는 오히려 “강력한 의회”에 대항하기 위해서 국민이 직접 선출한 대통령에게 비상대권, 의회해산권, 수상해임권을 부여한다(Kronlund 2013, 39). 베버가 보기에 이러한 국민투표에 의한 대통령제는 정당의 관료제와 이익집단으로 분열된 의회제에 대한 대안으로 생각되었다(Mommsen 1984, 322-380; Albertin 1972, 250-256).

그런데 여기서 주목할 점은, 독일 자유주의자들이 말하는 인민의 일반의지는 의회에서 토론과 심의를 통해서 형성되는 것이 아니라 민족의 정신에 있다고 생각했다는 점이다. 이 점은 독일 자유주의자들의 민주주의관은 영국 자유주의자들이 생각했던 의회주의적 민주주의관과 구별된다는 것을 의미한다. 사실, 독일에서 좌파 자유주의자들—예를 들면, 헤넬(Hänel), 안슈츠(Gerhard Anschütz) 그리고 예리넥(Georg Jellinek) 같은 좌파 자유주의 법률가들—은 모두 독일의 뿌리 깊은 국가주의(statism) 전통에 기초해 있었다(Caldwell 1997, 30). 제국시대 지배적이었던 법실증주의자들은, 독일 주권의 기초로 국가주의 혹은 민족 정신을 전제한다. 법실증주의에 의하면, 유효한 법은 모두 '국가 의지(the will of the state)'의 표현이고, 국가 의지는 또한 '민족의 실재 의지(the real will of the nation)'의 표현이라고 생각했다(Caldwell 1997, 19-21). 독일 자유주의자들의 국가주의적 사고는 일반적인 자유주의자들이 강조하는 개인의 기본권도 상대적으로 무시하는 경향을 보여준다. 독일자유주의자들은 1848년의 경험을 회고하면서, 기본권의 확장으로 사회주의자들과 가톨릭 세력들이 힘을 얻어서 민족적 통합을 해칠 것을 염려하였다(Anderson 1986, 82-115).

이러한 독일 자유주의의 기본 주장—민족주의와 국가주의—은 1차대전 이후 1918년 입헌적 군주제의 붕괴에도 불구하고 변형된 형태로 지속되는 경향을 보여준다. 법실증주의에 기초한 군주주권의 원리(monarchical principle)는 이제 인민주권(popular sovereignty)으로 전환한다. 그러나 문제는 '누가 인민이고 인민의 의지는 무엇인가' 하는 것이다. 바이마르 당시 자유주의자들은 인민을 추상적인 민족(nation)으로 대체하였던 것이다. 인민의 의지를 형성하기 위한 의회를 무시하고 오히려 추상적인 민족의 통합된 정신과 이를 대표하는 대통령과 그 정부를 강조한 이유가 여기에 있다.

예를 들면, 바이마르 당시 대표적 헌법학자인 토마(Richard Thoma)와 안슈츠(Gerhard Anschütz) 등은 전쟁 전에는 군주주권론에 기초해서 '지나친 의회주의는 독일 헌법에 위협적이다'고 생각했다. 그러나 전후에 토마와 안슈츠 둘 다 좌파 자유주의인 민주당에 가입했다(Caldwell 1997, 64-65). 여기서 주목할 것은 이들 좌파 자유주의자들이 생각하는 민주주의이다. 그들이 생각하는 민주주의는 이제 인민주권—'국가의 모든 권위는 인민(people)으로부터 나온다'—이다. 그러나 그들이 말하는 인민주권의 인민은 민족(nation)을 지칭하고, 인민의 의지는 통합된 민족의 정신과 민족의 공공선(common good)으로 해석되었던 것이다(Caldwell 1997, 66).

독일 자유주의자들이 '인민의 의지를 민족의 의지로 이해하는 방식'은 1차대전 이후 바이마르 수립 과정에서 "절대적 의회주의(absolute parliamentarism)"에 대한 두려움으로 가시화된다. 1916-1917년 좌파 자유주의자들과 사민당이 의회주의 정부를 요구했을 때, 그들은 군주의 존재를 전제로 했다. 이유는 군주가 의회의 힘에 대한 균형추를 제공한다고 생각했기 때문이다. 그런데 1918년 말 혁명으로 군주제가 무너지자, 자유주의자들과 보수주의자들은 "의회적 절대주의"에 대한 두려움을 공공연하게 표현했다. 막스 베버

(Max Weber)도 또한 의회의 권력에 균형을 주기 위해 강한 지도자를 요구했다(Weber 1994, 304-308; Mommsen 1984, 347). 베버가 주장하는 의회주의의 위험에 대한 대안으로 강한 대통령이 필요하다는 생각은 당시 자유주의자들에 의해 공유된 생각이었다.

그런데 이러한 독일 자유주의자들의 독특한 민주주의 개념, 즉 '인민의 의지를 민족의 통합된 의지'로 간주하는 개념은 반의회주의적 사고와 함께 인종적 민족주의 모습을 보임으로써, 군주제를 주장하지만 반의회주의와 민족주의를 강조하는 보수주의(DNVP) 나아가 인종적 민족주의를 주장하는 히틀러의 NSDAP와 통하는 측면이 있었다. 그래서 바이마르 초기 자유주의를 지지하던 세력들이 사회주의로 가기보다는 히틀러의 NSDAP를 지지하는 쪽으로 선회한 것이다. 예를 들면, 원래 자유주의 우파 정당인 독일인민당(DVP)을 지지하던 세력들은 독일의 자유주의 정당이 민족적이라고 생각했는데, 인민당 지도자인 슈트레제만(Stresemann)이 실리적인 외교로 연합국들과 타협하는 자세를 보여주자 이것이 자유주의 인민당의 원래 이미지와 대립되고 지지자들에 대한 배신처럼 비춰졌던 것이다. 비록 슈트레제만의 외교는 바이마르에게 안정을 가져왔지만, 또 다른 측면에서는 자유주의자들에 대한 지지를 극단적 민족주의자들인 보수주의자들(DNVP)에게로 그리고 나중에는 히틀러의 NSDAP로 빼앗기는 결과를 낳았다(Hanson 2010, 168).

독일 자유주의에 대한 논쟁에서는 '자유주의가 언제 어떻게 변질되었는지'를 둘러싼 논쟁이 심하다. 수정주의자 일리(Eley 1980)와 블랙번(Blackbourn 1980)은 1890년대가 결정적 시기라고 강조해왔지만, 자유주의의 국가주의적 성격이나 민족주의적 성격은 훨씬 이전부터라고도 볼 수 있다. 나폴레옹 전쟁 이후 독일에서도 스웨덴과 유사하게 자유주의는 군주제와 앙시앙 레짐의 타도를 기본으로 하는 정치적 자유주의로 발전한다. 그러나 1830년대 스웨덴에서 자유주의 운동은 정치적 권리의 확장, 의회주의, 언론의 자유로 발전했던 반면, 프러시아 자유주의는 스웨덴과 완전히 다른 모습을 보여준다(Aberg 2011, 49-51). 1820년대 자유주의라는 용어가 정치 영역에서 뿌리를 내렸을 때, 독일에서는 자유주의의 주요 의제인 헌법구조 개혁이 "독일 민족의 정체성과 통합이라는 과제"와 함께 제기된 것이다. 독일 자유주의자들은 독일 거주민들을 하나의 통합된 의식을 가진 민족으로 전환(transforming the German "Volks" into a "Nation")시키는 민족형성의 문제에 직면했던 것이다.

그런데 여기서 자유주의자들은 사람들을 하나의 민족(Nation)으로 변화시키는 방법으로 국가가 주요한 추동자라고 생각하고, 군주가 전체 민족의 이익을 보장하는 것이라고 믿었다(Clark 2006, 240). 즉 국가가 독일 민족국가 건설의 견인차라고 생각한 것이다. 독일의 자유주의자들은 '민족의 통합된 의지는 국가에 의해 대표된다'는 사고를 가지고 있었기 때문에, 앞서 언급했듯이 분파적 정당활동과 의회에 대해서 부정적인 사고를 가지고 있었던 것이다(Jones 1972, 32).

독일 자유주의자들은 한편으로는 국가주의적 민족주의적 사고를 배경으로 그리고 다른 한편으로는 비스마르크 시기를 거치면서 사민당의 부상에 대한 위협을 배경으로 보수주의자들과 "비자유주의적으로 변질된" 연합을 맺게 되었던 것이다(Aberg 2011, 84). 그래서 독일의 자유주의자들은 비스마르크의 민족통일 국가 건설을 위한 전쟁들(슐레스벡-홀스타인, 오스트리아, 프랑스와의 전쟁들)을 적극

찬성했다. 게다가 자유주의자들, 특히 민족자유당(National Liberal Party)의 지도자들은 비스마르크가 자신들이 오랫동안 원하고 주장했던 것들—자유무역을 위한 봉건적 장애 철폐, 급속한 산업화, 그리고 강력한 독일민족국가의 건설—을 성취했다고 하면서 비스마르크를 지지한다. 결국 민족자유당은 비스마르크의 든든한 파트너가 되었던 것이다. 비스마르크의 집권의 마지막 시기에 자유주의자들은 그들의 고전적 자유주의 원칙을 포기하고 기득권 정당이 되었고 기꺼이 황제와 그의 정부를 지지하면서 다른 야당과 대결했다(Hanson 2010, 132-134).

그런데 독일의 자유주의자들이 처음부터 인종적 민족주의와 결합된 것은 아니었다. 1890년대까지는 자유주의가 인종적 민족주의를 도입했다고 할 수 없을지 모른다. 예를 들면, 1898년 키엘러 일간지(Kieler Zeitung)에서 자유주의자들은 반유대주의를 비판했었다. 그러나 주목할 점은 자유주의가 점점 더 인종적 민족주의 방향으로 움직이기 시작했다는 것이다. 특히 쿠를란더(Kurlander 2006)의 북부 독일 슐레스벡-홀스타인(Schlesweg-Holstein) 지역과 알사스 지역에 대한 연구가 보여주듯이, 독일의 좌파 자유주의인 진보주의자들(Progressives)은 처음에는 보편적 자유주의적 관점에서 슐레스벡-홀스타인 지역의 덴마크인들과 알사스 지역의 민족적 자치를 인정했지만, 이후 갈등의 증폭 속에서 점점 더 과격한 인종적 민족주의(völkisch nationalism)를 수용하게 되었다. 처음에는 덴마크인(Danes)의 자치를 인정하지만 폴란드와 유태인에 대해서는 인종적 열등을 강조하다가 1차대전 이후에는 대부분의 좌우파 자유주의자들 모두 인종적 민족주의를 수용한다(Kurlander 2006, 88-89). 그래서

1차대전 이후 자유주의자들을 지지했던 중간계급은 이후 자유주의자들에 실망해서 사민당보다는 히틀러의 NSDAP 지지로 쉽게 전환했던 것이다.

VI. 결론

최근 민주주의 위기 사례와 바이마르 공화국의 사례에서 볼 수 있듯이, 민주주의 위기는 단순히 물리적 폭력에 의한 전복이 아니라 민주적으로 선출된 정부에 의해 합법적인 제도적 운영 과정에서 내부적으로 발생할 수 있다. 독일 바이마르 공화국의 민주주의 체제가 헌법적 절차와 선출된 지도자에 의해서 무너진 이유는 사회경제적 위기나 민주세력의 허약함 혹은 반민주세력의 강력함에 있지 않다. 사민당이 주도한 바이마르 연합세력은 힘이 부족해서 무너진 것이 아니었다. 구세력을 누르고 민주주의를 확장할 수 있는 충분한 힘이 있었음에도 불구하고 그 힘을 민주주의 안정화에 사용하지 못했던 것이다. 힘이 중요한 것이 아니라 힘을 사용하는 주요 행위자들의 아이디어가 정치적 발전방향을 결정한다.

바이마르 공화국의 붕괴에서 주목할 사실은 전쟁이나 경제위기 같은 외생적 충격 혹은 반민주세력의 무력에 의한 전복 같은 외생적 원인이라기보다는 민주정부 운영자들의 실천과정에서 내생적으로 무너졌다는 것이다. 바이마르 공화국의 붕괴 사례에서 보듯이, 민주주의의 내생적 위기는 '민주 대 반민주'의 대결 구도 속에서 민주주의가 무너지는 것이 아니라 다양한 민주주의 주창자들 자체가 위기를 유발할 수 있다는 것을 보여준다. 그 이유는 민주주의 자체가 완벽하고 무결한 것이 아니라 내적으로 다양한 모순을 내포하고 있고, 그에 따라 민주주의 운영자들조차 자기도 알지 못하는 사이에 민주주의를 훼손할 수 있다는 것이다. 이 점에서 민주주의 위기를 내생적으로 설명하기 위해서는 주요 행위자들의 아이디어 특히 민주주의관에 대한 이해가 중요하다고 본 연구는 주장한다.

덧붙여 본 연구는, 민주주의는 내적인 모순으로 인해 다양한 입장들이 있을 수 있는데, 그 중에서도 특히 바이마르 사례에서 알 수 있듯이 민주주의에 대한 본질주의적 정의를 추구하는 흐름은 민주주의를 위험에 빠뜨릴 가능성이 높다고 주장한다. 예를 들면, 인민의 의지가 보다 분명하게 통합된 것—독일자유주의자들의 추상적인 단일한 민족(nation) 정신 혹은 사회주의자들에게 보이는 프롤레타리아트 계급이익 그리고 최근의 포퓰리스트들이 주장하는 다수의 절대화—으로 전제하는 본질주의적 민주주의관은 정당과 의회 같은 중간 매개체들의 심의 기능을 거부하고 인민 의지의 매개 없는 직접적 표현(immediate expression)을 강조하게 된다. 그러나 이러한 본질주의적 접근들은 인민의 의지는 명확하게 알 수 없고 나아가 다양한 견해들로 나뉘어져 있다는 사실을 무시한다. 그래서 의회와 공적 공간(the public sphere)에서 인민의 의지를 형성하는 심의과정을 무시하면서 독단적 주장으로 흐를 수 있다는 것이다(Rosanvallon 2021). 민주주의는 인민들의 적극적인 참여와 감시에서 출발하지만 동시에 매개 없는 직접적인 표현이 아니라 대의적인 심의 과정의 조직화를 통해서 지속적인 인민 의지의 형성과 확인이 보다 중요하다고 할 수 있다.

참고문헌

Aberg, Martin. 2011. *Swedish and German Liberalism: From Factions to Parties 1860-1920*. Lund: Nordic Academic Press.

Acemoglu, Daron and James Robinson. 2006. *Economic Origins of Dictatorship and Democracy*. Cambridge: Cambridge University Press.

Albertin, Lothar. 1972. *Liberalismus und Demokratie am Anfang der Weimarer Republik: Eine vergaleichende Analyse der Deutschen Demokratischen Partei und der Deutschen Volkspartei*. Düsseldorf: Droste.

Anderson, Margaret Lavinia. 1986. "The Kulturkampf and the Course of Germany History." *Central European History* 19: 82-115.

______. 2000. *Practicing Democracy: Elections and Political Culture in Imperial Germany*. Princeton University Press.

Ansell, Ben W. and David J. Samuels. 2014. *Inequality and Democratization: An Elite-Competition Approach*. Cambridge: Cambridge University Press.

Bavaj, Riccardo. 2005. *Von links gegen Weimar: Linkes antiparlamentarisches Denken in der Weimarer Republik*. Bonn: Verlag J.H.W. Dietz Nachf.

Berlau, Abraham Joseph. 1949. *The German Social Democratic Party, 1914-1921*. New York: Columbia University Press.

Berman, Sheri. 1998. *The Social Democratic Moment: Ideas and Politics in the Making of Interwar Europe*. Cambridge: Harvard University Press.

Bitar, Sergio and Abraham F. Lowenthal, eds. 2015. *Democratic Transitions: Conversations with World Leaders*. Baltimore: Johns Hopkins University Press.

Blackbourn, David. 1980. *Class, Religion, and Local Politics in Wilhelmine Germany: the Centre Party in Württemberg before 1914*. New Haven: Yale University Press.

Boldt, Hans. 1988. "Die Weimarer Reichsverfassung." in Karl Dietrich Bracher, Manfred Funke and Hans-Adolf Jacobsen (eds.) *Die Weimarer Republik 1918-1933*. Bonn: BPB.

Bracher, Karl Dietrich. 2011. 『바이마르 공화국의 해체: 민주주의에서 권력붕괴 문제에 관한 연구』, 1·2·3권. 이병련·이대헌·한운석 옮김. 서울: 나남.

Brecht, Arnold. 1970. *The Political Education of Arnold Brecht: An Autobiography 1884-1970*. Princeton: Princeton University Press.

Broadberry, Stephen, Giovanni Federico, and Alexander Klein. 2010. "Sectoral Developments, 1870 to 1914." in S. Broadberry and K. H. O'Rourke (eds.) *The Cambridge Economic History of Modern Europe, 1870 to the Present*. Cambridge: Cambridge University Press.

Caldwell, Peter C. 1997. *Popular Sovereignty and the Crisis of German Constitutional Law: The Theory and Practice of Weimar Constitutionalism*. Durham and London: Duke University Press.

Clark, Christopher. 2006. *Iron Kingdom: The Rise and Fall of Prussia, 1600-1947*. Cambridge: Belknap Press.

Durner, Wolfgang. 1997. *Antiparlamentarismus in Deutschland*. Würzburg: Verlag Königshausen & Neumann.

Eley, Geoff. 1980. *Reshaping the German Right: Radical Nationalism and Political Change after Bismarck*. New Haven: Yale University Press.

______. 2002. *Forging Democracy: The History of the Left in Europe, 1850-2000*. Oxford: Oxford University Press.

Feldman, Gerald. 1966. *Army, Industry, and Labor in Germany, 1914-1918*. Princeton: Princeton University Press.

Fenske, Hans. 1994. *Die Deutsche Parteiengeschichte*. Paderborn: Schöningh.

Fischer, Conan. 2006. "A Very German Revolution? The 1918-1920 Settlement Reconsidered." *German Historical Institute London Bulletin* 28: 6-32.

Gall, Lathar. 1975. "Liberalismus und "bürgerliche Gesellschaft": Zu Charakter und Entwicklung der liberalen Bewegung in Deutschland." *Historische Zeitschrift* 220: 324-356.

Garst, W. Daniel. 1998. "From Factor to Endowments to Class Struggle: Pre World War I Germany and Rogowski's Theory of Trade and Political Cleavages." *Comparative Political Studies* 31(1): 22-44.

Gerschenkron, Alexander. 1989. *Bread and Democracy in Germany*. Ithaca: Cornell University Press.

Gibben, Albin. 1977. "Probleme staatlicher Sozialpolitik in der Weimarer Republik." in Hans Mommsen, et al. (eds.) *Industrielles System und Politische Entwicklung in der Weimarer Republik*. Düsseldorf: Anthenäum.

Ginsburg, Tom, and Aziz Z. Hug. 2018. "How to Lose a Constitutional Democracy." *UCLA Law Review* 65(1): 78-169.

Groh, Kathrin. 2010. *Demokratische Staatsrechtslehrer in der Weimarer Republik: Von der konstitutionellen Staatslehre zur Theorie des modernen demokratischen Verfassungsstaats*. Tübingen: Mohr Siebeck.

Gusy, Chrisoph. 1997. *Weimarer Reichsverfassung*. Mohr Siebeck

Halperin, S. William. 1965. *Germany Tried Democracy*. New York: W. W. Norton & Company.

Hanson, Stephen E. 2010. *Post-Imperial Democracies: Ideology and Party Formation in Third Republic France, Weimar Germany, and Post-Soviet Russia*. Cambridge: Cambridge University Press.

Hering, Rainer. 2005. "Parteien vergehen, aber das deutsche Volk muß witerleben." Die Ideologie der Überparteilichkeit als wichtiges Element der politischen Kultur im Kaiserreich und in der Weimarer Republik," in Walter Schmitz and Clemens Vollnhals (eds.) *Völkische Bewegung-Konservative Revolution-Nationalisozialismus. Aspekte einer politisierten Kultur*. Dresden: Thelm.

Hermens, F. A. 1951. *Demokratie oder Anarchie? Untersuchungen über die Verhältniswahl*. Frankfurt: Metzner.

Jansen, Christian. 1992. *Professoren und Politik: Politisches Denken und Handeln der Heidelberger Hochschullehrern 1914-1935*. Göttingen: Vandenhoeck & Ruprecht.

Jones, Larry Eugene. 1972. ""The Dying Middle": Weimar Germany and the Fragmentation of Bourgeois Politics." *Central European History* 5(1): 23-54.

______. 1988. *German Liberalism and the Dissolution of the Weimar Party System, 1918-1933*. Chapel Hill: University of North Carolina Press.

Kautsky, Karl. 2019. *Karl Kautsky on Democracy and Republicanism*, edited and translated by Ben Lewis. Chicago: Haymarket Books.

Kluxen, Kurt. 1983. *Geschichte und Problematik des Parlamentarismus*. Frankfurt am Main: Suhrkamp.

Kolb, Eberhard. 1988. *The Weimar Republic*. London: Unwin Hyman.

Kreuzer, Marcus. 2001. *Institutions and Innovation: Voters, Parties, and Interest Groups in the Consolidation of Democracy – France and Germany 1870-1939*. Ann Arber: University of Michigan Press.

______. 2003. "Parliamentarization and the Question of German Exceptionalism: 1867-1918." *Central European History* 36(3): 327-357.

Kronlund, Anna. 2013. "Parliamentary Oversight of the Exceptional Situations in a Presidential System: Debating the Reassertion of the Constitutional Poewrs of the US Congress." Ph.D. Dissertation, University of Jyväskylä, Jyväskylä Studies in Education, Psychology, and Social Research 468.

Krugman, Paul. 2010. "Partying like it's 1923; or The Weimar Temptation." *New York Times*. December 27.

______. 2015 "Weimar on the Aegean." *New York Times*. February 16.

Kurlander, Eric. 2006. "Völkisch-Nationalism and Univesalism on the Margins of the Reich: A Comparison of Majority and Minority Liberalism in Germany, 1898-1933," in N. Gregor and N. Roemer, and M. Roseman (eds.) *German History From the Margins*. Bloomington: Indiana University Press.

Levitsky, Steven, and Daniel Ziblatt. 2018. 『어떻게 민주주의는 무너지는가』. 박세연 옮김. 서울: 어크로스.

Lipset, Seymour Martin. 1960. *Political Man*. New York: Anchor Books.

Löwenthal, Richard. 1981. "The Missing Revolution in Industrial Societies: Comparative

Reflections on a German Problem," in Volker Berghahn and Martin Kitschen, (eds.) *Germany in the Age of Total War*. London: Croom Helm.

Lust, Ellen, and David Waldner. 2015. "Unwelcome Change: Understanding, Evaluating and Extending Theories of Democratic Backsliding." USAID. http://pdf.usaid.gov/pdf_docs/PBAAD635.pdf.

Marwedel, Rainer. 1978. "Konstruktion und Kampf: Bruchlinien sozialdemokratischer Verfassungspolitik," in Wolfgang Luthardt (ed.) *Sozialdemokratische Arbetiterbewegung und Weimarer Republik*, vol. 2. Frankfurt: Suhrkamp.

Matthias, Erich. 1960. "Die Sozialdemokratische Partei Deutschlands," in Erich Matthias and Rudolf Morsey, (eds.) *Das Ende der Parteien*. Düsseldorf: Droste.

Mergel, Thomas. 2002. *Parlamentarische Kultur in der Weimarer Republik. Politische Kommunikation, symbolische Politik und Öffentlichkeit im Reichstag*. Düsseldorf: Droste Verlag.

Milatz, Alfred. 1960. "Das Ende der Parteien im Spiegel der Wahlen 1930 bis 1933," in E. Matthias and R. Morsey (eds.) *Das Ende der Parteien 1933*. Düsseldorf: Droste.

Mitchell, B. R. 2003. *International Historical Statistics, Europe 1750-2000*, 5ed. New York: Palgrave Macmillan.

Mommsen, Wolfgang J. 1984. *Max Weber and German Politics, 1890-1920*. Translated by Michael Steinberg. Chicago: the University of Chicago Press.

Müller, Tim B. 2014. *Nach dem Ersten Weltkrieg: Lebensversuche moderner Demokratien*. Hamburg: Hamburger Edition.

O'Donnell, Guillermo A., and Philippe C. Schmitter. 2013. *Transitions from Authoritarian Rule: Tentative Conclusions about Uncertain Democracies*. Baltimore: Johns Hopkins University Press.

Przeworski, Adam. 2019. *Crises of Democracy*. New York: Cambridge University Press.

Raithel, Thomas. 2005. *Das schwierige Spiel des Parlamentarismus. Deutscher Reichstag und französische Chambre des Deputes in den Inflationskrisen der 1920 Jahre*. Munich: Oldenbourg Verlag.

______. 2019. "'A Bad Parliamentarism': Normative Expectations and Criticism of Parliamentarism in the Weimar Reichstag," in Remieg Aerts, Calrlavan Baalen, Henk te Velde, Margit van der Steen, and Marie-Luise Recker (eds.) *The Ideal of Parliament in Europe since 1800*, vol. 5. New York: Palgrave.

Rosanvallon, Pierre. 2021. *The Populist Century*, translated by Catherine Porter. Medford: Polity.

Rueschemeyer, Dietrich, Evelyne Huber Stephens, and John D. Stephens. 1992. *Capitalist Development and Democracy*. Chicago: University of Chicago Press.

Schönberger Christoph. 1997. *Das Parlament im Anstaltsstaat: Zur Theorie parlamentarischer Repräsentation in der Staatsrechtslehre des Kaiserreichs 1871-1918*.

Frankfurt am Main: Klostermann.

Sheehan, James J. 1978. *German Liberalism in the Nineteenth Century*. Chicago: University of Chicago Press.

Sontheimer, Kurt. 1978. *Antidemokratisches Denken in der Weimarer Republik*. Munich: DTV.

Stern, Fritz. 1992. *The Failure of Illiberalism: Essays on the Political Culture of Modern Germany*. New York: Columbia University Press.

Taylor, Frederick. 2014. *The Downfall of Money: Germany's Hyperinflation and the Destruction of the Middle Class*. London: Bloomsbury Press.

Wasser, Hartmut. 1974. *Parlamentarismuskritik vom Kaiserreich zur Bundesrepublik: Analyse und Dokumentation*. Stuttgart-Bad Connstatt.

Weber, Max. 1994. "Parliament and Government in Germany under a New Political Order" & "The President of the Reich" *Weber Political Writings*. Cambridge: Cambridge University Press.

Wehler, Hans-Ulrich. 1985. *The German Empire, 1871-1918*. Leamingston: Berg Publishers.

Winkler, Heinrich August. 1982. "Klassenbewegung oder Volkspartei? Zur sozialdemokratischen Programmdebatten, 1920-1925." *Geschichte und Gesellschaft* 8.

Wirsching, Andreas. 2000. *Die Weimarer Republik: Politik und Gesellschaft*. München: Oldenbourg Verlag.

Ziblatt, Daniel. 2017. *Conservative Parties and the Birth of Democracy*. Cambridge: Cambridge University Press.

제2부

한국 민주주의의 갈등과 현재

제6장

한국 민주주의 위기의 역사적 배경

―체제 전환기 주요 정당들의 민주주의관을 중심으로―

* 이 글은 『한국정치연구』 제32집 제1호(2023)에 실린 "한국의 민주주의관과 민주주의 위기: 역사적 배경"을 수정, 보완한 글이다.

I. 서론

1987년 민주화 이후 한국의 민주주의는 비교적 성공적으로 공고화된 민주주의로 평가되고 있다. 30여 년 이상 선거 경쟁이 정기적이고 평화적으로 이뤄지고 있으며 집회 결사의 자유, 언론의 자유도 전반적으로 개선되어 왔다. 또한 이와 함께 시민들의 정치 참여도 확대되었을 뿐만 아니라 엘리트들의 밀실 정치와 권위주의적 관행은 더 이상 시민들의 준엄한 심판에서 자유롭지 않게 되었다. 그럼에도 불구하고 한국 민주주의가 이대로 충분한가에 대해서는 여전히 의문이 남아 있다. 현대 정치에서, 민주주의는 사회에서 발생하는 갈등을 시민들의 공적인 연대와 적극적인 참여, 그리고 이에 기초한 숙의를 통해 달성한다는 점에서 가장 공정하고 '모두가 수용할 수 있는' 문제 해결 방법이라는 믿음에 기초한다. 한국 민주주의에 대한 의문은 바로 여기서 비롯된다. 한국의 민주주의는 사회 갈등을 공정하게 해결하고 새로운 공적인 연대를 구축하는 진정한 역할을 수행하고 있는가? 안타깝게도 그 대답은 긍정적이지 않다.

최근 두드러지게 나타나는 것처럼, 한국 민주주의는 정치 이슈가 정치 세력 간의 숙의나 타협에 의해 해결되지 못하는 '타협 불가능의 정치적 양극화'라는 문제를 드러내고 있으며 그 정도는 갈수록 심화되고 있다. 상대 정치 세력에 대한 부정적인 정서적 태도를 의미하는 양극화의 경향은 1990년대 중반 이후 높은 수준을 유지하고 있으며(박준 2022, 31) 최근에는 '태극기부대'나 '개딸'과 같은 팬덤 정치의 모습으로 악화되어 왔다. 문제는 이러한 정치적 양극화가 지지 정당 혹은 정치인에 대한 무조건적인 지지에 기초해서 공적인 장에서의 자유로운 의견 표출과 이성적인 논의를 방해함으로써 갈등 해결의 수단으로서 민주주의 자체의 위기를 노정한다는 데 있다. 한국 정치에서 이러한 타협 불가능의 양극화 문제는 왜 나타나고 심화되는가? 한국 민주주의가 보이는 위와 같은 문제 상황의 역사적 배경은 무엇인가? 이 글은 한국 민주주의가 시민 간의 공적 연대와 숙의에 기초해 갈등을 해결하고 사회를 통합하는 근본적인 기능을 제대로 수행하고 있는지, 수행하지 못하고 있다면 그 역사적 원인과 배경은 무엇인지를 밝히는 데 목적을 둔다.

기존의 연구들은 주로 공식적/비공식적인 정치 제도의 측면과 정치 문화의 측면에서 그 원인을 찾는다. 먼저 제도적 관점에서는 제왕적 대통령이나 정당체계 등 한국 통치체제의 중앙집중적 특성들이 정치적 논의를 방해하고 비타협성을 강화한다고 주장한다. 다른 한편 문화적 관점에서는 유교문화 전통과 같은 한국인들의 문화적 성향에서 비롯되는 강한 리더십에 대한 선호를 강조한다. 그러나 이러한 접근들은 한국 정치에서 도입된 여러 제도적 개혁과, 또 한국 사회의 변화하는 문화적 배경에도 불구하고 왜 민주주의 위기의 상황이 해소되지 못하고 오히려 증폭되고 있는지를 설명하지 못한다. 이러한 접근들은 특정한 제도적, 혹은 문화적 요소의 존재가 행위자의 의도나 해석 등과는 상관없이 그 자체로 특정한 결과로 이어진다는 '블랙박스(black box)'의 전제에 기초하고 있기 때문이다.

이 글은 한국 민주주의의 위기를 이해하기 위해서는 제도와 문화 그 자체가 아니라 그것을 독특하게 인식하고 실천하는 행위자들에 초점을 두어야 함을 강조한다. 이때 특히 중요한 것은 행위자들의 민주주의에 대한 아이디어(idea), 즉 민주주의를 어떻게 인식하고 실천할지를 반영하는 '민주주의관(ideas on democracy)'이다. 한 사회의 정치의 모습은 자연스럽게 형성되는 것이 아니다. 그 속에서 활동하는 행위자들이 정치의 여러 측면들을 어떻게 정의, 이해하고 그에 따라 어떻게 정치적인 행동들을 수행하는가에 따라 작동 방식과 결과는 크게 달라지게 된다. 이로 인해 제도적, 문화적 조건은 변화하지 않더라도 정치의 모습은 바뀌기도 하며, 반대로 제도적, 문화적 조건이 변하더라도 정치의 모습이 바뀌지 않기도 한다. 이 글은 이러한 변화를 결정하는 주된 요인으로서 민주주의관의 문제를 제시하는 것이다.

이를 위해 이 글에서는 개방성과 다원성이라는 두 축을 중심으로 민주주의관이 취할 수 있는 서로 다른 모습을 네 유형으로 살펴본다. 이를 통해 이 글은 박정희 정권 이후 권위주의 정권에서 수립된 '전체주의적/본질주의적 민주주의관'이 민주화 세력의 독재에 대한 투쟁의 과정에서도 그대로 반영되었고 체제 전환에도 불구하고 이후의 정치적 경쟁의 과정에서 지속되었으며, 이것이 현재 마주하는 민주주의 위기의 역사적 배경이 되고 있다고 주장한다.

이 글의 구성은 다음과 같다. 우선 II절에서는 한국 정치의 양극화와 타협 불가능성 문제에 대한 기존 논의들을 비판적 관점에서 살펴보고 대안적 접근 방법을 제시한다. III절에서는 분석틀을 제시하고 이에 기초해 현재 한국 민주주의의 모습을 분석한다. IV절에서는 III절의 분석틀에 기초해 1987년을 전후로 한 기간 동안 각 정치 세력들의 민주주의 인식과 실천의 방식을 살펴본다. 마지막 결론에서는 이상의 내용을 정리, 요약하고, 본 연구의 실천적 시사점을 제시하고자 한다.

II. 이론적 논의

1. 기존 논의 검토

한국 정치의 양극화와 타협 불가능성의 문제에 대한 기존 논의들은 크게 제도적 측면과 문화적 측면으로 나누어진다.

먼저 제도적 측면의 논의들은 통치구조나 정당체계와 같은 제도적 구조가 한국 정치에서 숙의나 타협이 잘 일어나지 않도록 하는 요인이 된다고 분석한다. 무엇보다 이들은 대통령제 자체의 이원화된 정통성, 한국 대통령에게 부여된 막강한 권한과 정치적 영향력 등과 같은 한국의 헌법 및 정치 제도의 내용과 특성이 '제왕적 대통령'의 등장을 가능하게 하고, 이것이 한국 정치의 양극화와 타협 불가능성을 심화한다고 지적한다(김용호 2017; 양재진 2002; 장영수 2017; 홍득표 2002). 또 나아가 건설적 경쟁 중심의 다원적 민주주의를 가로막는 대통령제의 근본적인 문제를 해결하기 위해 현재의 양당제 정당체계를 다당제로 바꿀 수 있는 선거제도의 개편이나, 의원내각제로의 헌법 개정이 필요하다고 주장한다(강원택 2016; 박상훈 2017).

한편 문화적 측면의 논의들은 한국 정치에 존재하는 권위주의 문화, 혹은 유교 문화 등이 각 정치 세력 간의 타협을 어렵게 만들거나, 혹은 타협을 위한 기본적인 조건의 마련을 어렵게 한다는 점을 지적한다. 김의철(2002), 지병근(2013)과 같은 연구들은 설문조사에 기초하여 한국인들이 강하고 도덕적이며 가부장적인 리더십을 가진 정치인들을 선호하며, 경제성장 우위의 가치체계와 행정부 중심의 권력구조 및 국가의존적 정책결정과정에 대한 선호를 내면화하고 있음을 보이고 있다. 비슷하게 김영명(2007; 2011)은 '단일 사회 문화'라는 개념을 통해 한국 정치가 하나의 사회정치적 집단으로 구성된 문화적 기반을 가지고 있으며 이로 인해 정치적 경쟁이 편협한 당파싸움, 일인지배와 계파정치 등의 특징적인 현상과 문제들로 나타난다고 분석한다. 이희완·이헌경(2007)도 한국의 유교정치 문화가 권위에의 강한 복종, 보수주의, 인습주의 등을 초래하며, 이것이 관료들의 권위주의적 행태에 영향을 주고 있다는 주장을 제시한 바 있다. 앞서 살펴보았던 제왕적 대통령의 문제를 다루는 논의들 중에서도 그 원인과 대안을 유교적 전통과 권위주의적, 수직적 정치문화의 존재, 그로부터 선호되는 영도자적, 군주적 대통령상에서 찾는 경우 역시 찾아볼 수 있다(김병문 2013; 김용복, 2007; 박용수 2016; 양건 2003; 이금옥 2018).

그러나 이와 같은 접근들은 한국의 제도적, 문화적 특성을 잘 설명하고 있음에도 불구하고 특정한 제도나 문화가 한국 정치에 얼마나 중요한 영향을 가지는지에 대해서는 의견이 엇갈리고 있다. 예를 들어, 제도적 측면에서 제왕적 대통령제를 다루는 연구들에 대해, 87년 헌법이 형성되는 과정에서 다양한 견제책이 마련되었고, 따라서 오히려 다른 나라의 대통령에 비해 그 권한이 특별히 강하다고 볼 수 없다는 반론들이 제기되기도 한다(박용수 2016, 41; 함성득 2002, 104). 비슷하게 문화적 측면에 있어서도 한국의 정치 문화에서 '유교'가 지배적이라고 볼 수 있는가에 대한 의문 역시 제기된다(김영명 2010, 79-84). 비단 한국과 같은 유교적 정치문화의 경우가 아니더라도, '민주주의를 지탱하는 문화(democracy-supportive political culture)'라는 것이 무엇인지, 그것이 '독립변수'로서 존재할 수 있는지에 대해서는 수많은 이견이 존재하기도 한다(Beetham 1994, 167).

하지만 이러한 접근법이 가지는 무엇보다 가장 큰 문제는 특정한 제도적, 문화적 요인의 존재가 곧 특정한 정치적 결과—'민주주의의 성숙' 혹은 '민주주의의 쇠퇴' 등—로 이어질 것이라는 '블랙박스' 관점을 취한다는 점이다. 레비츠키·지블렛(Levitsky and Ziblatt 2018)이 소개한 다양한 사례들은 이러한 '블랙박스'의 전제가 한계를 가질 수 있음을 잘 보여준다. 예를 들어, 미국 헌법을 충실하게 모방하였던 남미의 페론이나 필리핀의 마르코스 등 '민주적 독재자'들은 '민주적인' 제도의 존재가 반드시 긍정적인 결과로 이어지지 않을 수 있음을 보여준다. 또 '민주 정치가 사회 전반에 스며들었다'고 평가

되던 미국 정치(Tocqueville 1997, 404)에서도 휴이 롱이나 매카시와 같은 전체주의적 선동가들의 위협이 반복되었다는 점 역시 문화가 그 자체로 민주주의의 쇠퇴나 성숙을 결정하지 않는다는 점을 보여준다.[1] 민주주의 다양성 조사(V-Dem) 등을 통해 비교해 볼 때 일반적으로 자유민주주의로 분류되는 국가들 못지 않은 민주주의 발전을 이루었다고 평가되는 한국 민주주의가 앞에 설명한 것과 같은 위기와 문제 상황을 마주하고 있다는 점 역시 그 자체로 중요한 사례가 된다. 마지막으로, 유교문화와 같은 특정한 문화적 요소는 그 자체로 권위주의적 정치 행태와 1987년 민주화와 같은 개혁적 역동성을 모두 포함하는 한국 민주주의의 특징을 충분히 설명하지 못한다.

요컨대, 제도나 문화적 요소들은 그 자체만으로는 특정한 정치적인 결과를 만들어내지 않는다. 이 요인들은 정치 공간 속의 행위자들에 영향을 미쳐 일정한 결과를 만들어내는 형태로 작용하며, 따라서 행위자들의 의식적인 노력(일탈, 재해석, 순응 등)에 따라 그 효과는 얼마든지 달라질 수 있다.

2. 대안적 관점: 행위자들의 민주주의 인식에 주목하는 접근

본 연구는 한국 정치에서 타협 불가능성이 왜 지속되고 강화되는지를 이해하기 위해 제도나 문화와 같은 '일차적인 변수'뿐 아니라, 그 일차적 변수들이 특정한 방향으로 작동할 수 있도록 하는 '이차적 변수', 즉 정치 행위자에 대한 고려가 필요함에 주목한다.

1 이상의 사례들에 관련된 자세한 논의들은 레비츠키·지블랫(Levitsky and Ziblatt, 2018)의 2장과 5장을 참고.

본 연구가 민주주의에 영향을 미치는 요소로서 민주적 제도나 문화 그 자체가 아니라 행위자에 주목하는 이유는, 민주주의는 본질적으로 실험적(experimental)이고, 행위자들의 실천 과정 속에서만 그 실질적인 작동의 원리를 파악할 수 있는 유동적인 개념이라는 데 있다. 실제로 민주주의가 '인민의 통치'라는 모호한 기본 개념 이상으로 어떤 의미를 포괄하는가에 대해 뚜렷한 합의 역시 존재하지 않는다(Coppedge et. al. 2022, 5; Rosanvallon 2021, 155). 그런 만큼 각 사회 발전의 역사와 더불어 자연스럽게 형성되고 변화하는 민주주의는 행위자들이 그것을 어떻게 인식하고 이해할 것인가에 따라 얼마든지 다양한 방향으로 정의되고 작동할 수 있다. 이렇게 본다면 서구 정치와 한국 정치에 있어 선거, 의회제와 같은 동일한 기제들을 공유함에도 불구하고 각 사회에서 지칭되는 민주주의 개념은 다를 수 있다(김웅진 2018, 59). 따라서 민주주의는 행위자들이 민주주의 자체를 이해, 해석하고 활용하는 방식에 초점을 두어 분석되어야 한다.

이러한 맥락에서 본 연구는 이른바 '아이디어 접근법(Ideational Approach; Idea-matters Approach)'으로 지칭되는 논의들에 주목한다. 이 관점은 기존 제도나 문화의 중요성을 부정하지 않지만 더 중요하게 경험과 실천의 과정에서 발생하는 행위자들의 제도, 문화에 대한 이해와 해석에 따라 그것의 실질적인 작동 방식뿐만 아니라 결과 역시 달라짐을 강조한다.

대표적으로 버만(Berman, 1998)은 유사한 조건에 있었던 독일과 스웨덴 양국의 사민당이 전간기 위기 상황에서 서로 다른 대응을 보였다는 점에 주목하여, 그 차이가 각 정당들의 아이디어(ideas)와 정책적 유산에 의해 발생했다고 주장한다. 스웨덴 사민당은 보다 유연하고 실용주의적 관점에서 마르크스주의를 받아들였기에 필요한 경우 선거와 의회주의, 부르주아 정당과의 협력 가능성 등을 긍정하고 적극적으로 활용할 수 있었던 데 비해, 독일 사민당은 마르크스주의에 대한 교조적인 이해에 기초해 고립되고 경직적인 태도를 고수함으로써 정치적 실패를 겪었다는 것이다. 이러한 논의는 각 정치 행위자가 가진 '아이디어'가 주변의 제도적, 환경적 요소들이나 다른 행위자들(이 경우 부르주아 정당)에 대한 이해와 태도에 영향을 미침으로써 정치 공간 내에서의 상호작용 및 상황 변화에 대한 대응 양상을 결정하고, 그에 따라 특정한 결과(전간기 위기 대응에 대한 성공 혹은 실패)로 이어지게 됨을 잘 보여주고 있다.

나아가 권형기의 연구(2022)는 전간기 독일의 정치적 실패가 단지 사민당의 교조적 이념 때문만이 아니라 당시 바이마르 공화국의 주요 정당들이 공유했던 민주주의관에 기초해 있음을 주장한다. 그에 따르면 전간기 독일은 발전된 민주주의 제도와 문화를 가지고 있었음에도 불구하고 '인민의 의지가 단일하게 통합'된 것으로 전제하는 '본질주의적 민주주의관'을 공유하였고, 이것이 매개 없는 인민의지의 직접 표현에 대한 선호와 나치당의 등장 및 지지 확산으로 이어졌다(권형기 2022, 243). 이 연구는 표면적으로는 정치 세력들 간에 일정한 민주적 경쟁이 존재하더라도 그 기반이 되는 '아이디어'로서의 민주주의관이 다원적이고 자유주의적이지 못하면 민주주의는 쇠퇴할 수 있음을 보여준다는 점에서 행위자들의 제도에 대한 이해와 인식이 갖는 중요성을 강조한다.

최근 활발하게 다루어지고 있는 포퓰리즘과 관련된 논의들 역시

각 행위자들이 민주주의와 그 속에서의 정치적 경쟁자 등에 대해 가진 이해에 중심을 두고 '민주주의의 위기' 문제에 접근하고 있다. 관련 연구들에 따르면, 포퓰리즘은 사회를 도덕적으로 순수한 인민과 부패한 엘리트 간의 적대 구조로 이해하며, 인민들의 의사를 직설적으로 반영해야 한다고 주장하는 정치적 세계관으로 정리된다(정병기 2021, 7; Müller 2016, 19). 그리고 이러한 세계관은 다원주의 인식의 거부, 단일하고 유일한 공공선 형태의 '인민의 뜻' 정의, 이를 직접적으로 반영할 단일하고 독선적인 리더십과 대표 방식 등의 형태로 나타난다(Müller 2016, 32-38).

이러한 관점과 기존 연구들에 기초하여, 이 글에서는 민주적 정치 제도와 문화의 발전에도 불구하고 한국에서 정치적 양극화와 진영간 타협 불가능성의 상황이 심화되고 있는 원인을 설명하기 위해 주요 정치 세력들의 민주주의 인식과 이에 기초한 민주주의 실천 방식을 분석하고자 한다. 본 연구가 주목하는 것은 1987년 민주화 전후에 형성된 한국 민주주의관의 특징이다. 1987년 6·29선언 직후 한국은 군부 독재를 청산하고 투쟁적인 형태의 민주주의에서 벗어나 새로운 형태의 민주주의로 전환해야 하는 시기를 마주했다. 그러나 민주주의에 대한 인식의 전환 없이 제도적 전환에만 머무르면서 현재 한국 정치가 마주한 타협 불가능성의 문제가 지속되고 강화되는 단초를 마련하였던 것이다.

따라서 이 글에서는 체제 전환기의 주요 세력들인 민주정의당, 통일민주당, 평화민주당, 신민주공화당을 대상으로 이들이 '국민' 혹은 '대중'과의 연결 속에서 민주주의의 내용을 어떻게 규정하고 있는지, 그리고 이에 기초해 정치적 경쟁 관계에 있는 다른 정치인이

나 정치 집단들을 어떻게 인식하였는지 등을 살펴본다.[2]

III. 민주주의 인식 유형의 분류

1. 민주주의관에 따른 분석틀

본 연구는 한국을 비롯한 현대 민주주의의 위기가 민주주의에 대한 특정한 인식으로부터 비롯되었다고 보며 이를 분석하기 위해 우선 민주주의의 유형을 민주주의관에 따라 분류한다. 일반적으로 민주주의의 분류는 주로 제도적 형태에 기초하고 있다.[3] 그러나 앞서 제도적 접근의 한계를 살펴본 것과 마찬가지로, 이러한 분류는 현대 민주주의의 위기를 이해하는 데 충분한 설명을 제공하지 못한다. 이에 따라 주요한 정치 행위자들의 민주주의관을 반영할 수 있는 새로운 분석틀이 필요하다.

본 연구가 제시하는 분석틀은 앞서 살펴본 포퓰리즘 관련 논의를

2 이때 시민사회와 재야 세력의 민주주의관이 분석에서 제외된다는 문제가 제기될 수 있다. 한국 민주주의의 성립과 공고화에 있어 전체 시민사회와 '재야 세력'과 같은 행위자들 역시 유의미하고 중요한 역할을 수행했던 것은 사실이다. 하지만 새로운 형태의 민주주의관을 형성하고 정착시키는 문제, 즉 민주주의를 성숙시키고 제도화시키는 데 있어 주요 정당들의 역할과 책임이 가장 컸다는 점을 고려하여, 여기서는 이들의 민주주의관과 실천 방식을 분석하는 데 주목하였다. 재야 세력의 민주주의관, 그리고 시민사회 전반의 민주주의관에 대해서는 이후의 후속 연구들을 통해 다루고자 한다.

3 제도를 중심으로 민주주의의 양상을 분류하는 대표적인 논의는 레이파트(Lijphart 1999) 등이 있다. 레이파트는 의회의 구성과 형태, 행정부의 구성, 선거제도 등 다양한 제도적 측면들을 기준으로 웨스트민스터 모델과 합의제 모델의 두 형태로 민주주의를 구분하고 있다.

참고하였다. 포퓰리즘에 대한 기존 논의들은, 포퓰리스트들이 '진정한 민주주의'를 어떻게 규정하고 어떻게 정치적 상대방과의 관계를 설정하는가에 주목한다. 예를 들어, 로장발롱(Rosanvallon 2021, 99-103)은 민주주의의 경계적 형태들(limit forms of democracy)이라는 범주를 통해 대표 선출과 승인의 형식만을 강조하는 최소주의적 민주주의, 일반의지를 달성하는 응집성 있는 공동체만을 강조하는 본질주의적 민주주의, 그리고 엘리트와 인민의 이분법을 강조하는 양극적 민주주의 등의 구분을 제시하였다. 뮐러(Müller 2021) 역시 통합된 인민, 집단 간의 적대, 국가의 식민화 등의 요소들을 중심으로 '가짜 민주주의(fake democracy)'와 '진짜 민주주의(real democracy)'의 구분을 제시하고 있다.[4]

한편 레비츠키·지블렛(Levitsky and Ziblatt, 2018)은 헌법 등 민주주의 규범의 거부, 정치 경쟁자에 대한 부정 및 적대시, 폭력의 조장이나 묵인, 언론 및 반대자의 기본권 억압 등을 '잠재적 독재자'의 판별 기준으로 제시함으로써 민주주의 위기 요인을 제도 자체가 아니라 행위자들의 제도에 대한 인식, 태도에서 찾고 있다.

이러한 연구들을 고려하여, 본 연구는 크게 두 가지 기준에 기초해서 민주주의를 분류한다. 하나는 민주주의의 정치 공간에 참여하는 집단의 범위는 어느 정도인지, 그리고 다른 하나는 참여 집단들 간의 관계가 어떠한지를 기준으로 삼는다. 이때 범위의 측면은 '개방성'으로, 그리고 집단 간의 관계 측면은 '다원성'으로 명명한다. 먼저 개방성은 인민 집단 전체가 참여하는 모습과, 인민들은 승인 등의

4 여기서 정리한 뮐러의 구분에 대한 보다 자세한 논의는 해당 책의 1장과 2장을 참고하라.

소극적 역할만을 부여받은 채 정치 엘리트들이 주도하는 모습의 양극단을 가진 연속선으로 규정된다.[5] 이때 중요한 것은, 개방성은 투표권의 부여와 같은 양적인 측면보다는 정치 공간에서의 주체적인 역할(의제를 제시하는 역할)이 얼마나 많은 범위의 집단들에 인정되는가의 문제라는 점이다.

다른 한편 '다원성'은 참여자들이 어느 정도로 서로를 '정당한 경쟁자'로서 인정하는가, 서로의 의견에 대해 얼마나 기꺼이 논의하고, 타협하고자 하는가의 측면을 반영한다. 이는 '공공선'을 '절대적/일원적인 것'으로 이해하는지 아니면 '구성적/다원적인 것'으로 이해하는지와 관련된다. 전자는 상대방을 인민이나 국가의 적, 혹은 배신자로 간주하고, 자신들의 주장을 타협의 여지를 인정하지 않는 '절대적인 인민의 뜻', 혹은 어떤 필연적인 목표로서 간주한다. 반면 후자는 상대방을 정치 공간의 '충성스러운 반대자(loyal opposition)'로 인정하고, 자신과 상대의 주장에 대해 기꺼이 양보, 혹은 수용하고자 하는 인식에 기초한다.

이와 같은 기준에 따라, 민주주의 인식 및 실천의 양상을 〈그림 6-1〉과 같이 나누어 볼 수 있다. (A)에 위치하는 민주주의 인식은 절대적이고 타협 불가능한 공공선, 의제 등의 결정에 있어 인민의 역할이 최소화된 형태를 취하며, 이러한 점에서 '전체주의적 민주주의', 혹은 '본질주의적 민주주의'(Rosanvallon 2021)로 지칭한다. 이 인식 속에서 민주주의는 '인민 전체의 의지'를 구현하는 것으로 표

5 개방성에 있어, 민주적 '이상점'은 인민이 스스로 사회적 장에서 이루어지는 삶의 조건들을 규정하는 체제, 혹은 사회의 모든 구성원이 의사결정에 직접 참여하는 효과적이고 평등한 권리를 누리는 체제 등의 형태로 제시된다(김웅진 2018, 65; Beetham 1992, 40).

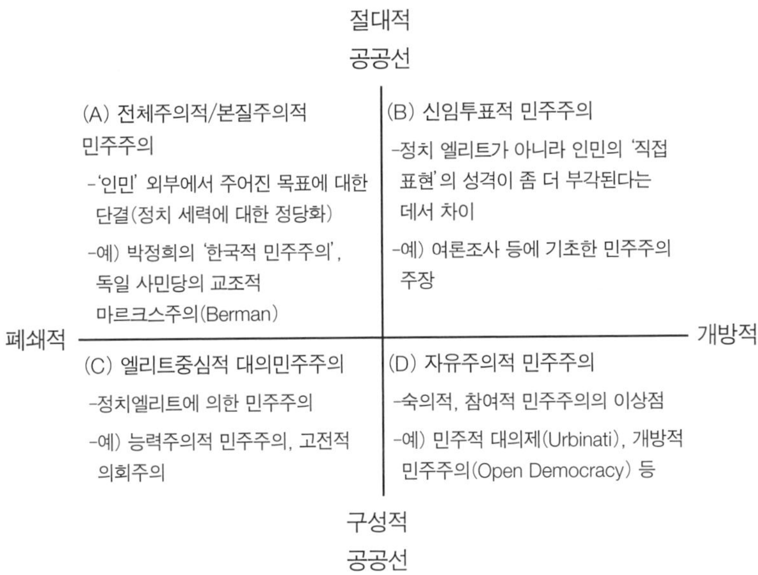

그림 6-1 민주주의 인식의 유형화를 위한 분류틀

명되지만, 이때 인민은 전체 사회 구성원이라기보다 민족, 계급, 종교 등 특정한 정체성으로 규정되며 인민의 의지는 그것에 따라 정당화된다. 또한 여기서 인민들은 정치의 주체라기보다 정치 엘리트들이 제시하는 '정치적 의제'를 맹목적으로 지지하고 그들의 집권을 승인하는 역할에 그친다. 정치적 경쟁자는 민족, 계급 등으로 표현되는 인민 집단에 대적하는 존재로서 규정되며, 따라서 타협의 여지 없이 '인민의 이름으로' 심판받거나 제거되어야 하는 존재로서 여겨진다. 이러한 점에서 이 유형은 명시적인 권위주의나 독재 체제뿐만 아니라 민주적 선거를 수반하되 자유로운 비판과 논쟁이 부재한 형해화된 민주주의 체제를 포함한다. 나치즘 등의 파시즘적인 민주주의, 뒤에서 분석할 박정희의 '한국식 민주주의', 버만(Berman 1998)

이 분석한 독일 사민당의 사례 등이 대표적이다.

정의상 이것과 대척점에 위치하는 것이 (D)에 위치하는 자유주의적 민주주의관이다. 여기서 공공선은 주어진 것이 아니라 행위자들 간의 숙의와 타협의 결과물이고, 타협의 의제를 설정하고 논의하는 데 가능한 많은 행위자들이 적극적으로 참여한다. 즉, 시민들은 공적 영역 속에서 적극적으로 의제를 제시하고 관련된 내용들을 숙의하는 주체가 된다, 이때 개별 행위자들은 '정당한 경쟁자', '충성스러운 반대자'로 존재한다. 본 연구는 이러한 민주주의관에 기초할 때 선거나 정당과 같은 민주주의 정치 기제들이 비로소 이상적인 형태로 작동할 수 있다고 본다. 어비나티(Urbinati 2006)가 제시한 숙의성이 강조되는 대의제, 랑드모어(Landemore 2020)가 제시한 개방형 민주주의(Open democracy) 등이 이 유형의 원리들을 대표하는 논의들이라 할 수 있다.

(B)와 (C)는 앞의 두 유형의 특징들이 혼합된 형태라고 할 수 있다. 우선, (B)는 (A)와 유사하게 정치 목표로서의 공공선이 숙의와 논의의 과정을 통한 구성의 대상으로 여겨지지는 않지만, 그 내용을 인민 집단이 직접 결정하는 경우를 의미한다. 민주적 논의 과정보다는 여론조사나 국민투표 등을 통한 인민 의지의 직접적인 반영에 더 의미를 부여하는 체제로서, 이는 '신임투표적 민주주의(plebiscitary democracy)'로 지칭할 수 있다. 여기서 중요한 것은 단순히 여론조사나 다수결 등의 수단을 활용한다는 점이 아니라, 이러한 수단의 활용이 정치적 숙의의 과정을 완전히 대체한다는 데 있다. 한편 (C)의 경우는 참여의 범위는 적지만, 다원성을 반영하는 타협과 숙의의 기능은 작동하는 경우이다. 주된 정치 현장은 정당 간의 경쟁 공

간 속에 존재하지만, 그 공간은 일반 인민들이 아닌 좁은 범위의 정치 엘리트들에 의해 전유된다는 점에서 이 민주주의는 '엘리트 중심적 대의 민주주의'라고 지칭할 수 있다. 이러한 유형에는 슘페터(Schumpeter 2016)가 제시한 최소주의적 민주주의, 혹은 시험이나 일정한 기준을 통과한 사람들이 정치 과정을 주도해야 한다고 주장하는 브레넌(Brennan 2016)이나 밀(Mill 2012)의 능력주의적 민주주의 주장 등이 포함된다.

본 연구는, 각 사회마다 정치 행위자들은 이상의 분류틀에 따른 민주주의 인식을 가지며, 그에 따라 유사한 선거와 정당, 통치기구를 가지고 있다 하더라도 내부적인 작동 원리는 물론 그 정치적 결과도 다를 수 있음에 주목한다. 이러한 분석틀에 기초하여 본 연구는 한국 민주주의가 직면한 위기의 본질을 분석하고자 한다.

2. 현재 한국 민주주의의 위기에 대한 검토

최근 한국 정치에서 제기되고 있는 민주주의 위기의 문제는 무엇보다 진영 간 타협 불가의 정치적 양극화에 있다. 한국 정치 양극화에 대한 연구들에 따르면 한국 유권자들과 정당 지지자들에게는 정당 간의 적대적 대립에 기초하여 지지 정당을 자신의 정체성으로 인식하는 정서적 양극화의 경향, 상대 정당에 대한 부정적 반응의 강화가 나타나고 있다(하상응 2022a, 337; 권구선 2022; 길정아 2019; 김기동·이재묵 2021; 박준 2022; 이내영 2011; 정동준 2018). 또한 이렇게 심화되고 있는 양극화의 경향은 사람들이 정치 외에 가지는 사회적 관계나 다른 외부 집단에 대한 인식, 혹은 정치 경쟁에 새롭게 등장한 후보에 대한 판단 등 여러 판단들에 영향을 미친다는 점 역시 확인되고 있다(길정아 2019; 장승진 2021; 하상응 2022b).

민주적 정치 제도의 발전에도 불구하고 오히려 심화되고 있는 한국 사회의 정치적 양극화는 최근 '팬덤 정치'로 지칭되는 '지지 정당 혹은 정치인에 대한 무비판적이고 맹목적인 지지 현상'으로 나타나고 있다. 이러한 한국 민주주의의 병리적 현상은 민주주의 인식과 관련된 한국인들의 두 가지 특징에 기초해 있는 것으로 보인다. 첫째, 한국인들은 의회와 정당이 중심이 된 민주주의에 대한 신뢰는 낮은 반면 여전히 견제받지 않는 강한 리더십을 선호한다는 것이며, 둘째, 정치 참여의 방식이 투표 참여 등 소극적인 측면에 제한된다는 것이다.

세계가치관조사(World Value Survey; 이하 WVS)에 따르면[6] 한국에서 의회와 정당이 중심이 된 민주주의에 대한 긍정 응답 비율은 낮은 데 비해 강한 리더에 대한 긍정 응답 비율은 다른 자유민주주의 국가들에 비해 조사 기간 전반적으로 비교적 높은 수준을 유지하고 있다. WVS에서는 1990년대 후반에 진행된 3차 조사(Wave 3)에서부터 서로 다른 대안적 정치 체제에 대한 사람들의 인식과 평가를 조사해왔다. 여기에는 '의회나 다른 기구의 견제를 받지 않는 강한 리더에 의한 통치', '전문가가 중심이 된 통치', '군대에 의한 통치', '의회와 정당이 된 민주주의'가 포함되어 있다.

이 조사에 따르면 '견제받지 않는 강한 리더'에 대한 긍정 응답(매우 좋음과 좋음 응답의 합)의 수준은 90년대 중반부터 조사가 이루

6 이와 관련된 보다 자세한 데이터는 세계가치관조사 웹페이지(https://www.worldvaluessurvey.org/WVSOnline.jsp)에서 확인할 수 있다. (검색일: 2022년 12월 14일)

어진 이래 최근으로 올수록 높아지고 있다(31.7%→66.8%). 이는 긍정 응답이 크게 변화하지 않는 다른 자유 민주주의 국가들과 비교할 때 분명한 차이를 보이는 모습이다. 다른 자유민주주의 국가들을 놓고 볼 때, WVS의 3차 조사(Wave 3)와 7차 조사(Wave 7) 사이의 강한 리더에 대한 긍정 응답 비율의 증가량은 미국 13.4%p, 독일 10.9%p, 일본 0.8%p, 영국 2.5%p 등이었으며, 스웨덴의 경우 오히려 6.8%p 감소하는 양상을 보였다. 이러한 변화는 약 35.1%p가 증가한 한국과 분명한 차이를 보인다. 또한 긍정 응답의 전반적인 수준 역시 이들 국가들에서는 20~30%대에 머물고 있으며, 강한 리더와 상반되는 의회와 정당 중심 민주주의에 대한 긍정 응답은 이들 국가들 모두에서 80~90% 수준으로, 70% 수준의 긍정 응답을 보이는 한국과는 차이가 존재한다.

통치의 주체가 의회와 정당이 아니라 '견제되지 않는 강한 리더'에 의해 이루어져야 한다고 보는 관점은 정치 참여의 문제와도 연결된다. 관련된 연구들을 살펴보면, 한국 대중들은 전반적으로 일상적인 정치 활동(견해 표현, 집회 참가 등)보다는 투표와 같은 공식적인 참여 방식을 더 선호하고 있으며, 이러한 모습은 일반 대중보다 좀 더 적극적인 모습을 보이는 포퓰리스트 성향의 유권자들에게서도 동일하게 나타났다(정병기·도묘연 2021, 209-210).[7] 이러한 점은 정치

7 정병기·도묘연(2021)은 포퓰리스트들을 포함한 한국 유권자들에게서 인터넷이나 SNS에서의 견해 표현이 투표 다음으로 높은 수준의 참여 수단이 됨을 보인 바 있다. 그런데 SNS나 인터넷에서의 견해 표명이 이용자들의 태도를 극화(polarization)시키는 경향을 가진다는 이상신(2013, 234)의 분석을 이러한 결과와 함께 고려한다면, 이는 유권자들이 그나마 보이는 참여 수단으로서의 온라인상 의견 교환이 타협의 여지를 오히려 낮추는 양상으로 작용하고 있다고도 볼 수 있다.

인이나 기자와의 접촉, SNS에서의 의견 표력, 후원금의 납부, 집회나 시위의 참여 등 비선거적 정치참여가 매우 낮은 수준으로 머물고 있다는 김태완(2015, 63)의 지적과도 연결된다.[8]

또 비선거적 정치 참여가 일정 정도 증가했다 하더라도 그 참여의 질적인 측면에서는 일정한 문제점들이 발견된다. 예를 들어, 송경재(2017, 62-63)는 한국에서 일부 포착되는 정치참여의 적극성은 정부와 정치 등에 대한 공적 신뢰 하락과 연결되어 있음을 지적하며 민주주의에 장기적인 위험성을 안고 있다고 지적하였다. 또한 한국에서 단체에 대한 참여는 혈연, 지연, 학연 등을 중심으로 하는 일차 단체들을 중심으로 하기에 (통계적으로 유의미하지 않더라도) 민주주의에 오히려 부정적인 영향을 미치는 경향이 확인되기도 하였다(배정현 2014, 174-175). 2000년대 초 큰 폭으로 확장된 온라인을 통한 정치인과 시민 간의 접촉은 상호작용적 토론, '심층적 글쓰기'보다는 댓글달기와 같은 즉각적인 감정과 반응의 표출을 중심으로 하고 있었다는 지적 역시 존재한다(이원태 2005, 124).

이러한 점들을 종합적으로 고려하면, 현재 한국 민주주의는 선거 등 제도적인 측면에서는 높은 수준을 보이지만, 이것이 시민들의 적극적인 정치 참여나, 정치 공간에서의 다원적인 숙의와 타협으로 이어지지 못하고 있다고 할 수 있다. 이러한 상황은 한국 정치와 민주주의의 발전 과정에서 서구와 같은 민주주의의 기본 원리가 정치문화, 의식, 정치 행태에 안착되어 있다고 볼 수 없다는 지적(김웅진

8 여기서 김태완(2015, 63)은 이러한 낮은 비선거적 정치참여의 원인이 정치 혐오나 무관심이 아니라 부정적인 경제 상황에 대한 평가와 중앙정치 종속적인 지방정치의 작동에 있다고 분석하고 있다.

2018, 47), 한국의 민주주의가 선거 민주주의와 자유-시민 민주주의 사이에서 그 발전이 정체되어 있다는 김용철(2016, 50)의 지적, '메시아적 리더'에 의한 일방적인 해결의 심리가 강하게 지속되고 있다는 강원택(2016, 26-32) 등의 지적과 연결된다.

요컨대 한국 정치는 1987년 민주화와 이후의 제도적 발전에도 불구하고 정치의 작동을 정치 엘리트, 그것도 자신이 지지하는 정치 엘리트에게 전적으로 의존하는 집중성과 독점성의 모습을 보여주고 있다. 따라서 〈그림 6-1〉의 분석틀에 기초하여 볼 때 현재 한국 민주주의는 민주주의의 이상적 목표라고 할 수 있는 '숙의적 참여 민주주의'라기보다는 '전체주의적/본질주의적 민주주의'에 가깝다고 볼 수 있다.

IV. 체제 전환기 주요 정치세력들의 민주주의 인식에 대한 분석

본 연구는 '전체주의적/본질주의적 민주주의'의 특성을 보이고 있는 현재 한국 민주주의의 모습이 1987년 이전 권위주의 시기의 민주주의관과 닮아 있음에 주목한다. 따라서 1987년 민주화에도 불구하고 왜 이러한 민주주의관이 변화할 수 없었는지를 민주화 직후 주요 정치 행위자들의 정치적 경쟁과 실천을 분석함으로써 밝히고자 한다. 이를 위해 본 연구는 1987년 민주화 직후 1990년 3당합당까지의 기간, 이 글에서 '체제 전환기'로 지칭하는 기간에 주목한다. 이 시기는 각 정치 세력들이 타협 및 협력을 학습할 수 있는 기회가 주어진 '전환의 시기'였다.[9] 이 기회는 곧 군부 정권의 억압과 이에 대한 저항이 중심이 되었던 기존의 민주주의 실천 맥락에서 벗어나 새로운 민주주의의 작동 원리를 마련할 수 있는 주된 기회였다. 그런 만큼 이 기간 동안 각 정치 세력들이 어떻게 민주주의를 이해하고 규정하였는지를 살펴보는 것은 한국 민주주의를 이해하는 데 중요한 실마리를 제공한다.

이 장에서는 III장에서 제시한 분석틀에 기초하여 각 정치 세력들의 민주주의관의 변화를 1987년 이전과 그 이후를 중심으로 살펴본다. 본 연구의 분석에 따르면, 한국의 주요 정치세력들은 1987년 이전 억압과 저항이라는 맥락 속에서 본질주의적 민주주의 인식을 내면화하고 있었다. 문제는 민주화 이후에도 이러한 모습은 지속되었으며, 이에 따라 민주화 직후 주어진 기회에도 불구하고 한국 정치는 결국 3당 합당과 그 이후의 양극적인 갈등으로 귀결되었다.

1. 보수 세력의 민주주의관과 실천

1987년 이전 군부 독재 세력의 민주주의관은 전체주의적, 본질주의적 민주주의의 모습을 띠고 있었다. 이들의 민주주의 주장은 '한국식 민주주의'라는 이름 아래, '반공주의적 개발동원체제'를 중심으로 한 제한된 민주주의로서 존재하였다(조희연 2010). 이 시기는 크

9 임혁백(1998, 14-15)은 이 시기를 의회주의 신장의 결정적 계기이자, 신생 민주주의의 정착을 위한 관용, 협상, 타협의 제도화 및 민주주의의 기본적인 기술 연마의 주된 기회가 주어진 시기라고 보았다. 즉, 4당이 중심이 된 여소야대 국면은 기존의 권위주의적 정치 행태가 민주적인 형태로 변화하기 위한 최적의 시기였다고 할 수 있다.

게 박정희 정권 시기와 전두환 정권 시기로 나누어 접근할 수 있는데, 전두환 정권은 박정희 정권에서 형성된 민주주의 인식의 연장선에 위치하였다는 점[10]을 고려하면 특히 박정희 정권 시기에 형성된 민주주의관에 주목할 필요가 있다.

군사 쿠데타로 집권한 박정희 정권은 출범부터 국민의 뜻, 혹은 자유민주주의의 회복 등을 강조하며 쿠데타의 정당성을 얻고자 했다. 예를 들어, 1963년 박정희의 군 전역사는 "국정 문란, 부정, 부패, 독재 등에 의해 4·19로 제기된 국민의 뜻과 기대가 배반되고, 자유민주주의가 장식에 그치며, 민주주의의 형해(形骸)마저도 위태로운 상황을 극복하기 위해 범국민적 혁명이 필요"함을 강조한다(박정희 2005, 39-40).

그러나 박정희 정부의 민주주의는 자유민주주의와는 거리가 먼 본질주의적/전체주의적 민주주의의 전형으로 평가할 수 있다. 첫째, 다원성의 측면에서 정치적 의제(목표)의 당위성과 일원성이 강조되었고, 둘째, 개방성의 측면에서 정치적 의제를 설정하고 제안할 수 있는 것은 대통령을 비롯한 최고 정치 엘리트의 범위에 국한되었기 때문이다. 박정희 정부의 민주주의는 '국가라는 대의를 위해 개인이라는 소아를 기꺼이 희생하는' 형태의 민주주의, 강력한 민족 이념에 기초한 '민족적 민주주의'의 성격을 지녔다(김종태 2014, 175; 김지형 2013, 178-183). 박정희는 신생국이자 전근대적 상태에 있는 후진

10 전두환 정권은 박정희 정권보다 더 취약한 정당성과 신뢰의 상황에 처해있었지만, 그 지배의 방식은 더욱 전체주의적이고 총체적인 지배 방식이 활용되었다(곽송연 2015, 116; 윤해수 2006, 100-102). 민주주의에 대한 주장 역시 박정희 정권의 이데올로기적 정향을 그대로 반영하였으며, 민주화의 주장을 혼란이나 무질서 등으로 규정하여 시민 권리와 정치적 자유를 제한하는 양상은 그대로 이어졌다(곽송연 2018, 45-48).

국으로서 빠른 근대화를 통해 '후진적인 상태'에서 벗어나 선진국으로 나아가는 것을 국가적인, 그리고 민족적인 과제로 설정하였다(김종태 2013, 92; 2014, 172-175). 박정희가 제시하였던 근대화의 담론은 후진국으로부터 선진국으로 나아가는 것이 인류 사회의 보편적이고 필연적인 발전 경로이며, 이러한 발전이 곧 민족의 생사를 결정짓는 숙명이라는 점을 전제하였다는 점에서 타협 불가능한 당위성을 가지는 것이었다(김종태 2013, 85-89). 즉 표면적으로는 국민의 뜻을 반영하는 자유 민주주의를 주장하였지만, 실질적으로는 일정한 절대적/필연적 목표를 향해 박정희를 중심으로 한 군부 엘리트의 지도에 따라 온 국민이 '총화 단결'하는 체제였던 것이다. 여기서 인민들은 정치적 주체로서가 아니라 정치 엘리트에 의해 설정된 목표를 승인하고 추종하는 역할에 제한되었다.

이에 따라 정권에 대한 반대는 곧 전체 국민의 뜻을 반영한 정부에 반대하는 것이었으며, 따라서 정치 현장에서 배제되어야 하는 것으로서 간주되었다. 민주화 세력이 제기한 정부 정책에 대한 반대나 민주화 주장은 '민주주의 소화불량증', '자유를 빙자한 방종, 혼란, 비능률' 등으로 비판되며 '일소되어야 하는 병폐'로서 규정되었으며, '국민의 모든 능력을 한 곳에 결집시키기 위한' 무력 정치의 필요성을 정당화하는 기반이 되었다.[11] 1964년 한·일 협상 반대 시위에 대한 계엄령 선포는 이를 보여주는 대표적인 사례이다. 당시 활발하게

11 "1975년 연두 기자회견"(1975년 1월 14일). 대통령 기록관. 해당 자료를 포함하여 이 글에서 참고, 인용한 대통령 기록관의 자료들은 대통령 기록관 웹페이지(https://www.pa.go.kr/research/contents/speech/index.jsp)를 통해 확인할 수 있다. 기록 및 독해의 편의를 위해 이후 대통령 기록관의 자료를 인용하는 경우 링크는 별도로 첨부하지 않음을 미리 밝혀둔다.

이루어지던 학생들의 시위에 대해 박정희는 "시위는 의사를 표시하여, 정부 시책에 그 뜻을 반영시키도록 하는 한 수단은 될지언정, 전체 국민의 의사로써 세운 정부를 제약하고, 그 뜻대로 해줄 것을 강요해서는 안 되는 것"임을 지적하는 한편(박정희 2005, 91), "민의에 의해 선출된 정부를 부정도괴 시키려는 불순한 경향"[12]을 더이상 묵과하지 않겠다는 점을 분명히 하였다. 특히 이것이 '국민' 그 자체보다는 '국민이 선택한 정부'라는 차원에서 제시되고 있다는 점은, 이들의 민주주의관이 결국 정부와 통치 엘리트를 중심으로 하는 것이었음을 보여주는 것이기도 하다.

박정희 정권 그리고 전두환 정권까지 이어진 권위주의 시기의 민주주의관은 민주화 이후 민정당까지 그대로 이어졌다. 무엇보다 민정당은 스스로 규정한 '자유민주주의', '안정과 질서' 등과 같은 목표가 곧 타협 불가능한 '전체(혹은 대다수) 국민의 뜻'임을 천명했고, 자기 당만이 그 책임을 다할 수 있다고 주장함으로써 의제의 다원성은 물론 의제 설정의 개방성을 인정하지 않는 '본질주의적/전체주의적 민주주의관'을 여실히 드러냈다. 민정당의 이러한 민주주의관은 야당이나 언론 등 정부에 비판적인 집단들에 대한 폭력적 공격을 묵인하거나 정당화하는 모습, 그리고 기존에 형성된 법이나 규범을 무시하거나 수정하려는 시도를 통해 나타났다.

민정당의 본질주의적 민주주의관은 체제 전환기에 있었던 여러 차례의 선거 유세 과정에서 잘 드러난다. 1987년 12월 대통령 선거를 앞둔 노태우 후보는 국민의 뜻이 "안정 속의 민주개혁과 발전"이

12 "비상계엄령 선포에 즈음한 담화문"(1964년 6월 3일). 대통령 기록관.

며 그것은 자신과 민정당만이 할 수 있음을 강조하였다.

> "| 지금까지의 유세현장에서 읽은 민심의 흐름을 어떻게 보시는지
> **국민들은 안정 속의 민주개혁과 발전을 희구하고 있었습니다. 국민은 나에게 책임을 지라고 명령을 내렸습니다.** 그 소망을 충실히 받들겠습니다.
> | 승리를 장담하는 근거는
> 초반 춘천, 대전에서 일기 시작한 분위기는 중반 부산과 종반 서울 및 대구로까지 이어졌고 전국적으로 투표까지 연결되리라 봅니다. **특히 내가 호소한 「변화 속의 안정」 논리가 국민들의 호응을 얻고 있으며 야당 후보의 허구적 주장과 흑색 선전이 심했지만 안정을 바라는 대다수의 국민들의 마음을 흐트리지 못했다고 봅니다.**"(동아일보 1987/12/14, 5; 굵은 글씨는 인용자 표시)

이처럼 민정당은 선거 과정에서 반복하여 '안정 속의 민주주의'가 절대다수 국민의 뜻, 혹은 '국민의 명령'임을 강조하는 모습을 보였다. 또한 민정당은 재야 세력과의 연계를 구실로 삼아 민주당과 평민당 등 경쟁 관계에 있는 제도권 야당들을 정당한 정치적 경쟁자로 인정하지 않았다. 민정당은, 야당이 '극렬좌경세력'들을 제대로 통제하거나 거리를 두지 못하며, 제도권 정당으로서 '자유민주주의를 수호하고 발전'시키는 책임을 포기하고 민주화에 역행하고 국기(國基)를 흔들고 있다고 비판하였다(경향신문 1987/7/16, 1-2). 그리고 '야당이 집권하면 좌익 폭력 세력, 과격 세력의 천하가 된다'는 논리를 통해 야당을 정상적인 경쟁자로 인정하지 않는 태도를 견지했다

(경향신문 1987/12/15, 3). 뿐만 아니라 민주화에도 불구하고 국민으로 대표되는 인민은 자신들이 설정한 목표를 승인하는 수동적 존재로만 여겨졌으며 인민의 존재는 단지 유세장에 동원된 군중의 '수'로만 확인될 뿐이었다.[13]

민정당의 이러한 민주주의관은, 정치적 반대 시위 등을 원천봉쇄하거나 관련자를 연행하는 것은 물론, 언론을 직접 공격하거나 공격을 묵인하는 모습, 혹은 야당을 선동 정치의 주역으로 규정하여 '대결'을 선언하는 모습 등 다양한 모습으로 나타났다. 예를 들면 1987년 9월 김대중 납치사건과 관련된 이후락 전 중앙정부부장의 인터뷰 보도를 막기 위해 안기부 직원들이 〈신동아〉와 〈월간 조선〉의 인쇄소를 점거하고 출간을 방해한 이른바 '신동아 사태'가 발발했을 때 민정당은 이를 외교 관계와 관련된 '국익'의 문제이므로 안기부의 조치는 어쩔 수 없다는 입장을 취하며 공공연한 언론 탄압을 묵인하였다(조선일보 1987/9/26, 2). 비슷하게 오홍근 중앙경제 사회부장 피습 사건이나 〈우리마당〉 습격 사건 등과 관련하여서도 '좌경화의 목소리가 크기 때문에 발생한 반작용'이라거나(경향신문 1988/8/27, 1), '(사건에 연루되었던) 군의 사기 문제도 고려해야 한다'는 식으로(조선일보 1988/9/1, 2) 옹호하는 모습을 보이기도 했다.

또한 김용갑 총무처 장관이 1988년 8월 학생들의 좌경화 주장에 문제를 제기하면서 야당의 선동을 비판하고 의회 해산권을 포함한 개헌을 주장하며 합의된 규범을 부정했을 때도 민정당은 '시국을 보

13 이 시기 여야를 가리지 않고 '국민들의 뜻'을 주장하는 가장 주된 수단은 유세장의 인파, 즉 '수'를 강조하는 것이었는데, 민정당 역시 1987년 10월 대구 유세에서 군중의 수를 강조하며 세를 과시한 바 있다(동아일보 1987/10/26, 3).

는 견해에 대해서는 같은 입장이다'라고 말하는 등 그 발언과 취지를 옹호하는 모습을 보이기도 하였다(한겨레 1988/8/16, 2). 1987년 개헌이 각 정치세력 간의 합의에 따라 만들어진 결과물이었다는 점, 그리고 민주화 직후에는 민정당 스스로가 개헌 등이 곧 국민의 뜻임을 강조하였다는 점 등을 고려한다면, 위와 같은 김용갑 장관의 발언과 이에 대한 묵인, 동조는 곧 민주화 공간 속에서 합의된 규범에 대한 정면 도전이었다고 할 수 있다. 이러한 도전들은 결국 1989년 3월 경찰관서 등이 공격받을 때 총기를 비롯한 무기 사용도 불사하는 강력한 대응의 요구, 1989년 8월 김대중 총재에 대한 안기부의 구인 집행, 12월 질서 유지 책임을 다하지 못하는 공직자를 문책하겠다는 대통령의 언급 등 적극적인 강제력의 활용을 강조하는 모습들로 이어졌다(조선일보 1988/12/11, 1; 한겨레 1989/3/23, 1; 1989/8/2, 1).

요컨대 민정당의 민주주의관은, 다원성의 측면에서 정치적 반대나 정치적 경쟁자를 공존의 대상으로 보는 발전을 이루어내지 못했으며, '안정적 민주주의'라는 정치적 목표 설정이 철저하게 민정당에 의해 하향식으로 결정되었다는 점에서 개방성 측면에서도 큰 발전을 이루지 못했다.[14] 결국, 민정당은 1987년 이전의 전체주의적,

14 조선일보와 한국갤럽의 여론조사 자료에 따르면, 1989년 2월 기준으로 '정치, 사회 안정'이 가장 시급한 과제로서 응답되었다. 이러한 점에서 '안정'에 대한 국민들의 선호가 완전히 부재한 것은 아니었다. 그러나 이것이 안정을 중심으로 한 민정당의 입장이 높은 개방성의 결과물로서 나타난 것임을 의미하는지는 다소 의문이 제기될 수 있다. 같은 조사 결과를 놓고 볼 때 '안정'에 대한 응답 비율은 26.1%였고, 통일, 5공비리 해결, 빈부격차 해소, 농촌문제 해소 등의 문제들 역시 10% 안팎의 고른 응답을 얻었으며, 노태우 대통령에 대한 부정평가 원인의 가장 큰 이유는 '5공비리 청산 미흡'(47%)이었다는 점 등을 고려하면, '안정'에 대한 강조에만 치우친 민정당의 입장을 여론의 온전한 결과물로 간주하는 데는 일정한 한계가 있다고 할 수 있다. 관련된 보다 자세한 조사 내용은 조선일보의 "한국갤럽 조선일보 여론조사, 시급한 과제는 「정치사회 안정」"(1989/2/10, 3) 보도

본질주의적 민주주의관에서 크게 벗어나지 못하는 모습을 보였다고 할 수 있다.

2. 민주화 세력의 민주주의관과 실천

군부 독재 세력의 민주주의관은 그 자체로서의 중요성보다 정치적 경쟁의 과정에서 민주화 세력의 민주주의관을 형성하는 데 지대한 영향을 미쳤다는 점, 그리고 그것이 이후 한국 민주주의의 발전과 위기를 구성했다는 점에서 더 큰 중요성을 지닌다. 민주화 세력은 군부 독재의 연장선에 위치한 보수 정당에 비해 민주주의를 가장 적극적으로 추구한 집단으로서, 이들이 주장한 민주주의의 형태와 내용은 곧 군부 독재의 종식 이후 만들어나가야 하는 민주주의의 상당 부분을 구성하였다. 그러나 이러한 중요성에도 불구하고 민주화 세력의 민주주의관과 실천 방식은 군부 독재 세력의 전체주의적, 본질주의적 민주주의관과 크게 다를 바가 없었다는 점에서 이후 한국 민주주의의 위기를 노정했다.

1987년 이전의 기간을 두고 볼 때, 민주화 세력의 민주주의관은 군부 독재 세력의 민주주의관과 형태적으로 유사한 모습을 띠었다고 할 수 있다. 민주화 세력이 주장한 민주주의는, 자유와 평등을 억압적 지배권력으로부터 쟁취하는 것으로 보는 데 그치는 피동적이고 소극적인 저항담론, 그리고 이를 위해 국민이라는 집단 주체를 강조하고 이에 자발적으로 복종하도록 요구함으로써 차이의 정

를 참고하라.

치, 개별 주체의 역동성과 양립하기 어려운 일원화된 공간을 상정하는 형태로서 이해되고 주장되었다(김웅진 2018, 237-243; 이상록 2007, 233; 이상록 2010, 188). 이렇게 제한적인 민주주의 이해로 인해, 민주화 세력은 군부 독재 세력 못지 않게 자신들이 '절대적인 정의'를 가지고 있다고 주장하는 모습을 보이게 되었다(임지현 2000a, 44-45; 임지현 2000b, 9-10). 한국 정치에 있어 민주주의는 이미 그 초기 단계부터 다원주의나 개인주의보다는 민족주의와 국가 건설을 위한 개인의 책임과 희생을 강조하는 경향을 가지고 수용되었다(손병권 2021, 30-32). 이러한 상황에서 군부 독재의 억압적인 통치와 사회의 병영화가 더해지면서,[15] 한국의 민주주의는 '저항'이라는 맥락 속에서 부여되는 이념적, 실천적 목표에 따라 선택적으로 그 구성요소들을 차용한 결과물로서 존재하게 되었던 것이다(김지희 2018, 34).

물론 민주화 세력의 민주주의 주장은 제한된 형태나마 국민들이 원하는 바와 완전히 괴리되었다고는 할 수 없을 것이다. 1976년 윤보선, 함석헌, 김대중이 "우리 민중은 이른바 유신 체제를 거부한다"고(윤보선·함석헌·김대중 1984, 311) 자신 있게 '민중'의 이름을 선언할 수 있었던 데는 국민들의 명시적/묵시적 지지가 깔려 있었다고 할 수 있다. 또한 내용적으로 노동, 복지, 민족 등 다양한 요소들이 포괄되었다는 점(김웅진 2018, 196-200; 임대식 2003, 14-18)에서 이들의 민주주의와 관련된 주장들이 군부 독재 세력의 민주주의 주장에

15 한국에서의 군부 독재는 일차적으로는 강압적인 통치권력의 문제였지만, 보다 깊숙하게는 사회 전체의 작동방식을 규정하는 문제로도 나타났다. 즉, 군부 독재는 자신들이 가진 강권력을 최대한으로 활용한 것뿐 아니라, 반공적 동원 문화의 헤게모니를 형성함으로써 시민사회를 군대적으로 재편하고 폭력적 군사문화를 사회화하는 방향으로 작동하기도 하였다(조현연 2007, 5; 조희연 2010, 346-351).

비해 좀 더 넓은 국민적인 기반을 가지고 있었음을 보여준다. 그러나 이것이 민주화 세력의 민주주의 인식과 실천이 상향식으로 이루어졌음을 의미하지는 않는데, 민주화 세력은 민주주의의 근간으로서 민중을 강조하면서도 이들과 민주화 운동 및 담론을 주도하는 지식인들 간의 관계를 계몽과 교육을 중심으로 하는 수직적인 계도-추종의 관계로 설정하는 모순에 처해 있었기 때문이다(김지희 2018, 272; 윤상현 2013, 78). 따라서 1987년 이전 민주화 세력의 민주주의 인식과 실천의 방식은 군부 독재 세력보다는 좀 더 높은 개방성의 수준을 가졌다고 할 수 있지만, 전반적으로 다원성과 개방성의 수준이 높지 않은 전체주의적, 본질주의적 민주주의 인식의 영역을 완전히 벗어나지는 못하는 양상을 보였다고 할 수 있다.

문제는 이러한 제한적인 민주주의관이 민주화 이후에도 지속되었다는 데 있다. 무엇보다 민주화 이후 평민당, 민주당으로 대변되는 제도권 내 민주화 세력은 '5공 청산'을 타협 불가능한 정치적 목표로 설정하고 민정당과 기득권 보수 세력을 민주적 논의가 가능한 정치적 파트너로 인정하지 않음으로써 다원성의 측면에서 명백한 한계를 보였다. 또한 개방성의 측면에서는 한편으로는 일반 민중들과 비교적 밀접한 관계를 유지하면서 일정 수준의 발전을 보였음에도 불구하고 여전히 목표(의제) 설정의 주체가 민주화 세력의 지도부에 한정되었다는 점에서 여전히 한계를 보여주었다.

민주화 초기 민주화 세력은 새로운 민주주의 작동 원리의 형성과 내면화의 과제를 달성해야 할 필요성을 인식한 것처럼 보였다. 이들은 민정당과 대립을 이어가면서도 의회와 같은 공론장 내에서의 활동을 거부하거나 이탈하려는 모습을 보이지 않았다. 재야세력과 긴밀한 관계를 유지하면서도 평민당은 제1야당으로서 과격주의나 폭력주의와 거리를 두며 온건 개혁노선을 천명하였으며(경향신문 1988/10/25, 3), 민주당 역시 "극단적인 대결이나 파국으로 치닫는 것은 막아가는 의회주의"를 실현할 것을 선언하기도 하였다(동아일보 1988/5/31, 3). 각 당의 이런 약속들 속에서, 13대 국회 전반기에는 대체로 사회의 주요 의제들이 의회 내로 수렴되어, 각 당 간의 경쟁과 갈등이 적어도 '제도 내'에서 이루어지도록 하는 데 성공했다는 평가를 받기도 한다(박찬표 2014, 113-114).

그러나 이러한 표면적인 변화에도 불구하고 1990년 '3당 합당'으로 귀결된 정치적 전개는 민주주의를 민주적 숙의와 논의의 과정이 아니라 단순한 '수'의 싸움으로만 이해하는 인식의 한계를 여실히 드러냈다. 본 연구는 체제 전환 이후에도 민주화 세력의 공공선과 정치적 경쟁자를 규정하는 방식이 여전히 민주화 이전의 그것에 머물러 있었다는 점에서 이러한 결과가 예정되었음을 보이고자 한다.

체제 전환 이후 민주화 세력은 두 종류의 경쟁을 동시에 수행해야 하는 상황을 마주하게 되었다. 즉, 외부적으로는 민정당을 상대로 5공 청산이라는 민주화 과제를 수행하면서도, 내부적으로는 각각 김영삼과 김대중을 필두로 하는 민주당과 평민당 간의 주도권 경쟁이라는 '이중 전선'에 대응해야 했던 것이다. 이러한 맥락에서 민주화 세력의 민주주의관의 문제는 민정당과의 '외부적 관계' 측면과, 민주당과 평민당 간의 '내부적 관계'의 측면으로 나누어 볼 수 있다.

먼저 민정당을 상대로 한 '외부적 관계' 측면에서, 민주화 세력은 민정당의 6·29선언과 '안정 중심의 민주주의' 주장을 군정 독재의 연장이자 불완전하고 순수하지 못한 민주화로 비판하며 '민주화에 있어서의 순수성'을 강조하는 모습을 공통되게 보였다. 이는 5공비리 조사, 국가보안법 등의 개폐 논의, 노동권 보장, 광주사태 진상조사 및 고발 등 다양한 이슈들을 통해 드러났다. 이러한 순수성에 기초해서 이들은 민정당을 '국민들이 원하는 민주주의의 참된 실현'을 방해하는 존재로 규정하였다. 민정당에 대한 이러한 규정은 노태우 대통령과 민정당에 '민주화의 책임'을 묻고 그 실천 의지를 끊임없이 의심하거나, 정국의 불안이 궁극적으로 민정당의 민주화 실천 미흡에 있는 것이라 비판하는 모습으로 이어졌다. 1988년 10월 김영삼이 연설을 통해 "수구 세력의 잇단 준동은 국민에게 도전하는 반민주적 작태이며 … 그들의 민주화 의지를 의심하지 않을 수 없다"고 비판한 것이나(경향신문 1988/10/26, 3),[16] "기득권을 수호하고자 하는 이기적 수구 세력과 새로운 도덕적이고 민주적인 출발을 갈망하는 국민"을 이분법적으로 구분한 김대중의 연설은(경향신문 1988/10/25, 3) 이러한 모습의 대표적인 사례가 된다. 또 1989년 교황청 방문 당시 평민당 의원들의 '추태'를 보도한 조선일보에 대해 평민당이 소송을 제기하고 보이콧을 시도한 이른바 '조평사태'는, 민주적 순수성과 정당성을 확보한 자신들에게는 어떠한 비판도 제기될 수 없다는 일원적인 민주주의 인식을 보여주는 단면이기도 하다.

한편 민주당과 평민당 간의 '내부적 관계' 측면은 '누가 더 국민이 원하는 민주화를 잘 달성할 수 있는가'를 둘러싼 경쟁의 모습으

16 5공비리 조사 대상에 대해 유언비어나 과장에서 비롯된 것이 많아 제3자의 증언과 같은 증거를 함께 고려해야 한다는 민정당 김중권 의원의 지적에 대해 민주당 이기택 의원이 "법이론이나 증거를 떠나 국민적 여론이 뒷받침하고 있다"고 반박한 것도 비슷한 맥락에서 볼 수 있다(조선일보 1988/7/14, 3).

로 나타났다. 이러한 경쟁은 대체로 더 강력한 대중 동원력으로 표현되는 '더 강력한 국민 지지'를 강조함으로써 정국 주도권의 획득을 정당화하는 양상으로 나타났다. 양김이 결국 단일화에 실패하였던 1987년 13대 대선의 과정은 이러한 양상을 가장 극명하게 드러내주는 사례인데, 여기서 각 정당은 민주화뿐 아니라 자신이 집권하는 것이 곧 국민의 절대적인 여망을 반영하며, 유세장에 운집한 인파의 수 등이 이를 보여주는 증거라고 주장하였다(경향신문 1987/8/28, 2; 동아일보 1987/9/29, 1). 1987년 9월 여의도 유세와 관련된 신경전이나,[17] 후보 단일화 및 대선 과정에서 상대 후보를 겨냥한 유인물이 다수 배포되었던 사례(조선일보 1987/8/9, 2; 1987/9/29, 3; 경향신문 1987/10/3, 2) 등은 이러한 주장들의 충돌이 표면화된 대표적인 사례들이다.[18]

이처럼 외부적, 내부적 관계 문제에 있어, 민주화 세력은 각각 자신들의 주장이나 입장이 곧 유일한 '국민의 뜻'임을 강조하며 공공선에 대한 정당화를 독점하고자 하는 모습을 보였다. 이러한 모습은 1987년 이후 민정당이 보여준 모습과 크게 다르지 않았다.

그렇다면 개방성의 측면에서는 어떠한가? 우선 평민당의 경우

17 여기서 평민당은 '세계 역사에 없는 대군중'이 모였음을 강조하며 "국민이 오늘로서 단일후보를 결정했다"고 선언하였다. 이에 대해 민주당은 "5백만 명이 모여 김영삼 후보가 김대중 후보의 사퇴를 요구하면 할 것인가"라고 반박하였다(조선일보 1987/12/1, 3; 경향신문 1987/12/2, 4).

18 이에 더해, 대중의 동원과 그에 대한 의미 부여는 민주당과 평민당이 모두 공유하는 특징이지만, 재야와 좀 더 깊은 연관성을 가지던 김대중과 평민당이 좀 더 민주주의 실현의 대중적인 특성을 강조하는 모습을 보이기도 한다. 특히 김대중은 국민들의 희망과 고통, 슬픔을 자신과 일체화시키면서 살아왔다는 점을 강조하면서 민주화 실현에의 의지를 강조하기도 한 바 있다(경향신문 1987/7/9, 2).

국민여론에 따라 정치적 결정을 내릴 것임을 여러 차례 강조한 바 있다. 1988년 4월 총선에서 원내 1당이 된 후 김대중은 '정기적으로 여론조사를 해서 국민의 생각에 따라 정치를 해 나갈 생각'임을 밝힌 바 있고(동아일보 1988/4/29, 5), 비슷하게 중간평가 등과 관련하여 "올림픽 이후 국민의 여론을 봐가며 최종 결론을 내리겠"다고 발표하거나, 1989년 내각제 검토 가능성을 내비쳤던 사례, 혹은 광주 문제의 해결에 있어 광주 시민들의 여론을 수렴하여 마무리 작업에 임하겠다고 하는 등(동아일보 1988/5/7, 3; 경향신문 1989/4/1, 1; 한겨레 1989/6/2, 1) 구체적인 결정의 방향 자체를 여론조사나 국민여론 등의 결과에 맡기고자 하는 면모를 보이기도 했다. 그러나 이미 앞서 다원성의 측면에서 살펴본 것처럼 평민당이나 민주당 모두 '국민의 뜻'을 일방적으로 규정하는 모습은 크게 변화하지 않았다. 무엇보다 이들이 국민이나 민중, 여론을 의식하는 수준은 그 내용에 있기보다는 '수'적인 의미를 넘어서는 수준이 아니었다는 점에서 개방성 증진이 한계가 있었던 것으로 평가할 수 있다.

3. 공화당의 민주주의관과 실천

김종필의 공화당은 군부 독재세력의 일부로 분류하는 것이 일반적이지만, 본 연구에서는 체제 전환기 4당 체제를 구성한 한 정당으로서 공화당이 민주당, 평민당은 물론 민정당과도 일정 부분 상이한 민주주의관을 보였다는 점에서 별도로 분리하여 살펴본다. 본 연구가 주목하는 것은, 공화당이 다른 정당들과 달리 민주주의를 '국민의 뜻'을 직접적으로 반영하는 체제라기보다는 '정당 간 협조와 타협'으로 국민의 뜻을 찾아가는 절차적이고 수단적인 차원에서 이해하는 일견 다원주의적 민주주의관을 보여주었다는 데 있다. 물론 그럼에도 불구하고 공화당이 보여준 다원성은 명백한 한계를 가지고 있었다. 본 연구는 공화당의 이러한 한계가, 민주화를 "구공화당의 발전적 연장론"(경향신문 1987/11/10, 3)[19]에서 바라보는 기능주의적 민주화론에 기초해 있다고 본다. 또한 공화당은 다른 정당들과 마찬가지로 민주적 시민의 역할을 투표 참여에 제한함으로써 개방성의 측면에서도 한계를 보여주었다.

공화당은 우선 민주주의의 달성이 경제성장의 성과와 그에 기여한 '묵묵한 다수 국민'에서 비롯되며, 따라서 특정한 세력의 운동에 의한 것이 아니라고 규정하였다. 이는 대선 유세 과정에서 김종필이 "자기들이 거리에 나와서 민주화가 됐다는 사람들이 있으나, 그것만 갖고 민주주의를 할 수 있게 된 게 아니다"고 했던 지적에서(조선일보 1987/9/15, 3)[20] 잘 나타난다. 또한 이들은 민정당의 '안정'이나 민주화 세력의 '5공 청산'과 같이 어떤 목적적인 가치 요소에 초점을 두기보다는 '통치 역량', '경륜', '경험' 등 절차적인 요소를 강조하였다. 공화당은 다른 정당들이 '흑백논리적 대립'으로만 치닫고 있다고 비판하고 문제 해결을 위한 역량이 중요함을 강조하였다. 이에 따라

19 이 표현은 신민주공화당의 창당발기인 대회에서 언급된 "민주공화당의 이념과 전통을 이어 받고 이 바탕 위에 건전하고 진취적인 신진 양심 세력을 중추 역량으로 결집, 민주화 시대를 주도할 새로운 지도세력을 창출해 나가겠다."고 선언한 데 기초하여 언론에서 공화당의 입장을 요약한 표현이다(중앙일보 1987/10/5, 1).

20 이러한 맥락에서 김종필과 공화당이 강조하는 민주화의 양상은 민주주의 발전의 '근대화론'과 유사한 형태를 띠고 있다. 즉, 이들은 "한 나라의 발전과정은 정해져 있"으며, "빈곤을 추방하고 나서 산업화 단계를 거친 뒤에야 민주주의가 비로소 가능한 것"이라 주장하면서 근대화와 민주화를 연결하고 있다(조선일보 1987/9/19, 3).

공화당이 제시하는 '국민의 뜻'은 정치 이념에 따른 재편과 정당 간 협조와 타협이라는 수단적인 측면을 중심으로 규정되었다(조선일보 1988/12/29, 3; 경향신문 1989/8/7, 3).

이와 같은 공화당의 주장은 민주주의를 타협과 협상, 세력 간의 견제와 균형이라는 맥락에서 제시하였다는 점에서 다른 정당들에 비해 좀 더 다원적인 성격을 띠었다고 할 수 있다. 공화당의 이러한 민주주의관은, 그들이 박정희 정권을 계승하는 군부 독재의 구성원이었으면서도 동시에 5공화국 당시 정치활동을 금지당하는 등 전두환 정권에 의해 피해를 입기도 했으며 당시 제도권 정치세력으로서는 가장 소수였다는 복합적인 배경에서 비롯된 것으로 보인다.

그러나 공화당의 민주주의관이 순수하게 높은 다원성을 가졌는지는 다소 의문이 남는다. 이는 공화당의 민주화에 대한 이해에서 나타나는 '근대화론'의 성격 때문이다. 공화당은 박정희 정권 시기의 경제 발전이 안정과 여유를 가져오고, 이것이 교육과 결합되면서 민주화와 복지화를 가능하게 한다는 인식을 가지고 있었다(동아일보 1989/12/26, 5).[21] 이러한 이해는 민주주의가 경제성장 등과 같은 배경 조건들에 의해 자연스럽게 '완벽하게' 달성된다는 점을 전제한다는 점에서, 민주주의의 내용에 대한 적극적인 규정의 필요성은 크게 감소하게 된다. 따라서 공화당의 인식 속에서 민주주의의 대화나 타협, 그리고 이를 통해 달성되는 궁극적인 목표로서의 "국리민복과 국태민안"은(조선일보 1988/12/29, 3) 숙의의 대상이 아니라 그 자체

21 이러한 맥락에서 공화당은 5.16이나 유신과 같은 것들이 자유롭고 풍요로운 민주주의 국가를 만드는 기반이었다고 평가한다는 점 역시 확인할 수 있다(동아일보 1989/12/26, 5).

로서 가치를 가지는, 어떤 절대적인 목표로만 존재했다고 볼 수 있다. 즉, 공화당의 민주주의관은 정치 세력 간의 협조와 대화의 필요성을 강조하였지만, 그 대화를 통해 만들어지는 '목표점'은 이러한 대화와 타협의 결과물이 아니라는, 일견 모순적인 형태를 지니고 있었다.

이러한 점들을 통해 볼 때, 공화당의 민주주의관은 일정 부분 다원성의 측면을 보여주었음에도 불구하고 내적인 모순과 공화당 자체의 취약한 정치적 입지가 더해지면서 실질적으로 한국 민주주의의 다원성을 높이는 데 기여하지 못했다고 할 수 있다. 개방성의 측면에서 공화당은 여전히 엘리트주의적 민주주의 인식을 보여주었다. 공화당은 '정당들이 '색깔'에 따라 경쟁 구도를 재편하고 정렬함으로써 국민들이 알고 선택할 수 있도록 해야 함'을 강조하였다(한겨레 1990/1/6, 3). 이는 한편으로는 국민들의 선택을 중시했다는 점에서 과거 독재체제를 탈피했다고 할 수 있지만 다른 한편으로는 국민의 역할을 정당 엘리트들에 의해 정해진 의제를 선택하는 데에만 제한한 것이었다. 따라서 공화당의 민주주의 인식은 같은 시기 다른 정당들과 마찬가지로 개방성의 측면에서 명백한 한계를 보여주었다고 할 수 있다.

V. 결론

지금까지 살펴본 것을 요약하면, 1987년 이전과 그 이후 각 정당들의 민주주의관은 다원성과 개방성의 양 측면에서 일정 부분 변화의 조짐을 보이기는 했으나, 전반적으로 전체주의적, 본질주의적 민주주의관의 영역(분석틀의 (A) 영역)을 완전히 넘어서지는 못했다고 할 수 있다. 이러한 양상은 곧 1987년 이전 독재-반독재의 갈등과 그로부터 도출되던 민주주의 이해와 인식들이 민주화 이후에도 제대로 변화하지 않았거나 해체되지 않았음을 의미한다. 특히 민주화 직후 여소야대의 4당 체제가 형성됨으로써 전환의 여건이 가장 우호적으로 마련되었던 시기에 뚜렷한 변화를 달성하지 못함으로써 제도와 같은 객관적인 측면에서는 민주주의가 발전하였지만 '실천'으로서의 민주주의는 제대로 자리 잡지 못하는 결과로 이어졌다고 할 수 있다.[22]

그렇다면 체제 전환기 각 정치 행위자들이 가지고 있었던 민주주의 인식과 실천 방식은 한국 정치의 발전에 어떠한 의미를 갖는가? 우선, '전체 국민의 뜻'을 반영한다는 주장은 민주주의의 핵심이라 할 수 있는 '반응성'을 실현하는 것으로 보이지만, 실제로는 '전체 국민' 혹은 '절대 다수의 국민'이라는 가공의 집단을 설정하고 그 '뜻'이 의미하는 바를 자신들이 중시하는 가치에 맞게 임의대로 설정했다는 점에서 실질적인 반응성을 달성하고 있는 것으로 보기는 어렵다. 이러한 주장 속에서 국민들은 '심판자'로 규정되었는데, 이는 국민의 뜻이 반영되었기는 하지만 정치인들에 의해 의제가 제기된 후에야 비로소 작동하는 소극적인 측면에 머무르는 것이었기 때문이다. 두 번째로 각 정치 행위자들이 자신들이 추구하는 가치, 혹은 민

22 이러한 분석은 민주주의의 실질적인 이념적, 실천적 기본 원리가 시민뿐 아니라 현실 정치를 이끌어 온 엘리트들의 인식 속에 안정적으로 자리 잡지 못했다는 김지희(2018, 271)의 분석과 연결된다.

주주의의 특정한 모습을 '절대적인 것'으로 상정함으로써, 사회의 다원적인 이익을 정치적 공론장으로 끌어올려 논의하고 타협하는 민주주의보다는 경쟁 관계에 있는 상대 세력을 부정한 집단으로 간주하는 '투쟁적' 형태로 귀결될 뿐 아니라 스스로를 전체 국민의 여망을 대변하고 이를 통해 사회의 모든 문제를 해결하는 존재라고 주장하는 '메시아적 민주주의'의 모습으로 이어지게 되었다.

1990년 1월 이루어진 3당 합당은 한편으로는 이러한 불완전한 민주주의관을 반영하는 것이었고 다른 한편으로 이를 고착화하는 사건이었다. 3당합당 이후부터는 기존부터 조금씩 영향력을 행사하기 시작하던 지역 갈등이 본격적으로 호남 대 비호남의 구도로 본격화, 공고화되었으며(문용직 1993, 87), 이에 따라 여야 간의 양극적 대결이 반복되면서 변칙 및 날치기 법안 통과, 의사당 폭력 등이 되풀이 되는 모습이 나타났다(박찬표 2014, 114). 이러한 양상은 다원성과 개방성이 높은 민주주의관이 제대로 발달, 정착되지 못한 상황에서, 공공선으로서 제시되는 목표들 간의 타협 불가능성을 상정한 행위자들의 민주주의 인식이 결국 합당 이후 극한 갈등의 형태로 나타난 것이라고 이해할 수 있다.

추가적인 분석이 필요하긴 하지만, 3당합당 이후 등장한 정권들에서 나타난 모습들은 한국의 민주주의관의 이러한 한계에 기초해 있는 것으로 보인다. 김영삼 정권과 김대중 정권은 기본적으로 민중주의적, 카리스마적 지도자를 등장케 하는 '인물 정치'에서 자유롭지 못했으며, 이들에 의한 개혁정치는 의회를 우회하여 직접 국민여론을 동원하는 양상, 합리성과 공정성에 대한 집합적 동의 과정이 배제되는 '배제적 민주주의'의 양상을 띠었다(송호근 1997, 84; 신광영

2002, 22-23; 이계희 1992, 341). 노무현 대통령 시기에는 이러한 대중호소적 리더십이 일상화 되었으며(구세진 2007, 223), 당정분리의 원칙이 엄격하게 지켜진 탓에 정치적 경쟁자 간에는 물론 대통령과 여당 간의 협조 역시 쉽지 않은 모습을 보이기도 하였다(김용호 2017, 57). 마지막으로 이명박 대통령과 박근혜 대통령 시기에는 정치적 상황과 리더십 스타일 등으로 인해 대통령-의회 관계나 당내 파벌 간의 관계 등 여러 측면에서 극한적인 대립 상황이 이어졌다(김용호 2017, 58-64). 더불어 우리가 현재 마주하고 있는 팬덤 정치에 기초한 타협 불가능의 정치적 양극화 현상 역시 같은 맥락에 있다.[23]

이러한 결론은 향후 민주주의 발전을 위한 개선 시도들을 마련하는 과정에서 일정한 시사점을 제공한다. 전체주의적/본질주의적 민주주의관의 한계는 앞서 설명한 것처럼 국민들은 철저히 소극적인 역할에만 머무르며, 정치 과정은 숙의와 타협이 아닌 투쟁으로 귀결된다는데 있다. 그리고 이러한 문제가 행위자들이 가진 민주주의에 대한 의미 규정에서 비롯되는 만큼, 행위자 외부에 존재하는 제도를 변경하는 것만으로는 문제를 해결하기 어렵게 된다. 따라서 민주주의의 발전을 위해서는 단순히 참여를 증진해야 함을 주장하는 것에

23 1987년~1990년의 민주주의관을 현재의 민주주의 위기와 연결하는 이러한 분석에 대해, 앞서 비판했던 제도적 관점이나 문화적 관점과 같이 '민주주의관'이라는 새로운 결정론적 요인을 제시하는 것이라는 지적이 제기될 수 있다. 이러한 지적은 전적으로 이 글의 한계에서 비롯되는 것으로, 지면을 비롯한 여러 여건의 한계로 인해 민주화 이후 한국 정치에서의 민주주의관의 변화 과정 전체를 담아내지 못하였기 때문이다. 즉, 민주주의관은 그동안 주목되어 온 다른 요인들의 효과를 매개하는 한편 보다 유연한 변화가 가능하지만, 현재 발생하는 민주주의 위기 상황을 민주주의관의 측면에서 설명하기 위해 그 관계가 가장 뚜렷하게 나타나는 시기를 출발점으로 삼은 글의 구성으로 인해 변화(혹은 그 실패)의 과정을 온전히 추적하지는 못하였다. 이러한 부분은 이후의 후속 연구를 통해 보완되어야 할 필요가 있음을 밝혀둔다.

서 더 나아가 어떻게 그러한 참여의 증진이 '공적 영역 속에 위치하는 시민'으로서 정치적 문제들을 논의하고 해결책을 모색하는 것과 연결될 수 있는지가 고려되어야 한다. 반대로 문제 해결의 논의와 해결을 정치인이나 국가 기관과 같은 수준에서만 해결하려 하기보다는, 이와 관련된 시민들의 의제 설정 역량을 증진하고 공적 영역에서 논의할 수 있도록 하는 것도 중요하다. 개선의 방향을 이렇게 잡음으로써 민주주의가 다원성과 개방성 양 차원에서 이해될 수 있도록 하는 것이 현재 한국 민주주의의 문제 상황을 해결하는 기초가 될 것이다.

참고문헌

강원택. 2016. 『어떻게 바꿀 것인가』. 고양: 이와우.

곽송연. 2015. "민주화 이전 국가의 이데올로기적 담론정치 연구: 전두환 연설문에 나타난 5·18과 지역주의 맥락모형을 중심으로." 『아세아연구』 58(2): 106-141.

______. 2018. "1980년대 이후 한국 대통령 연설문에 나타난 민주주의 담론 변화 연구." 『OUGHTOPIA』 33(2): 35-74.

구세진. 2007. "한국 대통령의 대중호소 전략: '제왕적 대통령제'의 쇠퇴와 대중적 리더십의 부상에 관한 제도적 접근." 『한국정치연구』 18(1): 217-256.

권구선. 2022. "정치 엘리트들의 이념적 양극화와 유권자들의 정서적 양극화: 설문실험 연구." 『사회과학연구』 48(1): 73-95.

권형기. 2022. "민주주의관과 민주주의 붕괴: 바이마르 공화국 붕괴에 대한 재고찰." 『국제지역연구』 31(2): 211-247.

길정아. 2019. "정부 신뢰, 회고적 투표, 그리고 당파적 편향: 2014년과 2018년 지방선거를 중심으로." 『한국정당학회보』 18(3): 31-69.

김병문. 2013. "제왕적 대통령제로부터의 탈피: 집권초기 노무현 대통령을 중심으로." 『한국정치연구』 16(1): 59-80.

김기동·이재묵. 2021. "한국 유권자의 당파적 정체성과 정서적 양극화." 『한국정치학회보』 55(2): 57-87.

김영명. 2007. "단일사회 정치론 서설." 『한국정치연구』 16(1) 59-80.

______. 2010. "한국의 정치와 문화: 연구현황과 새로운 방향 모색." 『비교민주주의 연구』 5(2): 67-103.

______. 2011. "한국 정치의 특수성에 관한 연구 서설: 분단, 압축성장, 단일사회 문화." 『비교민주주의 연구』 7(1): 5-35.

김용복. 2007. "민주화 이후 정당정치와 대통령 리더십." 『기억과 전망』 17: 6-37.

김용철. 2016. "한국 민주주의의 품질: 민주화가 정체된 결함 있는 민주주의." 『현대정치연구』 9(2): 31-62.

김용호. 2017. "민주화 이후 한국 대통령제의 진화과정 분석." 『의정연구』 23(1): 37-79.

김웅진. 2018. 『민주주의와 민주화 1: 자주적 근대화와 저항의 담론』. 서울: 신서원.

김의철. 2002. "Democracy, leadership and Political Culture in Korea: With Specific Focus on Political Efficacy and Trust." 『한국심리학회지: 사회문제』 8(2): 137-170.

김종태. 2013. "박정희 정부 시기 선진국 담론의 부상과 발전주의적 국가 정체성의 형성." 『한국사회학』 47(1): 71-106.

______. 2014. "한국 발전주의의 담론 구조: 근대화, 세계화, 선진화 담론의 비교." 『경제와 사회』 103: 166-195.

김지형. 2013. "1960~1970년대 박정희 통치이념의 변용과 지속: 민주주의와 반공주의 및 상호관계를 중심으로.”『민주주의와 인권』 13(2): 169-199.
김지희. 2018.『민주주의와 민주화 2: 민주주의 담론의 경험과학적 내용 분석』. 서울: 신서원.
김태완. 2015. “시민의 비선거적 정치참여에 대한 영향요인 분석.”『21세기정치학회보』 25(4): 47-67.
문용직. 1993. “1990년 3당합당의 분석.”『한국과 국제정치』 9(1): 67-88.
박상훈. 2017. “촛불과 정치 변화: 무엇이 바뀌었으며, 무엇을 바꿔야 하는가.” 최장집·서복경·박찬표·박상훈 공저.『양손잡이 민주주의』, 253-288. 서울: 후마니타스.
박용수. 2016. “한국의 제왕적 대통령론에 대한 비판적 시론.”『한국정치연구』 25(2): 27-55.
박정희. 2005.『한국 국민에게 고함』. 서울: 동서문화사.
박준. 2022. “정치양극화 수준의 국제비교와 시사점.”『우리나라 정치양극화 문제의 현황과 해법』, 국회-한국행정연구원-한국정당학회 공동주최 기획세미나 자료집, 19-39.
박찬표. 2014. “제13대 국회의 원내 균열, 연합 구도: 3당합당 이전 26개 주요 의제를 중심으로.”『한국과 국제정치』 30(4): 95-128.
배정현. 2014. “정치참여와 단체참여가 민주주의 지지에 미치는 영향: 한국과 대만을 중심으로.”『사회과학연구』 40(2): 157-181.
손병권. 2021. “민주주의 규범의 민족주의적 로컬화 과정: 미군정기 공민과 도입과정을 중심으로.”『비교민주주의연구』 17(2): 5-39.
송호근. 1997. “배제적 민주화와 유보된 ‘이중 전환’: 한국민주화의 사회적 성과와 한계.” 최장집·임현진 편.『한국사회와 민주주의: 한국 민주화 10년의 평가와 반성』, 61-94. 서울: 나남.
송경재. 2017. “한국과 일본의 네트워크화 된 시민의 사회적 자본과 정치 참여.”『시민사회와 NGO』 15(2): 35-70.
신광영. 2002. “민주화 이행, 정치 개혁과 ‘집권 야당의 딜레마’.”『경제와 사회』 56: 8-32.
양건. 2003. “이른바 제왕적 대통령 논의에 관한 소고.”『세계헌법연구』 8(1): 113-124.
양재진. 2002. “대통령제, 이원적 정통성, 그리고 행정부의 입법부 통제와 지배: 한국 행정국가화 현상에 대한 함의를 중심으로.”『한국행정연구』 11(1): 168-190.
윤보선·함석헌·김대중. 1984. “민주구국선언: 3.1운동 60주년에 즈음한”(1979). 김삼웅 편.『민주민족민중선언』, 309-312. 서울: 일월서각.
윤상현. 2013. “〈사상계〉의 근대 국민 주체 형성 기획: 자유주의적 민족주의 담론을 중심으로.”『개념과 소통』 11: 47-83.
윤해수. 2006. “박정희 정부와 전두환 정부의 정치발전 비교연구: 근대화이론을 중심으로.”『사회과학논총』 25: 91-106.
이금옥. 2018. “현행 헌법의 제왕적 대통령제와 권력구조 개편 방안.”『헌법학 연구』 24(3): 197-228.
이계희. 1992. “민주화 운동과 야당정치: 1980년대 한국의 사례.”『사회과학연구』 3: 285-341.
이내영. 2011. “한국사회 이념갈등의 원인: 국민들의 양극화인가, 정치엘리트들의 양극화인가?”『한국정당학회보』 10(2): 251-287.
이상록. 2007. “1960~70년대 비판적 지식인들의 근대화 인식: 〈사상계〉, 〈씨올의 소리〉, 크리스챤 아카데미 진영을 중심으로." 『역사문제연구』 18: 215-251.
______. 2010. "함석헌의 민중 인식과 민주주의론." 『사학연구』 97: 147-190.
이상신. 2013. "18대 대선과 태도극화: 정치적 소통은 분열을 심화시키는가?" 『한국정당학회보』 12(1): 217-242.
이원태. 2005. "사이버 공동체와 정치 참여: 한국의 경험." 『정치비평』 2005년 하반기, 85-131.
이희완·이헌경. 2007. "한국 유교정치 문화가 관료의 권위주의 성격 형성에 미친 영향." 『세계지역연구논총』 25(1): 33-55.
임대식. 2003. "1950~60년대 비판적 지성의 성격." 『국사관논총』 103: 1-19.
임지현. 2000a. "파시즘의 진지전과 합의독재." 『당대비평』 2000년 9월호. 24-45.
______. 2000b. "파시즘은 살아있다." 임지현 외. 『우리 안의 파시즘』, 5-17. 서울: 삼인.
임혁백. 1998. "민주화와 의회의 위상." 『의정연구』 4(1): 6-27.
장영수. 2017. "대한민국 민주정치의 현실과 헌법의 과제." 『공법연구』 45(3): 65-90.
장승진. 2021. "당파적 양극화 속 새로운 정치적 대상에 대한 이념적 인식: 윤석열 현상을 사례로." 『한국정치학회보』 55(4): 71-90.
정동준. 2018. "2018년 지방선거 이후 유권자들의 정치 양극화: 당파적 배열과 부정적 당파성을 중심으로." 『OUGHTOPIA』 33(3): 143-180.
정병기. 2021. 『포퓰리즘』. 서울: 커뮤니케이션북스.
정병기·도묘연. 2021. "한국의 대중과 포퓰리즘: 제 21대 총선 유권자 설문조사를 중심으로." 『동향과 전망』 112: 188-235.
조현연. 2007. "한국 민주주의와 군부 독점의 해체 과정 연구." 『동향과 전망』 2007호, 1-19.
조희연. 2010. 『동원된 근대화』. 서울: 후마니타스.
지병근. 2013. "한국인의 이념적 성향과 민주주의 인식." 『국가전략』 19(1): 31-56.
하상응. 2022a. "한국 유권자 차원에서의 정치적 양극화." 『한국의 사회동향 2022』, 329-338. 대전: 통계청 통계개발원.
______. 2022b. "정서 양극화와 집단 정체성 인식." 『아세아연구』 65(4): 37-62.
함성득. 2002. "한국 대통령의 새로운 역할과 리더십: 명령자에서 조정자로." 『행정논총』 40(3): 97-121.
홍득표. 2002. "제왕적 대통령론: 그 특징과 원인을 중심으로." 『국민윤리연구』 50(2): 145-171.

Beetham, David. 1992. "Liberal Democracy and the Limits of Democratization." *Political Studies* XL (Special issue). 40-53.
______. 1994. "Conditions for Democratic Consolidation." *Review of African Political Economy 21*. Issue 60. 157-172.
Berman, Sheri. 1998. *The Social Democratic Moment*. Cambridge: Harvard University Press.
Brennan, Jason. 2016. *Against Democracy*. Princeton: Princeton University Press.

Coppedge, Michael, John Gerring, Carl Henrik Knutsen, Staffan I. Lindberg, Jan Teorell, Kyle L. Marquardt, Juraj Medzihorsky, Daniel Pemstein, Nazifa Alizada, Lisa Gastaldi, Garry Hindle, Josefine Pernes, Johannes von Römer, Eitan Tzelgov, Yiting Wang, and Steven Wilson. 2022. "V-Dem Methodology v12." *Varieties of Democracy* (V-Dem) Project.

Landemore, Hélène. 2020. *Open Democracy: Reinventing Popular Rule for the Twenty-First Century*. Princeton & London: Princeton University Press.

Levitsky, Steven and Daniel Ziblatt. 2018. 『어떻게 민주주의는 무너지는가』. 박세연 역. 서울: 어크로스.

Lijphart, Arend. 1999. *Patterns of Democracy*. New Haven & London: Yale University Press.

Mill, John Stuart. 2012. 『대의정부론』. 서병훈 역. 서울: 아카넷.

Müller, Jan-Werner. 2016. *What is Populism?*. Philadelphia: University of Pennsylvania Press.

______. 2021. *Democracy Rules*. New York: Farra, Straus and Giroux.

Rosanvallon, Pierre. 2021. *Populist Century*. Cambridge: Polity Press.

Schumpeter, Joseph A. 2016. 『자본주의, 사회주의, 민주주의』. 이종인 역. 제주: 북길드.

Tocqueville, Alexis. 1997. 『미국의 민주주의 1』. 임효선·박지동 역. 서울: 한길사.

Urbinati, Nadia. 2006. *Representative Democracy: Principles and Genealogy*. Chicago and London: The University of Chicago Press.

경향신문. 1987. "사면, 복권된 김대중 의장 인터뷰. '민주화 실현 밑거름 되겠다." (7월 9일), 2.

______. 1987. "민주 보안법 폐지등 요구. 민정 우려 표명." (7월 16일), 1.

______. 1987. "'협상 앞두고 자극 말자' 대야 성토 자제." (7월 16일), 2.

______. 1987. "상도, '공인이 거짓말 해서야'에 동교 '김 총재가 선수쳐'." (8월 28일), 2.

______. 1987. "'후보 적격 5개항' 홍보." (10월 3일), 2.

______. 1987. "불붙은 선거전 4당 4략 (5) 국정운영의 청사진." (11월 10일), 3.

______. 1987. "'6.29는 정당한 몫 보장하는 선언'." (12월 2일), 4.

______. 1987. "'이 말 한마디만 … 심판 전야 마지막 호소' - 안정 이룰 냉철한 선택 확신." (12월 15일), 3.

______. 1988. "정치권 이념 논쟁 조짐." (8월 27일), 1.

______. 1988. "김대중 평민 총재 연설." (10월 25일), 3.

______. 1988. "김영삼 민주 총재 연설." (10월 26일), 3.

______. 1989. "'내각제 개헌론' 조기 부상." (4월 1일), 1.

______. 1989. "김종필 공화당 총재 인터뷰 '공안 사건엔 공조할 생각 없다'." (8월 7일), 3.

동아일보. 1987. "두 김씨 단일화 담판 결렬." (9월 29일), 1.

______. 1987. "4주자 4색 주장 … 뜨거운 휴일 유세." (10월 26일), 3.

______. 1987. "'이제 국민 손에 달렸다' 결판 앞둔 4후보 인터뷰 – 후유증 더 걱정…결과에 승복해야." (12월 14일), 5.
______. 1988. "동아 인터뷰 '정당한 타협 외면하지 않겠다' 김대중 평민당 전 총재에게 정국 운영 포부 들어본다." (4월 29일), 5.
______. 1988. "평민 총재로 복귀한 김대중씨." (5월 7일), 3.
______. 1988. "'모든 현안 국회서 해결 노력'." (5월 31일), 3.
______. 1989. "타협 정국 풍향 (8) 김종필 총재에게 들어본다. '정치인 색깔 중심 통합당 바람직'." (12월 26일), 5.
조선일보. 1987. "이번엔 김 총재 비난 괴문서." (8월 9일), 2.
______. 1987. "JP. '민주화에 나도 일조'." (9월 15일), 3.
______. 1987. "'누가 돼야 한다는 사고 버려야'." (9월 19일), 3.
______. 1987. "'민중통일론은 북한 주장과 같다' 의정 녹음 〈25일 상위〉." (9월 26일), 2.
______. 1987. "6공화국에서 필요한 인물" (9월 29일), 3.
______. 1987. "12.16 유세현장 열광과 폭력 … 얼룩진 「영하 유세」." (12월 1일), 3.
______. 1988. "지상특위 여야 대담 〈1〉 비리 조사 … '증거 있어야' '여론도 따라야'." (7월 14일), 3.
______. 1988. "민정, '좌경 심상치 않다' 대응책 마련키로" (9월 1일), 2.
______. 1988. "'법 질서 확립 나태한 공직자 문책' 노 대통령. 공권력 공백이 민주화 아니다." (12월 11일), 1.
______. 1988. "'인기 경쟁보다 「타협의 정치」 힘써야' 김종필 공화 총재 송년 회견 일문일답." (12월 29일), 3.
______. 1989. "한국갤럽 조선일보 여론조사, 시급한 과제는 「정치사회 안정」" (2월 10일), 3.
중앙일보. 1987. "신민주공화당 발기인 대회." (10월 5일), 1.
한겨레. 1988. "체제 수호 내용엔 동조." (8월 16일), 2.
______. 1989. "공공시설 습격 땐 총기 사용." (3월 23일), 1.
______. 1989. "5공 핵심 처리 야3당 균열." (6월 2일), 1.
______. 1989. "김대중 평민당 총재 오늘 아침 구인 집행." (8월 2일), 1.
______. 1990. "내각제, 보혁구도 개편 목표 김 공화총재 새해 정국구상을 듣는다." (1월 6일), 3.

제7장

사회 통합을 위한 진보적 민주 정부의 한계

—한국의 경험—

* 이 글은 『한국정치연구』 제31집 제3호(2022)에 실린 “한국 진보 정부의 정치적 동학: 경제 정책 전환의 정치”를 수정, 보완한 글이다.

I. 서론

이 글은 사회적 갈등과 양극화에 대한 대안으로 제시되는 사회경제적 불평등 해소를 통한 사회 통합의 노력들이 한국에서 왜 어려움에 직면해 있는가를 분석하는 데 목적을 둔다. 민주주의의 지속적이고 정상적인 작동은 자유로운 시민들의 연대와 사회적 통합을 필요로 한다. 법과 제도에 기초한 형식적 절차적 민주주의가 수립되었다고 하더라도 지나친 사회경제적 불평등과 계급 갈등은 항상 정치적 불안정을 야기하는 요소로 작용하기 때문이다. 이러한 점에서 일반적으로 진보세력의 대안 담론은 사회경제적 불평등의 해소를 통한 새로운 공적 연대의 수립과 사회 통합에 있다. 이는 기존의 정치 및 경제 권력에 의해 만들어진 불평등이 사회적 갈등 구조의 양극화를 조장하고 정치적·경제적 평등에 기초한 공적 연대를 저해한다는 생각에 기초해 있다.

실제로 한국 사회에서 진보세력은 사회운동의 과정에서는 물론 집권을 위한 선거 경쟁의 과정에서 "사회경제적 개혁과 재분배"를 주요한 캐치프레이즈로 삼아왔다. 그러나 이 글에서 주목하는 바는 민주화 이후 집권한 한국 진보 정부들이 집권 전이나 집권 초기에는 경제 민주화와 재분배, 이를 위한 재벌 개혁에 초점을 두지만 집권 중반으로 갈수록 성장 우선의 정책으로 돌아서며 재벌 개혁에서도 다소 후퇴하는 경향을 보여왔다는 데 있다.

1997년 12월 외환위기 속에 집권한 김대중 정부는 집권 초 발전주의 체제의 개입주의적 국가와 부채 의존적 재벌을 경제 위기의 주범으로 규정하며 "자유시장과 균형 발전"을 강조했다. 그러나 1998년 이후 김대중 대통령은 정통 경제관료들을 다시 경제정책 핵심 라인에 기용하며 정책의 전환을 꾀했다. 산업 경쟁력 개선에 초점을 둔 경제관료들의 대안은 발전주의적인 국가 개입의 지속을 의미했으며 재벌 해체 기조의 완화를 수반했다. 또 노무현 대통령은 임기 초 발전주의에 대한 대안으로 '경제적 민주화'를 천명하며 노동자와 고용주 간의 권력 균형, 노동자의 주요 의사결정 과정 참여 등을 추진하였다. 그러나 임기 중반 이후 노무현 정부는 수출주도 성장을 강조하며 한미 FTA 추진 등 무역 자유화 정책을 확대하고 차세대성장동력 육성과 같은 산업정책을 강화했다. 집권 초 급격한 최저임금 인상 등을 추진하며 소득주도 성장 정책을 밀어붙였던 문재인 정부 역시 2018년 이후 혁신성장 정책을 강화하는 쪽으로 정책 우선순위에 변화를 주기 시작했다.

한국 진보 정부에서 이루어진 이러한 정책 전환을 어떻게 이해할 것인가? 왜 한국 진보 정부는 집권 후 경제민주주의와 사회경제적 재분배에 초점을 둔 전통적인 이념 지향에서 후퇴해서 경제관료 주도의 성장 우위 발전주의 정책을 수용하였는가? 한국 진보 정부의 정책 전환을 설명하는 기존 연구들에서 지배적인 입장은 무엇보다 구조를 강조하는 입장이다. 이에 따르면 박정희 시기 성공적인 산업화 경험에서 구조화된 국가 주도 성장지상주의 담론과 그것의 재생산 메커니즘으로 인해 진보적 대안은 지속적으로 실패해 왔다(최장집 1996; 2002; 홍덕률 1996; 이일영 2008; 윤상우 2016; 조희연 2003; 이광일 2003). 한국 경제의 재벌 지배력과 보수 언론 구조, 성장우선주의를 지향하는 관료집단과 산업화의 성공적인 경험에서 축적된 한국인들의 성장우선주의에 대한 선호는 무시하기 힘든 구조적 조건이다. 그러나 이러한 구조적 접근은 진보 정부의 탄생과 잇따른 정책 기조 전환을 일관된 논리로 설명하는 데 한계가 있다. 왜 진보 정부의 집권 승리에 기여한 대항 담론은 집권 후 급격히 힘을 잃게 되었는가? 이러한 문제의식에서 과거 사회 제 세력 간 권력 불균형의 측면을 강조하던 구조적 접근은 2000년대 중반 이후 대항 세력의 담론의 취약성에 대한 반성적 연구들로 발전하였다(한반도사회경제연구회 2008). 그러나 이러한 연구들 역시 대안 담론 자체의 문제보다는 실행 능력과 전략의 부재와 같은 부수적인 측면에만 초점을 둠으로써 여전히 거듭된 실패에 대한 답을 제시하지 못하고 있다.

이 글은 진보세력이 집권을 통해 지배 세력이 되었음에도 불구하고 진보의 대안 담론이 지배 담론이 되지 못한 이유는 성장우선주의 담론의 구조적 지배력이나 진보적 대안 담론의 실천적 미숙함 때문이 아니라 오히려 진보적 대안 담론이 사회 통합을 위한 대안으로서 유효성을 입증하지 못했다는 점에 주목한다. 이 글은 한국 진보 정부의 실패가 특정 집단, 계급만의 목소리가 아니라 사회 전체적 통합을 위한 설득력 있는 대안을 발전시키지 못했다는 데 기인한다고 주장한다. 또한 이 글은 경쟁 담론인 성장우선주의는 오히려 변화하는 사회적 요구를 수용하여 새로운 대안을 제시함으로써 진보 정부의 정책 전환을 가능하게 했다고 주장한다.

이 글은 왜 한국의 진보 정부들이 집권 후 경제 민주화와 재분배 원칙에 기초한 전통적인 정책 기조를 완화하여 성장 우위의 성장전략을 수용할 수밖에 없었는지를 보여주기 위해 한국 진보 정부의 정책 전환 과정에서 누가 어떻게 정책의 주도권을 쥐게 되었는지에 초점을 두어 분석할 것이다. 이를 위해 이 글은 김대중, 노무현, 문재인 정부 시기 주요 경제정책, 특히 산업정책과 대외경제정책의 변화를 분석한다. 주요하게 활용된 자료는 본 연구가 직접 수행한 전 경제관료들, 경제단체 관계자들에 대한 심층 면담자료이며 이를 보완하기 위해 신문기사 및 언론 인터뷰 등을 활용하였다. 또 한국의 성장 담론과 경제정책 변화에 대한 기존 연구들을 참고하였다.

글의 구성은 다음과 같다. 먼저 2절에서 한국 진보 정부의 정책 전환을 설명하는 지배적인 입장인 구조적 관점을 비판적으로 검토한다. 3절에서는 김대중, 노무현, 문재인 정부의 경제정책 전환의 내용을 다룰 것이다. 4절에서는 왜 이 세 정부에서 기존의 정책 기조를 완화하고 전통적인 발전주의적 성장전략으로 회귀했는지를 분석한다. 5절 결론에서는 본 연구의 핵심 질문과 주장을 정리하고 실천적 시사점을 제시한다.

II. 기존 연구 검토

한국 진보 정부의 정책 전환을 설명하는 기존 연구들에서 지배적인 입장은 무엇보다 구조를 강조하는 입장이다. 구조를 강조하는 입장은 한편으로는 구조화된 지배 담론에 초점을 두면서 동시에 지배 담론을 재생산하는 구조적 조건을 강조한다. 이러한 구조적 입장은 2000년대 중반 이후 진보 정부의 경험에 대한 반성적 관점에서 대안 담론의 취약성에 주목하고 있다.

먼저 구조화된 지배 담론에 초점을 두는 연구들은 박정희 시기 산업화의 과정에서 형성된 성장지상주의 담론이 민주화 이후에도 지속적으로 재생산되고 있다고 주장한다(윤상우 2016; 최장집 2002; 조희연 2003; 이광일 2003; 조성렬 1996). 이들에 따르면 한국의 장기간의 고도 성장 경험은 성장지상주의에 대한 믿음과 확신을 강화하는 기제가 되었다(윤상우 2016, 10-12). 이로 인해 성장지상주의 담론은 민주화로 인해 분배의 형평성 문제와 재벌의 경제력 집중 문제, 사회경제적 균형발전과 복지정책 강화 요구가 증대되었음에도 불구하고 경제침체의 상황이 도래할 때마다 재벌과 보수 정당, 보수 언론의 경제위기론 공세를 강화하는 배경이 되어왔다(조성렬 1996, 200-201; 윤상우 2016, 22).

실제로 한국에서 성장지상주의 담론이 우세하다는 것은 여러 지표를 통해서 확인되었다. 강우진은 한국바로미터(KDB), 아시아바로미터(ABS) 조사자료를 토대로 한국인의 선호도에서 경제발전이 민주주의를 크게 앞지른다고 지적한다(강우진 2015, 36). 또 세계가치조사(World Value Survey)에 따르면 2005년 기준 한국에서 탈물질주의자의 비중은 4%에 불과하고 물질주의자와 탈물질주의자의 비중 격차는 무려 52%에 달한다. 이러한 차이는 서구 및 세계 평균은 물론 중국보다 심한 것이었다(박재홍·강수택 2012). 또 2005년 한 일간지의 여론조사에 따르면 한국인 대다수는 가장 심각한 경제문제로 '양극화'를 꼽았지만 이에 대한 정부 정책은 '분배'보다는 '성장'이 중심이 되어야 한다는 모순된 대안을 옹호하였다(고세훈 2007, 44).

구조적 관점에서는 이와 같은 성장지상주의의 지속적인 재생산이 한국 사회의 공고화된 재벌체제와 이를 뒷받침하는 보수 언론, 관료집단, 그리고 이에 반해 상대적으로 취약한 대항 세력(노동, 저소득층)에 기인한다고 보고 있다(최장집 1996; 2002; 홍덕률 1996; 이일영 2008). 이들에 따르면 성장주도 담론의 주요 재생산 조건은 재벌체제다. 재벌은 민주화 이후에도 정부 정책이 성장주의를 벗어날 수 없도록 강제하고 시민사회와 여론, 국민의식 속에 성장지상주의를 내면화시키는 전략적 행위자로서 역할을 해왔다(최장집 1996, 31). 재벌들은 민주화 이후 지배 이데올로기 확산을 위한 조직적 실천 역량(언론 매체, 경제연구소, 각종 협회, 위원회 등)을 강화하였고 보수 언론은 지배 담론을 조직화하고 확산하는 적극적인 담론 생산 주체로서 역할을 담당했다(홍덕률 1996; 최장집 2002).

성장 담론을 주도하는 또다른 주체로서 경제관료들은 민주화 이후 정치 영역에서 보수와 혁신, 성장과 분배 등을 놓고 논쟁에 몰두하는 동안 실제 경제정책을 주도해왔다. 전통적으로 한국 경제관료들은 수출지향 경제에 유리한 고환율, 저금리 정책을 이끌며 분배보다는 성장에 초점을 둔 정책에 우선 순위를 두었다. 예를 들어 노무현 정부에서도 청와대는 '분배가 없으면 성장도 없다'는 논리로 분배-성장 논쟁을 벌이는 동안 재정경제부는 2003년부터 2005년 초까지 고환율 정책과 저금리 정책을 펴며 수출드라이브를 지속했다(이일영 2008, 245).

그러나 공고한 성장지상주의 지배 담론 구조에도 불구하고 민주화 이후 시민사회 진보 진영의 목소리가 높아져왔고 벌써 세 번의 진보 정부가 탄생했음을 간과할 수 없다. 왜 진보 정부의 집권 승리에 기여한 대항 담론은 집권 후 급격히 힘을 잃게 되었는가? 실제로 진보 정부는 경제 침체 혹은 위기의 상황에서 보수 진영의 경제위기론, 진보 정부 무능론에 별다른 대항을 하지 못했다. 이러한 현실에 대한 반성에서 대항 세력의 취약성을 지적하는 설명들은 과거 사회제세력 간 권력 불균형의 측면만을 강조하던 접근에서 벗어나 2000년대 중반 이후 대항 세력의 담론 취약성에 대한 반성적 연구들로 발전하였다.

이들은 보수 세력의 공세가 힘을 발휘할 수 있었던 것은 진보 진영의 대안 부재와 저항 담론의 취약성에 기인함을 지적한다. 기존의 저항 담론은 기껏해야 "반독재 민주주의"에 맞춰져 있었고 민족경제론, 대중경제론 같은 경제적 저항담론도 자립경제, 도덕적 성장을 주장할 뿐 성장지상주의의 목표와 지향점, 기본 논리구조를 전혀 넘어서지 못했다는 것이다(김보현 2006, 293-323). 이들에 따르면 민주화 시대 재벌에 대항하는 담론 생산자로서 노동 계급은 정치경제적 대항 담론 형성에 무력했다. 민주화 이후 노동 세력의 민주노조 운동은 경제투쟁에 매몰되어 효과적인 담론 형성에 한계를 보여주었다. 또 도시 중간계급은 오히려 경제위기의 책임을 노동운동에 전가하는 보수 정권의 지배 이데올로기에 편승함으로써 오히려 성장주의를 뒷받침하는 현실적인 힘이 되었다(이광일 2003, 225).

이와 함께 김대중, 노무현 정부의 정책 전환을 진보적 실험의 실패로 규정하는 진보 좌파 학자들을 중심으로 대안 담론의 한계, 특히 진보적 성장전략의 부재를 지적하는 논의들이 전개되었다(조형제·김양희 2008; 이남주 2008; 전병유 2008; 이일영 2008). 이러한 반성적 시도들은 문재인 정부에서 '소득주도 성장론'이라는 성장전략으로 그 결실을 맺었다. 하지만 이 역시 현실의 실행과정에서 많은 문제를 노출했다. 그 이유가 무엇인가? 여전히 다시 강고한 성장우선주의 지배 담론과 재벌 의존적 경제구조의 한계, 혹은 진보적 대안 담론의 미숙한 실행 전략에서 그 원인을 찾는다면 해결책을 찾을 수 있을까?

본 연구는 진보세력이 집권을 통해 지배 세력이 되었음에도 불구하고 진보의 대안 담론이 지배 담론이 되지 못한 이유는 진보적 대안 담론의 성장전략 부재 혹은 실행 전략의 미숙함 때문이 아니라 오히려 진보적 대안 담론이 변화에 적응하지 않았기 때문이라고 주장한다. 세 차례의 진보 정부를 통해 나름의 진보적 대안이 시도되었지만 문제는 여전히 '성장'에 대한 '유효한' 대안 담론이 제시되지 못했다는 데 있다. 유효한 성장전략이 되기 위해서는 변화하는 국내외 정치경제 상황에 대한 적응과 그에 따른 대응 전략이 제시되어야 한다. 그러나 진보적 대안의 결정체라고 할 수 있는 '소득주도 성장론'은 여전히 '이념형적' 케인즈주의적 대안에 머물러 있다. 이는 케인즈주의적 대안이 구현된 북유럽 국가들에서도 지난 40여 년간 변화하는 정치경제 현실에 적응하기 위해 끊임없이 변화와 개혁을 통해 새로운 적응 전략을 모색해왔음을 간과한다.

또한 진보 진영의 반성적 논의는 경쟁하는 지배 담론의 진화를 보지 못하고 있다. 지배 담론이 계속 지배 담론일 수 있는 것은 실행의 과정에서 변화하는 현실에 적응하여 지속적으로 정당화되었기 때문이다. 그러나 진보 진영의 자기 반성적 논의에서 성장 우선적 지배 담론은 박정희 정권에서 형성된 그대로 변화 없이 지속되고 있는 것으로 인식된다. 수출 주도의 성장 우선적 논리라는 의미에서는 그럴 수 있다. 하지만 이 지배 담론이 지속될 수 있었던 것은 단순히 과거에 형성된 논리를 반복했기 때문이 아니라 자유화, 민주화, 세계화 등 변화 속에 새롭게 제기되는 시대적 요구를 수용하고 적응함으로써 사회적으로 정당화될 수 있는 변화를 모색했기 때문이었다.

III. 한국 진보 정부의 경제정책 전환

이 절에서는 김대중, 노무현, 문재인 정부의 경제정책이 실제로 초기 정책 기조에서 어떤 방향으로 전환되었는지를 구체적으로 살펴본다. 이 글이 주목하는 변화의 기준은 크게 세 가지다. 첫째, 자유시장적 접근인지 국가 개입적 접근인지의 여부, 둘째, 정책의 초점이 분배 개선에 있는지 성장 중심에 있는지 여부, 셋째, 정책 생산의 주체가 민간 혹은 시민사회(재벌, 노동 등) 중심인지 관료 혹은 정치 엘리트인지의 여부가 그것이다.

1. 김대중 정부의 정책 전환

김대중 정부 초기 경제정책은 자유주의적 시장경제론과 사회경제적 재분배 원칙이 결합된 형태였다. 1997년 말 한국경제가 직면한 초유의 위기 상황에서 자유시장은 기존 발전주의에 대한 하나의 대안으로 여겨졌다. 실제로 김대중 정부는 IMF의 요구를 받아들여 신자유주의적 개혁을 단행했다. 이는 IMF와 미국 정부의 요구를 수용한 것으로 이들은 시장 원칙에 따라 부채 의존적 팽창주의를 개혁하고 한국 정부가 수출 및 생산에 대한 보조금 지급을 하지 않도록 요구했다(이영렬 1999, 148).

위기 정국에서 신자유주의적 조치는 기존 발전주의의 폐해와 재벌 집중적 경제 구조에 대한 개혁으로 여겨졌다. 실제로 대중참여경제론에 나타난 김대중 대통령의 경제관은 국가 주도 발전주의를 비판하고 자유주의적 시장경제를 옹호하는 것이었다. 대중참여경제론에서 김대통령은 '민주주의와 시장경제의 병행발전', 이른바 '민주적 시장경제론'을 제안하면서 국가 개입의 후퇴와 재벌 해체를 주장했다(김대중 1997). 김대중 정부 초기 경제정책을 주도한 중경회[1] 역시 김대중 대통령의 대중참여경제론과 유사하게 전통적인 성장우선주의를 반대하고 "자유 시장과 균형 발전"을 주장했다(김수길 외 2003, 54-59; 서정환 2007, 57).

이러한 김대중 정부의 초기 정책 기조는 주요 지지 기반이었던

1 중경회 주요 멤버는 김태동, 이진순, 윤원배, 이선 등 서울대학교 경제학과 변형윤 교수의 제자들로 구성된 자유주의적 경제학자들이었다. 이들은 변형윤의 호를 따 학현학파로 불리기도 했다.

사회 진보세력은 물론 일반 대중에게도 광범위한 지지를 받았다. 무리한 문어발식 부채 경영을 펼쳐온 재벌 대기업들의 도덕적 해이와 국가 개입의 비효율성이 경제위기의 원인으로 제기되었기 때문이다. 전국민주노동조합총연맹(이하 민주노총) 등 노조나 경제정의실천시민연합(이하 경실련)과 같은 진보적 시민단체들은 경제관료와 재벌을 경제위기의 주범으로 비판하였고 일반 대중들도 한국 경제에서 재벌의 지배력을 약화시켜야 한다는 데 동의했다(윤상우 2016, 9-10). 민주노총과 한국노동조합총연맹(이한 한국노총)은 노사정위원회 참여 조건으로 재벌 재산의 환수를 요구하기도 했다(이영렬 1999, 49-50). 또한 국가 주도적 발전주의는 부패와 정실 자본주의(crony capitalism)를 낳고 결과적으로 민간 기업의 도덕적 해이를 일으켰다고 비난받았다. 이와 함께 재벌 대기업의 부채 의존적 팽창주의를 허용한 경제관료들은 위기의 주범으로 여겨졌다(동아일보 특별취재팀 1999, 222; Hayashi 2010, 59; 박태견 1997, 20-21).

그러나 '시장경제와 균형 발전'을 목표로 국가 개입의 후퇴와 재벌 대기업에 대한 징벌적 구조조정에 초점을 두었던 김대중 정부의 초기 정책 기조는 1998년을 지나면서 수출 성장을 통한 위기 극복과 이를 위한 산업 경쟁력 개선으로 방향이 바뀌기 시작했다. 또 이 과정에서 경제위기의 주범으로 몰렸던 정통 경제관료들은 수출 성장전략을 견인하고 재벌 대기업 간 사업 조정(이하 빅딜 정책)을 완수할 책임을 맡아 경제정책의 전면에 재등장하였다. 경제관료들은 재벌 개혁의 초점을 징벌적 구조조정보다는 국가 산업 경쟁력의 개선에 두었고 이와 함께 새로운 산업정책으로서 기술집약적 중소 벤처기업과 부품소재 기업의 육성 전략을 제시했다(김경미 2017, 102-

103).

재벌 개혁의 일환으로 시작된 대기업간 사업 조정, 이른바 빅딜(big deals)은 10개의 대표 산업—자동차, 반도체, 석유화학, 철강, 조선, LCD(Liquid crystal display), 전기발전기, 항공기, 기차, 컴퓨터 산업—에 대한 재벌 기업 간 사업 조정을 의미한다(이영렬 1999, 97, 104). 빅딜 정책은 기본적으로 산업 경쟁력을 개선하기 위해 산업정책의 초점을 국민 대표기업들에 두어야 한다는 생각에 기초했다(김수길 외 2003, 228). 빅딜 정책은 공식적으로는 채권자인 은행 중심의 시장 주도적 구조조정이었지만 실제로는 정부의 가이드라인에 따른 인위적 구조조정이었다. 정부는 채권 은행을 통해 재벌 기업간 강제적 사업 교환 및 인수합병을 유도했다. 이는 여전히 한국 정부가 민간 은행에 대한 통제권을 가지고 있었고 공적 자금을 통한 금융 혜택, 세제 혜택 등 정책 수단을 가지고 있었기 때문에 가능했다(김수길 외 2003, 94-117).

김대중 정부는 또한 산업정책의 방향을 규모의 경제에 기초한 요소투입형 전략에서 기술력에 기초한 혁신주도형 전략으로 전환함으로써 국가의 새로운 역할을 정립하였다. 이를 위해 정부는 연구개발 투자를 크게 확대하고 부품소재특별법을 제정하여 기술력 있는 부품소재업체들을 지원하는 등 실질적인 정책 실행에 나섰다. 그 결과 1998년부터 2002년까지 정부 연구개발 예산의 연평균 증가율은 15%에 달했다(국가과학기술위원회 2003, 25).

또 정부는 2001년 2월 『부품·소재전문기업 등의 육성에 관한 특별조치법』을 제정하고 후속 조치로 '부품소재발전기본계획'(MCT-2010)을 수립하였다. 'MCT-2010'은 핵심 부품소재의 국산화 개발을 목표로 10년(2001~2010)간 총 1조 5천억 원, 국산 부품소재의 신뢰성 수준 향상을 위해 총 3,630억 원을 투입하는 것을 골자로 했다. 이외에도 MCT-2010은 부품소재 기업의 전문화, 대형화를 유도하고 글로벌 파트너십 사업을 통해 세계시장 진출을 지원하였다(산업연구원 2012, 10-12).

2. 노무현 정부의 정책 전환

노무현 정부는 임기 초 전통적인 성장 우선적 발전주의에 대한 대안으로 "경제적 민주주의"를 천명했다. 경제적 민주주의는 1987년 민주화 이후 성장한 노조 및 시민단체 등 진보적 사회 세력의 요구를 뒷받침했다. 대표적으로 1989년 조직된 경실련은 재벌의 부동산 투기 의혹을 제기하고 금융실명제 도입을 주장하며 적극적인 경제민주화를 요구했다. 또 1994년 설립된 참여연대는 재벌의 부 집중, 부당한 내부거래 문제 등을 비판하고 소액주주운동을 펼치기도 했다. 그러나 노태우, 김영삼 정부 시기의 개혁은 제한적이었다. 또 1997년 외환위기 이후 김대중 정부에서 경제 민주주의의 요구가 다시 거세졌지만 성장 우선의 국가 주도 발전주의는 지속되었고 재벌의 경제적 지배는 오히려 강화되었다(박현석 2017, 203-204).

2002년 대통령 선거의 과정에서 경제 민주주의는 다시 핵심적인 화두로 제기되었고 시민사회 진보세력의 지지를 업고 당선된 노무현 대통령은 집권 초반 경제 민주주의 정책을 실행에 옮기기 위해 노력했다. 노무현 정부에서 경제 민주주의는 노동자와 고용주 간의 권력 균형, 노동자의 주요 의사결정 과정 참여 등을 주요 내용으로

했다. 노무현 대통령은 당선인 시절부터 한국노총·민주노총 간부들과 함께 연쇄 간담회를 가지는 등 친노동적 행보를 보였다. 당시 노무현 당선자는 이 간담회 자리에서 새로운 노사관계의 필요성을 강조하며 "현재 여론의 장(場)을 지배하는 사회적 힘의 균형에서 노동계에 비해 경제계가 세고, 신문의 칼럼이나 논문 숫자에서도 경제성장 논리가 우세하다"며 "향후 5년간은 이 같은 사회적 힘의 불균형과 가치 주장자들간의 힘의 불균형을 시정하겠다"고 밝혔다. 또 "사회적 균형이 이뤄지면 정부나 대통령의 개입 없이도 문제가 해결될 수 있다"면서 "개별 정책이 아니라 사회적 제도와 역학관계의 균형을 잡아나가는 데 노력하겠다"는 의지를 표명하기도 했다(국정신문 2003).

실제 노무현 정부 초기 청와대 노동개혁팀, 노동부, 노사정위원회 등 노동정책 핵심 기구에는 과거 노동계 인사들이 선임되어 친노동적 정책을 이끌었다. 이에 따라 임기 초 발생한 두산중공업 조합원 분신자살 사건, 잇따라 발생한 철도노조 단체교섭, 화물운송연대 집단행동 등 노사분쟁에 노무현 정부는 직접 개입하여 해결에 나섰다. 또 노동 사범에 대한 과도한 형사 처벌 자제, 불구속 수사 방침, 직권중재 자재의 원칙을 새롭게 마련하였다. 무엇보다 노사분쟁에서 발생하는 손해배상과 가압류 조치의 과도한 활용을 문제시 함으로써 기업 측의 편법적 노조탄압 행위를 줄이는 데 기여했다(이병훈 2011, 282-283).

또한 노무현 정부는 불균등한 권력 균형의 다른 축인 재벌 대기업의 부당한 지배력을 완화하기 위해 재벌 기업의 왜곡된 지배구조와 불투명한 경영, 불공정한 경쟁, 부당한 세습 등에 대한 재벌개혁을 추진했다. 대표적으로 증권 관련 집단소송제, 상속증여세 완전포괄주의, 재벌금융회사에 대한 계열분리 청구제, 출자총액제한제도 유지, 재벌금융회사 계열사에 대한 의결권 행사 금지 등을 재벌개혁의 핵심과제로 천명했다(임유진·이연호 2020, 234-235).

그러나 노무현 정부는 임기 1년을 채우기도 전에 동시다발적 자유무역협정(이하 FTA) 추진 등 무역 자유화 정책을 확대하고 차세대 성장동력 육성과 같은 산업정책을 강화하며 경제정책의 방향을 전환했다. 노무현 정부의 신성장모델은 지식 기반의 혁신주도 경제, 대기업과 중소기업의 동반 성장을 강조했다는 점에서 기존의 요소투입형 발전주의, 대기업 육성 중심의 불균형 성장전략과 차별화되었다(국정브리핑 특별기획팀 2008, 13; Lee 2009, 358). 이러한 정책 전환 시도는 김영삼 정부, 김대중 정부에서도 이루어진 바 있다. 그러나 노무현 정부는 이전 정부들이 비전만 제시했을 뿐 구체적인 계획을 발전시키지 못한 것을 비판하며 재정 지원 전략을 포함하는 구체적인 실행 계획을 제시했다(국정브리핑 특별기획팀 2008, 339-340).

특히 1999년 김대중 정부 시절 이미 신성장동력 육성 정책에 대한 초안이 마련되었지만 이는 IT 산업에 국한되어 있었던 반면 노무현 정부는 10대 차세대 성장동력산업을 선정하고 이에 대한 구체적인 지원방안을 마련하였다.[2] 2004년부터 2008년까지 차세대 성장동력산업 프로그램에 투자된 금액은 2.9조 원에 달했다. 이 중 2조 원

2 2003년 8월 22일 노무현 대통령은 윤진식 관계 부처 장관 및 산학연 관계자 160여 명이 참석한 가운데 '차세대 성장동력 보고회'를 열고 10대 차세대 성장동력 산업을 확정하고 추진전략을 논의했다. 이날 확정된 10대 성장동력 산업은 디지털TV·방송, 디스플레이, 지능형 로봇, 미래형 자동차, 차세대 반도체, 차세대 이동통신, 지능형 홈네트워크, 디지털 콘텐츠.소프트웨어 솔루션, 차세대 전지, 바이오 신약·장기 등이다(김종윤 2003).

은 국가에 의해 지원되었고 9000억 원은 기업에 의해 투자되었다(이태규 2015, 24-25).

또한 노무현 정부는 새로운 발전주의 전략을 실현하기 위해 수출주도 성장을 강조했다. 노무현 정부가 임기 중반부터 본격적으로 추진하기 시작한 동시다발적 FTA 전략은 수출 시장을 확대하기 위한 것이었다(김현종 2010, 20-21, 42-43; 김석우 2011, 101). 노무현 정부는 2003년 8월 "FTA 추진 로드맵"을 완성하고 동시다발적 FTA 추진을 위한 발판을 마련했다. 또 2004년 6월에는 대통령령에 따른 '자유무역협정체결절차규정'을 통해 FTA 협상과 체결에 관한 절차와 제도를 마련하였다. 노무현 정부에서 개시된 FTA는 모두 8건으로 싱가포르, 유럽자유무역연합(European Free Trade Association: EFTA), 동남아시아국가연합(Association of South-East Asian Nations: ASEAN), 멕시코, 캐나다, 미국, 인도, 유럽연합(European Union: EU)과 FTA 협상이 시작되었다. 이외에도 김대중 정부에서 시작된 한-칠레 FTA가 2004년 발효된 바 있다.[3]

노무현 정부의 동시다발적 FTA 추진 전략은 지지세력인 노조 및 진보적 시민단체들의 저항을 불러일으킨 반면 소원한 관계를 유지했던 대기업집단들과 우호적인 관계를 조성하는 계기가 되었다(김현종 2010, 50). 전경련 사무국의 실무자에 따르면 대기업에 대한 노무현 정부의 태도가 집권 3년차 정도까지는 매우 비판적이었는데 이후부터는 관계에 변화가 있었다. FTA에 대한 입장은 물론이고 대기업집단의 투자 제한 규제도 완화시키는 등 실질적인 정책의 변화가

3 산업통상자원부 홈페이지, 〈FTA 강국, KOREA〉 참조. https://www.fta.go.kr/main/situation/kfta/ov/

있었다는 것이다(전경련 사무국 관계자 심층 면담 2018/05/17).

3. 문재인 정부의 정책 전환

집권 초 문재인 대통령과 핵심 집권 세력의 경제정책은 성장보다는 분배 혹은 평등에 초점이 있었다. 2016년 10월 발족한 문재인 대통령(당시 전 더불어민주당 대표)의 싱크탱크 '정책공간 국민성장'의 창립 기조연설에서 문대통령은 '국민성장론'을 제시하며 "성장으로 생긴 소득이 국민 모두에게 골고루 돌아가야 한다"며 "부채주도 성장이 아니라 소득주도 성장으로 경제 패러다임을 전환해야 한다"고 강조했다(최우석 2016). 또 대선 캠프에서 경제정책을 담당하고 문재인 정부에서 공정거래위원장(2017년 6월~2019년 6월)과 대통령비서실 정책실장(2019년 6월~2021년 3월)을 역임한 김상조 전 한성대 교수(당시 새로운대한민국위원회 부위원장)는 2017년 4월 14일 기자회견에서 "문재인 후보의 기본 경제기조는 케인즈주의"라고 전하며 "실업문제와 재벌의 경제력 집중 문제 등" 핵심적인 시장 실패에 대한 정부 개입의 필요성을 강조하였다(박호현 2017).

이에 따른 문재인 정부의 초기 경제정책 기조는 "소득주도 경제성장"에 맞춰졌다. 사실 문재인정부 경제정책의 3대 목표는 "소득주도 성장", "공정성장", "혁신성장"이었지만 초기 정책 기조에서는 "소득주도 성장 정책"이 주도하면서 "공정성장 정책"이 뒷받침하는 형태를 보여주었다. 반면 "혁신성장 정책"은 뒤로 밀려나 있었다(김동연 2021, 41-42). 이러한 정책 기조로 출범 후 문재인 정부는 비정규직의 정규직화, 최저임금 인상, 근로시간 단축, 법인세와 부자소득세 인상 등을 우선적으로 추진하였다.

그러나 문재인 정부 역시 집권 2년차를 맞아 소득주도 성장 정책의 기조를 완화하고 뒤로 밀렸던 혁신성장 정책을 강화하기 시작했다. 혁신성장 정책은 김동연 경제부총리를 중심으로 한 기획재정부에 의해 주도되었다. 기획재정부는 2018년 5월 제1차 혁신성장전략 점검회의를 개최한 데 이어 6월에는 1차관 직속으로 혁신성장본부를 설치하였다. 김동연 부총리는 5월 30일 기획재정부 확대간부회의에서 "그동안 혁신성장 추진에 있어 정부 내에서 일부 제약이 있었으나 이제는 기재부를 포함한 전 경제부처가 역량을 모아 속도감 있게 추진해 나가야겠다"는 의지를 피력하며 혁신성장 정책에 대한 의지를 표명했다(정은주·성연철 2018).

문재인 대통령도 김동연 부총리의 혁신성장 정책에 힘을 실어주었다. 문 대통령은 같은 해 5월 31일 개최된 국가재정전략회의에서 소득주도성장과 혁신성장은 함께 가야 하는 것이지 결코 선택의 문제가 아님을 강조하며 "혁신성장에 대해 경제부총리를 중심으로 경제팀에서 더욱 분발해달라"고 촉구했다(정상원 2018). 또 문 대통령은 6월 8일 김동연 부총리로부터 월례 경제현안 보고를 받고 "혁신성장을 위해 기재부와 경제부처에서 적극 기업과 소통해달라"고 주문했다. 이와 함께 드론, 전기차, 수소차 등 혁신성장 주요 과제 활성화를 위한 세부계획 수립을 지시하고 규제샌드박스 조기 입법 등 규제혁신 속도를 가속화할 것을 당부했다(박경담 2018).

더불어민주당의 입장도 변화했다. 2018년 6월 제7회 전국동시지방선거를 앞두고 제시된 민주당의 선거 공약에서 혁신성장 정책은 소득주도 성장 정책보다 우선순위를 차지했다. '일자리 중심의 혁신성장'이 네 번째 순위로 올라온 반면 '소득주도 성장'을 직접 언급한 공약은 빠졌으며 '상생하는 공정경제' 공약은 여덟 번째 자리에 머물렀다(김도형 2018).

IV. 전환의 정치

왜 한국 진보 정부는 집권 후 경제민주주의와 사회경제적 재분배에 초점을 둔 전통적인 이념 지향에서 후퇴해서 경제관료 주도의 성장 우위 발전주의 정책을 수용하였는가? 경제 민주주의와 사회경제적 재분배에 기초한 진보 정부의 정책 이념은 과도한 재벌의 경제력 집중, 불안정한 사회안정망에 대한 개혁과 보완이 필요한 한국 사회에 시대적 과제로 부상하였지만 실행의 과정에서 한 나라의 국민경제 전체를 이끌 수 있는 내재적 자기 완결성을 가진 유효한 대안으로서는 한계를 노출했다. 여전히 진보 정부는 변화하는 국내외 정치경제적 현실에 대응할 수 있는 구체적인 성장전략을 제시하지 못했다. 반면 정통 경제관료들과 중도적 입장에 있는 정치인들은 구체적이고 현실 적실성을 가진 대안을 제시했다. 더 주목할 점은 이들이 성장 우선의 경제정책을 고수하면서도 개혁에 대한 사회적 요구를 반영한 대안을 제시했다는 데 있다. 즉 경제관료들과 중도적 정치인들은 현실의 변화에 대응할 수 있는 구체적인 실행 전략을 제시하면서 동시에 자신들의 대안이 현실에 수용될 수 있도록 스스로 변화함으로써 오히려 정책 전환의 주도권을 쥐었다. 또한 이는 스스로의 대안 모색에 실패한 진보 정권이 타협할 수 있는 지점을 제공했다.

진보 정부의 정책 이념은 자기 완결적 대안으로서는 성공하지 못했지만 오히려 경쟁 대안의 발전적 모색에 기여했다.

1. 김대중 정부 정책 전환의 정치

1997년 시작된 경제위기는 1998년까지 지속되었다. 경제성장률은 한국전쟁 이후 최대의 마이너스 실적을 기록했고 크고 작은 기업들의 도산이 이어졌다. 이에 따른 실업과 고용불안도 심화되었다. 1998년까지 연장된 경제위기는 새 정부의 경제정책에 대한 의구심과 비판을 불러일으켰다. 그러나 경제위기 자체는 변화, 특히 변화의 방향을 설명할 수 없다. 경제위기는 97년 말 김대중 정부 출범의 배경이기도 하기 때문이다. 문제는 대선 정국과 정부 출범 초기 위기의 해결책이자 동시에 한국 경제의 대안적 비전으로 주목 받았던 새 정부의 정책 기조가 정책 실행의 과정에서 그 유효성을 입증하지 못했다는 데 있다. 대조적으로 경제위기의 주범으로 지목되었던 정통 경제관료들의 대안은 다시 주목받기 시작했다. 이는 단순히 기존의 발전주의 연합의 파워가 강했기 때문이라고 볼 수는 없다. 관료들은 기존 발전주의 연합의 파트너인 재벌에 대한 개혁 필요성을 앞세우며 개혁의 방향을 제시했기 때문이다. 이들은 경제적 효율성 원칙을 고수하면서 동시에 새 정권과 사회적 요구에 부응하는 개혁적 대안을 제시했다.

김대중 정부 초기 자유주의적 경제정책 입안자들의 자유시장 원칙이나 전통적 지지 기반인 진보적 시민사회의 재벌 해체 주장은 위기에서 실질적인 선택지가 되지 못했다. 김대중 정부 초기 경제정책을 이끌었던 중경회 멤버로서 김태동 경제수석은 시장주의 원칙하에 인위적인 금리 인하에 반대했다. 또 그는 경제 자문위원이던 유종건과 함께 빅딜 계획을 비롯한 국가의 은행 통제를 통한 기업 구조조정에 부정적이었다(김수길 외 2003, 57-61, 84, 228). 그러나 이들은 당시 한국 경제가 직면했던 국가 부채, 기업 파산, 대규모 해고 등과 같은 문제에 대해 실질적인 해결책을 제시하지 못했다. 이와 함께 김대중 정부 초기 경제정책을 이끌었던 자유주의 경제학자들은 김대중 정부 집권 2년 이내에 모두 물러났다(서정환 2007).

김대중 정부가 내세운 균형 발전을 위한 자유시장 원칙은 대안으로서의 유효성을 충분히 입증하지 못했다. 한국은 국제 시장의 경쟁력을 바탕으로 한 수출주도 성장의 성공적인 경험을 가지고 있다. 새로운 대안이 되기 위해서는 이를 대체할 수 있는 새로운 발전 전략을 제시하든지 아니면 지속적인 수출주도 성장을 위해 한국 산업의 국제 시장 경쟁력을 강화할 수 있는 전략을 제시해야 했다.

그러나 일반 대중들은 물론 경제관료들도 자유시장 원칙에 대한 회의를 가지고 있었다. 자유시장 원칙은 국제 시장에서 한국 산업의 경쟁력을 오히려 약화시킬 것으로 우려되었다(이영렬 1999, 149). 게다가 일반 대중들은 자유시장 원칙이 산업 경쟁력을 개선하기보다는 재벌들의 무모한 문어발식 경영을 낳았다고 인식했다(Kim 1998, 41-42). 사실 자유시장 원칙은 80년대 이후 재벌 대기업들이 주장하던 것이었다. 60~70년대 국가의 각종 특혜 지원을 통해 형성된 재벌들은 점점 더 국가의 통제로부터 벗어나기를 원했다. 실제로 한국 정부는 80년대 이후 경제 자유화와 개방화 조치를 통해 금융 탈규제와 자유화—이자율, 은행 운영, 외환 거래 및 투자의 자유화 등—를 확대하였다. 그리고 무리한 금융 탈규제와 개방화는 재벌의 규모 확대에 기여하고 90년대 말 경제 위기의 원인이 된 것으로 평가되었다(Hart-Landsberg and Burkett 2001, 411; 지주형 2011, 139-143).

그러나 노조나 시민사회의 진보세력이 주장한 재벌 재산 환수, 재벌 해체 등 사회경제적 재분배를 위한 요구도 그 자체로 한국 경제의 회복과 지속적인 발전을 위한 완결력 있는 대안으로 여겨지지 못했다(윤상우 2016, 9-10). 민주노총을 비롯한 진보 단체들은 재벌 해체를 주장했지만 재벌 없이 경제성장을 성취한다는 것은 이미 현실적이지 않은 것처럼 보였다. 90년대 말 현재 재벌이 한국 경제에서 차지하는 비중은 거의 70%에 이르렀다(박현석 2017, 220). 사람들은 재벌의 도덕적 해이를 비난하고 이에 대한 처벌을 원했지만 국민경제의 회복을 위해서는 재벌이 해체되기보다는 '개혁'되어야 한다고 생각했다. 경제관료들은 이를 이용해 재벌 개혁의 필요성을 부각함으로써 다시 힘을 얻었다(Shim and Lee 1998, 19).

김대중 정부 초기의 정책 기조가 빠르게 철회될 수 있었던 것은 위기 극복과 지속적인 경제 발전을 위한 전략으로 다른 실효성 있는 대안이 부상하였기 때문이다. 새로운 대안은 정통 경제관료들에 의해 제시되었다(김수길 외 2003, 54). 이들은 경제적 효율성 원칙을 고수하면서 동시에 새 정권과 사회적 요구에 부응할 수 있는 개혁적 대안을 제시했다. 민주노총과 진보 시민단체들은 경제위기의 책임을 물으며 재벌 해체를 요구하였지만 개혁의 방향을 제시하지는 못했던 반면 경제관료들은 재벌 개혁의 방향을 제시함으로써 대안으로 부상했다. 관료들은 위기 극복을 위한 산업 경쟁력 개선의 필요성을 재벌 개혁의 목표로 삼았다.

위기의 해결책을 모색하는 과정에서 김대중 대통령은 초기 내각에서 중용했던 김태동, 이진순 등 자유주의적 경제학자들을 경질하고 정통 경제관료들의 구체적이고 실효성 있는 대안에 손을 들어줬다. 자유주의자들의 추상적인 자유시장 원칙보다는 관료들의 재벌의 핵심 사업 전문화와 지식집약 산업 발전 전략이 훨씬 더 실현 가능하고 구체적인 대안으로 여겨졌던 것이다(김수길 외 2003, 57-59; 김영범 2003, 411-412).

경제관료들은 기존 발전주의 국가의 핵심 전략과 핵심 파트너인 재벌에 대한 개혁을 부각함으로써 스스로의 역할을 재정립했다. 첫째, 관료들은 경제위기 해결을 위한 수출 경쟁력 제고의 대안으로 기존의 요소투입형 성장전략의 한계를 지적하며 혁신주도적 성장전략으로 전환할 필요성을 제기하였다. 둘째, 요소투입형 전략의 핵심인 재벌을 엄격히 규제하고 개혁하기 위한 국가의 개입을 정당화였다. 관료들은 혁신주도적 성장전략을 통한 수출 경쟁력 제고를 위해 재벌 대기업의 역할이 중요함을 인정하면서도 새 정부와 시민사회의 요구에 부응하여 재벌을 개혁의 대상으로 삼았다. 이는 자유시장 원칙으로는 재벌의 자발적인 개혁이 어렵다는 인식에 기초했다.

경제관료들은 규모 의존적 요소투입형 전략의 폐기와 혁신주도적 전략으로의 전환이 재벌의 무용성을 의미하는 것이 아님을 분명히 했다. 이들은 새로운 혁신주도 전략의 성공을 위해서는 혁신적 부품소재 기업의 광범위한 참여뿐만 아니라 완제품 기업으로서 제조 대기업들의 선도적 역할이 필요하다고 인식했다(권영기 2000, 68). 그러나 관료들은 규모 의존적 재벌 대기업들이 전략 사업 중심의 기술 고도화 전략으로 자율적으로 전환하는 것은 어렵다고 보았으며 이러한 시장 실패를 극복하기 위해 정부의 새로운 발전주의 전략이 필요하다고 생각했다(Hundt 2009, 93-94).

경제관료들과 재벌의 위기 해결 대안은 수출 성장 회복에 있었다는 점에서 동일했다. 그러나 경제관료들이 수출 경쟁력 제고를 위해 규모 중심 전략에서 지식 경제로의 이행이 필요하다고 보았던 반면 재벌들은 기존 규모 지향 전략을 지속하고자 했다. 대기업들은 위기 직전까지도 규모 지향적 다각화를 지속했다. 예를 들어 삼성은 1996년 자동차산업에 진입했고 한보, 한라, 삼미 등은 여전히 대규모 부채에 의존해서 규모 경쟁에만 몰두했다(박태견 1997, 195-197). 위기에 직면해서도 김우중 대우 회장(당시 전경련 회장)으로 대표된 재벌 대기업들은 여전히 규모 중심의 팽창주의 전략을 고수하고자 했다. 그들은 기존의 전략이 그들의 성공을 가져왔기 때문에 "원래 하던 방식대로" 하기를 원했다(Shim and Lee 1998, 19). 심지어 그들은 정부의 개혁 시도에 계속 저항하며 버티면 결국 정부가 포기할 것이라고 믿었다(조철환 1999, 34-35).

그러나 정부는 재벌의 선택을 엄격하게 규제함으로써 자율성에 기초한 발전주의적 국가 역할을 부활시켰다. 김대중 정부 초대 재정경제부 장관 이규성은 위기에서 시장이 작동하지 않았음을 지적했고 이규성에 이어 재정경제부 장관을 역임한 강봉균 역시 기업이 시장을 작동시킬 수 없다면 정부가 개혁을 이끌어야 한다고 주장했다(권영기 2000, 77; Hundt 2009, 107). 이와 함께 김대중 정부는 부채 경영을 지속하고자 했던 대우의 파산은 용인했던 반면 정부 정책에 호응하면서 핵심 사업 중심으로 전략을 빠르게 전환한 삼성에는 삼성생명 상장 인가로 화답했다. 대우의 파산은 당시 다른 재벌 대기업들에게 새로운 규율로 인식되었고 기업들의 전략 변화에 영향을 미쳤다(Hundt 2009, 105).

한편 경제위기의 원인으로 지목되었던 경제관료들의 대안이 대통령을 비롯한 정권 핵심과 일반 대중에게 정당화되는 것에 머물지 않고 새로운 경쟁력을 갖춘 실효성 있는 대안이 될 수 있었던 것은 치열한 내부 경쟁을 통한 정당화 과정을 거쳤기 때문이었다. 기술혁신적 부품소재 기업의 육성을 토대로 한 김대중 정부의 새로운 산업정책은 산업자원부, 정보통신부 등 산업관련 부처들 간 경쟁을 통해 발전하였다. 산업 관련 부처들은 산업의 수출경쟁력 개선을 위한 국가의 개입에는 동의했지만 정책의 주도권을 놓고 경쟁했다. 경쟁의 과정에서 그들은 자신들의 새로운 비전과 논리를 정당화시키려고 노력했다(Kwon 2021, 141).

한국 산업정책에서 부서간 경쟁은 종종 IT산업 같은 핵심 산업에 대한 중복 투자 등의 문제를 일으켰다. 그러나 이러한 경쟁이 서로를 자멸시킬 정도로 심각하게 진행되지 않았던 것은 이들의 경쟁이 어디까지나 산업경쟁력을 발전시켜야 한다는 국가적 명분하에서만 정당화될 수 있었고 또 무엇보다 새 정부와 사회적 요구에 부응해야 했기 때문이다. 김대중 정부에서 재정경제부와 산업자원부, 정보통신부, 과학기술부 등은 국민경제의 산업경쟁력 제고를 위해 하이테크 벤처기업을 육성해야 한다는 국가적 대의를 공유했고 이 과제를 성취하기 위해 경쟁의 과정에서도 협력했고 기능적 역할 분담을 통해 타협의 지점을 찾았다(Kwon 2021, 145).

2. 노무현 정부 정책 전환의 정치

노무현 정부가 경제 민주주의 노선에서 친기업적 성장 우선 정책으로 돌아선 배경에 있어서도 경제적 요인을 배제할 수 없다. 실제로 노무현 정부 내내 감소하는 잠재 경제성장률에 대한 우려와 비판이 제기되었다. 또 진보세력의 상대적 취약성도 원인으로 지적되었다. 1987년 민주화 이후 노동 운동의 힘이 상대적으로 커졌지만 1999년 민주노총이 법적인 지위를 확보한 이후 오히려 노조는 보수화되는 경향을 보였다. 또 외환위기 이후 노동시장이 정규직과 비정규직으로 이중화되면서 노동운동은 인사이더-아웃사이더 문제에 봉착했다. 그러나 노조운동은 노동 계급 전체를 대변하기보다는 정규직 인사이더의 협소한 이익을 대변하는 데 초점을 두면서 노동 계급은 분열되었고 경제 민주주의를 위한 힘은 약화되었다(Yang 2017, 154-166, 170-183).

그러나 한국 경제의 성숙에 따른 잠재 경제성장률의 감소에도 불구하고 노무현 정부 시기 경제성장률은 여전히 OECD 평균보다 높게 유지되었다. 또 진보세력의 상대적 취약성과 재벌의 경제적 지배력 등 구조적 요인에도 불구하고 진보세력의 정치적 세력화는 더욱 강화되고 있었다. 김대중 정부에 이은 노무현 정부의 출범과 17대 총선의 열린 우리당 과반 의석 점유, 민주노동당의 약진 등은 이를 뒷받침한다.

문제는 진보세력의 경제 민주주의 비전에는 발전주의의 대안이 될 수 있는 경제성장을 위한 설득력 있는 전략이 부재했다는 데 있다. 경제성장률이 둔화되는 상황에서 노무현 정부는 경제 및 고용

침체를 극복할 수 있는 대안을 필요로 했지만 진보세력은 부의 재분배와 재벌 비판에만 초점을 둘 뿐 구체적이고 실현 가능한 대안을 제시하지 못했다. 노무현 정부의 실험이 한계가 있었다는 비판은 진보 진영 내에서도 광범위하게 제기되었다(한반도사회경제연구회 2008). 무엇보다 유의미한 비판은 진보의 대안에 성장 담론이 부재하다는 것이었다.

> 노무현 정부의 동반성장론이 성장과 분배의 우선순위 문제로 빠져버리게 된 것은 성장과 분배를 조화시키기 위한 구체적인 전략이 빠져 있었기 때문이다. 특히 성장전략이 약했다. 『비전과 전략』[4]에서는 성장전략과 분배전략이 구체적인 정책수준에서 어떻게 연결되고 있는지를 보여주지 못하고 있으며, 비전2030[5]에서는 성장전략이 제시되지 않은 채 복지국가의 비전만 보여주는 데 급급하고 있다. 복지가 투자적 성격을 가진다는 점을 강조하는 '사회투자국가'에서도 구체적인 성장전략은 찾아보기 어려웠다(전병유 2008, 92). [각주는 필자 삽입]

노무현 정부 경험에 대한 이러한 반성은 문재인 정부에서 "소득주도 성장"이라는 진보적 성장전략으로 발전했다. 그러나 나중에 살펴보겠지만 그 대안 역시 여전히 현실 적실성에 한계를 드러냈다.

반면 김대중 정부와 마찬가지로 노무현 정부에서도 경제관료들

4 2006년 국민경제자문회의를 통해 발표된 『동반성장을 위한 새로운 비전과 전략』.

5 2006년 8월 30일 참여정부가 '비전 2030 보고회의'를 통해 발표한 「비전 2030-함께 가는 희망한국」 보고서.

은 민간 기업이나 시민사회 진보세력과 대조적으로 국가 경제가 직면한 도전에 대한 설득력 있고 구체적인 발전 비전과 실행 계획을 제시했다. 주목할 것은 이들이 기존의 성장 우선적 경제정책에 진보 진영의 경제 민주주의, 동반 성장, 재벌 집중력 해소, 사회경제적 재분배와 같은 시대적 요구를 반영함으로써 집권 정부가 수용할 수 있는 대안을 제시했다는 데 있다.

경제관료들은 잠재 경제성장률 저하에 전통적인 수출주도 성장을 통한 전략으로 대응했다. 2004년 이후 본격화된 동시다발적 FTA 추진 정책은 이러한 생각에 기초했다. 관료들은 세계적으로 FTA가 증가하는 추세에서 한국이 뒤처진다면 한국 기업들이 해외에서 불이익을 당하게 될 수 있음을 강조했다. FTA를 맺은 국가들의 기업들끼리 파트너십을 형성하는 게 더 유리할 수 있었기 때문이다(국정브리핑 특별기획팀 2008, 306). 또한 FTA를 통한 수출확대 전략은 생산 세계화로 인한 기업들의 해외 진출에 대한 대안이었다. 관료들은 FTA를 통해 기업들의 국내 투자를 확대할 수 있으리라 기대했다(김현종 2010, 52).

뿐만 아니라 경제관료들은 세계화로 인한 국내산업 공동화 우려에 대해 국내 산업의 경쟁력 제고를 통한 대안을 모색했다. 이들은 세계 시장경쟁에서 저임금 경쟁력으로 빠르게 성장하는 중국, 기술보호주의에 나선 미국과 일본의 도전에 대처하기 위해 보다 높은 수준의 지식집약적 경제로의 이행이 필요하다고 인식했다. 이는 기본적으로 불확실성이 높은 새로운 분야를 개척하는 데 주저하는 민간기업들을 대신해서 정부가 그 위험을 감수해야 한다는 생각에 기초했다(Thurbon 2016, 104).

90년대부터 전 세계적으로 진행되어온 글로벌리제이션(globalization)은 피할 수 없는 현상이었고 기업이 수익 높은 쪽으로 좇아서 가는 거니까 그걸 막을 수는 없는 것이었다. 다만 그걸 메울 수 있는 방법을 모색했다. 그것과 함께 우리 산업의 경쟁력을 업그레이드시키는 것… 당시 참여정부 때 대단히 강조했던 것이 물론 국민의 정부나 지금 MB정부도 마찬가지지만 R&D 투자였다. 통계를 보면 참여정부 때 R&D 투자가 크게 늘어난 것을 알 수 있다. 그리고 제도개선도 많이 이루어졌다. 장기적인 문제로 인력개발 제도도 개선했다. (참여정부 청와대 경제수석 면담조사 2013/04/19)

이에 따라 산업자원부, 정보통신부, 과학기술부는 차세대성장동력 프로젝트나 IT-839 프로젝트 등 구체적인 실행계획을 경쟁적으로 제시했다. 최종적인 신성장동력산업육성 프로젝트는 부서 간 치열한 갈등과 조정의 과정을 거쳐 2006년 '차세대성장동력 프로젝트'라는 명칭으로 발표되었다(김상봉 2011, 17-18).

그러나 이러한 대안들이 노무현 대통령을 비롯한 정권 핵심 세력에 의해 받아들여질 수 있었던 것은 관료들이 단순히 전통적인 수출주도 성장을 위한 산업 경쟁력 제고와 시장 개방만을 고집한 것이 아니라 정권의 핵심적인 정책 기조와 타협할 수 있는 대안을 제시했기 때문이다.

노무현 정부 경제관료들은 김대중 정부의 부품소재산업 육성 정책을 발전시켜 혁신적 중소기업의 육성과 포괄적인 혁신 생태계 수립을 대안으로 제시했다. 노무현 정부의 경제관료들은 정권의 경제민주주의, 특히 대중소기업 동반성장이라는 정책 기조를 받아들여

대기업과 중소 부품업체의 상생협력이라는 새로운 개념을 제기하며 산업생태계 육성에 초점을 두기 시작했다. 이는 대기업에 대한 전략적 배타적 지원에 초점을 두었던 전통적인 발전주의와 구별되는 것이었을 뿐만 아니라 대기업과 중소기업을 제로섬적인 관계에서 보았던 기존의 접근법을 넘어서는 것이었다. 대중소기업 동반성장 정책은 처음에 '이익공유제'와 같은 재분배 측면이 강조되면서 재계의 저항과 반발을 가져왔다. 그러나 경제관료들은 혁신주도 경제를 위한 기업 간 협력(협업)과 이를 통한 혁신적 산업 생태계 자체의 중요성을 강조했다. 또 이를 위해 기업 간 협력에 방해가 되어온 부당한 거래 관행을 개선하는 데 초점을 두었으며 기업 간 협업을 촉진할 수 있는 기술개발 프로그램을 확대하였다. 또한 경제관료들은 노무현 대통령의 지역균형발전 구상을 반영하여 '지역 혁신클러스터' 정책을 제시하며 지역혁신체계에 기초한 산업생태계 육성에 초점을 두기 시작했다. 이는 개별기업 지원을 목표로 한 기존 산업정책과 구별되는 것이었다(Kim 2019; Lee et al. 2014, 120-121).

지지세력의 반대와 저항에도 불구하고 노무현 대통령은 경제 관료들의 실용적인 대안을 수용했다. 무엇보다 대통령 역시 국가의 산업 경쟁력을 지속시켜야 한다는 데에 이견을 가질 수 없었기 때문이다. 노무현 대통령은 한-EU FTA를 추진하는 명분으로 일본 부품산업에 대한 의존도를 낮춰야 할 필요성을 강조하기도 했으며 국민경제자문회의나 여러 간담회를 통해 FTA가 이념적 문제가 아닌 국민경제 경쟁력 제고를 위한 필수적인 조치임을 여러 차례 강조한 바 있다(김현종 2010, 52).[6] 참여정부에서 산업부 장관을 역임한 한 전직 관료는 노무현 대통령의 이러한 입장 변화를 정치인 노무현과 대통령 노무현의 차이로 설명했다. 국가 전체를 이끄는 대통령, 그리고 집권당의 관점은 일개 정치인, 혹은 야당 정치인의 관점과 다를 수 밖에 없다는 것이다.

> 제가 느낀 바에 의하면 대통령이 되면 이념적으로 접근하기가 쉽지 않고 그 상황에서 가장 우리나라 경제에 바람직한 방향이 무엇인가 하는 기준에서 판단을 하게끔 된다는 것이다. 그래서 사실은 한미 FTA만 봐도 이건 도저히 진보정권에서 생각할 수 없는 것인데 분명히 이념적 논쟁이 일어날 것이고 노동자, 농민 계층에서 반발이 일어날 것이 뻔한데 대통령이 그걸 했다는 것은 이건 이념의 문제가 아니고 먹고 사는 문제다 먹고 살려면 우리가 미국시장을 확보하지 않으면 안 되겠다 미국의 투자를 우리가 유치하지 않으면 안 되겠다는 생각에서 모든 사람들이 놀랄 상황에서 결정을 한 거다. 같은 맥락에서 … 노무현 정부 때는 중소기업 고유업종 제도를 오히려 폐지했다. 왜 폐지했냐 하면 너무 보호를 하니까 경쟁력이 약해진다는 판단 때문이었다. 또, 특정 업종에서 몇몇 중소기업이 돌아가면서 낙찰을 받고 담합을 하고 그런 징후들도 보였고 또 동일 품목을 생산하는 외국기업들한테만 오히려 이득을 주는 결과도 낳았다. 그래서 그걸 없애 버렸다. 그런데 이명박 대통령이 되면서 다시 그게 생겼다. 이런 걸 보면 대통령이 되면 이념이랑 상관없이 나라 경제 전체에 이득이 되는 것이 무엇인가 하는 걸 생각하게 되는구나 하는 게 느껴졌다. (참여정부 산업자원부 장관 면담조사 2013/04/23)

6 노무현 사료관 참조. http://archives.knowhow.or.kr/m/rmh/quotation/view/750?cId=109

김대중, 노무현 정부의 실패와 타협은 진보 진영에 대안적 담론 모색에 대한 과제를 안겼다. 문재인 정부의 경제정책은 그 결과물이었다.

3. 문재인 정부 정책 전환의 정치

문재인 정부의 정책 전환에도 경제위기론은 중요하게 작용했다. 2018년 들어 경제상황이 악화되면서 보수진영을 중심으로 정부의 경제실패론을 제기하였다. 자유한국당, 바른미래당 등 보수 정당은 정부의 소득주도 경제정책과 일자리 정책 등의 실패로 일자리 대란과 중소기업 및 자영업 몰락이 발생했다고 비판했다(이정주 2018). 실제로 고용지표는 악화되고 있었고 경제의 불확실성도 증가하고 있었다. 정부 내에서도 경제관료들을 중심으로 문재인 정부의 소득주도 성장 정책에 제동을 거는 목소리가 커지기 시작했다. 김동연 경제부총리는 고용지표 악화가 최저임금 인상의 영향을 받았다는 견해를 드러내기도 했다(한고은 2018).

김대중 정부와 노무현 정부에서도 그랬던 것처럼 경제위기는 항상 정책 전환의 배경이 된다. 반대 세력의 공세는 강화되고 경쟁 담론이 부상하기 때문이다. 그러나 문제는 여전히 진보 진영의 대안적 성장 담론이 유효하게 작동하지 않았다는 데 있다. 소득주도 성장과 경제적 재분배에 초점을 두고 강력하게 추진된 최저임금 인상, 공기업 비정규직의 정규직화, 부동산 임대차 3법 등은 그 방향성에 있어서는 국민적 지지를 받았지만 실제로는 의도한 바와 정반대의 경제적 결과를 낳았고 심지어 저소득층 내부에서의 불공정의 문제를 유발했다. 하지만 문재인 정부의 새로운 성장 정책은 이러한 문제에 대한 해결책을 제시하지 못했다.

김대중 정부와 노무현 정부의 경험을 통해 진보 진영의 성장 담론이 부재하다는 반성에서 모색된 소득주도 성장 정책이 그간의 진보진영의 대안적 담론을 오롯이 담은 결정체였음에도 불구하고 여전히 현실 적용에 있어 심각한 한계를 노정한 이유는 무엇인가? 문재인 정부 경제정책에 대해서는 앞으로 더 깊이 있는 분석과 논의가 필요할 것이다. 다만 이 논문에서는 문재인 정부에서도 결국 관료들의 성장 우선의 경제정책을 대안으로 받아들이고 보다 실용적인 노선으로 전환할 수 있었던 것은 경쟁 대안이 진보 진영의 개혁적 아이디어를 반영하여 최소한의 타협지점을 제시했기 때문이었다는 점을 지적하고자 한다.

문재인 정부의 혁신성장 정책은 단순히 경제적 효율성만을 고려한 시장과 기업의 자유 확대 방안이나 규제완화책만을 강조한 것이 아니라 정권 핵심부의 정책 기조를 반영하여 중소기업과 창업기업 등에 대한 재정지원 증가와 사회안전망 확충을 포함했다(관계부처 합동 2018). 또 임기 내내 청와대 정책실과 대립각을 세웠던 김동연 부총리도 '소득주도 성장'의 방향성에 대해서는 큰 이견을 가지지 않았다. 2018년 9월 6일 대통령 직속 정책기획위원회 산하 '소득주도성장 특별위원회' 출범식에 참석한 김 부총리는 축사에서 "소득주도성장은, 정부가 하고 있는 정책들이 시간이 많이 걸리는 일들이어서 다소 안타까움을 갖고 있다"며 "그렇지만 소득주도성장은 우리가 꼭 가야 할 길"이라고 강조했다. 김 부총리는 "우리 경제 패러다임을 바꾸는 데 있어서, 짧은 시간 내에 금방 변화하기는 쉽지 않기 때문에, 꾸준히 비전을 가지고 뚜벅뚜벅 가야 하는 길이 소득주도성장의 길"이라는 소신을 밝혔다(곽재훈 2018).

특히 문재인 정부의 정책 전환에서 주목할 만한 것은 집권 여당 내부로부터 실용적인 대안이 제시되었다는 것이다. 문재인 대통령 집권 2년차에 혁신성장 정책이 강조되기 시작하면서 "인터넷은행 은산분리 규제완화" 문제가 혁신성장을 위한 규제완화의 핵심 사안으로 대두되었다(신주영 2022, 46). 전통적으로 더불어민주당은 정의당과 함께 은산분리 규제완화에 대해 재벌 대기업의 사금고화와 이를 통한 경제력 집중도 심화, 경제 불안정성의 심화 등을 근거로 반대의 입장을 취해왔다. 그러나 2017년 케이뱅크와 카카오뱅크 등 인터넷은행의 출범을 앞두고 민주당 내에서도 민병두, 정재호 의원을 비롯한 소수파는 인터넷전문은행 규제완화에 찬성하는 입장을 표명했다(이유미 2017; 강은성 2017). 결과적으로 2018년 9월 20일 국회 본회의를 통해 가결된 인터넷전문은행 규제완화안은 민주당 정재호 의원의 안이 기초가 되었다. 20대 국회 후반기 정부위원회 위원장과 간사를 맡게 된 민주당 민병두, 정재호 의원은 여당 및 청와대 내부의 반대파들을 설득하기 위해 규제완화의 적용대상에서 재벌을 제외할 것을 포함하는 안을 발의하였다(신주영 2022, 68-69).

이처럼 성장 우선의 정책 담론은 진보 정부의 정책 기조를 반영할 수 있는 대안을 제시함으로써 진보 정부의 정책 전환이 정당화될 수 있는 최소한의 타협점을 제공했다.

V. 결론

이 글은 한국의 진보적 민주 정부가 사회 통합을 위한 대안으로서 사회경제적 불평등의 해소를 지향하지만 왜 지속적인 한계에 직면해 왔는지에 주목함으로써 향후 진보 정치 진영의 실천적 대안 모색을 위한 시사점을 제시하고자 했다. 이를 위해 이 글은 민주화 이후 경제민주주의와 재분배, 재벌 개혁과 같은 한국 사회의 시대적 요구에 부응하며 집권한 세 차례의 진보 정부에서 집권 후 왜 사회경제적 개혁에 초점을 둔 초기의 정책 기조를 완화하여 전통적인 성장 우위의 발전주의적 대안으로 전환할 수밖에 없었는지를 밝히는 데 초점을 두었다.

이 글의 분석에 따르면 김대중, 노무현, 문재인 정부의 정책 전환은 크게 세 가지 특징을 지닌다. 첫째, 경제정책의 초점이 분배 개선에서 성장 중심으로 전환되었다. 둘째, 경제 성장의 방식에서 자유시장적 접근이 아니라 국가 주도적 접근을 강조하는 쪽으로 전환되었다. 셋째, 정책 생산의 주도권이 집권 초 청와대를 중심으로 한 이념적 정치 엘리트에서 관료 혹은 중도 성향의 정치 엘리트로 넘어갔다는 것이다.

왜 이처럼 독특한 방향의 전환이 반복되어 왔는가? 박정희 시기 성공적인 산업화 경험에서 구조화된 국가 주도 성장지상주의 담론과 그것의 재생산 메커니즘에 주목한 구조적 접근은 진보 정부의 탄생과 잇따른 정책 기조 전환을 일관되게 설명하지 못한다. 반면 이 글은 전통적인 성장우선주의 담론의 지속적인 재생산 과정과 경쟁 담론으로서 진보적 대안의 거듭된 실패 과정을 대조적으로 조명함으로써 한국 진보 정부의 정책 전환, 나아가 진보적 대안 담론의 한계를 보여주고자 하였다.

이 글은 한국 진보 정부의 정책 전환의 원인을 성장 우선주의가 지배적인 사회 구조나 진보 정부의 실천적 미숙함이 아니라 무엇보다 진보적 대안 담론 자체가 가진 한계에서 찾고 있다. 김대중, 노무현 정부의 실용주의적 정책 전환이 지지 세력의 강력한 비판에 직면한 후 10여년 만에 집권한 문재인 정부는 '소득주도 성장 정책'을 중심으로 한 대안적인 성장전략을 제시하였다. 그러나 이 역시 변화하는 국내외 정치경제 현실에 대응할 수 있는 실효성 있는 성장 전략으로서는 한계가 있었다. 반면 본 연구는 정통 경제관료들과 중도적 정치인들은 구체적이고 현실 적실성을 가진 성장전략을 제시함으로써 정책 전환의 주도권을 쥐게 되었음에 주목하였다. 이 글은 이들의 대안이 기존의 경제적 효율성에 기초한 성장우선주의를 고수하면서도 개혁에 대한 사회적 요구를 반영한 대안을 제시함으로써 진보 정부의 정책 전환을 정당화할 수 있는 최소한의 타협점을 제공했다고 지적한다.

집권 전 대항 세력으로서 진보 진영은 특정 집단이나 계급만을 대표하는 것만으로도 충분히 그 가치를 인정받을 수 있지만 집권 세력으로서 진보 진영은 국민 전체의 통합을 이끌어낼 수 있는 유효한 대안을 제시해야 한다. 사회적으로 정당화될 수 없을 만큼의 불평등이 그 자체로 갈등을 유발하고 사회 통합을 저해하는 것만큼 기존의 사회경제적 불평등을 개혁하고 새로운 기준을 만들어가는 과정 역시 강한 저항과 갈등을 수반하기 때문이다. 이 글은 한국의 진보적 대안 담론이 이러한 저항과 갈등을 단순히 제거해야 할 악이나 적으로 규정하는 것이 아니라 그 요구 역시 포용할 수 있는 새로운 사회 통합적 대안으로 발전할 수 있기를 기대한다.

참고문헌

강우진. 2015. “사람들은 왜 성장주의를 지지하는가?: 성장주의 결정요인에 대한 경험분석.” 『한국과 국제정치』 31(3): 25-55.

강은성. 2017. “정재호 의원 ‘정책토론회’ 개최… “지나친 은산분리 규제, 기득권 은행만 비호”.” 『디지털타임스』(6월 8일).

고세훈. 2007. “민주주의와 복지.” 최장집 편. 『위기의 노동: 한국 민주주의의 취약한 사회경제적 기반』. 서울: 후마니타스.

곽재훈. 2018. “김동연 “소득주도성장은 꼭 가야 할 길. 그러나…”.” 『프레시안』(9월 6일). https://www.pressian.com/pages/articles/209899 (검색일: 2022년 7월 25일)

관계부처 합동. 2018. 『혁신성장 추진성과 및 향후 계획』. 2018 대한민국 혁신성장 보고대회. 보고안건. https://policy.nl.go.kr/search/searchDetail.do?rec_key=SH2_PLC20180220610&kwd= (검색일: 2022년 8월 2일)

국가과학기술위원회. 2003. 『2002년도 국가연구개발사업 조사·분석·평가 결과』. 서울: 국가과학기술위원회.

국정브리핑 특별기획팀. 2008. 『참여정부경제 5년—한국 경제 재도약의 비전과 고투』. 밀양: 한스미디어.

국정신문. 2003. “[노 당선자 양대노총 방문]노-사 힘의 불균형 5년간 고칠 것.” (2월 17일). https://www.korea.kr/news/policyNewsView.do?newsId=148744545 (검색일: 2022년 7월 10일)

권영기. 2000. “[권두 인터뷰] 강봉균 재정경제부 장관.” 『월간조선』 1월호, 64-77.

김경미. 2017. “발전주의 국가의 적응: 한국의 사례.” 『한국정치연구』 26(3): 87-112.

김대중. 1997. 『대중 참여 경제론』. 서울: 산하.

김도형. 2018. “여야, 6·13 지방선거 10대 공약 내놔…공약 1순위 모두 ‘경제’.” 『아주경제』(5월 16일). https://www.ajunews.com/view/20180516222422905 (검색일: 2022년 7월 22일)

김동연. 2021. 『대한민국 금기 깨기』. 서울: 쌤앤파커스.

김보현. 2003. “「사상계」의 경제개발론, 박정희정권과 얼마나 달랐나?: 개발주의에 저항한 개발주의.” 『정치비평』 10: 345-380.

김상봉. 2011. “국가R&D사업 정책결정(政策決定)과정에 있어서 정부부처간 갈등(葛藤)조정1): 참여정부 신성장동력사업 선정을 중심으로.” 『한국행정학회 추계학술발표논문집』, 1-22.

김석우. 2011. “FTA 정책: 미래를 위한 필연의 선택?” 강원택·장덕진 편. 『노무현 정부의 실험: 미완의 개혁』, 93-120. 서울: 한울아카데미.

김수길·이정재·정경민·이상렬. 2003. 『금고가 비었습니다: DJ 정권 5년의 경제실록』. 서울: 중앙 M&B.

김영범. 2003. "'국제경쟁' 지배담론 분석: 박정희정권에서 김대중정권까지." 조희연 편. 『한국의 정치사회적 지배담론과 민주주의 동학』. 서울: 함께읽는책.
김용철. 2017. 『한국의 노동정치: 변화와 동학』. 서울: 마인드탭.
김종윤. 2003. "차세대 성장동력 10대 산업 확정." 『중앙일보』(8월 22일). https://www.joongang.co.kr/article/217822#home (검색일: 2022년 7월 8일).
김현종. 2010. 『김현종, 한미 FTA를 말하다』. 서울: 홍성사.
동아일보 특별취재팀. 1999. 『잃어버린 5년 칼국수에서 IMF까지』. 서울: 동아일보사.
박경담. 2018. "문 대통령, 김동연에 '월례 보고' 받아… "기업과 적극 소통해 달라"." 『머니투데이』(6월 8일). https://news.mt.co.kr/mtview.php?no=2018060817290402784 (검색일: 2022년 8월 5일).
박재하. "미국이 시키는 대로 해서 경제회복이 된 것이 아니다: 재경부측 反論 - 오마에 겐이치의 주장에 대한 반론." 『월간조선』 9월호. https://monthly.chosun.com/client/news/viw.asp?nNewsNumb=199909100013 (검색일: 2022년 7월 5일)
박재흥·강수택. 2012. "한국의 세대변화와 탈물질주의: 코호트 분석." 『한국사회학』 46(4): 69-95.
박태견. 1997. 『관료 망국론과 재벌신화의 붕괴』. 서울: 살림출판사.
박현석. 2017. "한국의 정치적 민주화와 경제민주주의." 강원택 외. 『대한민국 민주화 30년의 평가』. 서울: 대한민국역사박물관.
박호현. 2017. "김상조 "문재인 후보 경제철학은 케인즈 주의…시장실패 교정이 핵심"." 『서울경제』(4월 14일). https://www.sedaily.com/NewsView/1OEN71AH1F (검색일: 2022년 8월 3일)
산업연구원. 2012. 『부품소재 미래비전 수립연구』. 서울: 산업연구원.
서정환. 2007. "한국경제관료, 성장주의 경제정책의 사생아들." 『월간 말』 6월호, 55-59.
신주영. 2022. "금융규제완화의 정치경제: 인터넷전문은행법 제정을 중심으로." 서울대학교 석사학위논문.
윤상우. 2016. "한국 성장주의 이데올로기의 역사적 변천과 재생산." 『한국사회』 17(1): 3-38.
이광일. 2003. "성장, 발전주의 지배담론의 신화와 딜레마: '발전주의 국가'에서 '신자유주의 경쟁국가'로." 조희연 편. 『한국의 정치사회적 지배담론과 민주주의 동학』. 서울: 함께읽는책.
이남주. 2008. "잘못된 정치전략과 지지기반의 와해." 한반도사회경제연구회 엮음. 『노무현 시대의 좌절: 진보의 재구성을 위한 비판적 진단』. 서울: 창비.
이병훈. 2011. "사회 통합적 노동 개혁, 진보의 좌절과 현실 타협." 강원택·장덕진 엮음. 『노무현 정부의 실험: 미완의 개혁』. 서울: 한울아카데미.
이영렬. 1999. 『DJ vs 재벌 빅딜 게임: 밀실협상, 그 숨가빴던 1년 6개월 추적보고서』. 서울: 중앙일보J&P.
이유미. 2017. "민병두 "인터넷은행, 기업 사금고화 우려없다…은산분리, 완화해야"." 『이데일리』(2월 22일). https://www.edaily.co.kr/news/read?newsId=01744966615833144&mediaCodeNo=257 (검색일: 2022년 8월 9일).

이일영. 2008. "노무현시대를 넘어: '새로운 진보'의 제도 구상." 한반도사회경제연구회 편. 『노무현시대의 좌절: 진보의 재구성을 위한 비판적 진단』. 서울: 창비.

이정주. 2018. "야당, 文정부 1주년 '경제실패' 성토…"일자리는 어디갔나"." 『노컷뉴스』(5월 9일). https://www.nocutnews.co.kr/news/4967134 (검색일: 2022년 7월 31일).

이태규. 2015. 『성장동력의 현황과 정책적 시사점』. 정책연구 2015-14. 한국경제연구원.

임유진·이연호. 2020. "한국 경제민주화의 성과와 한계." 『정치·정보연구』 23(1): 223-246.

전병유. 2008. "성장전략의 부재와 미숙한 분배전략." 한반도사회경제연구회 편. 『노무현시대의 좌절: 진보의 재구성을 위한 비판적 진단』. 서울: 창비.

정상원. 2018. "문 대통령 "경제부총리 등 혁신성장 더욱 분발해달라"." 『한국일보』(5월 31일). https://www.hankookilbo.com/News/Read/201805311614338747 (검색일: 2022년 8월 3일)

정은주·성연철. 2018. "김동연 부총리, 청와대 주도권에 '반기'." 『한겨레신문』(5월 30일). https://www.hani.co.kr/arti/PRINT/847051.html (검색일: 2022년 7월 31일)

조성렬. 1996. "노태우정권의 경제개혁과 국가전략의 변화." 『한국정치학회보』 30(2): 187-208.

조형제·김양희. 2008. "노무현정부 평가: 예견된 실패?" 한반도사회경제연구회 엮음. 『노무현시대의 좌절: 진보의 재구성을 위한 비판적 진단』. 서울: 창비.

조희연. 2003. "정치사회적 담론의 구조변화와 민주주의의 동학: 한국현대사 속에서의 지배담론과 저항담론의 상호작용을 중심으로." 조희연 편. 『한국의 정치사회적 지배담론과 민주주의 동학』. 서울: 함께읽는책.

지주형. 2011. 『한국 신자유주의의 기원과 형성』. 서울: 책세상.

최우석. 2016. ""노무현 전 대통령이 만든 한국 미래발전연구원의 2중대" - 문재인 전 더불어민주당 대표 싱크탱크 '정책공간 국민성장(가칭)' 출범." 『월간조선』(11월호). http://monthly.chosun.com/client/news/viw.asp?ctcd=A&nNewsNumb=201611100012 (검색일: 2022년 7월 27일).

최장집. 1996. 『한국 민주주의의 조건과 전망』. 서울: 나남.

______. 2002. 『민주화 이후의 민주주의: 한국 민주주의의 보수적 기원과 위기』. 서울: 후마니타스.

한고은. 2018. "김동연 "최저임금 의도·방향 맞지만 고용부진에 영향"." 『머니투데이』(9월 12일). https://news.mt.co.kr/mtview.php?no=2018091212211549071 (검색일: 2022년 8월 1일).

한반도사회경제연구회 엮음. 2008. 『노무현 시대의 좌절: 진보의 재구성을 위한 비판적 진단』. 서울: 창비.

홍덕률. 1996. "1987년 이후의 정부와 재벌관계의 변화." 『경제와 사회』 30: 218-243.

Hart-Lansberg, Martin, and Paul Burkett. 2011. "Economic Crisis and Restructuring South Korea: Beyond the Free Market-Statist Debate." *Critical Asian Studies* 33: 403-430.

Hayashi, S. 2010. "The Developmental State in the Era of Globalization: Beyond the Northeast Asian Model of Political Economy." *The Pacific Review* 23(1): 45-69.

Hundt, David. 2009. *Korea's Developmental Alliance: State, Capital and the Politics of Rapid Development*. New York: Routledge.

Jeong, Kuk-Hwan, and John L. King. 1996. "National Information Infrastructure Initiative in Korea." *Information Infrastructure and Policy* 5(2): 119-134.

Kim, Chung-Soo. 1998. "How the Chaebol Can Survive." *Korea Focus* 6(1): 41-54.

Kwon, Hyeong-ki. 2021. *Changes by Competition: The Evolution of the South Korean Developmental State*. Oxford: Oxford University Press.

Lee, Kwang-Suk. 2009. "A Final Flowering of the Developmental State: The IT Policy Experiment of the Korean Information Infrastructure, 1995-2005." *Government Information Quarterly* 26(4): 567-576.

Lee, Yong-Sook. 2009. "Balanced Development in Globalizing Regional Development? Unpacking the New Regional Policy in South Korean." *Regional Studies* 43(3): 353-368.

Lee, Yong-Sook, Inhey Heo, and Hyungjoo Kim. 2014. "The Role of State as an Inter-scalar Mediator in Globalizing Liquid Crystal Display Industry Development in South Korea." *Review of International Political Economy* 21(1): 109-129.

Shim, Jae Hoon, and Charles S. Lee. 1998. "Reality Check." *Far Eastern Economic Review* (March 12): 18-19.

Thurbon, Elizabeth. 2016. *Developmental Mindset: The Revival of Financial Activism in South Korea*. Ithaca, NY: Cornell University Press.

Yang, Jae-jin. 2017. *The Political Economy of the Small Welfare State in South Korea*. Cambridge: Cambridge University Press.

제8장

타협의 정치와 갈등 관리

—한국의 법인세율 결정 과정 분석—

* 이 글은 국회미래연구원 연구보고서 21-10호 『국민통합을 위한 의회정치 연구: 연합정치를 중심으로』(2021)에 실린 "타협의 정치와 갈등 관리: 한국의 조세정책 연구"를 수정, 보완한 글이다.

I. 서론: 제왕적 대통령의 일방주의 정치가 강화되어 왔는가?

대통령에게 권력이 집중되는 현상을 막기 위한 권력 분립, 견제와 균형은 대통령제의 기본 목표이지만, 의회에 대한 대통령의 지배적 지위가 강화되는 현상은 대통령제를 채택한 국가들 사이에서 흔히 관찰된다. 특히 신생 민주주의의 경우 대통령이 입법절차에 강력한 영향력을 행사한다. 한국의 경우도 많은 학자들과 언론인들은 이른바 제왕적 대통령제라는 틀을 통해 한국 정치를 규정한다. 1987년 민주화 이후에도 국회가 대통령의 권력을 견제하기보다는 대통령의 정치 의제를 통과시켜주는 성격이 강하게 유지되어 왔다는 것이다(박기덕 2007; 박찬욱 2004). 최근 들어 심화되고 있는 정치 양극화에 대한 관심과 함께 제왕적 대통령의 문제가 더욱 많은 주목을 받고 있다. 제왕적 대통령의 존재로 인해 양당의 대결주의 정치가 강화되고 정치 양극화가 더욱 심각해지고 있으며, 양극화된 정치 환경 속에서 대통령과 야당은 정책 논쟁보다는 권력 투쟁에 집중하는 모습을 보이고 있다. 원내 주요 정당 간의 갈등이 심화되면서 대통령과 원내 야당의 타협이 실종되고, 그 결과 대통령의 일방주의 정치가 더욱 강화되는 악순환이 지속되는 상황이다.

제왕적 대통령론의 주장에 따르면 대통령의 주요 의제가 정책에 반영되어 성공적으로 수행되어야 하지만 현실은 제왕적 대통령론의 예상과는 차이를 보인다. 이 장은 제왕적 대통령이 정치를 지배해 왔다는 견해와 달리 입법을 통한 정책결정의 영역에서 대통령의 제왕적 권한에 대한 국회의 견제와 균형이 점차 강화되었고 그 과정에서 여당과 야당, 다수당 내부의 파벌 간의 협력과 대립이 중요한 변수로 작용해 왔다는 점을 보여주기 위한 탐색적인 연구이다. 1990년대 후반 이후 전국 단위 선거에서 주요 공약으로 제시되기 시작한 조세 정책을 중심으로 대통령과 국회, 여당과 야당이 갈등하고 대립하며 타협에 이르는 과정을 분석한 결과 정책결정의 영역에서는 승자독식의 정치가 아니라 타협의 정치가 작동하고 있었다.

대통령제와 다당제 정당연합은 어울리지 않으며 한국정치는 그동안 여야의 대화와 타협보다는 갈등과 대립이 지배해 왔다는 인식이 광범위하게 받아들여져 왔다. 반대로 보면 한국에서 타협의 정치가 작동하는 데에는 여러 가지 장애 요인이 존재한다고도 해석할 수 있다. 대통령제는 여당이 국회에서 다수 의석을 차지하지 못하더라도 대통령의 지위가 임기 동안 유지되기 때문에 타협을 통한 정당 간의 연합을 형성해야 할 제도적 유인이 매우 약하다. 이 장의 연구는 연합정치가 어려운 상황 속에서도 대통령과 의회, 여당과 야당 사이의 타협의 정치를 통해 조세 정책이 변화해 왔다는 점을 보여준다. 정당 간 타협의 정치는 공동정부를 구성하는 연립정부에 비하면 낮은 수준의 연합이며 언제든 깨질 수 있는 불안한 관계이다. 하지만 정당 간의 연합에 적대적인 환경 속에서도 정당 간의 견제와 타협을 통한 결과물을 산출했다는 사실은 한국 정치 또한 무한 갈등과 대립을 넘어서 협력적 연합의 정치로 전환할 수 있는 잠재력을 가지고 있음을 뜻한다.

2016년 국회는 박근혜 대통령의 탄핵소추안을 가결하였고 이듬해인 2017년 헌법재판소가 국회의 탄핵소추안을 인용하였다. 박근혜 대통령은 재벌과 연루된 부패 혐의, 직권남용, 국민의 재산권과 생명권 침해 등으로 탄핵되었다. 2017년 대통령 선거에서 주요 대통령 후보들은 박근혜 대통령이 탄핵 사유로 거론된 탈법적 행위를 할 수 있었던 원인으로 제왕적 대통령제로 인한 권력의 집중을 지목하였고, 제왕적 대통령제를 극복하기 위해 대통령의 권한을 제한하도록 하겠다는 공약을 내걸었다. 하지만 역설적으로 대통령이 탄핵되었다는 사실은 초당적인 지지를 통해 탄핵소추안이 국회에서 통과되었고 대통령의 권한이 법적 절차에 의해서 제한되고 있음을 보여준다.

제왕적 대통령론과 대비되는 시각에서 보면 야당이 다수를 점유하는 여소야대의 국회가 등장하면 여당과 야당이 행정권과 입법권을 나눠서 보유하는 분점정부가 출현하며, 분점정부가 출현하면 대통령과 야당이 주도하는 국회가 대립하면서 정국이 교착상태에 빠지게 된다(곽진영 2003; 김용호 2002; 2005; 김욱 2002; 장훈 2001). 대통령과 국회 사이의 교착상태에 주목하는 연구들은 정책 영역 전반에 걸쳐 대통령와 의회의 관계의 효율성과 효과성을 측정하는 데 주안점을 두었다. 분점정부의 문제점을 강조하는 입장은 제왕적 대통령의 관점과 달리 대통령의 권한이 제한되고 대통령의 정책 수행 능력이 무력화될 수 있다는 점을 강조한다. 하지만 제왕적 대통령제와 분점정부의 교착상태 모두 정당 간 의석배분에 따른 특정 정당의 수적 우위에 주목할 뿐 국회 내에서의 정치에 대해 큰 관심을 두지 않고 있다는 공통점을 가지고 있다. 제왕적 대통령제의 관점에서 볼 때에는 국회는 대통령의 정책 의제를 입법으로 지원하는 역할을 수행한다. 대통령은 제왕적 권한을 활용하여 국회 내에서 다수의 지지를 동원할 수 있는 존재인 것이다. 반면 분점정부론은 여당은 대통령의 의제를 지지하고 야당은 이에 반대하며 대립하는 존재로 규정한다. 여당이 국회에서 다수 의석을 점유하면 대통령의 주도권이 유지되고, 야당이 다수 의석을 차지하게 되면 대통령은 이른바 식물 대통령이 될 수 있다.

제왕적 대통령론과 분점정부론은 대통령의 위치와 권한에 대해서 대비되는 시각을 가지고 있지만, 양자 모두 강력한 정당 규율을 전제로 하고 있으며 국회 내에서 여당과 야당, 정당 내부의 주요 행위자들의 갈등과 타협의 역할을 경시하고 있다. 우리는 방대한 인사권 등을 통해 대통령이 여전히 정치 전반에 강력한 영향력을 행사하는 상황이 지속되고 있으나 정책 및 입법 영역에서 국회의 역할이 지속적으로 강화되어 왔으며, 국회 내부의 주요 행위자들의 정치적 상호작용이 국회의 위상과 역할에 큰 영향을 주고 있다는 점에 주목한다. 국회 내의 타협의 정치에 대해 살펴보기 위해 이 연구는 조세

정책의 변화 과정에 대해 분석해 보았다.

타협의 정치의 사례 연구로서 조세 정책을 선택한 이유는 다음과 같다. 첫째, 조세정책은 다양한 정책 영역 중에서도 대통령과 행정 관료들의 주도권이 강한 영역에 해당한다. 한국의 맥락에서 볼 때 여당과 야당의 타협의 정치가 작동하기에는 어려운 영역이다. 권위주의 시기 정부에서 예산안을 짜고 이를 뒷받침하는 조세정책을 제안하면, 국회에서 다수를 차지하는 여당의 주도로 정부의 안을 인준해 왔으며, 이와 같은 관행은 민주화 이후에도 지속되어 왔다. 조세정책에서 타협의 정치가 작동한다면 다른 정책 영역에서도 타협의 정치가 작동할 가능성이 높다. 둘째, 조세 정책에 대한 각 정당의 정책은 당파적 정책선호의 영향을 크게 받고 있다. 보수정당은 성장을 위한 감세정책을 선호하고 진보정당은 재분배와 복지를 위한 증세 정책을 선호한다. 정당 간의 대비되는 정책선호와 산출된 정책의 결과물을 통해 정당 간의 타협의 양상을 분명하게 파악할 수 있다.

II. 한국의 대통령제의 특징

대통령제와 정당체계의 관계에 대해서는 다양한 시각이 존재한다. 대통령과 다당제 연합정치는 불가능한 조합이라는 견해(Linz 1990; Mainwaring 1993)부터 연합정치를 통해 대통령제가 교착상태의 위험을 극복하고 안정적으로 운영될 수 있다는 주장(Cheibub, Przeworski, and Saiegh 2004)까지 다양한 견해가 공존하는데, 한국의 대통령제는 이들의 주장의 유용성을 검증할 수 있는 유용한 사례이다. 제도적 특징으로 보면 한국의 대통령제는 행정부와 입법부의 엄격한 권력분립의 원리에 입각한 미국의 순수한 대통령제에 비해 남미의 대통령제에 가깝다. 의원이 내각의 일원이 될 수 있으며 행정부도 법안을 제출할 수 있다. 하지만 한국은 국회의원 선거에서 비례대표제를 채택하고 있는 남미와 달리 양당제에 친화적인 단순다수제-소선거구제를 중심으로 하고 있다는 점에서 미국과 유사점을 가지고 있다.

한국과 미국의 대통령제는 제도적 측면에서 다를 뿐만 아니라 실제 운영되는 방식도 차이를 보여준다. 민주당과 공화당 등 미국의 주요 정당들은 분권화된 지배구조를 채택하고 있다. 주요 선거의 후보자들은 당원과 유권자들이 직접 참여하는 지역구의 경선을 통해 선출되며, 공천 과정에서 중앙당의 영향력은 미약하다. 지역구의 지지기반을 확보하고 있다면 의원들은 당론으로부터 자유로운 선택을 할 수 있는 독립적인 존재들이다. 미국의 대통령이 소속 정당뿐만 아니라 상대당의 의원들과도 개인적으로 접촉하며 설득을 할 수 있는 이유는 야당 소속 의원이라도 지역구의 사정에 부합하는 등 타당한 이유가 있다면 상대당 소속 대통령의 의제를 지지할 수 있다. 개별 의원의 자율성이 높기 때문에 대통령도 야당 의원들에 대해 시간과 노력을 투자할 유인이 있다. 한국의 정당들은 미국의 정당과 달리 중앙집권적인 지배구조를 채택하는 경우가 많다. 공천 과정에서 중앙당의 영향력이 크며 당론이 정해지면 강한 정당의 규율을 통해 의원들이 당론에 따르도록 한다. 야당 의원이 대통령과 협상하며 당론과 다른 선택을 하는 경우 다음 선거 공천 과정에서 위험을 감수해야 한다. 강한 정당 규율과 소선거구제가 결합된 상황에서 대통령이 야당 의원들을 개별적으로 접촉해서 설득하는 일은 실질적으로 매우 어렵다.

미국의 대통령은 자율성과 독립성이 높은 개별 의원을 상대하며 지지를 확보하고, 남미의 대통령들은 다당제하에서 다수의 정당 연합을 형성한다. 이들과 비교할 때 한국의 대통령은 야당을 설득할 도구가 미비한 실정이다. 다음 선거의 공천에서 영향력을 미칠 수 있는 야당의 대표 혹은 대표급 인사를 설득하지 못하면 야당 의원들의 지지를 확보할 가능성은 희박하다. 이론의 세계에서는 여당 의원들은 대통령의 의제를 지지한다고 가정하지만 현실 속의 대통령은 여당 내부의 파벌 간의 갈등 또한 극복해야 한다.

다음 절에서는 최고 법인세율이 결정되는 과정을 국회 속기록을 토대로 분석해 보았다. 국회에서 법인세율이 결정되기까지 대통령과 의회, 여당과 야당이 갈등하고 타협하는 과정은 국회 내의 정당 간의 세력 분포, 정당 간의 연대, 정당 내부의 단합력 등 정치적 조건에 따라서 다양한 양상으로 나타난다.

III. 최고 법인세율 결정 과정 분석

1. 왜 법인세인가?

조세정책의 다양한 영역 중 우리는 법인세 정책의 결정 과정을 분석 대상으로 삼았다. 법인세 정책은 1997년 동아시아 금융위기 이후 주요 선거에서 공약에 등장하며 중요한 정치적 사안으로 등장하였다. 이에 더해 법인세 정책은 분석 결과를 해석하고 시사점을 도출하는 데 있어서 장점이 있다. 첫째, 앞서 언급한 바와 같이 조세정책은 당파적 선호가 분명하게 나타난다. 이 중에서도 법인세 정책은 특히 당파적 대립이 집중된다. 시장 친화적인 보수 정당은 투자와 경제성장을 촉진시키기 위해서 기업의 조세부담을 줄여야 한다는 입장이지만, 복지 친화적인 진보 정당은 감세정책에 비판적이다. 법인세는 재분배와 복지 재원을 충족시키기 위한 중요한 조세원이기 때문이다. 재벌 중심의 경제성장이라는 역사적 경험 속에서 재벌 기업의 조세부담은 한국에서 특히 정치적으로 중요한 쟁점이 되어왔다. 법인세를 둘러싼 당파적 대립이 명확하기 때문에 법인세 정책은 서로 입장이 다른 정당들이 어떻게 타협해 왔는가를 추적하는 데 적절한 분석대상이다.

둘째, 법인세는 한국에서 부자증세론의 핵심 사안 중 하나이다. 서구와 북미의 산업민주주의 국가들의 경우 개인소득세가 조세 수입에서 가장 큰 비중을 차지하며 2008년 세계금융위기 이후의 증세론은 주로 부자들에 대한 소득세율 인상에 집중되었다. 하지만 한국의 경우 법인세수가 전체 세수에서 차지하는 비중이 상대적으로 높으며, 소득세율에 비해서 정치적으로도 두드러진 쟁점으로 등장하였다. 과거 고도경제성장 시기에 정부 주도의 산업정책은 재벌 기업을 중심으로 전개되었다. 그 결과 국가 경제가 빠른 속도로 성장했지만, 그 이면에는 재벌 기업으로 경제력이 집중되어 있다는 부작용이 나타났다. 국가가 주도한 재벌 기업 중심의 경제성장의 경험 속에서 한국에서 부자 증세는 재벌에 대한 증세로 간주되었다(박현석 2015). 누진성이 높은 법인세율의 구조상 재벌 기업이 법인세의 주요 조세원이며 진보 계열의 정당들은 대기업들이 이제 법인세 증세를 통해서 경제적 불평등 해소에 기여할 때라고 주장한다. 하지만 보수 정당들은 투자와 일자리 창출을 위해서는 기업의 조세부담을 줄여야 한다고 본다. 양극화가 심화되면서 복지 수요가 증가하는 동시에 재정 적자가 누적되는 상황을 고려할 때 법인세를 둘러싼 대통령과 의회, 여당과 야당의 논쟁은 앞으로 더욱 심화될 복지와 재정을 둘러싼 정치적 논쟁에서 중요한 쟁점이 될 것이다.

셋째, 한국의 조세법 개정 과정은 1년 단위로 반복된다. 기획재정부는 세법개정안을 매년 작성하여 국회에 제출한다. 기획재정부는 여당의 정책위원회와 협의를 거친 뒤 법안을 제출하며, 이 법안은 국회 기획재정위원회에서 검토된 뒤 본회의에서 통과된다. 이와 같은 과정이 매년 반복되기 때문에 연간 단위로 사례를 수집하여 비교할 수 있다는 장점이 있다. 연단위의 조세개정 주기는 비단 법인세에 국한되는 것은 아니지만 법인세 결정 과정을 연 단위로 비교 분석할 수 있도록 해준다.

현실 정치에서 법인세 정책이 다뤄지는 방식을 살펴보면 법인세를 둘러싼 감세론 대 증세론 논쟁의 정치적 초점은 대기업에 적용되는 최고 법인세율에 있다. 2002년 대선에서 한나라당 이회창 후보는 법인세율을 인하하겠다고 공약했고, 민주당 노무현 후보는 법인세 인하는 대기업에만 유리하므로 감세에 반대한다는 입장을 표명했다(나성린 외 2002). 2007년 대통령 선거에서 이명박 한나라당 후보는 법인세율을 대폭 인하하겠다는 공약을 전면에 내걸었으며(이재명 2007), 2012년 대통령 선거에서도 민주통합당의 문재인 후보는 복지재원 확보를 위해 대기업에 적용되는 법인세율을 인상하겠다고 공약했다(이상훈 2012). 대선에서 제기된 법인세 논쟁을 종합하면 결국 대기업에 적용되는 법인세율이 중요한 정치적 쟁점이며, 누진적 구조를 가지고 있는 법인세는 과세표준의 규모에 따라서 세율이 결정되기 때문에 대기업에는 최고 법인세율이 적용된다. 최고 명목세율과 실질적 조세부담 사이에는 큰 격차가 존재한다. 각종 조세감면 조치가 적용되면 대부분의 법인들이 부담하는 실질세율은 명목세율과 큰 차이가 있다. 하지만 최고 법인세율은 상징적 의미를 가지기 때문에 선거 국면에서 중요한 쟁점으로 다뤄진다. 이에 더해 명목세율은 투자 결정에 영향을 미치는 중요한 지표이며, 낮은 명목세율은 기업친화적 투자환경을 제공하겠다는 정부의 의지를 보여주는 상징적 지표로 정부가 투자자들에게 보내는 신호로 해석될 수 있다(Basinger and Hallerberg 2004; Cao 2010; 박현석 2015).

〈그림 8-1〉에서 확인할 수 있듯이 한국의 법인세율은 1992년 김영삼 대통령이 당선된 뒤로 지속적으로 낮아져 왔다. 이 시기는 국제적으로도 법인세율 인하 경쟁이 벌어지고 있었으며, 한국 정부도 2018년 최고 법인세율을 인상하기 전까지 지속적으로 국제적 추세에 따라 법인세율을 인하해 왔다. 실제로 법인세율이 결정되는 과정에서 대통령과 국회, 여당과 야당, 그리고 당내 파벌 간의 논쟁과 타협의 양상을 추적해 보면 최고 법인세율의 변화는 부단한 정치적 논쟁의 결과라는 점을 확인할 수 있다. 보수 정당 민자당에 소속된 김영삼 대통령은 법인세율을 대폭 낮췄다. 당시 국회는 여당이 다수를 점유하고 있었으며 국회에서 감세안이 통과되었다. 이후 복지 친화적인 김대중 대통령과 노무현 대통령은 법인세 인하에 반대하였지만, 보수 정당이 원내 다수 의석을 점하던 시기에 국회에서 감세안

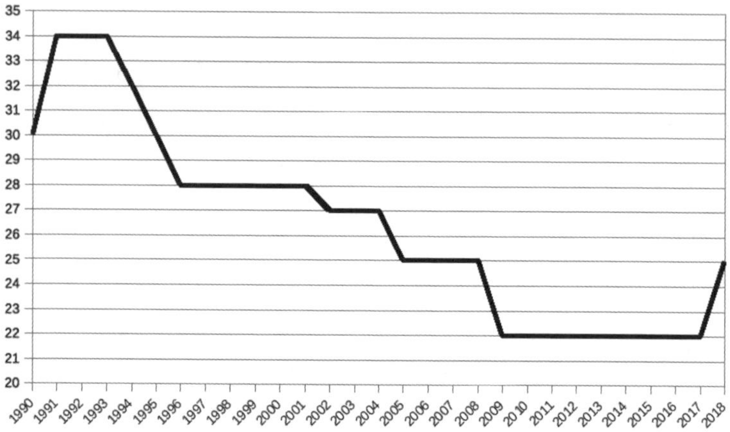

그림 8-1 최고명목세율의 변화, 1990-2018

출처: 예산정책처(2017, 2020)를 토대로 저자 작성.

을 통과시켰다. 이명박 대통령은 임기 내내 여당이 다수 의석을 점하였지만, 여당 내부의 분열로 자신이 약속한 감세정책에 비해 후퇴한 감세안을 채택할 수밖에 없었다.

2. 김영삼 대통령 시기의 법인세율 인하

김영삼 대통령은 보수정당인 민주자유당의 후보로 1992년 대통령에 당선되었다. 당시 민주자유당은 국회에서 이른바 야당의원 영입을 통해 다수 의석을 점유하고 있었다. 김영삼 대통령 시기 감세정책의 주요 행위자들의 정책선호를 살펴보면 여야 정치권은 감세정책에 공감하고 있었지만 정부의 경제부처는 세수 감소를 이유로 감세 정책에 반대하고 있었다. 국회에 대해 강한 통제력을 지니고 있었던 김영삼 대통령은 국회와 재정경제부의 견해 사이에서 타협점을 제시하였고, 대통령이 제안한 타협안이 국회에서 통과되는 패턴을 보여주었다.

1993년 취임한 김영삼 대통령은 신자유주의 경제개혁을 주요 공약으로 내걸었고 금융실명제 등 개혁 조치를 전격적으로 단행하였다. 애초에 김영삼 대통령은 법인세율 인하를 공약으로 제시하지 않았으나 금융실명제 실시로 인해 경제에 충격이 가해지자 여당인 민자당은 경기를 부양하기 위해 1994년의 법인세율을 4% 인하하겠다고 제안하였다. 당시 야당인 민주당은 금융실명제의 성공을 위해 법인세를 인하해야 한다는 여당의 견해에 동의했으며, 민자당보다 더 큰 폭의 감세가 필요하다는 의견을 제시하였다(송충식·정기수 1993). 행정부의 입장은 국회와 달랐다. 홍재형 재정경제부 장관은 국회 재무위원회에 출석해서 금융실명제로 인한 경기 침체로 감세를 하지 않아도 세수가 줄어들 것으로 예상하고 있다며 감세정책에 난색을 표하였다(대한민국국회사무처 1993a). 김영삼 대통령은 정부와 여당 사이에서 적극적으로 중재에 나서 재정경제부는 감세안을 받아들이고 여당은 감세 규모를 4%에서 2%로 줄이기로 결정하였다(한기홍 1993). 민자당은 정부의 2% 인하 의견을 받아들여 2% 인하안을 제안하였고, 민주당은 4% 감세를 주장했지만 2% 인하안을 통과시키기로 합의하였다(대한민국국회사무처 1993b, c). 김영삼 대통령은 1993년에 벌어진 행정부와 국회 간의 법인세 감세안 논쟁을 조정하였고 여야의 합의를 이끌어냈다. 이후 1995년과 1996년에도 여야 합의를 통해 2%씩 최고 법인세율을 인하하였다.

이 시기 김영삼 대통령은 임기말을 제외한 대통령 재임 기간에 여당 총재직을 유지하면서 강력한 리더십을 발휘하여 행정부와 여당 간의 논쟁을 조정하였다. 야당인 민주당도 여당의 감세정책에 동의하여 김영삼 대통령에 의해 조정된 감세안이 국회에서 합의 처리되었다.

3. 김대중·노무현 대통령 시기의 법인세율 인하

김대중 대통령은 진보계열의 정당인 새정치국민회의를 이끌면서 보수계열의 김종필이 이끄는 자유민주연합과의 정당연합을 통해 1997년 대통령 선거에서 승리하였다. 김영삼 대통령 시기 법인세 감세정책을 지지하였던 김대중 후보는 1997년 대선에서 법인세율 인하를 공약하였다. 1997년 동아시아 금융위기가 한국 경제에 큰 충격을 주었고 위기 극복이 중요한 국가적 과제로 대두되면서 법인세율 인하는 주요 의제에서 제외되었다.

김대중 대통령 임기 초반의 국회 내의 의석 분포를 살펴보면 총 273석 중 새정치국민회의가 115석을 보유하였고 자민련의 17석을 보태면 총 132석이었다. 야당인 한나라당은 133석을 차지하여 원내 다수당의 지위를 유지하였으나 새정치국민회의와 자민련의 연합과 한나라당 양자 모두 과반수를 점유하지 못했다. 김대중 대통령은 자민련과의 연합을 통해 원내에서 신한국당과 팽팽한 균형을 이루고 있었다. 하지만 동아시아 금융위기의 충격에서 벗어난 2001년 자민련과의 연합이 붕괴하였다. 보수계열의 자민련은 신한국당과 공조하여 법인세 감세정책을 추진하였다. 정부는 법인세 감세의 경제효과가 약하므로, 감세정책보다는 적극적 재정정책을 통해 경기를 부양하는 것이 타당하다는 입장이었다. 한나라당은 법인세 감세안이 통과되어야 정부의 확장적 재정정책을 지지하겠다는 입장이었다(윤영신·송동훈 2001). 결국 대통령과 여당은 신한국당과 자민련을 설득하는데 실패하였고, 국회 재정경제위원회에 제출된 야당 주도의 2% 감세안이 여당인 민주당 의원들이 퇴장한 가운데 통과되었다. 본회의에서 민주당 원내대표는 감세폭을 1%로 줄인 수정안을 제시하였고 야당이 수정안을 받아들여 1% 감세안이 최종 통과되었다(대한민국국회사무처 2001a, 2001b).

진보계열의 대통령과 여당은 재정 지출을 통해 경기를 부양하고자 했지만, 보수계열의 야당은 감세정책을 통한 경제성장을 추구하였다. 전형적인 당파적 정책선호가 유지되었고 대통령과 야당이 주도하는 국회는 치열한 논쟁을 벌였다. 한국의 대통령제의 특징에서 기술한 바와 같이 한국의 대통령은 야당 의원들을 설득할 수 있는 수단이 부족했다. 미국과 같이 의원들이 중앙당으로부터의 독립성이 높은 상황이었다면 대통령은 재정 지출을 늘리는 과정에서 야당 의원들의 지역구에 우호적으로 예산을 편성하여 이들을 설득하였을 것이다. 하지만 정당 규율이 강한 한국에서는 실현되기 어려운 일이었다. 게다가 2001년은 김대중 대통령의 임기가 종반으로 접어들고 있었고 야당은 이회창이라는 강력한 대선 후보를 중심으로 국회에서 법인세율 인하와 같은 보수적 정책의제를 적극적으로 추진하며 2002년 대선을 준비하고 있었다. 자민련과의 정당연합이 붕괴하고 여당이 소수당으로 전락하였고, 신한국당과 자민련은 보수적 정책의제에 공조를 취하였다. 국회의 세력 분포가 보수정당 중심으로 바뀌면서 김대중 대통령은 정책 주도권을 상실하였다.

2002년 대통령 선거에서 진보계열의 민주당 노무현 후보가 승리하였다. 노무현 후보는 선거기간에 더 이상의 법인세 감세를 하지 않겠다고 공약하였다. 대선후보 TV토론에서 노무현 후보는 법인세 인하의 혜택은 대기업에 집중될 뿐이라고 비판하였다(김창균 2002). 노무현 대통령은 법인세 정책을 공정과 평등의 문제로 인식하고 있었고 법인세 인하에 반대하였다. 민주당은 김대중 대통령 재직기간부터 법인세 감세의 경기부양 효과가 미약하다고 주장해 왔다. 하지만 신한국당은 감세정책을 적극 지지하였다. 신한국당은 2003년에도 2004년도의 법인세율을 27%에서 26%로 낮추는 감세안을 추진하였다. 신한국당과 자민련은 보수정당 간의 정책 공조를 통해 원내 다수의 지지를 확보하였다. 하지만 여당인 민주당은 당 내부의 갈등이 고조되었고 결국 열린우리당을 창당하면서 당세가 위축되었다. 노무현 대통령과 열린우리당은 신한국당과 타협할 수밖에 없었다. 강봉균 의원은 법인세율 인하 시기를 2004년이 아닌 2005년으로 미루는 대신 감세의 폭을 1%에서 2%로 늘리는 수정안을 제출하였고, 수정한이 통과되었다(대한민국국회사무처 2003).

2004년 실시된 제17대 국회의원 선거에서 여당인 열린우리당이 대승을 거두면서 노무현 대통령 시기에는 더 이상의 감세가 이루어지지 않았다. 노무현 대통령 시기의 감세정책은 신한국당과 자민련의 보수적 정책공조로 원내 다수 의석을 점유한 결과였으며, 17대 총선 이후 여당이 원내 다수 의석을 확보하면서 여당의 선호에 부합하도록 더 이상의 감세를 막을 수 있었다.

4. 이명박 대통령 시기의 법인세율 인하

2007년 대선에서 승리한 신한국당 이명박 후보는 법인세율을 25%에서 20%로 대폭 인하하겠다고 공약하였다. 취임 직후인 2008년 실시된 18대 국회의원 선거에서 신한국당이 승리하면서 여당이 원내 다수를 확보하였다. 여당은 2008년에 법인세 감세안을 통과시켰다. 최고 법인세율이 2009년에 22%로 인하되고 2010년에는 20%로 낮아지는 내용을 담고 있었다. 감세안이 통과되고 난 뒤, 재정 균형을 유지하기 위해서 2010년의 감세 계획을 2012년으로 미루는 세법 개정안이 통과되었다. 이명박 대통령의 과감한 감세안은 안정적인 다수 의석을 보유한 여당의 지지를 받고 있었다. 하지만 이명박 대통령의 감세 공약은 2011년 강력한 반대에 직면한다. 결국 신한국당은 감세안을 철회하였고 최고법인세율은 임기 말까지 22%로 유지되었다. 이 시기 이명박 대통령의 감세안에 대한 반대는 여당 내의 감세에 비판적인 분파와 야당이 공조한 결과였다.

2008년 세계금융위기 이후 전세계적으로 신자유주의 정책이 가져온 경제적 불평등에 대한 우려가 확산되었고, 1997년 동아시아 금융위기 이후 경제적 불평등이 심화된 한국에서도 양극화에 대한 우려가 대두되었다. 진보계열의 야당은 법인세 감세를 부자를 위한 감세라고 비판하였다. 여당 내에서도 젊은 세대의 소장파 의원들을 중심으로 2012년 총선과 대선에서 승리하기 위해서는 불평등의 심화를 완화할 수 있는 정책을 펴야 한다는 주장이 제기되기 시작하였다(조의준 2010). 대기업에 적용되는 최고 법인세율은 중요한 정치적 논쟁의 대상으로 부상하였다. 2011년에 신한국당의 새 원내대표로 선출된 황우여 의원은 최고 법인세율과 소득세율 인하안을 철회하고 감세안 철회로 확보되는 재정은 사회복지 지출에 활용하겠다는 계획을 공표하였다(조의준 2011). 이명박 대통령의 임기가 종반으로 접어들면서 차기 대선후보인 박근혜 의원과 함께하는 황우여 의원이 원내대표로 선출되고, 이들이 당내의 젊은 소장파와 연합하여 이명박 대통령의 감세정책에 제동을 건 것이다. 박재완 기획재정부 장관 겸 부총리는 정부는 감세정책을 추진할 것이라는 의사를 명확히 밝혔다. 박 부총리는 감세정책의 혜택은 주주들과 노동자들, 그리고 소비자들에게 돌아갈 것이며 보다 많은 일자리도 만들어질 것이라고 주장하며, 소득세율 인하는 타협을 통해 조정할 수 있지만 법인세 인하정책은 계속 추진하겠다는 의사를 밝혔다(김영진 2011). 이명박 대통령 또한 감세안을 철회할 의사가 없다는 점을 명확히 하였다(선정민 2011). 하지만 이명박 대통령은 신임 원내대표를 설득하는데 실패하였고 감세정책 철회안을 받아들일 수밖에 없었다.

이명박 대통령은 감세정책을 추진하면서 야당뿐만 아니라 여당 내부의 반대에 직면하였다. 신한국당은 원내 다수당 지위를 유지하고 있었지만 결국 자신의 정책의제를 포기하고 반대파와 타협할 수밖에 없었다. 이명박 대통령은 차기 대선후보 박근혜를 지지하는 당내 분파조차 설득할 수가 없었다.

5. 문재인 대통령 시기의 법인세율 인상

경제민주화를 주요 공약으로 내걸고 당선된 박근혜 대통령은 최고법인세율 인하에 큰 관심이 없었고, 재정지출 합리화를 통한 증세 없는 복지를 주장했으므로 박근혜 대통령 시기에는 최고 법인세율이 변화 없이 22%로 유지되었다(〈그림 8-1〉 참조). 2016년 치러진 총선에서 더불어민주당과 새누리당이 과반 의석을 차지하는 데 실패하고 국민의당이 제3세력으로 등장하였다. 국민의당은 총선 이후부터 법인세율 인상을 주장해 왔다. 문재인 대통령이 당선되고 법인세 증세안이 통과되는 과정은 정당 간의 공조의 또 다른 사례이다. 박근혜 대통령이 탄핵된 이후 치러진 2017년 대선에서는 문재인, 안철수, 유승민 후보가 법인세 부담을 늘려야 한다는 공약을 제시하였다. 문재인 대통령이 당선된 뒤 2018년 민주당, 국민의당, 바른정당은 정책 공조를 통해 법인세율을 22%에서 25%로 인상하는 법인세법 개정안을 통과시켰다. 2016년에 출범한 제20대 국회도 김대중 대통령 시기 제15대 국회(1996년~2000년)와 마찬가지로 원내 다수당이 과반수 의석을 차지하는 데 실패했다. 이 시기 법인세율을 인상한 법인세법 개정안은 정당 간의 정책공조의 결과물이었다.

IV. 결론

이 장에서는 김영삼 대통령 이후 최고 법인세율의 변화과정을 대통령과 국회, 여당과 야당의 논쟁과 타협이라는 관점에서 재구성해 보았다. 대통령의 여당 장악력, 국회 내의 정당 간의 의석 분포, 정당 내부의 파벌 경쟁 등 다양한 요인이 주요 행위자 간의 대화와 타협의 결론에 영향을 미치고 있었다. 특히 원내에 과반수를 차지한 다수당이 없는 경우 정당 간의 연대와 공조가 활성화되었다는 점을 발견할 수 있었다. 다당제하의 연립정부와 비교해 보자면 낮은 수준의 정당 간의 공조이다. 하지만 정당 간의 연합 정치를 가로막는 제도적, 관행적 장애물들을 고려한다면 한국에서 정당 간 연합 정치의 필요 조건인 타협을 통한 협력의 정치가 작동하고 있었다는 점은 시사하는 바가 크다.

법인세 정책 결정 과정을 살펴보면 과반수 의석을 차지한 다수당이 존재하지 않고 국회에 2개 이상의 정당들이 상호작용을 하는 상황에서 타협을 통한 정당 간의 공조가 활성화되었다. 분점정부론에 따르면 여소야대의 시기는 교착상태에 빠질 우려가 크다. 하지만 한국의 경험은 이와는 다소 차이가 있음을 발견할 수 있다. 김대중 정부 초기 대통령은 자민련과의 연합을 통해 다수의 지지를 확보하였다. 임기 후반으로 접어들면서 국민회의-자민련의 연합이 붕괴된 뒤에는 보수 계열의 정당이 의회정치를 주도하였다. 여당의 입장에서 볼 때에는 대통령의 의제를 입법화하기 어렵다는 점에서 교착상태라고 인식할 수 있으나, 이 시기 보수정당들은 정책 공조를 통해 대통령의 의제와 다른 보수적인 의제들을 입법화하였다. 이 시기의 경험은 분점정부가 교착상태에 빠진다는 주장에 대한 반례가 될 수 있다. 또한, 여당이 아닌 야당이 정당연합 또는 정당 간 공조를 통해 주도권을 행사하는 경우 교착상태에 빠지는 대신 야당의 의제가 입법화될 수 있다는 점을 보여준다.

이명박 대통령 시기는 정당 내부에서 나타난 균열이 대통령의 공약 실현을 저지했다는 점에서 흥미로운 시기이다. 겉보기에는 이명박 대통령이 감세 공약을 내걸었고, 원내 다수 의석을 통해 감세 정책을 실현한 것으로 보인다. 하지만 법인세 정책의 결정 과정을 들여다보면 임기 말로 접어들면서 감세안에 반대하는 진보계열의 야당과 여당 내의 박근혜 후보 지지세력, 그리고 소장파가 공조하여 더 이상의 추가적인 법인세 감세를 막았다. 여당이 국회에서 다수 의석을 확보하고 있는 상황에서도 이명박 대통령은 자신의 감세안을 끝까지 추진할 수 없었다. 여당 원내대표가 감세안을 철회하면서 이미 이명박 대통령은 실질적으로 정국 주도권을 상실한 것이다. 2018년 법인세 인상은 또 다른 타협의 사례이다. 2017년 대선으로 집권당은 바뀌었으나 여소야대 상황이 지속되는 가운데 새누리당을 제외한 3개 정당이 공조하여 세율인상안을 통과시켰다.

이 장에서 살펴본 사례들은 최소한 정책결정의 영역의 경우 제왕적 대통령론이 주장하는 바와 같이 한국 정치가 대통령에 의해 지배되고 있지 않다는 점을 확인시켜 준다. 또한 분점정부론이 주장하는 것처럼 대통령제하에서 여소야대의 분점정부가 탄생하면 교착상태에 빠질 위험이 높은 것만은 아니다. 법인세율 결정 과정을 살펴보면 원내에 3개 이상의 정당이 진출한 상황에서 여소야대의 분점정부가 등장하면 정당 간의 공조를 통해 여당 혹은 야당이 정국을 주도해 왔다. 정당 간의 연합 정치를 어렵게 만드는 한국의 대통령제의 특징을 고려할 때 정당 간의 정책공조는 의미 있는 경험이다. 김대중-김종필 연합의 경우 이념적으로는 차이를 보이지만 내각의 중요 직위를 공유하여 정당 연합을 이끌어 냈다. 김대중-김종필 연합 이후의 보수정당의 정책 공조, 문재인 정부 초기의 민주당-국민의당-바른정당의 정책 공조는 이념과 정책선호에 대한 공감대를 바탕으로 이루어졌다. 이와 같은 경험을 잘 살려나간다면 다당제가 정착되어 여소야대가 일상화된다고 하더라도 교착상태로 인한 정치적 혼란이 지속되기보다는 정당 간의 연합을 통한 타협의 정치가 활성화될 가능성이 적지 않다.

정치 양극화가 심화되고 양대 정당의 반목과 대립이 날로 심각해지는 상황에서 타협의 정치를 통한 갈등 관리가 쉽게 자리 잡기 어렵다는 반론도 가능하다. 특히 여소야대에서 정당 간 공조를 통해 법안이 통과된 시기의 특징은 다수의 야당이 과반 이상의 의석을 분점하였다는 점이다. 지금과 같이 단일한 거대 야당이 존재하는 여대야소와는 상황이 다르다. 강력한 정당 규율을 가진 거대 양당이 서로 대립한다면 타협의 공간이 축소될 수밖에 없다. 양극화된 정치환경 속에서 정당 지도부 간의 타협의 가능성이 낮아지고, 개별 의원들도 진영에 따라 결집한다면 사안별로 야당 의원들이 대통령의 정책을 지지하거나 여당 의원들이 야당에 동조하는 교차투표는 더욱 어려워진다.

타협의 정치를 확산시키기 위해서는 미국형 모델을 따라 정당 지배구조를 분권화하고 개별 의원의 자율성을 확대하거나, 국회의원 선거의 비례성을 높여서 다당제를 정착시킬 필요가 있다. 개별 의원의 자율성이 높은 미국에서도 정치 양극화가 심화되면서 정당 간 교차투표의 비율이 낮아지는 경향을 보이는 점과 한국 정당의 중앙집권적 지배구조를 고려할 때 타협의 정치를 통한 갈등 관리를 활성화하기 위해서는 다당제를 도입하는 것이 타당해 보이지만, 비례성이 높은 선거제도와 다당제 연합정치는 유권자들의 지지를 얻지 못하고 있는 실정이다. 대통령제하에서 다당제가 정치적 혼란을 가져올 것이라는 우려가 있으나, 이 장의 연구결과에서 확인할 수 있듯이 다수의 유효정당이 국회 의석을 분점한 경우 한국에서도 타협의 정치가 작동하고 있음을 알 수 있다. 대통령 결선투표, 국회의원선거의 비례성 제고 등 제도적 여건이 성숙된다면 다수의 정당이 논쟁하고 협력하며 갈등을 관리하고, 더 나아가 초당적 협력을 필요로 하는 중장기 정책을 제시하는 정치의 사회 통합 기능이 강화될 수 있을 것이다.

참고문헌

곽진영. 2003. "국회-행정부-정당 관계의 재정립." 『의정연구』 9(2): 161-185.

김영진. 2011. "소득세 감세 철회할 수 있지만, 법인세는 꼭 인하." 박재완 기재부 장관 인터뷰. 『조선일보』 6월 22일자.

김용호. 2002. "한국의 민주화 이후 단점·분점 정부에 대한 평가." 『한국정당학회보』 1(1): 89-114.

______. 2005. "한국의 대통령제 헌정질서의 불안정 요인 분석: 분점정부와 대통령-국회간의 대립." 『국제정치연구』 8(1): 257-284.

김욱. 2002. "대통령-의회 관계와 정당의 역할." 『의정연구』 8(2): 6-31.

김창균. 2002. "[대통령후보 공약평가] (1) 쟁점분야별 정책 이념." 『조선일보』 12월 1일자.

나성린·박정수·심충진·권영준. 2002. "대선후보 공약비교 평가(조세정책). 2002대선 공약검증." 경제정의실천시민연합. http://ccej.or.kr/7662 (검색일: 2022년 2월 15일)

민경락. 2017. "3천억원 초과 소득 법인세율 22%→25% 확정." 『연합뉴스』 12월 5일자. https://www.yna.co.kr/view/AKR20171205188800002

박기덕. 2007. "한국의 정부형태 및 권력구조 논쟁: 쟁점의 본질과 효율적 대안." 『한국정치연구』 16(1): 111-140.

박대한. 2017. "법인세 최고세율 25% 확정.. 과표는 '2천억→3천억' 초과로 완화." 『연합뉴스』 12월 4일자. https://www.yna.co.kr/view/AKR20171204156100002

박성훈. 2017. "법인세 인상, 초고득자 증세... 국회 본회의 표대결 가나." 『중앙일보』 11월 29일자.

박찬욱. 2004. 『한국 권력구조의 이해』. 파주: 나남.

박현석. 2015. "국제 조세인하경쟁과 자본세." 『한국정치학회보』 49(1): 227-246.

송충식·정기수. 1993. "여야 오랜만에 제목소리: 세율 추가인하 요구 안팎." 『경향신문』 9월 3일자.

선정민. 2011. "MB, "한나라 좌클릭 안돼": 당 지도부 오찬서 주문." 『조선일보』 7월 4일자.

윤영신·송동훈. 2001. "여야정 정책협의회: 재정10조 추가지출 격론." 『조선일보』 8월 10일자.

이재명. 2007. "대선후보 공약평가 ①복지정책." 『한겨레』 12월 10일자.

이상훈. 2012. "박근혜 vs 문재인 경제공약 심층점검 ③복지재정." 『동아일보』 12월 10일자.

장훈. 2001. "한국 대통령제의 불안정성의 기원: 분점정부의 제도적·사회적·정치적 기원." 『한국정치학회보』 35(4): 107-127.

조의준. 2010. "좌로 한발 가려다 ... 길 잃은 한나라." 『조선일보』 10월 29일자.

______. 2011. "한나라 소장파, 양극화 이대로 두면 총선, 대선 하나마나." 『조선일보』 5월 3일자.

한기홍. 1993. ""국민 세부담 가중" 한목소리: 세제개편안 여야 반응." 『동아일보』 9월 3일자.

Basinger, Scott and Mark Hallerberg. 2004. "Remodeling the Competition for Capital: How Domestic Politics Erases the Race to the Bottom." *American Political Science Review* 98(2): 261-276.

Cao, Xun. 2010. "Networks as Channels of Policy Diffusion: Explaining Worldwide Changes in Capital Taxation, 1998-2006." *International Studies Quarterly* 54(3): 823-854.

Cherub, José A., Adam Przeworski and Sebastian M. Saiegh. 2004. "Government Coalitions and Legislative Success under Presidentialism and Parliamentarism." *British Journal of Political Science* 34(4): 565-587.

Linz, J. Human. 1990. "The Perils of Presidentialism." *Journal of Democracy* 1(1): 51-69.

Mainwaring, Scott. 1993. "Presidentialism, Multipartism, and Democracy: The Difficult Combination." *Comparative Political Studies* 26(2): 198-228.

대한민국국회사무처. 1993a. 「국회 재무위원회 회의록」 제163회 국회 제1호.

______. 1993b. 「국회 재무위원회 회의록」 제159회 국회 제10호.

______. 1993c. 「국회 재무위원회 회의록」 제165회 국회 제4호.

______. 2001a. 「국회 재정경제위원회 회의록」 제225회 국회 제13호.

______. 2001b. 「국회 본회의 회의록」 제226회 국회 제3호.

______. 2003. 「국회 재정경제위원회 회의록」 제243회 국회 제13호.

제9장

양극화와 의회정치

—21대 국회의원의 중장기 정책 선호 조사—

* 이 글은 국회미래연구원 연구보고서 22-08호 『21대 국회의원과 보좌진의 미래인식 조사』(2022)의 일부를 수정, 보완한 글이다.

I. 서론

오늘날 우리 사회에는 중장기적 관점에서 사회적 대타협을 통해 해결해야 할 중요한 과제들이 산적해 있다. 경제구조의 변화에 따른 노동시장의 개편, 연금 등 공적 사회보험의 지속성과 실효성 확보, 고령화 사회에 대응하는 대책, 과학기술 발전에 따른 대응방안 마련 등은 장기적인 관점에서 준비해야 할 과제들이다. 그간 대통령과 행정부가 주도하여 이와 같은 과제들을 해결하기 위해 노력해 왔으나 성과가 미진하다. 집권당이 바뀌거나, 집권당이 바뀌지 않더라도 대통령이 바뀌면 전임 대통령과 차별화하고 새로운 대책을 모색하는 것은 새롭게 당선된 대통령들의 숙명이다. 이와 같은 구조 속에서 대통령이 바뀌더라도 지속가능한 중장기 미래 정책을 제시하고 안정적으로 추진하는 것은 행정부 단독으로는 어려운 일이다. 대통령 임기 5년을 넘어서 집권당이 교체되어도 안정적으로 지속될 수 있는 중장기적인 미래 정책을 도입하고 시행하기 위해서는 초당적인 합의가 필수적이다. 초당적인 협력을 위해서는 여당과 야당이 공존하는 국회가 제 역할을 해야 한다.

시민들의 국회에 대한 신뢰도는 행정부나 사법부와 비교할 때 상대적으로 낮게 나타나고 있다(조진만·임성학 2008; 유성진 2009; 서현진 2016). 국정 운영에서 국회의 중요성이 나날이 커지고 있음을 감안하면 시민들의 신뢰를 얻기 위한 국회의 개혁이 절실한 상황이다. 국회가 시민들에게 신뢰받지 못하는 중요한 원인 중 하나는 여당과 야당이 정쟁을 지속하면서 민생문제에 대한 생산적인 논쟁을 소홀히 하고 있다는 점이다. 국회는 여당과 야당이 갈등하는 이해관계를 대변하며 상시 논쟁을 지속하는 곳이다. 싸울 때는 싸우되 서로 다른 의견의 장점을 종합하여 시민의 대표로서 우리 사회의 중요한 문제들에 대한 해결책을 제시해야 한다. 중요한 정책 의제에 대해 초당적 협력을 통해 의사결정을 내리는 정치 선진국들의 의회와 비교하며 우리 국회의 효율성과 생산성이 떨어진다는 지적은 새겨들어야 할 것이다.

국회 정치개혁특위에서 선거법 개정을 통해 정당체계를 개편하려고 노력하는 등 제도개혁을 통해 국회를 개혁하려는 시도가 지속되어 왔으나 여야의 합의를 필요로 하는 제도개혁은 빠른 시일 내에 추진하기가 어려운 것이 현실이다. 국회의 의정활동의 질을 향상시키기 위한 다양한 제도개혁 방안에 대한 논의는 중장기적 관점에서 우리 국회의 발전을 위해 중요한 자양분이 될 것이다. 하지만, 국회에서 시민들의 삶과 직결된 다양한 의제들이 오늘도 논의되고 있다는 점을 감안한다면 제도개혁은 그대로 추진하되 현재의 상황에서 여당과 야당의 생산적인 논쟁을 촉발할 수 있는 행위자 차원의 계기들을 찾아보는 작업을 병행할 필요가 있다. 여당과 야당이 중요한 사안에 대해 소통하고 협력하기 위해서는 서로의 공통점과 차이점이 무엇인가에 대해 정확하게 이해하는 것이 중요하다. 각 정당의 국회의원들은 다양한 정책 이슈들에 대해 어떻게 인식하고 있으며 무엇을 협력할 수 있을까?

우리는 여당과 야당의 생산적인 논쟁과 건설적인 협력을 모색하기 위해서 2021년에 국회의원 보좌진들을 대상으로 중장기 정책의제와 국회운영에 관한 조사 연구를 수행하였고(박현석 2021), 2022년에는 2021년의 연구를 확대하여 국회의원을 대상으로 중장기 정책 의제에 대한 설문조사를 실시하였다. 설문조사 결과를 토대로 여당과 야당의 국회의원들의 정책 선호를 분석하여 초당적 합의의 여지가 있는 의제들을 제시할 것이다.

국회의원들의 정책 선호에 대한 실증적인 조사 연구로는 총선이 끝나면 실시되는 국회의원의 이념 성향과 정책 태도에 대한 조사를 들 수 있다(강원택 2012; 박윤희 외 2016; 강우창 외 2020). 이 연구들은 4년 주기로 수행되고 있으며 설문조사를 통해 국회의원과 당선자들의 이념 성향과 대표적인 갈등적 정책 영역의 정책 태도에 대해 측정하고 분석한다. 국회의원 개인 수준의 이념 성향과 정책 선호에 대해 파악할 수 있는 좋은 출발점이다. 우리는 기존의 국회의원 이념 성향과 정책 태도 조사의 성과를 바탕으로 하여 광범위한 정책 영역으로 조사의 대상을 확대하여 의정활동에 필요한 정책적 시사점을 제공하는 것을 목적으로 한다. 이념 성향 조사연구와 비교할 때 우리의 연구는 국회에서 다뤄지거나 논쟁해야 할 중장기 정책 의제들을 폭넓게 선정하고 이들 의제들의 우선순위, 그리고 영역별 정책에 대한 의원들의 선호에 대해 조사 연구를 수행한다는 점에서 차별성을 갖는다.

II. 21대 국회의원의 중장기 정책 선호 조사 결과

1. 개요

국회의원들을 대상으로 한 설문조사는 2022년 11월 말에서 12월 초에 진행되었다. 국회의원 전원을 대상으로 설문조사를 진행하였으며 총 300명의 국회의원 중 153명이 설문조사에 응하였다. 응답자의 인구학적 특징은 다음과 같다(〈표 9-1〉 참조). 전체 응답자 중 남자 121명(79.1%), 여자 32명(20.9%), 연령대별로는 30대 이하와 40대가 합해서 22명(14.4%), 50대 이상이 131명(85.6%)이었다. 선출 구분별로는 지역구 의원이 120명(78.4%), 비례대표 의원이 33명(21.6%) 응답하였고, 정당별로는 더불어민주당 87명

표 9-1 응답자의 인적사항과 특성

분류		명
성별	남자	121
	여자	32
연령별	30대 이하	6
	40대	16
	50대 이상	131
정당별	더불어민주당	87
	국민의힘	56
	정의당	5
	기본소득당	1
	시대전환	1
	무소속	3
선출 구분별	지역구	120
	비례대표	33
당선 횟수별	초선	90
	재선	34
	3선	15
	4선 이상	14
계		153

(56.9%), 국민의힘 56명(36.6%), 정의당 5명, 기본소득당과 시대전환 각 1명, 무소속 3명(도합 6.5%)이었다. 당선 횟수별로는 초선 의원이 90명(58.8%), 재선 34명(22.2%), 3선 15명(9.8%), 4선 이상이 14명(9.1%)이었다. 21대 국회의원의 실제 구성을 살펴보면 성별로는 남성이 80.9%, 여성이 19.1%, 연령대별로는 50대 이상이 88.7%, 40대 이하가 11.3%, 정당별로는 더불어민주당 56.3%, 국민의힘 38.3%, 정의당과 그 외 정당, 무소속을 합하면 5.4%이고, 당선 횟수별로는 초선이 52%, 재선이 23%, 3선 이상이 25%이다(이상 국회 홈페이지, 2022). 응답자와 국회의원 전체의 구성을 비교해 보면 성비, 정당분포, 연령대는 대체로 일치하며 초선의원과 비례대표 의원이 실제보다 약간 과대대표되어 있는 상황으로 대체로 실제 구성과 유사하다고 볼 수 있다.

조사 결과 가장 많은 수의 국회의원들은 경제 불평등과 정치·사회 양극화 해소를 가장 시급하게 다뤄야 할 미래의제로 인식하고 있었다. 더불어민주당과 국민의힘을 비교해 보면 강도의 차이는 있었지만 양당 모두 양극화 해소를 시급하게 논의해야 할 의제로 보았다. 이어서 저출산 고령화 사회에 대한 대응책이 양당이 공동으로 지목한 시급한 미래의제이다. 이에 더해 더불어민주당 소속 의원들은 기후변화 대처 및 에너지 환경문제 해결을 시급한 의제라고 지목하였고, 국민의힘 소속 의원들은 과학기술 발달을 위한 투자 및 규제 완화를 꼽았다. 우리는 다음 절에서 정책의제의 우선순위에 대한 국회의원들의 응답 결과를 분석할 것이다. 이어서 양당이 공동으로 제시한 중요 미래의제들, 그리고 각 당에서 많은 응답자들의 선택을 받은 미래의제들과 관련된 정책에 대한 국회의원의 정책 선호에 대해 분석할 것이다.

2. 중장기 정책의제의 우선순위

미중 갈등의 악화에 대응하기 위한 국가전략 수립, 연금 및 노동정책의 대전환, 교육개혁 등 정치권에서 논의해야 할 문제들이 산적해 있는 상황에서 국회의원이 생각하는 시급한 미래이슈는 무엇일까? 가장 많은 국회의원들(32%)은 1순위로 "경제 불평등 및 정치·사회 양극화 해소"를 꼽았다. 설문조사에서 응답자들은 "다음 중 21대 하반기 '국회에서 시급하게 다루야 할 미래 이슈는 무엇입니까?" 라는 질문에 대해 ① 과학기술 발달을 위한 투자 및 규제 완화 ② 새로운 노사관계 ③ 경제적 불평등 및 정치·사회 양극화 해소 ④ 사회갈등 관리를 위한 정치 거버넌스 개혁 ⑤ 기후변화 대처 및 에너지 환경문제 해결 ⑥ 공적 연금, 건강보험 등 사회보험 개혁 ⑦ 한반도 평화(북핵, 통일) ⑧ 인구절벽 고령화 저출산 문제 ⑨ 지역균형발전과 자치분권 ⑩ 교육개혁과 평생학습 사회 ⑪ 미중 경쟁시대 글로벌 외교, 경제안보 ⑫ 기타 중에서 1순위부터 3순위까지 선택하여 응답하였다.

응답자들은 양극화 해소에 이어 "인구절벽 고령화 저출산 문제"(15%)와 "과학기술 발달을 위한 투자 및 규제 완화"(12.4%)를 선택했다. "사회갈등 관리를 위한 정치 거버넌스 개혁"(11.8%)과 "기후변화 대처 및 에너지 환경문제 해결"(11.8%)도 10%가 넘는 응답자들이 1순위로 다뤄야 할 과제라고 응답하였다.

응답 결과를 살펴보면 정당별로도 온도차이를 발견할 수 있다.

표 9-2 21대 하반기 국회에서 시급하게 다뤄야 할 미래 이슈(1순위)

		합계		과학기술 발달을 위한 투자 및 규제 완화	새로운 노사 관계	경제적 불평등 및 정치·사회 양극화 해소	사회 갈등 관리를 위한 정치 거버넌스 개혁	기후변화 대처 및 에너지 환경 문제 해결	공적연금, 건강보험 등 사회보험 개혁	한반도 평화 (북핵, 통일)	인구절벽 고령화 저출산 문제	지역 균형 발전과 자치 분권	교육개혁과 평생학습 사회	미중 경쟁 시대 글로벌 외교, 경제 안보	기타
		%	사례수	%	%	%	%	%	%	%	%	%	%	%	%
전체		100.0	153	12.4	3.3	32.0	11.8	11.8	3.3	2.0	15.0	4.6	.7	2.0	1.3
성별	남자	100.0	121	12.4	1.7	37.2	10.7	5.8	4.1	1.7	15.7	5.8	.8	2.5	1.7
	여자	100.0	32	12.5	9.4	12.5	15.6	34.4	.0	3.1	12.5	.0	.0	.0	.0
연령별	30대	100.0	6	.0	16.7	33.3	.0	33.3	.0	.0	16.7	.0	.0	.0	.0
	40대	100.0	16	6.3	6.3	31.3	25.0	6.3	6.3	.0	12.5	6.3	.0	.0	.0
	50대 이상	100.0	131	13.7	2.3	32.1	10.7	11.5	3.1	2.3	15.3	4.6	.8	2.3	1.5
선출 구분별	지역구	100.0	120	10.0	2.5	35.0	10.8	9.2	4.2	1.7	16.7	5.8	.8	1.7	1.7
	비례대표	100.0	33	21.2	6.1	21.2	15.2	21.2	.0	3.0	9.1	.0	.0	3.0	.0
정당별	더불어민주당	100.0	87	4.6	2.3	36.8	13.8	14.9	2.3	2.3	16.1	4.6	1.1	1.1	.0
	국민의힘	100.0	56	26.8	3.6	25.0	8.9	1.8	5.4	1.8	14.3	5.4	.0	3.6	3.6
	정의당	100.0	5	.0	20.0	.0	.0	80.0	.0	.0	.0	.0	.0	.0	.0
	기본소득당	100.0	1	.0	.0	100.0	.0	.0	.0	.0	.0	.0	.0	.0	.0
	시대전환	100.0	1	.0	.0	100.0	.0	.0	.0	.0	.0	.0	.0	.0	.0
	무소속	100.0	3	.0	.0	33.3	33.3	.0	.0	.0	33.3	.0	.0	.0	.0
당선 횟수별	초선	100.0	90	15.6	4.4	26.7	14.4	11.1	3.3	2.2	12.2	4.4	1.1	2.2	2.2
	재선	100.0	34	5.9	2.9	35.3	8.8	17.6	.0	.0	20.6	5.9	.0	2.9	.0
	3선	100.0	15	6.7	.0	53.3	.0	6.7	13.3	.0	13.3	6.7	.0	.0	.0
	4선 이상	100.0	14	14.3	.0	35.7	14.3	7.1	.0	7.1	21.4	.0	.0	.0	.0

더불어민주당 소속 의원들의 경우 36.8%가 양극화 해소를 1순위로 꼽았고, 저출산 고령화 문제, 기후변화 해결, 정치거버넌스 개혁 등이 15% 내외의 선택을 받았다. 1위인 양극화 해소와 2위인 저출산 고령화 문제 사이의 격차가 확연하게 나타난다. 반면 국민의힘 소속 의원들의 경우 26.8%가 과학기술 발달을 위한 투자 및 규제 완화를

1순위 과제로 선택하였고, 양극화 해소는 25%로 2위를 차지했다. 과학기술 발달을 위한 투자 및 규제 완화를 1순위 과제로 선택한 민주당 의원은 4.6%에 불과했다. 정의당의 경우 총 6명의 의원 중 5명이 설문조사에 응했는데, 그중 4명이 기후변화 대처 및 에너지 환경 문제 해결이 가장 시급한 과제라고 응답하였고 1명이 양극화 해소를 선택하였다.

1순위부터 3순위까지의 응답을 순위를 고려하지 않고 합산한 결과를 살펴보면 1순위만 고려한 결과와 유사하지만 다소 차이가 있다. 64.7%의 국회의원 응답자가 양극화 해소를 3순위 이내에 드는 것으로 응답하였고, 인구절벽(39.2%), 기후변화 및 환경문제(38.6%), 정치 거버넌스 개혁(30.7%)이 뒤이어 30% 이상의 응답자의 선택을 받았다.[1] 보좌진의 경우 양극화 해소가 54.5%, 고령화 저출산 문제가 51.6%, 기후변화 및 환경문제가 41.8%, 그리고 미중 경쟁시대 글로벌 외교, 경제안보가 30.7%의 선택을 받았다. 1순위만 집계한 결과와 비교해 보면 국회의원의 경우 과학기술 발달을 위한 투자 및 규제 완화의 순위가 뒤로 밀려났다.

3순위까지의 합산결과를 정당별로 살펴보면 양극화 해소가 양대 정당 모두에서 가장 많은 선택을 받았다. 민주당의 경우 72.4%, 국민의힘은 55.4%의 의원 응답자들이 양극화 해소를 기타를 제외한 전체 11개 미래의제 중에서 3순위 안에 드는 중요한 문제로 지목하였다. 민주당의 경우 기후변화 및 환경문제(47.1%), 고령화 저출산(41.4%), 정치 거버넌스 개혁(34.5%)이 뒤를 이었다. 국민의힘에서

1 1순위, 2순위, 그리고 3순위 응답을 모두 더하여 이슈별로 빈도를 계산한 결과이므로, 이슈별로 선택된 비율을 모두 합산하면 100%를 넘게 된다.

표 9-3 21대 하반기 국회에서 시급하게 다뤄야 할 미래 이슈(1~3순위 합산)

		합계		과학 기술 발달을 위한 투자 및 규제 완화	새로운 노사 관계	경제적 불평등 및 정치·사회 양극화 해소	사회 갈등 관리를 위한 정치 거버넌스 개혁	기후 변화 대처 및 에너지 환경 문제 해결	공적 연금, 건강 보험 등 사회 보험 개혁	한반도 평화 (북핵, 통일)	인구 절벽 고령화 저출산 문제	지역 균형 발전과 자치 분권	교육 개혁과 평생 학습 사회	미중 경쟁 시대 글로벌 외교, 경제 안보	기타
		%	사례수	%	%	%	%	%	%	%	%	%	%	%	%
전체		100.0	153	20.9	15.0	64.7	30.7	38.6	18.3	20.9	39.2	24.8	7.8	17.0	2.0
성별	남자	100.0	121	18.2	13.2	67.8	30.6	32.2	15.7	22.3	42.1	28.1	8.3	19.0	2.5
	여자	100.0	32	31.3	21.9	53.1	31.3	62.5	28.1	15.6	28.1	12.5	6.3	9.4	0
연령별	30대	100.0	6	50.0	16.7	66.7	16.7	66.7	16.7	.0	33.3	.0	16.7	16.7	0
	40대	100.0	16	25.0	18.8	75.0	56.3	37.5	25.0	31.3	12.5	12.5	6.3	0	0
	50대 이상	100.0	131	19.1	14.5	63.4	28.2	37.4	17.6	20.6	42.7	27.5	7.6	19.1	2.3
선출 구분별	지역구	100.0	120	16.7	13.3	66.7	29.2	36.7	17.5	20.0	41.7	28.3	8.3	19.2	2.5
	비례대표	100.0	33	36.4	21.2	57.6	36.4	45.5	21.2	24.2	30.3	12.1	6.1	9.1	0
정당별	더불어민주당	100.0	87	9.2	9.2	72.4	34.5	47.1	14.9	20.7	41.4	26.4	8.0	14.9	1.1
	국민의힘	100.0	56	39.3	23.2	55.4	26.8	19.6	23.2	23.2	39.3	19.6	7.1	19.6	3.6
	정의당	100.0	5	20.0	40.0	40.0	0	100.0	20.0	20.0	20.0	20.0	.0	20.0	0
	기본소득당	100.0	1	100.0	0	100.0	0	100.0	.0	0	0	0	0	0	0
	시대전환	100.0	1	0	0	100.0	100.0	0	100.0	0	0	0	0	0	0
	무소속	100.0	3	0	0	33.3	33.3	33.3	0	0	33.3	100.0	33.3	33.3	0
당선 횟수별	초선	100.0	90	25.6	17.8	64.4	33.3	38.9	18.9	17.8	35.6	23.3	6.7	14.4	3.3
	재선	100.0	34	11.8	14.7	61.8	32.4	50.0	5.9	26.5	44.1	26.5	8.8	17.6	0
	3선	100.0	15	13.3	0	73.3	13.3	13.3	46.7	20.0	53.3	33.3	20.0	13.3	0
	4선 이상	100.0	14	21.4	14.3	64.3	28.6	35.7	14.3	28.6	35.7	21.4	0	35.7	0

는 양극화 해소의 뒤를 이어 과학기술 발달을 위한 투자 및 규제 완화와 고령화 저출산 문제가 동률로 39.3%의 선택을 받았고, 26.8%의 응답자들이 정치 거버넌스 개혁을 3순위 안에 드는 시급한 미래 의제라고 응답했다.

지금까지 살펴본 결과를 토대로 더불어민주당과 국민의힘 양대 정당 소속 응답자들의 선호를 비교해 보면 21대 국회에서 시급하게 다뤄야 할 미래의제의 우선순위가 다소 차이가 있지만 수렴되는 면도 크다는 점을 알 수 있다. 더불어민주당 의원들의 경우 양극화 해소를 선택한 의원들이 압도적으로 많았고, 국민의힘 의원들은 규제완화를 최우선 과제로 꼽았다. 하지만 3순위까지의 답변을 합산해 보면 국민의힘 의원들의 경우도 양극화 해소를 선택한 의원들이 가장 많았다. 그 외에도 고령화 저출산 문제의 중요성에 대해 양당이 공감대를 형성하고 있음을 확인할 수 있었다. 국민의힘 의원들은 과학기술 발달을 위한 투자 및 규제 완화 문제에 대해서 큰 관심을 갖고 있으며, 더불어민주당 의원들은 기후변화 대처 및 에너지 환경문제 해결이 중요하다고 보고 있었다. 3순위까지 합산한 자료를 토대로 보면 더불어민주당에서 꼽은 3대 의제는 양극화 해소, 기후변화 대처 및 에너지 환경문제 해결, 인구절벽 고령화 저출산이고, 국민의힘은 양극화 해소, 과학기술 발달을 위한 투자 및 규제 완화, 인구절벽 고령화 저출산 문제로 요약할 수 있다. 각 정당의 3가지 주요 의제 중에서 양극화 해소와 고령화 저출산 문제는 공통적으로 관심을 가지고 있는 중점 의제이며, 과학기술 발달을 위한 투자 및 규제 완화와 기후변화 대처 및 환경문제는 당파적 입장에 따라 관심의 정도가 달랐다.

윤석열 대통령이 중점 의제로 내걸고 있는 공적연금 개혁과 노동시장 개편 문제에 대한 양당의 관심도에 차이가 있다는 점도 특기할 만한 부분이다. 〈표 9-3〉에 따르면 국민의힘 소속 의원들의 경우 공적연금, 건강보험 등 사회보험 개혁과 새로운 노사관계 정립이 동률로 23.2%의 의원들의 선택을 받은 반면, 민주당은 각각 14.9%와

9.2%에 머물렀다.

3. 영역별 정책 선호

이번 조사에서 우리는 개별 미래의제 영역별로 핵심적인 정책을 선별하여 중장기 대응방안에 대한 선호도를 조사하였다. 양대 정당 소속 의원들이 공통으로 시급한 미래의제로 꼽은 양극화 해소와 고령화 저출산 문제부터 살펴보도록 하자.

1) 경제 불평등과 정치 사회 양극화 해소를 위한 정책에 대한 선호

경제적 불평등과 정치·사회 양극화 해소를 위한 다양한 대책들 중 우리는 소득 양극화를 완화할 수 있는 복지정책, 근로조건 격차를 줄이는 노동정책, 자산 불평등 해소를 위한 부동산 정책에 주목하였다. 복지정책과 관련해서는 선별복지와 보편복지 정책, 노동정책은 비정규직 처우개선과 인공지능의 노동대체에 대한 대책, 부동산 정책은 세제 및 규제정책에 대한 의견을 물었다. 소득양극화에 대응하는 정책에 대한 질문은 다음과 같다.

소득양극화가 심각하게 됨에 따라서 중산층이 축소되는 상황에서 국가의 복지정책은 어떤 방향으로 설계되어야 한다고 생각하십니까?

10년 이내 (　　　)　　　　　　2050년 (　　　)

① 소득 및 자산 기준에 따라 보호 대상을 중심으로 선별적 복지 정책을 실시하여 국가의 재정부담을 완화해야 한다.

② 재정부담이 늘어나더라도 국민 전체를 대상으로 보편적 복지 정책을 실시하여 기본적인 생활수준을 유지하도록 하여야 한다.

〈표 9-4.1〉에 나타난 바와 같이 선별복지와 보편복지에 대한 지

표 9-4.1 복지정책에 대한 응답(10년 이내, 국회의원)

		합계		① 선별복지	② 보편복지
		%	사례수	%	%
전체		100.0	153	50.3	49.7
성별	남자	100.0	121	52.1	47.9
	여자	100.0	32	43.8	56.3
연령별	30대	100.0	6	.0	100.0
	40대	100.0	16	56.3	43.8
	50대 이상	100.0	131	51.9	48.1
선출 구분별	지역구	100.0	120	49.2	50.8
	비례대표	100.0	33	54.5	45.5
정당별	더불어민주당	100.0	87	29.9	70.1
	국민의힘	100.0	56	87.5	12.5
	정의당	100.0	5	20.0	80.0
	기본소득당	100.0	1	.0	100.0
	시대전환	100.0	1	.0	100.0
	무소속	100.0	3	33.3	66.7
당선 횟수별	초선	100.0	90	51.1	48.9
	재선	100.0	34	50.0	50.0
	3선	100.0	15	40.0	60.0
	4선 이상	100.0	14	57.1	42.9

지 사이에 큰 차이가 없는 것으로 나타났다. 여성 의원의 경우 보편복지에 대한 지지가 다소 높았으며, 정당별로 선호의 차이가 뚜렷하게 나타났다. 더불어민주당의 경우 10년 이내에 보편복지를 시행해야 한다는 응답이 70.1%였으나, 국민의힘은 12.5%에 불과했다. 정의당은 5명 중 4명이 보편복지를 선택하였다. 장기적인 관점에서 보면 보편복지에 대한 지지도가 높아진다(〈표 9-4.2〉). 2050년을 염두에 두고 복지정책을 설계할 경우 전체 의원의 61.2%가 보편복지로 가야한다고 응답했다. 정당별로는 민주당 의원 응답자의 75.6%, 국민의힘 의원 응답자의 38.2%, 정의당 의원 응답자의 60%가 보편복

표 9-4.2 복지정책에 대한 응답(2050년, 국회의원)

		합계		① 선별복지	② 보편복지
		%	사례수	%	%
전체		100.0	147	38.8	61.2
성별	남자	100.0	115	37.4	62.6
	여자	100.0	32	43.8	56.3
연령별	30대	100.0	6	.0	100.0
	40대	100.0	14	35.7	64.3
	50대 이상	100.0	127	40.9	59.1
선출 구분별	지역구	100.0	114	34.2	65.8
	비례대표	100.0	33	54.5	45.5
정당별	더불어민주당	100.0	82	24.4	75.6
	국민의힘	100.0	55	61.8	38.2
	정의당	100.0	5	40.0	60.0
	기본소득당	100.0	1	.0	100.0
	시대전환	100.0	1	.0	100.0
	무소속	100.0	3	33.3	66.7
당선 횟수별	초선	100.0	89	42.7	57.3
	재선	100.0	32	28.1	71.9
	3선	100.0	12	25.0	75.0
	4선 이상	100.0	14	50.0	50.0

지로 가야 한다고 답했다. 양대 정당 간의 차이는 여전히 크게 나타났지만 장기적인 관점에서는 보편복지를 지지하는 국민의힘 의원들의 비율이 높아졌다.

노동정책의 경우 근로조건의 격차, 인공지능의 노동력 대체 등에 대해 질문하였다. 첫 번째로 근로조건 격차와 관련된 질문은 아래와 같다.

근로조건의 격차를 줄이기 위해 정부가 어떤 방향으로 정책을 준비하는 것이 더 좋다고 생각하십니까?

10년 이내 (　　　)　　　　2050년 (　　　)

① 비정규직의 노동조건 개선을 통해 정규직-비정규직의 격차를 완화한다.
② 고용관련 규제를 완화하여 노동시장의 효율성을 높인다.

10년 이내 시기에 필요한 정책으로 65.1%의 응답자들은 비정규직 노동조건을 개선하여 격차를 완화해야 한다고 응답했고, 34.9%는 고용 규제를 완화하여 노동시장의 효율성을 높여야 한다고 주장했다. 이 질문에 대한 응답의 분포 역시 정당별로 확연한 차이를 보여주었다. 더불어민주당 소속 의원 응답자들은 84.9%가 비정규직 노동조건 개선을 택한 반면 국민의힘 소속 의원 응답자들은 32.1%만이 비정규직 노동조건 개선을 택하였고 나머지 67.9%는 고용 관련 규제 완화를 통해 노동시장의 효율성을 높여야 한다고 응답하였다. 정의당 소속 의원 응답자는 총 5명중 4명이 비정규직 노동조건 개선을 선택하였다. 2050년을 고려하는 경우 58.9%의 응답자가 비정규직의 노동조건 개선을, 41.1%가 고용 관련 규제 완화를 골랐다. 정당별로 살펴보면 민주당 의원 응답자의 69.1%, 국민의힘 의원 응답자의 41.8%가 비정규직의 노동조건 개선을 선택했다. 〈표 9-5.1〉과 비교해 보면 민주당 의원의 경우 비정규직 노동조건 개선을 선택한 의원이 다소 줄었고, 국민의힘은 다소 늘어났다. 주목할 만한 점은 정당 내부적으로 보면 10년 내의 경우 특정 정책대안에 대한 선호가 지배적이라면, 2050년을 고려하는 상황에서는 두 가지 대안에 대한 의견이 나뉘어지고 특정 대안에 대한 지배적인 선호가 약화된다는 사실이다. 민주당의 경우 10년 내에 필요한 정책을 보자면 비정규직의 노동조건 개선이 85%에 육박하는 대다수가 지지하는 지배적인 대안이지만, 2050년이라는 장기적 미래를 감안하는 경우 비

표 9-5.1 근로조건 격차에 대한 응답(10년 이내, 국회의원)

		합계		① 비정규직의 노동조건 개선	② 고용 관련 규제를 완화
		%	사례수	%	%
전체		100.0	152	65.1	34.9
성별	남자	100.0	120	65.8	34.2
	여자	100.0	32	62.5	37.5
연령별	30대	100.0	6	83.3	16.7
	40대	100.0	16	62.5	37.5
	50대 이상	100.0	130	64.6	35.4
선출 구분별	지역구	100.0	119	68.1	31.9
	비례대표	100.0	33	54.5	45.5
정당별	더불어민주당	100.0	86	84.9	15.1
	국민의힘	100.0	56	32.1	67.9
	정의당	100.0	5	80.0	20.0
	기본소득당	100.0	1	100.0	.0
	시대전환	100.0	1	100.0	.0
	무소속	100.0	3	66.7	33.3
여야별	여당	100.0	56	32.1	67.9
	야당/무소속	100.0	96	84.4	15.6
당선 횟수별	초선	100.0	89	61.8	38.2
	재선	100.0	34	76.5	23.5
	3선	100.0	15	66.7	33.3
	4선 이상	100.0	14	57.1	42.9

정규직 노동조건 개선이 69.1%로 줄어들고 규제 완화가 필요하다고 보는 의원들이 30.9%로 늘어났다. 국민의힘도 마찬가지로 단기적으로는 절대 다수가 고용 관련 규제 완화를 지지하고 있으나 장기적인 관점에서는 비정규직 노동조건 개선이 필요하다는 의견이 증가하여 당내 의견의 다양성이 높아지고 있었다. 정당 소속 의원들의 선호가 동질적인 경우 정당 간 타협의 가능성이 낮아지고 다수당이 수적 우위를 통해 해당 정책을 법률로 통과시킬 가능성이 높아지는 반면, 정당 내부에 다양한 의견이 존재하는 경우 정당 간 타협을 통해

표 9-5.2 근로조건 격차에 대한 응답(2050년, 국회의원)

		합계		① 비정규직의 노동조건 개선	② 고용 관련 규제를 완화
		%	사례수	%	%
전체		100.0	146	58.9	41.1
성별	남자	100.0	114	55.3	44.7
	여자	100.0	32	71.9	28.1
연령별	30대	100.0	6	83.3	16.7
	40대	100.0	14	71.4	28.6
	50대 이상	100.0	126	56.3	43.7
선출 구분별	지역구	100.0	113	59.3	40.7
	비례대표	100.0	33	57.6	42.4
정당별	더불어민주당	100.0	81	69.1	30.9
	국민의힘	100.0	55	41.8	58.2
	정의당	100.0	5	60.0	40.0
	기본소득당	100.0	1	100.0	.0
	시대전환	100.0	1	.0	100.0
	무소속	100.0	3	100.0	.0
당선 횟수별	초선	100.0	88	48.9	51.1
	재선	100.0	32	81.3	18.8
	3선	100.0	12	83.3	16.7
	4선 이상	100.0	14	50.0	50.0

개혁을 추진할 수 있는 동력을 얻을 수도 있다. 예를 들어 국민의힘과 민주당의 중도파가 타협을 하거나, 민주당과 국민의힘의 중도파가 타협을 할 수 있는 여지가 늘어나는 것이다.

기술발전에 따른 인공지능의 노동력 대체는 우리에게 기회이자 도전이 될 것으로 예상된다. 특히 인공지능과 자동화는 높은 숙련도를 필요로 하지 않는 분야에서 일하는 노동자들의 일자리를 급속하게 대체할 것으로 예상되어 경제적 불평등과 양극화에 미치는 영향에 대한 논의가 활발하다. 우리는 어떤 노동정책을 채택해야 할까?

인공지능에 의해서 저숙련 노동뿐만 아니라 숙련노동 및 정신노동도 대폭 대체될 것으로 예상되는 상황에서 국가의 노동정책은 어떤 방향으로 설계되어야 한다고 생각하십니까?

10년 이내 (　　　)　　　　　　　2050년 (　　　)

① 인공지능의 발달은 새로운 일자리를 창출할 것이고, 노동에서 자유로워진 인간은 더 가치 있는 활동을 할 수 있으므로 인공지능의 인간 노동 대체에 대한 통제 정책을 취할 필요가 없다.

② 인공지능은 인간 노동을 매우 빠르게 그리고 대규모로 대체할 수 있으므로 인간 노동을 대체하는 속도와 범위를 조절·통제하는 정책을 취하여야 한다.

위 질문에 대해 60.1%의 응답자들이 향후 10년 이내에는 노동대체의 속도와 범위를 조절하고 통제해야 한다고 답했다. 정당별로 살펴보면 더불어민주당 소속 의원 응답자들의 62.1%, 국민의힘 소속

표 9-6.1 인공지능 노동대체 대책에 대한 응답(10년 이내)

		합계		① 노동 대체는 새로운 일자리 창출할 것	② 속도와 범위 조절 및 통제 필요
		%	사례수	%	%
전체		100.0	153	39.9	60.1
성별	남자	100.0	121	40.5	59.5
	여자	100.0	32	37.5	62.5
연령별	30대	100.0	6	50.0	50.0
	40대	100.0	16	43.8	56.3
	50대 이상	100.0	131	38.9	61.1
선출 구분별	지역구	100.0	120	42.5	57.5
	비례대표	100.0	33	30.3	69.7
정당별	더불어민주당	100.0	87	37.9	62.1
	국민의힘	100.0	56	46.4	53.6
	정의당	100.0	5	20.0	80.0
	기본소득당	100.0	1	100.0	.0
	시대전환	100.0	1	.0	100.0
	무소속	100.0	3	.0	100.0
당선 횟수별	초선	100.0	90	43.3	56.7
	재선	100.0	34	35.3	64.7
	3선	100.0	15	33.3	66.7
	4선 이상	100.0	14	35.7	64.3

의원 응답자들의 53.6%가 속도와 범위 조절이 필요하다고 응답했다. 강도의 차이는 있으나 양대 정당 모두에서 속도와 범위 조절이 필요하다는 공감대가 형성되어 있었다. 정의당과 기본소득당은 복지정책과 비정규직 노동조건 개선 대책에 있어서 진보적인 정책대안에 대한 지지를 공유했으나, 인공지능의 노동대체에 대해서는 다른 의견을 보여주었다. 정의당은 5명 중에서 4명이 속도와 범위 조절이 필요하다는 의견을 제시한 반면 기본소득당 의원 응답자는 노동대체는 자율에 맡기는 것이 좋다는 의견을 제시했다. 노동대체에 대해서 노동정책보다는 기본소득을 대응해야 한다는 기본소득당의

표 9-6.2 인공지능 노동대체 대책에 대한 응답(2050년)

		합계		① 노동 대체는 새로운 일자리 창출할 것	② 속도와 범위 조절 및 통제 필요
		%	사례수	%	%
전체		100.0	147	44.9	55.1
성별	남자	100.0	115	43.5	56.5
	여자	100.0	32	50.0	50.0
연령별	30대	100.0	6	50.0	50.0
	40대	100.0	14	42.9	57.1
	50대 이상	100.0	127	44.9	55.1
선출 구분별	지역구	100.0	114	41.2	58.8
	비례대표	100.0	33	57.6	42.4
정당별	더불어민주당	100.0	82	37.8	62.2
	국민의힘	100.0	55	58.2	41.8
	정의당	100.0	5	.0	100.0
	기본소득당	100.0	1	100.0	.0
	시대전환	100.0	1	100.0	.0
	무소속	100.0	3	33.3	66.7
당선 횟수별	초선	100.0	89	50.6	49.4
	재선	100.0	32	28.1	71.9
	3선	100.0	12	50.0	50.0
	4선 이상	100.0	14	42.9	57.1

의견이 반영된 결과로 보인다. 2050년을 고려할 경우 속도와 범위를 조절하고 통제해야 한다는 응답이 다소 줄어들어 55.1%로 나타났다. 정당별로 살펴보면 민주당은 단기적 대응과 장기적 대응에서 두 가지 대안에 대한 지지도의 변화가 없는 반면 국민의힘은 단기적으로는 노동대체의 속도와 범위 조절이 필요하다고 응답한 의원들이 다수였으나 장기적으로는 41.8%만이 속도와 범위 조절이 필요하다고 응답했고, 과반 이상이 노동대체 이후 새로운 일자리가 생길 것이므로 개입할 필요가 없다는 답을 선택했다.

자산 불평등은 불평등과 양극화의 핵심적인 주제이다. 한국의 자산 불평등을 설명하는 데서는 특히 부동산의 비중이 크다. 우리는 부동산 정책에 대한 선호를 살펴보기 위해 아래와 같이 질문하였다.

부동산 자산 불평등을 해소하기 위하여 정부가 어떤 방향으로 정책을 준비하는 것이 더 좋다고 생각하십니까?

10년 이내 (　　　)　　　　　　　　2050년 (　　　)

① 부동산 관련 세제 강화 및 투기용 부동산 규제를 통해 자산 불평등을 줄인다.

② 부동산 관련 규제 완화하여 자가 보유비율을 높이고 저소득층의 자산형성을 장려한다.

응답자들은 10년 이내에 필요한 정책으로 64.7%가 부동산 관련 세제 강화 및 투기용 부동산 규제를 들었고, 35.3%가 규제 완화를 통한 저소득층 자산형성 장려를 선택하였다. 정당별로 살펴보면 양대 정당 사이의 정책 선호의 차이가 뚜렷하게 드러났다. 더불어민주당 소속 의원 응답자의 78.2%가 세제 및 규제 강화를 선택했고, 국민의힘 소속 의원 응답자들의 60.7%는 규제 완화를 통한 자산형성을 선호하였다. 이와 같은 흐름은 2050년을 염두에 둔 정책 선호에서도 유사하게 나타난다. 전체적으로 규제 완화에 대한 지지도가 상대적으로 올라갔지만 정당별로 선호하는 정책은 단기정책과 유사하게 더불어민주당은 규제 중심, 국민의힘은 시장 중심의 해결책을 선호하고 있었다. 지금까지 살펴본 다른 정책 영역과 달리 부동산 정책은 정당별로 볼 때 단기와 중장기 대책에 대한 선호가 유사하게 유지되었다. 부동산 정책의 경우 현재의 담론 구조가 지속되는 한 정당 간의 타협이 어려운 분야일 것으로 예상된다.

양극화에 대응하는 정책대안에 대한 의원들의 선호를 종합해 보면 소속 정당에 따른 선호의 차이가 의원들 사이의 선호의 분포를

표 9-7.1 부동산 대책에 대한 응답(10년 이내)

		합계		① 부동산 세제 강화 및 투기용 부동산 규제	② 규제 완화로 저소득층 자산형성 장려
		%	사례수	%	%
전체		100.0	153	64.7	35.3
성별	남자	100.0	121	65.3	34.7
	여자	100.0	32	62.5	37.5
연령별	30대	100.0	6	83.3	16.7
	40대	100.0	16	50.0	50.0
	50대 이상	100.0	131	65.6	34.4
선출 구분별	지역구	100.0	120	65.0	35.0
	비례대표	100.0	33	63.6	36.4
정당별	더불어민주당	100.0	87	78.2	21.8
	국민의힘	100.0	56	39.3	60.7
	정의당	100.0	5	100.0	.0
	기본소득당	100.0	1	100.0	.0
	시대전환	100.0	1	.0	100.0
	무소속	100.0	3	100.0	.0
당선 횟수별	초선	100.0	90	64.4	35.6
	재선	100.0	34	70.6	29.4
	3선	100.0	15	66.7	33.3
	4선 이상	100.0	14	50.0	50.0

표 9-7.2 부동산 대책에 대한 응답(2050년)

		합계		① 부동산 세제 강화 및 투기용 부동산 규제	② 규제 완화로 저소득층 자산형성 장려
		%	사례수	%	%
전체		100.0	147	54.4	45.6
성별	남자	100.0	115	50.4	49.6
	여자	100.0	32	68.8	31.3
연령별	30대	100.0	6	83.3	16.7
	40대	100.0	14	64.3	35.7
	50대 이상	100.0	127	52.0	48.0
선출 구분별	지역구	100.0	114	51.8	48.2
	비례대표	100.0	33	63.6	36.4
정당별	더불어민주당	100.0	82	63.4	36.6
	국민의힘	100.0	55	38.2	61.8
	정의당	100.0	5	80.0	20.0
	기본소득당	100.0	1	100.0	.0
	시대전환	100.0	1	.0	100.0
	무소속	100.0	3	66.7	33.3
당선 횟수별	초선	100.0	89	50.6	49.4
	재선	100.0	32	68.8	31.3
	3선	100.0	12	50.0	50.0
	4선 이상	100.0	14	50.0	50.0

설명하는 데 중요한 요인으로 작용하고 있었다. 복지정책의 경우 선별복지와 보편복지에 대한 진보 계열 정당과 보수 계열 정당의 정책 선호가 뚜렷하게 차이가 났고, 단기적으로는 두 정책에 대한 선호도가 유사했으나 장기적으로는 보편복지에 대한 지지가 올라가는 것으로 나타났다. 노동정책의 경우 정당요인이 중요하다는 점에서는 유사하지만 세부적으로는 복지정책 선호의 정당별 분포와 다소 차이를 보여주었다. 근로조건 격차 해소 문제의 경우 단기적으로는 당파적인 선호가 뚜렷하게 나타났고, 장기적 시야에서는 당파적인 대립의 수준이 낮아져서 양대 정당 내부에서 소수의견의 비율이 높아

졌다. 정당 내부의 정책 선호의 통일성이 낮아지면서 정당 간 타협의 가능성이 열릴 수 있는 가능성이 있음을 시사하는 대목이다. 인공지능의 노동대체 문제는 단기적으로는 양대 정당 사이에 조절과 규제가 필요하다는 합의가 형성되어 있었고, 장기적 관점에서 보면 더불어민주당은 여전히 규제가 필요하다는 의견이 다수였으나 국민의힘은 통제의 필요성이 없다는 의견이 더 많아 차이를 보였다. 반면 부동산 정책은 당파적인 선호가 강하게 나타나는 분야로 단기 정책과 중장기 정책 모두 당파적인 선호의 차이가 큰 것으로 나타났다.

2) 인구절벽 고령화 저출산 대응책에 대한 정책 선호

더불어민주당과 국민의힘 의원들이 꼽았던 주요 과제들 중 두 정당의 의원들이 공통적으로 중요하다고 꼽은 미래의제는 양극화 해소와 인구절벽 저출산 고령화 문제 대응이다. 우리는 저출산 고령화 문제와 관련해서 이민정책에 대한 의견을 질문하였다.

저출산 · 고령화 등 노동인구의 감소로 인한 노동력 부족문제를 해결하기 위하여 장기적으로 외국인의 국내 이민을 확대하는 것이 좋다고 생각하십니까?

10년 이내 (　　　)　　　　2050년 (　　　)

① 외국인의 증가는 한국 사회에 인종, 문화, 종교 갈등 등의 사회문제를 야기할 수 있으므로 이민은 가능한 억제하는 것이 좋다

② 저출산 고령화로 인한 노동력 부족 문제를 해결하기 위해서 외국인의 국내 이민을 확대해야 한다.

인구감소에 대응하기 위한 이민 확대정책에 대해 63.4%의 의원들은 10년 이내의 시점을 감안한 대책으로 저출산 고령화로 인한 노동력 부족 문제를 해결하기 위해서 외국인의 국내 이민을 확대해야 한다고 보았고, 36.6%는 외국인의 증가는 사회문제를 야기할 수 있

표 9-8.1 인구감소에 따른 이민확대 정책에 대한 응답(10년 이내)

		합계		① 사회문제를 야기할 수 있으므로 이민은 가능한 억제	② 노동력 부족 문제를 해결하기 위해서 이민 확대
		%	사례수	%	%
전체		100.0	153	36.6	63.4
성별	남자	100.0	121	38.0	62.0
	여자	100.0	32	31.3	68.8
연령별	30대	100.0	6	16.7	83.3
	40대	100.0	16	37.5	62.5
	50대 이상	100.0	131	37.4	62.6
선출 구분별	지역구	100.0	120	38.3	61.7
	비례대표	100.0	33	30.3	69.7
정당별	더불어민주당	100.0	87	29.9	70.1
	국민의힘	100.0	56	50.0	50.0
	정의당	100.0	5	20.0	80.0
	기본소득당	100.0	1	.0	100.0
	시대전환	100.0	1	.0	100.0
	무소속	100.0	3	33.3	66.7
당선 횟수별	초선	100.0	90	32.2	67.8
	재선	100.0	34	32.4	67.6
	3선	100.0	15	60.0	40.0
	4선 이상	100.0	14	50.0	50.0

으므로 이민은 가능한 억제하는 것이 좋다고 보았다. 2050년을 고려한 응답의 경우에도 10년 이내와 유사하게 67.3%의 의원들이 외국인의 국내 이민 확대를 선택하였다. 정당별 분포를 보면 더불어민주당 의원 응답자의 70.1%가 이민 확대를 지지하였고, 국민의힘은 50%로 두 가지 의견이 당내에서 팽팽하게 맞서고 있었다. 일반적으로 보수계열의 이민에 대한 입장은 민족의 전통과 문화적 동질성을 강조하며 이민 확대에 소극적인 입장과 자율적인 시장원리를 강조하며 이민의 장벽을 낮춰야 한다는 주장이 공존하고 있는데, 국민의

표 9-8.2 인구감소에 따른 이민확대 정책에 대한 응답(2050년)

		합계		① 사회문제를 야기할 수 있으므로 이민은 가능한 억제	② 노동력 부족 문제를 해결하기 위해서 이민 확대
		%	사례수	%	%
전체		100.0	147	32.7	67.3
성별	남자	100.0	115	35.7	64.3
	여자	100.0	32	21.9	78.1
연령별	30대	100.0	6	16.7	83.3
	40대	100.0	14	42.9	57.1
	50대 이상	100.0	127	32.3	67.7
선출 구분별	지역구	100.0	114	33.3	66.7
	비례대표	100.0	33	30.3	69.7
학력별	고졸 이하	100.0	2	.0	100.0
	전문학사	100.0	4	75.0	25.0
	학사	100.0	53	32.1	67.9
	석사	100.0	44	36.4	63.6
	박사	100.0	44	27.3	72.7
정당별	더불어민주당	100.0	82	26.8	73.2
	국민의힘	100.0	55	43.6	56.4
	정의당	100.0	5	40.0	60.0
	기본소득당	100.0	1	.0	100.0
	시대전환	100.0	1	.0	100.0
	무소속	100.0	3	.0	100.0
여야별	여당	100.0	55	43.6	56.4
	야당/무소속	100.0	92	26.1	73.9
당선 횟수별	초선	100.0	89	32.6	67.4
	재선	100.0	32	21.9	78.1
	3선	100.0	12	41.7	58.3
	4선 이상	100.0	14	50.0	50.0

힘의 이민확대 정책에 대한 선호의 분포는 이와 같은 흐름을 잘 보여주는 것으로 추정된다.

3) 기후변화 대처 및 에너지 환경문제 / 과학기술 발전을 위한 규제 완화 대책에 대한 정책 선호

더불어민주당과 국민의힘 의원들이 각각 시급한 미래의제로 꼽은 세 가지 정책이슈 중에서 공통으로 중요하다고 선택한 양극화 해소와 인구감소 문제에 대한 의원과 보좌진의 정책 선호에 대해 살펴보았다. 이 절에서는 각 당에서 주요 의제로 선택한 나머지 하나의 미래의제들을 각각 살펴볼 것이다. 먼저 더불어민주당 의원들이 꼽은 주요 미래의제인 기후변화 대처 및 에너지 환경문제 관련 정책에 대해 살펴보자.

이번에 실시한 설문조사에서는 기후변화 대처 및 에너지 환경문제와 관련된 다양한 이슈 중에서 에너지 정책에 주목하였다. 신재생에너지 전환을 어떻게 볼 것인가? 우리는 다음과 같이 질문하였다.

기후 온난화 문제에 대응하기 위해 정부가 어떤 방향으로 정책을 준비하는 것이 더 좋다고 생각하십니까?

10년 이내 (　　　)　　　　2050년 (　　　)

① 전기료 인상과 같은 에너지 전환 비용을 부담하더라도 화석에너지를 대체할 신재생에너지 개발 및 사용비율을 과감하게 늘린다.

② 신재생에너지 개발에 따른 비용이 크기 때문에 에너지 소비를 효율화하고 점진적으로 에너지 전환을 추진한다.

56.2%의 응답자는 10년 이내에 필요한 대책으로 비용 부담을 고려하여 에너지 소비를 효율화하고 점진적으로 에너지 전환을 추진해야 한다고 응답했다. 2050년으로 시계를 넓히면 59.9%의 국회의원 응답자들이 전환 비용을 부담하더라도 신재생에너지 개발 및 사용비율을 과감하게 늘려야 한다고 응답하여 에너지 전환 정책에 대한 지지가 다소 상승했다. 정당별로 살펴보면 더불어민주당 소속 응

표 9-9.1 신재생에너지 전환 정책에 대한 응답(10년 이내)

		합계		① 신재생에너지 개발 및 사용 과감하게 확대	② 에너지 소비를 효율화 및 점진적 에너지 전환
		%	사례수	%	%
전체		100.0	153	43.8	56.2
성별	남자	100.0	121	40.5	59.5
	여자	100.0	32	56.3	43.8
연령별	30대	100.0	6	50.0	50.0
	40대	100.0	16	56.3	43.8
	50대 이상	100.0	131	42.0	58.0
선출 구분별	지역구	100.0	120	45.0	55.0
	비례대표	100.0	33	39.4	60.6
정당별	더불어민주당	100.0	87	54.0	46.0
	국민의힘	100.0	56	25.0	75.0
	정의당	100.0	5	60.0	40.0
	기본소득당	100.0	1	100.0	.0
	시대전환	100.0	1	.0	100.0
	무소속	100.0	3	66.7	33.3
당선 횟수별	초선	100.0	90	43.3	56.7
	재선	100.0	34	47.1	52.9
	3선	100.0	15	46.7	53.3
	4선 이상	100.0	14	35.7	64.3

답자들은 10년 이내의 대안으로는 신재생에너지 집중 투자가 근소하게 많았고(54%), 국민의힘 소속 응답자들의 대다수인 75% 점진적 전환을 지지하였다. 하지만 2050년의 시점을 고려하면 더불어민주당과 국민의힘의 의원 응답자의 다수가 신재생에너지를 과감하게 개발하고 확대해야 한다는 의견을 보였다.

표 9-9.2 신재생에너지 전환 정책에 대한 응답(2050년)

		합계		① 신재생에너지 개발 및 사용 과감하게 확대	② 에너지 소비를 효율화 및 점진적 에너지 전환
		%	사례수	%	%
전체		100.0	147	59.9	40.1
성별	남자	100.0	115	57.4	42.6
	여자	100.0	32	68.8	31.3
연령별	30대	100.0	6	83.3	16.7
	40대	100.0	14	35.7	64.3
	50대 이상	100.0	127	61.4	38.6
선출 구분별	지역구	100.0	114	60.5	39.5
	비례대표	100.0	33	57.6	42.4
정당별	더불어민주당	100.0	82	62.2	37.8
	국민의힘	100.0	55	52.7	47.3
	정의당	100.0	5	60.0	40.0
	기본소득당	100.0	1	100.0	.0
	시대전환	100.0	1	100.0	.0
	무소속	100.0	3	100.0	.0
당선 횟수별	초선	100.0	89	61.8	38.2
	재선	100.0	32	62.5	37.5
	3선	100.0	12	50.0	50.0
	4선 이상	100.0	14	50.0	50.0

과학기술 발달을 위한 투자 및 규제 완화 정책은 국민의힘 소속 국회의원들이 강조한 미래의제이다. 26.8%의 국민의힘 의원들이 11대 미래의제 중에서 21대 국회에서 다뤄야 할 시급한 과제 1순위로 과학기술 발달을 위한 투자 및 규제 완화를 선택했다. 국민의힘 의원들 사이에서는 양극화 해소를 앞서는 1위 의제였다. 우리는 빅데이터의 활용과 바이오 기술에 대한 규제정책에 대해 질문하였다. 빅데이터 관련 질문은 다음과 같다.

빅데이터의 활용과 관련하여 정부가 어떤 방향으로 정책을 준비하는 것이 더 좋다고 생각하십니까?

10년 이내 (   )   2050년 (   )

① 빅데이터의 다양한 활용가능성을 고려하면 데이터를 공공재와 마찬가지로 자유롭게 사용할 수 있도록 해야 한다.

② 개인 정보의 악용 가능성을 차단하기 위해서 빅데이터 활용을 사회적으로 관리·통제하여야 한다.

빅데이터 활용과 관련한 정책에 대해서는 대체로 다양한 활용가능성을 고려해서 데이터를 자유롭게 사용할 수 있도록 해야 한다는 의견이 다수였다. 전체적으로는 56.2%의 국회의원 응답자들이 10년

표 9-10.1 빅데이터 활용 규제에 대한 응답(10년 이내)

		합계		① 다양한 활용 가능성을 고려, 빅데이터의 자유로운 사용 확대	② 개인 정보의 악용 가능성 고려 사회적 관리·통제
		%	사례수	%	%
전체		100.0	153	56.2	43.8
성별	남자	100.0	121	58.7	41.3
	여자	100.0	32	46.9	53.1
연령별	30대	100.0	6	33.3	66.7
	40대	100.0	16	56.3	43.8
	50대 이상	100.0	131	57.3	42.7
선출 구분별	지역구	100.0	120	60.8	39.2
	비례대표	100.0	33	39.4	60.6
정당별	더불어민주당	100.0	87	58.6	41.4
	국민의힘	100.0	56	53.6	46.4
	정의당	100.0	5	60.0	40.0
	기본소득당	100.0	1	.0	100.0
	시대전환	100.0	1	.0	100.0
	무소속	100.0	3	66.7	33.3
당선 횟수별	초선	100.0	90	56.7	43.3
	재선	100.0	34	64.7	35.3
	3선	100.0	15	46.7	53.3
	4선 이상	100.0	14	42.9	57.1

표 9-10.2 빅데이터 활용 규제에 대한 응답(2050년)

		합계		① 다양한 활용 가능성을 고려, 빅데이터의 자유로운 사용 확대	② 개인 정보의 악용 가능성 고려 사회적 관리·통제
		%	사례수	%	%
전체		100.0	147	65.3	34.7
성별	남자	100.0	115	67.0	33.0
	여자	100.0	32	59.4	40.6
연령별	30대	100.0	6	50.0	50.0
	40대	100.0	14	50.0	50.0
	50대 이상	100.0	127	67.7	32.3
선출 구분별	지역구	100.0	114	69.3	30.7
	비례대표	100.0	33	51.5	48.5
정당별	더불어민주당	100.0	82	63.4	36.6
	국민의힘	100.0	55	70.9	29.1
	정의당	100.0	5	40.0	60.0
	기본소득당	100.0	1	.0	100.0
	시대전환	100.0	1	100.0	.0
	무소속	100.0	3	66.7	33.3
당선 횟수별	초선	100.0	89	60.7	39.3
	재선	100.0	32	75.0	25.0
	3선	100.0	12	75.0	25.0
	4선 이상	100.0	14	64.3	35.7

이내에 필요한 대안으로 자유로운 사용 확대를 선택했고, 65.3%의 의원들이 2050년의 시점을 고려하면 자유로운 사용 확대를 장려해야 한다고 보았다. 정당별로 살펴보면 더불어민주당과 국민의힘 모두 50% 이상의 응답자들이 자유로운 사용 확대를 선택하여 정당 간의 차이가 크게 나타나지 않았다. 더불어민주당은 58.6%, 국민의힘은 53.6%의 의원 응답자들이 10년 내의 대책으로 빅데이터의 자유로운 사용을 확대해야 한다고 했으며, 2050년을 염두에 둔 경우에도 각각 63.4%와 70.9%의 응답자들이 자유로운 사용 확대를 선택했다.

데이터 활용에 이어서 바이오 기술에 대한 규제정책의 방향에 대해 질문하였다. 바이오 기술이 급속도로 발전하면서 생명윤리와 충돌하는 경우가 발생하면서, 바이오 기술에 대한 규제를 강화해야 한다는 주장과 바이오 기술은 미래의 먹거리이므로 적극적인 정책적 지원이 필요하다는 주장이 맞서고 있다. 국회의원들에게 제시한 질문은 다음과 같다.

바이오 기술의 급속한 발달에 따라 인간의 존엄성과 가치를 대하는 정책에 관해서 정부가 어떠한 방향으로 정책을 준비하는 것이 더 좋다고 생각하십니까?

10년 이내 (　　　)　　　　　2050년 (　　　)

① 유전자 선택 및 조작 등 생명 기술은 수명연장, 증강인간의 실현 등 활용도가 높으므로 적극적인 정책 지원이 필요하다.

② 유전자 선택 및 조작 등 생명 기술은 인간 존엄성을 훼손할 수 있으므로 엄격한 규제가 필요하다.

집계 결과 규제 완화 및 지원정책이 근소한 차이로 규제정책에 앞서는 것으로 나타났다. 52.9%의 응답자들이 10년 내에 필요한 대안으로 적극적인 정책 지원을 선택했고, 2050년의 시점을 감안한 경우 규제가 필요하다는 응답이 51%였다. 정당별로는 10년 이내의 경우 더불어민주당은 근소한 차이로 규제론이 앞섰고, 국민의힘은 66.1%가 적극적 지원을 선택했다. 중장기 관점에서 볼 때에는 더불어민주당의 경우 단기 대책과 유사하게 근소한 차이로 규제론이 많았고 국민의힘 의원들 사이에서도 적극적 지원정책이 근소하게 앞섰다. 국민의힘 의원들이 상대적으로 적극적 지원책을 더 선호한다는 점에서 진보계열 정당과 보수계열 정당의 정책 선호의 차이가 드러났지만, 국민의힘 의원들도 장기적으로는 규제를 도입하는 등 신

표 9-11.1 바이오 기술 규제에 대한 응답(10년 이내)

		합계		① 활용도가 높으므로 적극적 정책 지원 필요	② 인간 존엄성을 훼손할 수 있으므로 규제 필요
		%	사례수	%	%
전체		100.0	153	52.9	47.1
성별	남자	100.0	121	57.0	43.0
	여자	100.0	32	37.5	62.5
연령별	30대	100.0	6	50.0	50.0
	40대	100.0	16	62.5	37.5
	50대 이상	100.0	131	51.9	48.1
선출 구분별	지역구	100.0	120	59.2	40.8
	비례대표	100.0	33	30.3	69.7
정당별	더불어민주당	100.0	87	48.3	51.7
	국민의힘	100.0	56	66.1	33.9
	정의당	100.0	5	20.0	80.0
	기본소득당	100.0	1	.0	100.0
	시대전환	100.0	1	.0	100.0
	무소속	100.0	3	33.3	66.7
당선 횟수별	초선	100.0	90	47.8	52.2
	재선	100.0	34	64.7	35.3
	3선	100.0	15	53.3	46.7
	4선 이상	100.0	14	57.1	42.9

중해야 한다는 의견을 보였다. 바이오 기술이 현재보다 더 발전하게 되면 인간의 존엄성과 충돌하는 정도가 더욱 심각해질 수 있다는 우려로 인해 중장기 미래로 갈수록 규제를 강화해야 한다는 의견이 제기된 것으로 추정해 볼 수 있다.

표 9-11.2 바이오 기술 규제에 대한 응답(2050년)

		합계		① 활용도가 높으므로 적극적 정책 지원 필요	② 인간 존엄성을 훼손할 수 있으므로 규제 필요
		%	사례수	%	%
전체		100.0	147	49.0	51.0
성별	남자	100.0	115	51.3	48.7
	여자	100.0	32	40.6	59.4
연령별	30대	100.0	6	16.7	83.3
	40대	100.0	14	50.0	50.0
	50대 이상	100.0	127	50.4	49.6
선출 구분별	지역구	100.0	114	52.6	47.4
	비례대표	100.0	33	36.4	63.6
정당별	더불어민주당	100.0	82	48.8	51.2
	국민의힘	100.0	55	52.7	47.3
	정의당	100.0	5	20.0	80.0
	기본소득당	100.0	1	.0	100.0
	시대전환	100.0	1	100.0	.0
	무소속	100.0	3	33.3	66.7
당선 횟수별	초선	100.0	89	47.2	52.8
	재선	100.0	32	40.6	59.4
	3선	100.0	12	58.3	41.7
	4선 이상	100.0	14	71.4	28.6

III. 결론

양극화 해소와 저출산 고령화 사회에 대한 대응은 양대 정당에서 공통적으로 시급히 다뤄야 할 미래의제로 꼽았다. 더불어민주당과 국민의힘 소속 의원들은 위 두 가지 미래의제에 더해 각각 기후변화 대처 및 에너지 환경문제 해결, 그리고 과학기술 발달을 위한 투자 및 규제 완화 정책을 21대 국회에서 다뤄야 할 중요한 사안이라고 응답하였다. 우리는 국회의원들의 정책 선호에 대한 설문조사를 통해 원내 주요 정당들이 공유하는 가치와 대별되는 주장이 무엇인지 실증적으로 살펴보았다.

양극화 완화를 위한 대책들의 경우 양대 정당이 중요성에 대해 공감하고 있으나 해결책의 방향에 대해서는 팽팽하게 대립하고 있었다. 소득 불평등을 완화하는 복지정책과 자산 불평등을 다루는 부동산 정책은 양당의 정책 선호의 차이가 커서 타협이 쉽지 않아 보인다. 이들 이슈는 당파적인 선호의 대립이 강하고 새로운 재원을 확보해야 하거나 세율을 올리는 정책이 결부되기 때문에 정치적인 부담도 크다. 노동 양극화 해소 대책에 있어서는 협력의 가능성이 다소 열려 있는 것으로 보인다. 양대 정당이 합의할 수 있는 부분부터 논의를 시작해 불평등과 양극화 문제에 대해 대처해 나가야 할 것이다.

더불어민주당과 국민의힘의 복지정책에 대한 선호는 크게 차이가 나는 것으로 나타났다. 10년 이내의 단기 미래를 겨냥한 정책으로 대다수의 더불어민주당 의원들은 보편복지를 선택한 반면 국민의힘 의원들은 선별복지를 선택하였다. 하지만, 2050년을 염두에 둔 장기 미래로 시점을 확대하면 장기적으로는 보편복지가 필요하다는 국민의힘 의원들의 숫자가 과반에는 못 미치지만 상당히 늘어났다. 현재 더불어민주당이 다수 의석을 점하고 있으며 그 결과 국회의원의 다수의 선호가 장기적으로 보편복지로 가야한다는 방향으로 나타났다. 정당 간 합의가 어려운 의제의 특성상 대통령의 소속 정당과 어떤 정당이 원내 다수당이 되는가, 그리고 다수의 시민들이 지지하는 정책은 무엇인가에 따라서 복지정책의 방향이 결정될 것으로 전망된다.

노동시장의 양극화를 완화하기 위한 비정규직 정책도 복지정책과 유사한 양상을 보여주었다. 단기 미래에 대응하기 위해서 더불어민주당 의원들 대다수는 비정규직 처우개선을 주장했고, 국민의힘 의원들의 다수는 고용규제 완화로 노동시장 효율성을 높여야 한다고 응답했다. 단기적인 해결책에 대한 양대 정당의 입장이 대립하고 있었지만, 흥미로운 점은 2050년을 대비하는 장기미래의 관점에서 보면 더불어민주당 의원들도 노동시장 효율성 제고의 중요성에 공감하고 있었고, 국민의힘 의원들도 비정규직 처우개선이 필요하다는 점을 인식하고 있었다. 복지정책에 비해서는 양당의 타협의 가능성이 조금 더 열려 있다고 조심스럽게 판단해 본다.

인공지능의 노동대체에 대응하는 정책은 양대 정당의 공감대가 형성되어 있는 영역이다. 단기적으로는 더불어민주당과 국민의힘 모두 자동화를 통한 노동력 대체의 속도와 범위를 통제할 필요가 있다고 보았다. 하지만 장기적인 관점으로 이동하면 국민의힘은 인공지능의 노동대체 이후 새로운 일자리가 생길 것이므로 규제를 장기간 유지할 필요가 크지 않다고 보는 반면 더불어민주당은 장기적으로도 규제가 필요하다고 보는 입장이다. 우선 단기 미래에 대한 대응을 위해 대화를 시작하고 인공지능과 자동화의 발전속도를 예의주시하며 장기미래에 대한 대처방안을 숙고해야 할 것이다.

자산 불평등 문제를 다루는 부동산 정책은 양대 정당의 타협이 매우 어려운 영역이다. 다수의 더불어민주당 의원들은 단기 미래와 장기 미래를 막론하고 부동산 세제를 강화하고 투기용 부동산을 규제해야 한다고 보는 반면, 국민의힘 의원들의 다수는 규제 완화를 통한 자산형성을 지지하였다. 부동산 정책에 대해서는 향후 치열한 논쟁이 예상되며 대선과 총선 결과에 따라서 정책의 변동 폭이 클 것으로 보인다.

저출생 고령화 문제에 대응하기 위한 외국인의 국내 이민 확대에 대해 더불어민주당은 이민 확대를 해야 한다는 의견이 다수이고 국민의힘은 이민은 가급적 억제해야 한다는 의견과 확대해야 한다는 의견으로 양분되어 있다. 전체적으로 보면 이민을 확대해야 한다는 견해가 다수의 지지를 얻고 있으니 향후 더불어민주당과 국민의힘의 이민 확대론자들이 소통과 협력을 확대해서 이민 문제를 적극적으로 의제화하고 대책을 마련해야 할 것이다.

기후변화 및 환경문제에 대응하기 위한 에너지 정책은 양당이 단기대책에서는 대립하나 장기대책으로 가면 협력할 수 있는 여지가 크다. 더불어민주당은 단기 미래에 대응하기 위해서 비용을 감안하더라도 신재생 에너지를 적극 활용해야 한다고 보는 반면, 국민의힘은 전환비용을 고려하여 에너지 활용을 효율화하고 점진적으로 신재생에너지로 가야 한다는 견해가 다수 의견이었다. 하지만 장기 미래로 관점을 넓히면 국민의힘 의원들도 신재생에너지를 적극적으로 확대해야 한다는 의견이 다수의견이다. 더불어민주당 소속 의원들이 중요도가 높다고 인식하는 의제인 만큼 중장기적 관점을 공유한다는 전제에서 상대 정당과 소통을 늘려가는 노력이 필요하다.

과학기술 발달을 위한 투자 및 규제 완화는 국민의힘에서 강조하는 주요 미래의제이다. 빅데이터 활용방안의 경우 더불어민주당과 국민의힘 모두 규제보다는 활용도를 높여야 한다는 입장이 다수의견으로 향후 협력이 기대되는 분야이다. 바이오 기술과 관련된 규제의 경우에는 특정 입장에 무게가 실리기보다는 규제론과 지원론으로 양분되어 있는 양상이다. 양당 모두 내부적으로 규제론자들과 지원론자들이 비슷한 비율이므로 공론을 모으기 위해 활발한 토론을 전개해야 할 것이다.

국회의원들의 미래의제 우선순위와 주요 분야 정책 선호를 조사해 본 결과 생산적인 논의를 활성화할 수 있는 여건이 마련된 영역이 있는 반면, 팽팽한 의견대립으로 협의하기 어려운 의제도 존재한다. 현대 사회의 공공정책은 고도의 전문성을 요하는 분야가 많으며, 전문성이 중요해질수록 전문성을 축적한 행정부의 역할이 확대되는 경향을 보인다. 하지만, 주요 공공정책 의제들은 정책의 방향에 따라 수혜 집단과 비용부담 집단이 바뀌기 때문에 이해관계가 충돌하기 마련이다. 갈등적인 중장기 의제에 대해서 장기간 지속가능한 정책 대안을 제시하기 위해서는 초당적인 협력이 필수적이다. 초당적인 협력을 모색하기 위해서는 결국 대통령과 국회, 특히 대통령과 원내 야당 사이의 대화와 토론을 이어가야 한다.

참고문헌

강우창·구본상·이재묵·정진웅. 2020 “제21대 국회의원 이념 성향과 정책 태도.”『의정연구』 26(3): 37-83.

강원택. 2012. “제19대 국회의원의 이념 성향과 정책 태도.”『의정연구』 18(2): 5-38.

박윤희·김민수·박원호·강신구·구본상. 2016. “제20대 국회의원선거 당선자 및 후보자의 이념 성향과 정책 태도.”『의정연구』 22(3): 117-158.

박현석. 2021. “국회의원 보좌진들이 바라보는 미래정책과 국회.”『국가미래전략 Insight』 28. 국회미래연구원.

서현진. 2016. “국회 갈등과 신뢰도에 관한 연구.”『분쟁해결연구』 14(2): 159-184.

유성진. 2009. “국회의 사회통합기능과 국민의 신뢰수준: 국회에 대한 기대와 현실의 괴리.”『의정연구』 15(1): 119-143.

조진만·임성학. 2008. “한국 국회의 불신에 영향을 미치는 정치적 요인 분석.”『정치정보연구』 11(2): 213-237.

제10장

누가 코로나19 관련 가짜뉴스에 취약한가

* 이 글은 『글로벌정치연구』 15권 2호(2022)에 실린 것으로 이 책을 위해 수정, 보완했다.

I. 서론

현대 현실 정치와 언론에서 가짜뉴스(fake news)라는 단어가 널리 알려진 것은 미 대선에서 트럼프 등장과 영국의 브렉시트(Brexit) 국민투표로 점철된 2016년이다. 그해 옥스퍼드 사전은 “객관적 사실보다는 감정과 개인적 신념이 공공여론 형성에 더 중요한 상황”을 뜻하는 ‘탈진실(post-truth)’을 올해의 단어로 그리고 그다음 해에 콜린스 사전은 “뉴스 보도 형식을 가장하여 퍼뜨리는 흔히 선정적인 허위 보도”로 정의되는 가짜뉴스를 각각 올해의 단어로 선정했다. 학계에서 가짜뉴스에 관한 연구가 급증하기 시작한 시기도 이 무렵부터이다. 또한, 학술지 인용 색인과 데이터베이스에 의하면, 국내에서 가짜뉴스 연구가 본격적으로 등장한 시기도 2017년부터이다. 이제 가짜뉴스는 일반 대중 차원뿐만 아니라 학문 차원에서도 광범하게 쓰이고 있다.

특히, 한국의 경우 현재 언론 문제의 중심에는 가짜뉴스가 자리하고 있다. 『2021년 언론수용자의식조사』에 의하면, 응답자들은 제일 높은 비율(23.8%)로 한국 언론의 가장 큰 문제점으로 가짜뉴스(허위/조작정보)를 꼽았다. 그런데 속칭 "찌라시"(14.9%), 낚시성 기사(10.7%), 오보(6.3%), 어뷰징 기사(5.5%), SNS 등에 올라온 내용을 사실확인이나 추가 취재 없이 그대로 전제한 기사(3.5%), 광고성 기사(3.0%) 등 내용과 형식 측면에서 가짜뉴스로 볼 수 있는 정보와 함께 오도 의도를 기준으로 가짜뉴스로 구분할 수 있는 편파적 기사(22.9%)나 언론사 자사 이기주의적 기사(9.3%)까지 가짜뉴스로 포함한다면, 응답자(N=5,010) 모두가 현재 한국 언론의 가장 심각한 문제점으로 예외 없이 가짜뉴스를 지적하고 있다고 볼 수 있다.

그러나 현실 정치에서 탈진실과 가짜뉴스가 새로운 현상은 아니다. 가짜뉴스와 같은 사실이 아닌 허위 정보(misinformation)와 의도적으로 날조된 기만 정보(disinformation)와 음모이론, 그리고 이를 활용한 선전 선동에 대한 기록은 고대 로마제국으로까지 거슬러 올라갈 정도로 오래된 커뮤니케이션 방식이다(Posetti and Matthews 2018, 1). 보도 형식 측면에 초점을 맞추더라도 이미 19세기 초에 가짜뉴스는 존재했다(Allcott and Gentzkow 2017, 214).[1] 또한, 라디오 보급 초기인 1930년대 말에서부터도 대중매체를 이용한 허위 정보 확산의 예는 어렵지 않게 찾아볼 수 있다(Tandoc et al. 2018, 138).

그렇지만 가짜뉴스의 폭증과 해악에 대한 우려는 비교적 최근 일

1 1835년 미국의 한 신문이 판매량을 늘리고자 달에 생명체가 살고 있다는 이른바 '거대한 달 사기(Great Moon Hoax)' 보도 사건을 저지른 바 있다.

이라 볼 수 있다. 예컨대, 온라인 플랫폼을 매개로 뉴스가 전파되는 '뉴스의 디지털화(digitization of news)'는 뉴스 보도의 주체가 저널리즘 교육과 훈련을 받은 전통적인 의미의 언론인에 국한되지 않고 일반 시민에까지 확장되고 있는데, 이는 뉴스 형태뿐만 아니라 유통 경로가 폭발적으로 늘어나는 결과를 낳았고, 필연적으로 가짜뉴스 또한 기하급수적으로 늘어나는 결과를 초래했다(Tandoc et al. 2018, 139). 저널리즘 원칙에 충실한 TV, 라디오, 신문 등이 중심이 된 레가시 미디어 시대와 달리 인터넷과 페이스북, 유튜브, 인스타그램 등 소셜미디어로 대변되는 디지털 뉴미디어 시대에서 뉴스는 보도 윤리가 느슨하거나 없기 때문에 매우 쉽게 만들어지고 훨씬 더 쉽게 퍼뜨려진다. 최근에는 소셜미디어가 뉴스든 가짜뉴스든 주로 레가시 미디어의 보도를 받아 가공하던 상황에서 레가시 미디어가 뉴미디어에 유통되는 뉴스를 받아 재확산시키는 상황으로 역전하는 현상도 종종 관찰된다.

가짜뉴스 폭증과 폐해에 대한 광범한 대중의 심대한 우려에도 불구하고 이에 대한 체계적인 과학적 연구는 아직도 미흡한 편이다. 최근까지도 학계는 가짜뉴스가 얼마나 만연한지 그리고 개인에게 어떠한 영향을 끼치는지 등과 같은 기초 질문에 대해서도 과학적인 해답을 거의 내놓지 못하고 있다. 특히, 가짜뉴스 노출이 개인의 정보 수용과 정치행태에 미치는 장단기적 영향에 관한 실증적 연구는 거의 없는 것으로 보인다. 다만, 기존 전통적 미디어 효과에 관한 연구에 기대어 소셜미디어에서 가짜뉴스 공유를 통한 암묵적 승인이 선거 캠페인의 설득 효과를 증폭시킬 가능성과 가짜뉴스가 정치에 대한 냉소와 반감을 끌어 올리고 극단주의를 조장할 가능성이

커질 것이라는 가설이 제시되고는 있다(Lazer et al. 2018, 1095). 한편, 한국 선행연구는 연구 초기에는 가짜뉴스 개념 규정에 기초하여 가짜뉴스 규제를 위한 법적, 제도적 대응 방안 제시에 초점을 맞추었으나 최근에는 개인 수준에서 가짜뉴스 노출 및 수용자의 인구사회학적 배경 및 심리 특성 등으로 연구 지평을 넓혀가고 있다(윤광일 2021).

가짜뉴스에 관한 개인 차원의 실증적 연구가 일천한 상황에서 이 글은 허위 및 기만 정보에 취약한 성격 특성 및 이데올로기 성향 등에 관한 정치심리학 연구 성과에 기대어 가짜뉴스 식별 능력과 관련이 있는 개인 정치심리 변인을 파악하고자 한다. 구체적으로 이 연구에서는 2020년 1월경 한국에서도 첫 발생 사례가 보고된 이후 현재까지도 창궐하고 있는 코로나19 대역병과 관련한 가짜뉴스에 취약해질 가능성을 크게 하는 개인 정치심리 특성에 초점을 맞추고자 한다. 코로나19 관련 내용은 여타 기사보다 가짜뉴스를 교정하기 위한 팩트체크가 광범위하게 그리고 장기간에 걸쳐 반복해서 이루어졌으며, 가짜뉴스를 옳게 식별하는 능력이 개인에게 직접적이고 현저한 이익이 되는 주제이기도 하다. 따라서 코로나19 관련 가짜뉴스 식별 능력은 이의 바탕이 되는 성격 특성을 상대적으로 뚜렷하게 파악할 수 있을 것이다. 여타 가짜뉴스는 성격 특성 차이보다는 미디어 노출 관련 개인차 변인이나 인지 욕구 변인 그리고 팩트체크 강도와 시의성에 더 영향을 받을 가능성이 크기 때문이다. 그리하여 이 연구는 미디어 이용 및 신뢰 유형에 초점을 맞춰 다양한 주제의 가짜뉴스에 대한 식별도를 파악하거나(조은희 2019), 북한 관련 가짜뉴스에 한정하여 식별도와 이에 영향을 미치는 개인 심리 특성을 경험적으로 밝힌(윤광일 2021) 가짜뉴스 식별 능력 관련 선행연구의 한계를 보완하고자 한다. 특히 이 연구는 현대 한국정치의 구조적 맥락상 대북 및 통일 정책 선호가 한국인 유권자의 정치이념에 독자적 차원을 구성해 온 상황에서(윤광일 2019; 2020), 현재 횡행하는 가짜뉴스 중 압도적으로 높은 비율을 차지하는 북한 관련 가짜뉴스에 대한 식별도 측정이 보수 정치이념 성향이나 이에 바탕이 되는 개인 심리 특성에 따른 편향에 더 취약할 수 있다는 우려에도 대응하고자 한다.

이 글의 구성은 다음과 같다. 이론적 배경에서는 먼저 가짜뉴스 식별에 영향을 미치는 개인 정치심리 요인 관련 연구를 '우파 경직성(the rigidity of the right)'과 '이념 비대칭(ideological asymmetry)' 이론을 중심으로 선행연구를 검토한다. 두 가설은 우파 또는 보수와 좌파 또는 진보(리버럴) 간 서로 다른 성격 특성과 이에 바탕을 둔 사고 과정과 행태 차이에 주목하는데, 이 글에서는 상징적 정치 정체성으로서 정치이념 성향과 우익권위주의(RWA: Right Wing Authoritarianism), 사회지배지향(SDO: Social Dominance Orientation), 체제정당화(System Justification) 동기 등과 같은 이데올로기 성향에 초점을 맞추어 살펴본다. 또한, 코로나19 관련 원인과 방역 대책에 대한 인식과 태도에 관한 실증적 연구가 아직 미흡한 만큼, 코로나19 관련 쟁점뿐만 아니라 과학적 사실에 대한 이념 및 이데올로기 성향에 따른 인식 또는 선호 차이에 관한 선행연구도 일부 검토한다. 경험적 분석에서는 대표성 있는 표본을 통해 수집한「2022 통일의식조사」(이하 '통일의식조사') 자료[2]를 이용한 다중회귀분석을 통해, 상기한 개인 정치심리 변인이 코로나19 관련 가짜뉴스 식별 수준과 어떠한 관계가 있는지 확인한다. 결론에서는 분석 결과를 요약하고 이의 정책적 함의를 생각해 본다.

II. 이론적 배경

1. 누가 가짜뉴스에 더 취약한가?

정치심리학에서는 오래전부터 보수와 진보라는 정치이념 성향에 따른 성격 및 동기 특성 차이와 그에 따른 인지 및 정보처리 방식의 차이, 그리고 이어지는 선호와 행동 차이에 주목해 왔다. 이 접근은 '우파 경직성'과 '이념 비대칭'이라는 두 개의 가설로 요약할 수 있는데, 이에 의하면 보수 성향이 진보 성향보다 새로운 정보, 특히 자신의 성향이나 믿음에 부합하지 않는 정보는 받아들이지 않을 것이며 동질적인 이념 성향을 지닌 사람들과 주로 교유하여, 결과적으로 허위 및 기만 정보와 음모론에도 더 취약하리라는 이론적 예측이 타당하다. 그렇다면, 두 이론의 핵심 내용은 무엇인가?

먼저 아도르노(Adorno)의 권위주의 성격 연구에서 비롯된 우파 경직성 이론의 중심 주장은 우파 또는 보수 성향이 성격과 인지, 집단 관계 등에서 경직성이 뚜렷하다는 것이다. 곧, 우파는 성격이 폐

2 설문조사 자료는 2022년 4월 6일부터 5월 2일까지 27일 동안 전국의 만 18세 이상 성인 남녀를 대상으로 종이 설문을 이용한 대면 면접조사로 수집했다. 2022년 2월 기준 행정안전부 주민등록인구 현황 자료에 근거하여 지역별, 성별, 연령별 비례할당 후 무작위추출로 표본을 표집했고 총 응답자 수는 1,000명이었다. 최대허용 표집오차는 95% 신뢰수준에서 ±3.1%p이다.

쇄적(closed-mindedness)이고 독단(dogmatism)적이며, 인지 측면에서 유연함이 없고 모호한 상황을 잘 견디지 못하며 낯설고 자극적인 것을 싫어하고, 위협에 대한 우려가 큰 성향을 지닌 반면에, 구조와 질서를 선호하고 동조와 복종을 중시하는 심리 특성을 보인다(Jost et al. 2003; Malka et al. 2017; Jost 2021). 아울러 우파는 이념에 기초한 사고 경향이 강하고, 종교에 의존하고, 세상을 단순한 선악 또는 '우리와 남(us versus them)'으로 파악하는 경향이 강하며, 경쟁과 갈등을 꺼리지 않고 공감 능력이 떨어지며, 사회적으로나 정보 교류 측면에서 고립적이며 외집단(out-group)에 적대적이고, 권위주의 성향이 강하며, 역겨움을 쉽게 느낀다(Tetlock et al. 1984; Barker and Marietta 2020).[3]

이념 비대칭 이론은, 성격 특성에 초점을 맞추는 데 있어서 우파 경직성 이론과 이론적으로 상당 부분 중첩되긴 하지만, 보수와 진보 성향의 동기 특성 차이와 이에 근거한 사고방식과 행태 차이에 주목한다는 점에 있어서 더 포괄적인 접근으로 보인다. 예컨대, 조스트(Jost 2017a)는 메타분석을 활용하여 이념 비대칭을 뒷받침하는 동기 차이의 폭넓은 실증적 근거를 제시한다. 일반적으로 개인은 특정 정치이념 성향과 '선택적 친화(elective affinities)'가 있는 동기 특성을 갖는데, 이는 확실함, 안전, 사회적 소속감을 추구하는 인식(epistemic), 존재(existential), 관계(relational) 동기로 각각 구분된

3 한편, 우파 경직성 이론의 경험적 근거가 미약하다며 이념 성향과 상관없이 극단적 이념 성향은 모두 독단적이고 경직되어 있다는 '이데올로기 극단 가설(the ideological extremity hypotheis)'을 검증하려는 연구도 있다(Kahan 2013; Ditto et al. 2019; Zmigrod 2020; Costello et al. 2022). 조스트는 이데올로기 극단 가설이 오히려 더 이론적, 실증적 근거가 없다는 반비판을 내놓고 있다(Jost 2021, 87-157).

다. 분석에 의하면, 보수와 진보 성향은 각 동기 특성 측면에서 근본적 차이를 보이는데, 인식 동기에서 보수는 진보보다 독단, 인지 및 인식 경직성, 질서·구조·종결 욕구, 자기기만(self-deception), 헛소리 수용도(bullshit receptivity) 등이 만성적으로 높은 데에 반해, 진보는 보수보다 일반적으로 통합적 복합성(integrative complexity), 모호함 및 불확실함에 대한 내성(tolerance), 인지 욕구(need for cognition) 수준이 높고 인지적 반성(reflection) 경향이 강하다. 또한, 존재 동기에서 보수는 진보에 비해 위협에 대한 주관적 인식, 죽음 불안(death anxiety), 위험한 세계와 체제 위협에 대한 인식 등이 강하며, 관계 동기 측면에서 동질적인 사고를 지닌 집단 간 현실 공유 욕구, 집단 내 합의 인식, 집단 자기 효능감(self-efficacy), 지지하는 정당이 집권하는 경우 정부 신뢰 경향 등을 강하게 드러낸다.[4]

이러한 동기 특성으로 인해 보수는 진보에 비해 새로운 정보를 사고하는 데에 있어서 이의 사실 여부를 정확하게 판단하려 하기보다는 자신의 세계관이나 가치, 신념, 정체성 등에 일관되는 방향으로 해석하거나 합리화하는 편향된 '동기화 추론(motivated reasoning)' 과정에 빠질 가능성이 크다. 이 과정에서 보수 성향은 정보를 세밀하게 따져보는 '체계적 처리(systematic processing)'보다는 어림짐작을 활용하는 '휴리스틱 처리(heuristic processing)'에 기대는 경향이 강하다(Kunda 1990; Jost et al. 2003; Nam et al. 2013; Jost et al. 2013; Jost 2017a, 2017b; Lodge and Taber 2013; Leeper and Slothuus 2014;

4 한편, 편향된 동기화 추론의 기저에 확실함을 선호하는 보수의 인식 동기가 있다는 이념 비대칭 이론의 핵심 가설에 대해 경험적 근거가 미약하다는 비판도 나오고 있다(Guay and Johnston 2022).

Hibbing et al. 2014; Sides 2015; Kahan et al. 2017; Flynn et al. 2017; Swire et al. 2017; Barker and Marietta 2020). 아울러 이념 비대칭 접근은 진보-보수 간의 동기 및 동기화 추론 외에도 정서, 당파심, 사회관계망 구조, 정치 신뢰, 편견 등에 있어서 이념 성향에 따른 차이를 이론적으로 정당화한다(Jost 2017b; Badaan and Jost 2020).

우파 경직성과 이념 비대칭 이론에 바탕을 두고 성격과 동기 차원에서 이념 성향의 차이가 가짜뉴스와 팩트체크에 대한 노출과 수용에 어떤 영향을 미치는지를 파악하려는 연구는 이제 막 시작하는 단계에 있다. 그럼에도 두 접근에 의하면, 보수가 진보보다 비과학적 정보, 거짓 정보, 음모론에 취약할 곧, 잘 속거나 믿을 가능성이 크리라는 예측이 타당해 보인다(Miller et al. 2016; Baron and Jost 2019; Azevedo and Jost 2021; van der Linden et al. 2021). 보수의 경직되고 유연하지 못한 인지 방식과 심사숙고하지 않고 편향된, 강한 동기화 추론의 사고방식, 그리고 변화보다는 현 체제와 전통을 선호하며 위협에 예민한 성향으로 판단하건대, 보수는 가짜뉴스일지라도 자신의 신념과 가치에 부합하는 정보라면 수용할 가능성이 크며, 설사 그것이 허위로 판명될지라도 생각을 바꾸거나 나아가 원래 신념과 가치를 수정하지 않을 가능성이 크기 때문이다. 또한, 동질적이며 고립적 관계망을 선호하는 동기로 인해 자신과 비슷한 생각을 하는 사람들끼리만 모여 의견을 나누며 기존 태도와 신념을 강화하는 '반향실(echo chamber)' 환경에 놓일 가능성도 클 것이다. 그러므로 보수는 가짜뉴스라도 이를 믿고 공유하는 데에는 더 적극적이면서도 잘못된 인식과 믿음을 사실과 진실에 기초하여 교정하는 데에는 소극적일 가능성도 크다(Jost et al. 2008; Jost et al. 2018; Marques et al.

2021).

그렇다면, 보수 이념 성향과 이의 바탕이 되는 성격 특성은 무엇인가? 이 글에서는 가짜뉴스에 취약한 보수 성향을 정치이념 성향과 이의 심리적 바탕인 이데올로기 성향으로 나누어 이의 코로나19 관련 가짜뉴스 식별도에 대한 영향을 파악하고자 한다. 먼저 정치이념 성향은 정치를 이해하고 평가하는 데에 쓰이는 개념 틀이자 정치 세계에서 일상적인 '우리와 남'의 정치 정체성을 나누고 특정하는 이름표(label)로 기능한다. 정치이념 성향은 성인 이전에 정치 상징에 대한 조건화에 의해 형성되어 정치사회화와 정치 선호와 행동에 의해 유지, 강화되는 감정과 동기에 기반한 소질(predisposition)로서, 개인 정치행태에 광범위한 영향을 미치는 것으로 상정된다. 정치이념 성향은 정치 정체성으로서의 '상징적 이념(symbolic ideology)' 성향으로 이해할 수 있으며 일련의 구체적 정책 쟁점에 대한 일관된 선호로서 개념화하는 '조작적 이념(operational ideology)'이라는 신념 체계와는 구별된다(장승진·서정규 2019; Jost et al. 2009).

이데올로기 성향은 정치이념 성향과 정치행태에 동기적 바탕이 되는 성격 특성이다. 이는 유전의 결정적 영향을 받아 환경 요인으로부터 상대적으로 자유로운 근본적 기질과 아동기 사회경제 환경이 서로 작용하여 형성되어 이후 이념 성향과 정치행태에 영향을 주는 개인차 성격 요인으로 이론적으로 상정된다(하상응·이보미 2017; 윤광일, 2019). 선행연구는 우익권위주의, 사회지배지향, 그리고 체제정당화 동기 등을 대표적 보수 이데올로기 성향으로 제시해 왔다. 여러 나라 시민을 대상으로 진행한 다국교차연구에 의하면, 자신을 보수로 생각한 응답자는 진보로 생각한 응답자보다 이들 보수 이데올로기 성향 모두 높은 것으로 나타나, 경험적으로도 보수 이데올로기 성향이 현존 질서를 합리화하고 옹호하는 보수 정치이념 성향과 선택적 친화가 있는 것으로 드러났다(Vargas-Salfate et al. 2018; Nilsson and Jost 2020).[5]

우익권위주의는 나치의 파시즘 성격과 반유태주의 특성을 연구한 아도르노의 업적을 이어, 80년대 초에 얼트마이어(Altemeyer)가 '일반화된 편견(generalized prejudice)'의 기저에 있는 성격 요인으로 이론적으로 구체화한 것이다. 우익권위주의 성향은 아동기 사회 학습으로 체득하게 되며, 정통성 있는 권위에 대한 순종(authoritarian submission), 사회규범을 어긴 사람에 대한 공격(authoritarian aggression), 인습주의(conventionalism) 등 세 차원으로 구성된다(Altemeyer 2006). 사회지배지향은 인류 진화 과정에서 모든 사회에 보편적으로 나타나는 위계질서를 정당한 것으로 믿고 이를 전복하여 평등한 사회를 세우는 것은 바람직하지도 가능하지도 않다고 여기는 성향이다(Pratto et al. 1994). 우익권위주의는 사회문화 영역에서 사회지배지향은 경제 영역에서 각각 보수 성향으로 구분되기도 한다. 또한, 전자는 '사회적 위협상황'이 두드러지게 하는 안정, 통제, 집단 안보 질서 가치 등을 선호하는 성향이며, 사회지배지향은 집단

5 심리 특성에 있어서 보수-진보 정치이념 성향과 우익권위주의, 사회지배지향, 체제정당화 등 이데올로기 성향 간 위계에 대한 이론적, 경험적 논쟁이 아직은 활발하지 않은 것으로 보인다. 다만, 이들 성향을 태도로 접근하는 연구도 있으나 태도는 성격 특성에 비해 특정 대상(자극)에 구체적이고 단기적 평가로서 성격 특성보다 가변적으로 개념화하는 것이 타당하기에 이 연구에서는 성격 특성에 가까운 성향으로 접근한다. 아울러 이데올로기 성향은 동기 특성이자 정치이념 성향보다 추상적이기에 상징적 이념 성향에 이론적으로 선행하는 것으로 상정한다.

간 ‘경쟁 상황’을 현저하게 하는 권력, 지배, 우월 가치를 선호하는 성향이다(Duckitt and Sibley 2016). 한편, 얼트마이어는 자신이 개발한 RWA 척도가 권위주의 순종을 부각하는 데에 비해 SDO 척도는 주로 권위주의 지배 성향을 측정한다며 두 척도의 차이점을 주장한다(Altemeyer 1998, 53).

체제정당화 동기는 현존하는 사회, 경제, 정치 체제가 자신 또는 내집단(in-group)에 손해가 되더라도, 공정하고 정당하며, 바람직하기에 현상 유지(status quo)를 방어, 강화, 정당화하는 이데올로기 성향이다. 이는 현 체제에 대한 의존도가 높고, 현상 유지가 불가피하거나 현 체제가 항구적으로 유지되리라고 인식하는 경우 또는 불평등이 심각하거나 현 체제에 대한 위협이 커지는 상황에서 특히 활성화된다(Jost et al. 2015; Jost 2019). 한편, 체제동기화 동기가 강할수록 가짜뉴스의 일종인 음모론에 빠질 가능성도 큰 것으로 보인다. 음모론이 사회문제에 대한 책임을 소수의 은밀한 권력집단에 전가함으로써 현 사회체제의 근본적 한계와 문제로부터 관심을 분산시키는 체제정당화 기능을 하기 때문이다(Jolley et al. 2018).[6]

요컨대 우익권위주의, 사회지배지향, 체제정당화는 보수 이데올로기 성향으로서 보수 정치이념 성향에 동기적 기반을 구성한다. 이들 보수 이데올로기 성향이 강할수록 현존 위계질서에 대한 변화 위협과 공포와 불안에 민감하고, 체제 경쟁에 대한 인식 및 존재 동기 수준이 만성적으로 높아, 체제 위협이 실재하거나 커지는 상황 혹은 이를 부추기는 정치 선동이 널리 확산하는 경우, 새로운 정보를 처

6 우익권위주의와 사회지배지향은 체제정당화 동기에 영향을 주는 성향 변인으로서 상정되기도 한다(Vargas-Salfate et al. 2018, 4; Duckitt and Sibley 2009, 306).

리하는 데에 있어서 정확함을 추구하기보다는 편향된 '감정에 근거한 인지(hot cognition)'에 영향을 받아 자신의 세계관이나 신념에 맞는 방향으로 사고하는 동기화 추론 방식을 취할 가능성이 크다. 또한, 이 경우 심사숙고보다는 거짓과 오류에 취약한 어림짐작에 의한 정보처리 방식에 빠질 가능성도 크다.

2. 누가 반과학적 태도를 보이는가?

코로나19 관련 가짜뉴스에 대한 이론적 가설을 제시하기에 앞서 코로나19 대역병을 포함하여 과학 관련 쟁점에 대한 정치이념과 이데올로기 성향에 따른 인식 또는 선호 차이에 관한 선행연구를 살펴보도록 하자.

과학적 사실에 대한 일반 대중의 사실 인식과 태도에 있어서는 무엇보다 과학적 증거에 근거한 전문가의 판단이 결정적인 영향을 미치리라는 예측이 일견 합리적으로 보인다. 과학적 사실은 과학공동체의 객관적 증거에 기초하여 표준화된 엄밀한 검증 절차를 거쳐 확정되며, 새로운 객관적 증거에 근거하여 반증으로 뒤집힐 때까지는, 적어도 과학공동체 안에서는 논쟁적이지 않은 현상과 인과관계에 관한 진술로 이루어지기 때문이다. 곧, 과학적 사실은 본질적으로 비정치적 검증 과정을 거쳐 전문가 집단 내 광범한 합의로 확정되며, 따라서 사안을 이해하는 한 이견이 존재하리라고 기대하기 어렵다. 이는 사회적 현상과 인과관계에 대한 사실로서 이념과 정파에 따라 인식 또는 해석이 달라지는 '정치화(politicization)'에 취약한 사회적 사실과 뚜렷하게 대비된다(Hochschild and Einstein 2015).

그러나 미국의 경우, 환경 문제와 같은 과학적 쟁점에 대한 평가와 태도에 있어서 지지 정당과 정치이념 차이에 주목하여 이를 실증적으로 분석한 연구가 1970년대부터 존재한 것으로 보인다(Van Liere and Dunlap 1980). 연구 초기부터 반복적으로 뚜렷하게 드러난 사실은 보수 성향이 교육 수준이 낮거나 종교적인 사람들처럼 다양한 영역에서 반과학적 주장에 취약하다는 것이다(Blank and Shaw 2015; Carl et al. 2016; Miller et al. 2016; Hornsey et al. 2018; Pennycook et al. 2020; Azevedo and Jost 2021). 또한, 자기 평가로 측정한 정치이념 성향뿐만 아니라 RWA나 SDO와 같은 보수 이데올로기 성향도 반과학적 태도를 보일 가능성이 큰 것으로 나타났다(Lobato et al. 2020; Kerr and Wilson 2021). 예컨대, RWA 또는 SDO가 강할수록 기후변화를 부인할 가능성도 크고 인간이 기후변화를 초래한다는 주류 과학공동체의 합의를 부정할 가능성도 큰 것으로 드러났다(Stanley and Wilson, 2019).

한편, 보수 성향의 반과학적 태도를 보고하는 연구가 풍부한 데에 비해서 그 이유에 대한 규명은 아직 시작 단계로 보인다(Azevedo and Jost 2021). 다만, 앞서 살펴본 이념 비대칭 이론에 근거하여 이를 설명하는 접근과 과학공동체 특성과 규범이 보수 세계관과 맞지 않는다는 주장이 유력하게 대두되고 있다. 예컨대, 이념 비대칭 이론의 예측대로 보수 정치이념 성향이 강할수록, 또한 이의 동기적 기반인 보수 이데올로기 성향이 강할수록 인지 동기의 영향으로 음모론에 대한 선호나 반과학적 태도가 두드러졌다(Azevedo and Jost 2021). 후자에 의하면, 과학 연구의 규범은 사회학자 머튼(Robert Merton)이 제시한 대로 공산주의(communism), 보편주의

(universalism), 공익 우선(disinterestedness), 조직적 회의(organized skepticism) 등으로 이루어져 있다. 곧, 과학 연구의 결과물은 공동 소유이며(공산주의), 과학 지식은 인종, 계급, 국가, 정치의 경계를 넘어서는 것이며(보편주의), 과학 연구의 시행은 개인 이익보다는 과학 공동체 전체를 위한 것(공익 우선)이고, 과학적 주장이 수용되기 위해서는 비판적 검토가 필수적인데(조직적 회의), 이러한 보수 세계관과 충돌되는 과학 연구의 규범은 현재까지도 과학공동체에 널리 수용되고 있는 것으로 알려져 있다(Lewandowsky and Oberauer 2012).

최근에는 코로나19와 관련하여 당파심과 정치이념 차이에 따른 원인 인식과 방역 정책 관련 태도 및 평가 그리고 행동 차이에 관한 실증적 연구가 다양하게 제시되고 있다. 예컨대, 감정 양극화가 외집단 정당에 반감이 높은 당파심이 강한 사람들을 중심으로 정부의 코로나19 대응과 같은 비정치적인 문제도 정치화하게 하는 것으로 드러났다(Druckman et al. 2021) 또한, 코로나19에 대한 의구심은 보수 성향과 밀접한 관련이 있었으나, 인종적 차이는 나타나지 않았다(Scheitle and Corcoran 2021). 또한, 조작적 이념 곧, 일련의 정책 선호로 측정한 정치이념이 보수적이고 SDO가 높을수록 코로나19 관련 음모론을 온라인에서 공유할 가능성 큰 것으로 나타났다(Lobato et al. 2020).

한편, 이와 같은 코로나19 관련 연구가 전통적으로 세계관을 통해 과학을 평가하는 경향이 강한 정치문화가 존재하고(Hornsey et al. 2018), 정치 양극화가 날로 심화하고 있는 미국 사례에 초점을 맞춘 분석상 한계를 지적하며 다른 나라 사례 분석을 통해 연구 결과의 타당도를 보완하는 작업도 성과를 보이고 있다. 예컨대, 이탈리아의 경우 보수 성향은 국가 정체성이 낮은 경우, RWA를 매개로 코로나 19 방역 관련 자발적 친사회적 행동 의향에 부정적 영향을 미치는 것으로 드러났다(Simić, et al. 2022). 독일의 경우, RWA와 집단적 나르시시즘이 팬데믹 부인과 관계가 있었다(Rothmund et al. 2022). 흥미롭게도 미국과 인접한 캐나다의 경우, 미국과 달리 코로나19의 심각함과 사회적 거리두기의 필요성에 대해 엘리트와 대중 모두 예외적으로 초당적 합의가 존재했지만, 조작적 이념 성향이 당파심이나 엘리트 큐보다 코로나 태도와 사회적 거리두기에서 작은 차이를 만들어 냈다(Merkley et al. 2020). 또한, 보수당 지지자는 코로나19에 대한 우려가 리버럴 지지자보다 덜한 편이었으나, 감염예방을 위한 행동에는 미국과 캐나다 모두 지지 정당에 따른 차이는 거의 없는 것으로 드러났다(Pickup et al. 2020). 한국의 경우, 보수 성향이 상대적으로 취약한 것으로 알려진 코로나19 관련 음모론에 빠져들수록 백신 접종 의사가 유의미하게 하락하였으며, 상대적으로 진보 정당으로 인식되고 있는 더불어민주당을 지지하는 응답자의 경우 상대적으로 접종 의사가 높다는 결과가 나왔다. 다만, 자기 평가로 측정한 정치이념은 접종 의사에 유의미한 영향을 미치지는 못했다(김한나 외 2021).

이 연구에서는 우파 경직성과 이념 비대칭 이론과 함께 보수 정치이념 및 이데올로기 성향의 반과학적 태도에 관한 선행연구 결과에 의존하여 다음과 같은 이론적 가설을 제시한다.

가설 1: 다른 조건이 같다면, 보수 정치이념 성향이 강할수록 코로나 19 가짜뉴스 식별 수준이 낮을 것이다.

가설 2: 다른 조건이 같다면, 보수 이데올로기 성향(우익권위주의, 사회지배지향, 체제정당화 동기)이 강할수록, 코로나19 가짜뉴스 식별 수준이 낮을 것이다.

III. 경험적 분석

1. 가짜뉴스 식별도

코로나19 관련 가짜뉴스 식별도는 8개 문항으로 측정했는데, 그 중 2개 문항은 팩트체크 기사를 활용했고, 나머지 6개 문항은 2021년 2월 기초과학연구원(IBS)에서 진행 중인 '루머를 앞선 팩트(Facts before Rumors)' 캠페인 항목을 활용했다.[7] 코로나19 관련 가짜뉴스 식별도 구성 문항은 다음과 같다.

첫 번째 "한국의 코로나19 재정지출, 외국에 비해 적다"는 문항은 제20대 대통령선거 후보자 초청 1차 TV 토론회에서 "다른 국가가 GDP 대비 15% 정도를 지원하는 데 반해 우리나라는 5% 정도밖에 지원하지 않는다"는 이재명 후보 발언에서 비롯된 기사 제목이다. YTN은 국제통화기금(IMF) 홈페이지에서 주요 21개국의 GDP 대비 소상공인 지원과 고용 등 사회정책 분야 재정지출 규모를 비교한 결과 미국이 22%로 가장 높았고, 우리나라는 5.7% 수준으로 하위권이

7 '루머를 앞선 팩트'는 IBS가 중국과 한국에서 팩트체크가 끝난 200여 개의 가짜뉴스 중 건강과 직접적으로 관련된 15개 핵심 메시지를 인포그래픽으로 제작하여 전 세계에 전파하는 캠페인(https://www.ibs.re.kr/fbr)이다.

라는 점을 분석하여 재정지출에 대한 토론회 발언을 사실로 확인하였다.

두 번째 "마스크를 전자레인지에 돌리고 알코올로 소독하면 재사용할 수 있다"는 루머는 마스크에 상당한 손상을 줘서 필터 기능을 떨어뜨리므로 사실이 아닌 것으로 식별해야 한다.

세 번째 "코로나19 바이러스는 열에 약하기 때문에 뜨거운 물이나 차를 자주 마시면 면역에 도움이 된다"는 식별 문항은 IBS에 의하면 뜨거운 물을 마시는 것만으로 이미 몸 안에 침투한 바이러스를 죽일 수 없기 때문에 거짓으로 판단해야 한다.

네 번째 "세종시 접종률 꼴찌, 공무원들이 백신을 안 맞기 때문이다"는 네이버 카페 등 인터넷 커뮤니티와 SNS상에서 퍼진 내용이다. 2022년 1월 28일 오마이뉴스가 확인한 결과, 이는 세종시가 다른 시도에 비해 코로나19 백신 접종률이 낮지만 노년층 비중이 낮고, 아동과 청소년 비중이 17개 시도 가운데 가장 높은 도시 인구 구조에 기인하였다고 분석하였다. 곧, 세종시에서도 접종 대상자 기준으로 전국 평균과 큰 차이가 없다고 밝힘에 따라 사실이 아닌 진술인 것이다.

다섯 번째 "소금물과 식초로 가글을 하면 코로나19 바이러스 소독 효과가 있다"는 진술은 IBS에 의하면 과학적 근거가 없다. 식초는 산성이지만 상당히 희석된 형태로 소독 효과가 거의 없으며 소금물도 마찬가지다.

여섯 번째, 질병관리청에 따르면 코로나19 바이러스는 골판지, 천, 나무 상에서 24시간까지 생존했고, 플라스틱, 스테인리스 스틸에서 최대 4일까지 생존할 수 있다. 따라서 "코로나19 바이러스는 24

시간 이상 생존할 수 있다"는 진술은 사실에 부합한다.

일곱 번째, "코로나19 바이러스는 공기로도 전파될 수 있다"는 진술이다. 이는 2020년 미국 국립보건원(NIH)과 질병관리본부(CDC)에서 기침과 재채기 등으로 배출된 코로나19 바이러스 일부는 공기 중에 생존하는 것으로 나타났다며 에어로졸에 의해 감염될 수 있음을 확인하였기에 사실로 판단된다.

마지막으로 "연령, 인종, 민족에 관계없이 코로나19 감염위험은 비슷하다"는 사실로 판단해야 하는 문항이다. IBS에 의하면, "바이러스에 취약한 특정 집단이나 인종, 민족이 있다"는 진술은 루머에 불과하며, 코로나19 바이러스는 연령과 인종을 불문하고 감염될 수 있기 때문이다.

응답자는 〈표 10-1〉의 코로나 관련 8개 문항을 보고 ① 거짓 ② 대체로 거짓 ③ 거짓 반 사실 반 ④ 대체로 사실 ⑤ 사실 가운데 하나를 선택한다. 사실로 판정된 개별 문항에 대해 '대체로 사실' 또는 '사실'로 답하면 옳게 식별한 것이고 반대로, 가짜뉴스로 판정된 문항은 '대체로 거짓' 또는 '거짓'으로 답하면 올바로 식별한 것이다. 코로나 관련 가짜뉴스 식별도는 각각 최소 0점(8개 모두 옳게 식별하지 못한 경우)부터 최대 8점(4개의 사실과 4개의 가짜뉴스를 모두 옳게 식별한 경우)으로 조작화했다.

〈그림 10-1〉의 코로나 관련 가짜뉴스 식별 문항에 대한 응답 분포를 살펴보자. 가짜뉴스로 판정한 4개의 기사 제목 중 "코로나19 바이러스는 열에 약하기 때문에 뜨거운 물이나 차를 자주 마시면 면역에 도움이 된다"(47.7%)를 옳게 식별한 비율이 가장 낮았고, "소금물과 식초로 가글을 하면 코로나19 바이러스 소독 효과가 있다"

표 10-1 코로나 관련 가짜뉴스 식별도 측정 문항과 출처 및 검증 정보

측정 문항	출처	검증기사 제목	검증 주체	판정	등록일
한국의 코로나19 재정지출, 외국에 비해 적다	제20대 대통령선거 후보자 초청 1차 TV토론회	3차 토론 팩트체크...주식 양도세, '개미'에게 치명타?	YTN	사실	2022. 02.23.
마스크를 전자레인지에 돌리고 알코올로 소독하면 재사용할 수 있다	소셜네트워크 서비스(SNS)	루머를 앞선 팩트(Facts before Rumors) 캠페인	IBS/KAIST/ 이화여대	사실 아님	2020. 03.24.
코로나19 바이러스는 열에 약하기 때문에 뜨거운 물이나 차를 자주 마시면 면역에 도움이 된다	소셜네트워크 서비스(SNS)	루머를 앞선 팩트(Facts before Rumors) 캠페인	IBS/KAIST/ 이화여대	사실 아님	2020. 03.24.
세종시 접종률 꼴찌, 공무원들이 백신 안 맞기 때문이다	인터넷 커뮤니티	"세종시 접종률 꼴찌, 공무원 백신 기피탓" 주장은 '거짓' 〈오마이팩트〉	오마이 뉴스	사실 아님	2022. 01.28.
소금물과 식초로 가글을 하면 코로나19 바이러스 소독효과가 있다	소셜네트워크 서비스(SNS)	루머를 앞선 팩트(Facts before Rumors) 캠페인	IBS/KAIST/ 이화여대	사실 아님	2020. 03.24.
코로나19 바이러스는 24시간 이상 생존할 수 있다	소셜네트워크 서비스(SNS)	루머를 앞선 팩트(Facts before Rumors) 캠페인	IBS/KAIST/ 이화여대	사실	2020. 03.24.
코로나19 바이러스는 공기로도 전파될 수 있다	소셜네트워크 서비스(SNS)	루머를 앞선 팩트(Facts before Rumors) 캠페인	IBS/KAIST/ 이화여대	사실	2020. 03.24.
연령, 인종, 민족에 관계없이 코로나19의 감염위험은 비슷하다	소셜네트워크 서비스(SNS)	루머를 앞선 팩트(Facts before Rumors) 캠페인	IBS/KAIST/ 이화여대	사실	2020. 03.24.

가 53.0%로 과반이기는 하나 그다음으로 낮았다. 이에 비해 "세종시 접종률 꼴찌, 공무원들이 백신을 안 맞기 때문이다"(64.0%)와 "마스크를 전자레인지에 돌리고 알코올로 소독하면 재사용할 수 있다"(74.3%)는 가짜뉴스를 제대로 식별한 비율이 상대적으로 높게 나타났다.

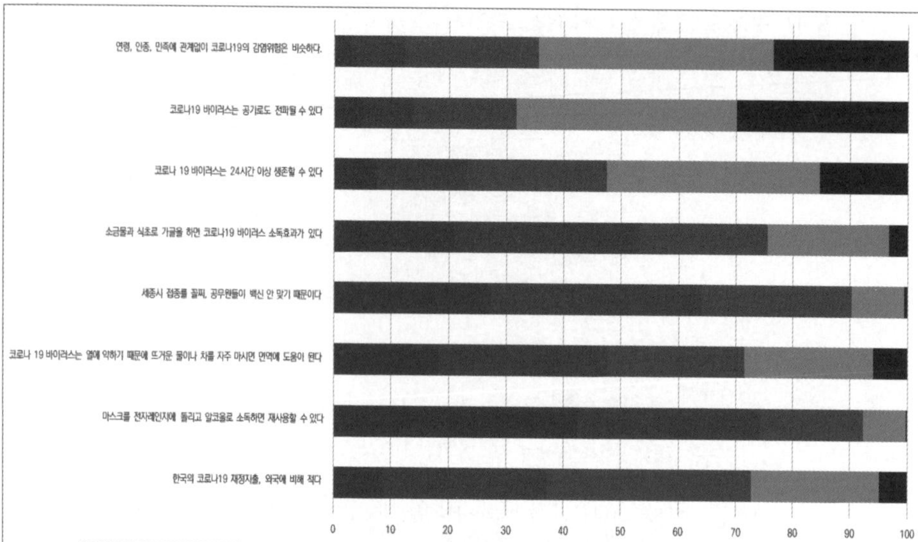

	한국의 코로나19 재정지출, 외국에 비해 적다	마스크를 전자레인지에 돌리고 알코올로 소독하면 재사용할 수 있다	코로나 19 바이러스는 열에 약하기 때문에 뜨거운 물이나 차를 자주 마시면 면역에 도움이 된다	세종시 접종률 꼴찌, 공무원들이 백신 안 맞기 때문이다	소금물과 식초로 가글을 하면 코로나19 바이러스 소독효과가 있다	코로나 19 바이러스는 24시간 이상 생존할 수 있다	코로나19 바이러스는 공기로도 전파될 수 있다	연령, 인종, 민족에 관계없이 코로나19의 감염위험은 비슷하다.
■ 거짓	8.5	42.5	18.2	27.3	20.8	7.3	5	3
■ 대체로 거짓	28.6	31.8	29.5	36.7	32.2	15.9	8.8	9.3
■ 거짓 반 사실 반	35.6	18	23.8	26.2	22.5	24.3	17.9	23.3
■ 대체로 사실	22.4	7.4	22.5	9.2	21.2	37.2	38.4	40.9
■ 사실	4.9	0.3	6	0.6	3.3	15.3	29.9	23.5

그림 10-1 코로나 관련 가짜뉴스 식별문항 응답 분포

코로나 관련 기사 제목 중 사실로 판명된 4개 문항 중 "코로나19 바이러스는 24시간 이상 생존할 수 있다"(52.5%), "연령, 인종, 민족에 관계없이 코로나19의 감염위험은 비슷하다"(64.4%), "코로나19 바이러스는 공기로도 전파될 수 있다"(68.3%) 순으로 정답률이 높게 나타났다.[8] 코로나19 감염 관련 정보는 일상적으로 매우 쉽게 접근

8 미국의 경우에도 대중은 코로나19 관련 정보에 대해 비교적 정확하게 알고 있는 것으로 나타났다. 대규모 온라인 서베이(n=18,132)에 의하면, 코로나19 관련 틀린 정보 13개(예컨대, "60세 이상만 코로나19 바이러스에 취약하다") 모두를 옳게 식별한 응답자가

할 수 있고, 건강 관련 정보이기에 방향성 동기보다는 정확성 동기가 압도적이기 때문으로 추측된다. 다만, "한국의 코로나19 재정지출, 외국에 비해 적다"(27.3%)는 상대적으로 낮게 나타났다는데 이는 다분히 정치적 사안으로 받아들여질 가능성이 큰 '재정지출'이라는 자구(wording)와 외국과의 비교가 더 까다롭게 받아들여진 까닭으로 보인다.

그렇다면, 코로나19 관련 가짜뉴스 식별도의 사회인구 집단별 차이는 어떠한가. 〈표 10-2〉는 주요 사회경제 배경 변수 곧, 성, 연령대, 학력, 가구소득, 주관적 계층, 출신 지역 등에 따른 코로나19 관련 가짜뉴스 식별도 평균 차이를 담고 있다. 전체적으로 평균 정답수가 8점 만점에 4.5점 안팎으로 나타났는데, 단 1개도 옳게 식별 못한 응답자가 2.8%, 그리고 틀리게 식별한 문항 수가 2개 이하인 응답자가 14.9%에 그쳐 코로나19 관련 가짜뉴스에 대해서는 대체로 식별 수준이 높다고 볼 수 있다.

성별에 따른 통계적 평균 비교 분석 결과, 여성(M=4.49)이 남성(M=4.54)로 코로나 관련 가짜뉴스 식별도가 다소 낮았으나 통계적으로 의미는 없었다. 연령대별 차이에서는 만 60세 이상에서 가장 낮은 식별도(M=4.36)를 보였고 그다음으로 만18세~만29세 집단(M=4.48)이 낮았다. 식별 수준이 가장 높은 연령대는 40대(M=4.64)였으며, 다음으로 50대(M=4.63), 30대(M=4.54) 순으로 나타났다. 그러나 연령대별 평균 차이도 통계적으로 유의미하지 않았다.

34%에 달했으며 9개 이상 틀린 응답자는 한 명도 없었다. 또한, 6개 사실 정보(예컨대, "감염예방을 위해 비누로 손을 씻어야 한다")에 대해서는 응답자 41%가 모두 맞추었고 35%가 5개를 정확하게 알고 있었다(Druckman et al. 2021).

표 10-2 사회경제 변수와 코로나 관련 가짜뉴스 식별도 평균 비교

	N	M(SD)
성별		
남	494	4.54(1.87)
여	506	4.49(1.84)
연령대		
만18세-만29세	174	4.48(1.97)
만30세-만39세	151	4.54(1.90)
만40세-만49세	188	4.64(1.83)
만50세-만59세	196	4.63(1.86)
만60세 이상	291	4.36(1.78)
학력		
중졸 이하	134	4.17(1.78)
고졸 이하	387	4.51(1.80)
전문대 이상	479	4.61(1.91)
가구소득		
100만 원 이하	51	4.41(1.58)
101-200만 원	103	4.40(1.42)
201-300만 원	164	4.36(1.95)
301-500만 원	387	4.53(1.88)
501만 원 이상	294	4.65(1.94)
계층		
평균 미만	396	4.53(1.84)
평균	548	4.49(1.85)
평균 초과	56	4.64(2.08)
출신지역		
서울	160	4.76(1.76)
인천/경기	215	4.31(1.99)
대전/충청	117	4.02(1.97)
광주/전라	157	4.67(1.82)
대구/경북	131	4.72(1.77)
부산/울산/경남	149	4.74(1.54)
강원/제주	63	4.14(2.18)
전체	1,000	4.52(1.86)

예상대로 학력이 높을수록 옳게 식별하는 것으로 나타났는데, 전문대 이상(M=4.61)이 가장 높게 나타나고 통계적으로 의미 있는 수준에서 중졸 이하 집단(M=4.17)과 차이가 나타났다. 월평균 가구소득에 따른 코로나 관련 가짜뉴스 식별 수준을 살펴보면 중간층인 300만 원 이하 집단의 식별 수준(M=4.36)이 가장 낮게 나타났고, 소득 수준이 가장 높은 501만 원 이상 집단(M=4.65)에서 가장 높게 나타났으나 통계적으로 유의미한 차이를 보이지는 않았다. 주관적 계층에 따른 식별도에서도 평균 집단(M=4.49)이 가장 낮고 평균 초과(M=4.64)가 가장 높았으나 통계적으로 의미 있는 차이는 아니었다.

다음으로 출신 지역 집단을 통계적으로 분석해보면, 대전/충청 출신 지역(M=4.02)이 다른 지역 출신 집단보다 가장 낮게 나타났고 서울 출신 집단(M=4.76), 부산/울산/경남 출신(M=4.74), 대구/경북 출신 집단(M=4.72)과 통계적으로

유의미한 차이를 보였다. 한 가지 주목할 만한 사실은 선행연구(윤광일 2021)에서 북한 관련 가짜뉴스에서 나타난 호남 출신의 높은 식별 수준이 코로나 관련 가짜뉴스(M=4.67)에서는 나타나지 않으며, 통계적으로도 의미가 없었다.

2. 가짜뉴스 식별도의 정치심리 요인

먼저 보수 정치이념 성향과 이의 심리적 바탕으로 상정한 이데올로기 성향인 우익권위주의, 사회지배지향, 체제정당화 동기의 측정 방식과 이들 정치심리 변수 간 상관관계는 어떻게 나타났는지 알아보자. 정치적 정체성으로 정치이념 성향은 '매우 진보'(0점), '중도'(5점), '매우 보수'(10점) 등의 기준점을 제시하고 11점 척도로 응답자 스스로 자신의 이념 성향을 측정하는 방식으로 조작화했다(M=5.23, SD=2.15). 사회문화 보수 성향인 우익권위주의 성향은 아도르노의 '파시즘 척도(F scale)'과 이를 계승한 얼트마이어의 '우익권위주의 척도(RWA scale)'를 간추려 '권위주의적 공격과 복종'과 '보수주의' 두 차원으로 구성한 축약판을 이용하여 측정했다(Manganelli et al. 2007).

구체적으로 우익권위주의 성향은 ① 우리나라를 망쳐놓고 있는 극단주의와 싸워서 끝장낼 수 있는 강력한 지도자가 필요하다, ② 정부 권력에 비판적인 사람들은 대부분 국민들을 쓸데없이 혼란스럽게 만들 뿐이다, ③ 우리나라의 현재 상황은 너무 심각해서 문제를 일으키는 사람들을 제거하고 우리나라를 옳은 길로 되돌려 놓기 위해서라면 가장 강력한 수단을 사용하는 것도 정당화될 수 있다, ④ 우리나라에 진정으로 필요한 것은 더 많은 인권이 아니라 좀 더 강력한 법 질서이다, ⑤ 권위에 대한 순종과 존경은 우리 아이들이 배워야 할 가장 중요한 덕목이다, ⑥ 최근의 범죄나 성적 타락, 사회적 혼란을 보면, 우리의 가치관과 법질서를 보존하기 위해서는 우리 사회의 말썽꾼들과 문제 집단들을 더 강력히 척결해야 한다, ⑦ 우리나라에 가장 필요한 것은 국가 지도자의 지휘에 잘 따르는 질서정연한 국민이다 등 7개 진술에 대해 '전혀 동의하지 않는다'(1점)부터 '매우 동의한다'(5점)까지 5점 척도로 동의 정도를 묻고 이의 평균으로 측정했다(M=3.19, SD=0.68). 우익권위주의 성향의 신뢰성 계수는 0.81로 상당히 높게 나타났다.

보수 정치이념 성향의 또 다른 바탕이 되는 사회지배지향은 ① 어떤 집단은 상층부에, 다른 집단들은 하층에 있을 때 이상적인 사회가 될 수 있다, ② 솔직히 다른 사람들보다 열등한 이들이 있는 건 사실이다, ③ 어떤 한 집단도 사회 전체를 지배해서는 안 된다, ④ 하층의 사람들이라도 최상류층과 마찬가지의 존중을 받아야 한다, ⑤ 집단들끼리의 평등이 우리 사회의 중요한 목적이어서는 안 된다, ⑥ 여러 집단들을 동등하게 대우하는 것은 공평하지 못하다, ⑦ 각 집단들이 처한 조건을 동등하게 하기 위해 우리는 노력해야 한다, ⑧ 모든 집단들에게 공평한 성공의 기회를 주기 위해 우리는 노력해야 한다 등 8개 문항에 대해 '매우 반대한다'(1점), '반대도 찬성도 아니다'(4점), '매우 지지한다'(7점) 등 7점 척도로 동의 정도를 묻고, 높은 점수가 강한 지배, 곧 반평등주의 성향을 가리키도록 다시 코딩한 후 평균을 구해 측정했다(Ho et al. 2015). 경제 보수 성향인 사회지배지향(M=3.53, SD=0.58)의 신뢰성 계수는 0.63으로 다른 이데올로기 성향에 비해 상대적으로 낮았다.

현 체제 유지 선호 성향을 측정하는 체제정당화 동기는 캐이와 조스트(Kay and Jost 2003)가 개발한 척도를 활용했다. 곧, ① 대체로 우리 사회는 공평한 것 같다, ② 한국 사회는 근본적으로 재편되어야 할 필요가 있다, ③ 대한민국은 세상에서 가장 살기 좋은 나라이다, ④ 부자가 되고 행복을 누릴 기회를 모든 사람들이 공평하게 가지고 있다, ⑤ 대체로 보아 한국의 정치체제는 적절하게 작동하고 있다, ⑥ 대부분의 정책은 공익에 기여한다, ⑦ 우리 사회는 매년 나빠지고 있다, ⑧ 사람들은 사회에서 대체로 정당한 대가를 받는다 등 8개로 이루어진 현 정치사회체제에 대한 평가 진술에 대해 '전혀 동의하지 않는다'(1점), '반반이다'(5점), '매우 동의한다'(9점) 등 9점 척도로 동의 정도를 묻고, 높은 점수가 강한 체제정당화 동기를 의미하도록 변환한 후 평균을 구해 측정했다(M=4.94, SD=0.90). 체제정당화 동기의 신뢰성 계수는 0.74로 비교적 높게 나타났다.

이제 우익권위주의, 사회지배지향, 체제정당화 동기와 보수 정치이념 성향 그리고 연령 간에 어떠한 관계가 있는지 살펴보자. 이들 정치심리 특성과 연령과의 상관관계 계수를 나타내는 〈표 10-3〉에 의하면, 정치이념 성향은 이데올로기 성향 변수 모두에서 정적 관계를 보였고, 사회문화 보수 성향인 우익권위주의(r=0.263)와 경제 보수 성향인 사회지배지향(r=0.087)에서는 통계적으로 유의미한 상관관계가 나타났다. 우익권위주의와 사회지배지향도 통계적으로 의미 있는 상관관계(r=0.290)가 있었고 작년(r=0.301)과 비슷한 수준이었지만, r=0.60 이상인 서유럽 연구 결과보다는 낮아 상관관계가 매우 낮거나 없는 북미 연구 결과에 가까운 것으로 나타났다(Cohrs et al.

표 10-3 이데올로기 성향, 정치이념성향, 연령 간 상관관계

	(1)	(2)	(3)	(4)	(5)
(1) 정치이념 성향	1.000				
(2) 우익권위주의	0.263*	1.000			
(3) 사회지배지향	0.087*	0.290*	1.000		
(4) 체제정당화	0.040	-0.023	0.194*	1.000	
(5) 연령	0.272*	0.106*	-0.008	0.061	1.000

* $p<0.05$

2005, 1425). 한편, 체제정당화 동기는 사회지배지향과만 통계적으로 유의미한 상관관계(r=0.194)가 나타났다. 이는 한국 선행연구에서도 연령과 여타 보수 성향 측정 변수가 일관된 관계가 나타나지 않았던 결과를 염두에 두건대, 변수 이름과 달리 단순한 보수 성향으로만 보기 어려울 것 같다(윤광일 2020; 2021).

연령은 응답 점수가 클수록 보수 성향을 나타내는 정치이념 성향과 이데올로기 성향 중 정치이념, 우익권위주의, 체제정당화 성향에서 양의 상관관계가 나타났고, 이 중 정치이념과 우익권위주의 성향과는 통계적으로도 의미 있는 상관을 보였다. 이는 작년과 유사하게 나이가 들수록 보수 성향이 강화된다는 연령효과 또는 생애주기 효과 가설을 어느 정도 뒷받침하는 결과로 해석할 수 있겠다.

이제 정치이념 성향과 이데올로기 성향이 코로나19 관련 가짜뉴스 식별 수준에 미치는 영향에 대한 가설을 검정하기 위해 만든 다중회귀분석 모형을 추정해 보자. 〈표 10-4〉는 코로나19 관련 가짜뉴스 식별도를 종속변수로 정치이념 성향과 보수 정치이념 성향의 심리적 바탕으로 상정한 이데올로기 성향 개인차 변수를 독립변수로

표 10-4 정치이념 및 이데올로기 성향과 코로나 관련 가짜뉴스 식별에 대한 다중회귀분석 모형

	코로나 관련 가짜뉴스 식별도: 회귀계수(표준오차)			
	모형 1	모형 2	모형 3	모형 4
우익권위주의	-0.20(0.13)			0.02(0.18)
사회지배지향		-0.90***(0.14)		-0.91***(0.16)
체제정당화			-0.09(0.07)	0.02(0.09)
여성	-0.01(0.06)	-0.00(0.08)	-0.01(0.06)	-0.00(0.09)
연령	0.00(0.01)	-0.00(0.00)	0.00(0.01)	-0.00(0.00)
학력	0.09(0.10)	0.06(0.10)	0.10(0.10)	0.06(0.09)
가구소득	0.00(0.00)	0.00(0.00)	0.00(0.00)	0.00(0.00)
광주/전라	0.25(0.26)	0.17(0.26)	0.24(0.27)	0.18(0.27)
대구/경북	0.44(0.36)	0.31(0.25)	0.40(0.34)	0.31(0.24)
부산/울산/경남	0.37(0.25)	0.38+(0.19)	0.38(0.23)	0.38+(0.18)
정치이념 성향	-0.04(0.04)	-0.03(0.04)	-0.05(0.04)	-0.03(0.04)
더불어민주당	0.45*(0.19)	0.39(0.23)	0.48*(0.19)	0.39(0.23)
국민의힘	0.51***(0.09)	0.45**(0.11)	0.52***(0.09)	0.45**(0.11)
정의당	1.09***(0.22)	0.78**(0.23)	1.14***(0.21)	0.78**(0.22)
상수	4.23***(0.71)	7.06***(0.75)	4.05***(0.74)	6.96***(0.96)
N	991	991	991	991
R2	0.034	0.107	0.032	0.107

+ $p<0.10$, * $p<0.05$, ** $p<0.01$, *** $p<0.001$

그리고 성, 연령, 학력, 가구소득 등 사회경제 변수와 출신 지역(만 15세까지 가장 오랫동안 살았던 지역), 지지 정당(지지 정당이 없거나 기타 정당을 지지한 경우를 기준범주로 해서 국민의힘, 더불어민주당, 정의당 지지를 각각 가변수로 만듦) 등을 통제변수로 하여 만든 4개 다중회귀분석 모형을 추정한 결과를 담고 있다. 구체적으로 모형 1은 사회문화 보수 성향인 우익권위주의, 모형 2는 경제 보수 성향인 사회지배지향, 모형 3은 체제정당화 동기를, 모형 4는 이들 이데올로기 성향 모두를 독립변수로 통제했다. 또한, 정치이념 성향은 모든 모형에서 독

립변수로 통제했다.[9]

우선, 정치이념 성향은 코로나19 관련 허위정보 식별에 영향을 미치지 않는 것으로 드러났다. 또한, 사회문화 보수 성향인 우익권위주의는 개별 모형인 모형 1뿐만 아니라 통합 모형인 모형 4에서도 그 영향이 나타나지 않았다. 그러나 경제 보수 성향인 사회지배지향은 개별 모형(모형 2)과 통합 모형에서도 이론적 예측대로 독립적으로 허위정보 식별도를 낮추는 것으로 나타났다. 이는 사회문화 보수 성향이 경제 보수 성향보다 반과학적 태도를 더 잘 설명한다는 서구 선행연구 결과와 배치된다(Azevedo and Jost 2021). 또 다른 이데올로기 성향인 체제정당화 동기도 개별 모형(모형 3)뿐만 아니라 통합 모형(모형 4)에서도 그 영향이 나타나지 않았다. 선행연구에 의하면, 과학이 상식이나 기존 지식을 뒤집을 수 있다는 사실이 현상 유지에 위협이 되어 체제방어 동기를 끌어낼 수도 있지만, 다른 측면에서는 과학공동체를 현 사회체제 권위의 일부로 간주할 수도 있으므로 체제정당화 동기가 높다는 것이 반드시 반과학적 태도로 이어지지는 않을 수도 있다는 추론도 가능하다(Azevedo and Jost 2021). 다시 말해서, 과학적 쟁점에 한해서는 다른 보수 이데올로기 성향과 달리 체제정당화 동기의 영향에 대한 이론적 예측이 일관되지 않으며 아직은 경험적 탐색 연구 수준에 머물러 있는데, 적어도 한국의

9 이하 회귀분석에서는 변환하지 않은 원 사회경제 변수를 사용했다. 곧, 연령은 조사 시점 당시 만 나이로, 학력은 무학부터 대학원(박사과정)까지 최종학력 기준 8개 범주로, 그리고 가구 월평균 소득은 응답자가 직접 기재한 세전소득을 이용했다. 회귀계수의 통계적 검정은 응답자 거주지를 기준으로 서울, 인천/경기, 강원, 충북, 대전/세종/충남, 대구/경북, 부산/울산/경남, 전북, 광주/전남, 제주 등 10개 권역으로 구분하여 군집화 로버스트 표준오차(clustered robust standard errors)를 사용했다.

경우에는 그 영향이 나타나지 않았다고 할 수 있다. 이와 같은 결과를 종합하면, 한국 유권자의 경우에는 보수 성향이 인지적 또는 동기적 이유로 허위정보 식별 능력에 있어서 취약하다는 서구 선행 연구의 결과가 부분적으로만 유효한 것으로 보인다.

한편, 성, 연령, 학력, 가구소득 등 사회경제 변수에서는 통계적으로 유의미한 차이가 나타나지 않았다. 또한, 전통적으로 특정 정당에 대한 지지 성향이 강한 영호남 지역 출신 여부는 코로나19 가짜뉴스 식별도 차이로 이어지지 않는 것으로 드러났다. 통제변수 관련 또 하나 흥미로운 사실은 지지 정당과 강하게 연계된 것으로 인식된 이념과 상관없이 정당 지지가 대체로 코로나19 관련 가짜뉴스 식별도를 높이는 것으로 드러난 점이다. 정당이 특정 시기나 쟁점 특성에 따라서는 올바른 정보를 확산시키는 기능을 수행하고 있는 것인지 혹은 정당 지지가 정치 또는 공공사에 대한 바람직한 관심을 어느 정도 반영하는 것인지 추후 면밀한 검토가 필요해 보인다.

IV. 결어

지금까지 이 글에서는 전국적으로 확률 표집한 표본조사 자료를 활용하여, 코로나19 관련 가짜뉴스를 올바르게 식별하는 능력을 저해할 가능성이 큰 정치심리 요인을 보수 정치이념 성향(가설 1)과 이의 심리적 바탕으로 상정한 우익권위주의, 사회지배지향, 체제정당화 동기 등 보수 이데올로기 성향(가설 2)으로 나누어 그 영향을 통계적으로 추정했다.

연구 결과 다음과 같은 사실을 확인했다. 첫째, 서구 선행연구에 근거한 이론적 예측과 달리 정치이념 성향은 코로나19 관련 허위정보 식별에 영향을 미치지 않아 다른 조건이 같다면, 보수 정치이념 성향이 가짜뉴스 식별도를 낮출 것이라는 가설 1은 기각할 수 있다. 그러나 보수 이데올로기 성향 중 사회지배지향만이 식별도를 낮추는 것으로 드러나 다른 조건이 같다면, 보수 이데올로기 성향이 식별도를 낮출 것이라는 가설 2는 부분적인 지지를 받았다.

요컨대, 서구 선행연구와 달리 정치이념 성향에 따라 가짜뉴스로 대표되는 거짓 정보 식별의 취약함이 드러나지 않았다. 이는 이념 성향 측정과 혼재될 우려가 컸던 북한 관련 가짜뉴스에만 해당하는 것은 아니다(윤광일 2021). 코로나19 관련 가짜뉴스 식별에서도 이념 성향에 따른 영향은 나타나지 않았다. 이는 최근 연구에서도 보고된 결과이다(김한나 외 2021; 박상운 2021). 주요 산업민주주의 국가에서 관찰되는 바와 같이 서로 다른 정치 세력과 지지자 간의 이념, 감정, 사회적 양극화가 일상화된 현실에서도, 적어도 한국에서는 사회적 사실과 과학적 쟁점 모두에서 사실과 객관적 증거에 바탕을 둔 이념 진영 간 소통과 심의 그리고 이에 근거한 합의가 가능할 수도 있다는 전망을 밝게 하는 결과로 해석된다. 그럼에도 현재 한국이 맞닥뜨리고 있는 정치 양극화는 과학적 쟁점과 같이 본질적으로 비정치적 쟁점도 언제든 엘리트 큐와 정파적 미디어에 따라 그리고 당파심과 이념 성향에 따라 정치화할 가능성이 크다. 과학에 대한 회의적 태도는 기득권 외에도 이념, 음모론적 세계관, 공포, 가치 표현, 사회 정체성 욕구 등 정치 세계에 밀접하게 근거하기 때문이다. 무엇보다 객관적 정보 전달이 허위정보에 대한 가장 중요한 방어책이긴 하나 그것만으로는 당파심과 이념 성향을 억제하기에는 부족해 보인다. 기후 변화, 백신 접종, 진화, 배양육 등 논쟁을 일으키는 과학적 쟁점에 대한 성공적 커뮤니케이션 전략은 반과학 태도의 동기를 이해하고 이에 맞추거나 우회하는 프레임을 주축으로 해야 한다는 설득력 있는 제언이 이미 나와 있는 만큼 이를 뒷받침할 경험적 연구가 필요한 시점으로 판단된다(Hornsey 2020).

참고문헌

김한나·장한일·장승진. 2021. "백신 접종의 정치심리학: 코로나19 음모론, 정부 대응 평가, 그리고 백신 접종 의사." 『한국정당학회보』 20(3): 99-130.

박상운. 2021. "누가 가짜뉴스를 접하고, 신뢰하는가? 제21대 총선을 중심으로." 『선거연구』 1(14): 5-29.

윤광일. 2019. "대북 및 통일 정책 선호의 개인 성향과 가치 기반." 『국방연구』 62(4): 25-66.

______. 2020. "미국 인식 및 평가의 정치심리 기반." 『국방연구』 63(4): 31-66.

______. 2021. "북한 관련 가짜뉴스 식별의 정치심리 요인과 대북정책 선호와의 관계." 이상신·민태은·윤광일·구본상. 『KINU 통일의식조사 2021: 통일·북한 인식의 새로운 접근』. 서울: 통일연구원.

장승진·서정규. 2019. "당파적 양극화의 이원적 구조: 정치적 정체성, 정책선호, 그리고 정치적 세련도." 『한국정당학회보』 18(3): 5-29.

조은희. 2019. "뉴스 미디어의 이용과 신뢰가 가짜 뉴스의 인식, 식별, 수용태도에 미치는 영향." 『언론과학연구』 19(1): 180-213.

하상응·이보미. 2017. "정당과 정치인에 대한 호감도의 심리적 결정 요인들: 우파 권위주의 성향과 사회지배지향을 중심으로." 『한국정당학회보』 16(1): 5-37.

Allcott, Hunt, and Matthew Gentzkow. 2017. "Social Media and Fake News in the 2016 Election." *Journal of Economic Perspectives* 31(2): 211 – 236.

Altemeyer, Bob. 1998. "The Other "Authoritarian Personality"." In *Advances in Experimental Social Psychology*, ed. Mark P. Zanna. New York: Academic Press.

______. 2006. *The Authoritarians*. Winnipeg: University of Manitoba.

Azevedo, Flávio, and John T. Jost. 2021. "The Ideological Basis of Antiscientific Attitudes: Effects of Authoritarianism, Conservatism, Religiosity, Social Dominance, and System Justification." *Group Processes & Intergroup Relations* 24(4): 518-549.

Badaan, Vivienne, and John T. Jost. 2020. "Conceptual, Empirical, and Practical Problems with the Claim That Intolerance, Prejudice, and Discrimination Are Equivalent on the Political Left and Right." *Current Opinion in Behavioral Sciences* 34: 229-238.

Barker, David C., and Morgan Marietta. 2020. "Misinformation, Fake News, and Dueling Fact Perceptions in Public Opinion and Election." In *The Oxford Handbook of Electoral Persuasion*, ed. Elizabeth Suhay, Bernard Grofman and Alexandre H. Trechsel. New York: Oxford University Press.

Baron, Jonathan, and John T. Jost. 2019. "False Equivalence: Are Liberals and Conservatives in the United States Equally Biased?" *Perspectives on Psychological Science*

14(2): 292-303.

Blank, Joshua M., and Daron Shaw. 2015. "Does Partisanship Shape Attitudes toward Science and Public Policy? The Case for Ideology and Religion." *The ANNALS of the American Academy of Political and Social Science* 658(1): 18-35.

Carl, Noah, Nathan Cofnas, and Michael A. Woodley of Menie. 2016. "Scientific Literacy, Optimism About Science and Conservatism." *Personality and Individual Differences* 94: 299-302.

Cohrs, J. Christopher, Barbara Moschner, Jürgen Maes, and Sven Kielmann. 2005. "The Motivational Bases of Right-Wing Authoritarianism and Social Dominance Orientation: Relations to Values and Attitudes in the Aftermath of September 11, 2001." *Personality and Social Psychology Bulletin* 31(10): 1425-1434.

Costello, Thomas H., Shauna M. Bowes, Sean T. Stevens, Irwin D. Waldman, Arber Tasimi, and Scott O. Lilienfeld. 2022. "Clarifying the Structure and Nature of Left-Wing Authoritarianism." *Journal of Personality and Social Psychology* 122: 135-170.

Ditto, Peter H., Brittany S. Liu, Cory J. Clark, Sean P. Wojcik, Eric E. Chen, Rebecca H. Grady, Jared B. Celniker, and Joanne F. Zinger. 2019. "At Least Bias Is Bipartisan: A Meta-Analytic Comparison of Partisan Bias in Liberals and Conservatives." *Perspectives on Psychological Science* 14(2): 273-291.

Druckman, J. N., Ognyanova, K., Baum, M. A., Lazer, D., Perlis, R. H., Volpe, J. D., Santillana, M., Chwe, H., Quintana, A., & Simonson, M. 2021. "The Role of Race, Religion, and Partisanship in Misperceptions about COVID-19." *Group Processes & Intergroup Relations* 24(4): 638-657.

Duckitt, John, and Chris G. Sibley. 2009. "A dual process motivational model of ideological attitudes and system justification." In *Social and psychological bases of ideology and system justification*. eds. John T., Aaron C. Kay, and Hulda Thorisdottir. New York: Oxford University Press.

______. 2016. "The Dual Process Motivational Model of Ideology and Prejudice." In *The Cambridge Handbook of the Psychology of Prejudice*, ed. Chris G. Sibley and Fiona Kate Barlow. Cambridge: Cambridge University Press.

Flynn, D.J., Brendan Nyhan, and Jason Reifler. 2017. "The Nature and Origins of Misperceptions: Understanding False and Unsupported Beliefs About Politics." *Political Psychology* 38(S1): 127-150.

Guay, Brian, and Christopher D. Johnston. 2022. "Ideological Asymmetries and the Determinants of Politically Motivated Reasoning." *American Journal of Political Science* 66(2): 285-301.

Hibbing, John R., Kevin B. Smith, and John R. Alford. 2014. "Differences in Negativity Bias Underlie Variations in Political Ideology." *Behavioral and Brain Sciences*

37(3): 297-307.

Ho, Arnold K., Jim Sidanius, Nour Kteily, Jennifer Sheehy-Skeffington, Felicia Pratto, Kristin E. Henkel, Rob Foels, and Andrew L. Stewart. 2015. "The Nature of Social Dominance Orientation: Theorizing and Measuring Preferences for Intergroup Inequality Using the New SDO_7 Scale." *Journal of Personality and Social Psychology* 109(6): 1003-1028.

Hochschild, Jennifer L., and Katherine Levine Einstein. 2015. "Do Facts Matter? Information and Misinformation in American Politics." *Political Science Quarterly* 130(4): 585-624.

Hornsey, Matthew J. 2020. "Why facts are not enough: Understanding and managing the motivated rejection of science." *Current Directions in Psychological Science* 29(6): 583-591.

Hornsey, Matthew J., Emily A. Harris, and Kelly S. Fielding. 2018. "Relationships among Conspiratorial Beliefs, Conservatism and Climate Scepticism across Nations." *Nature Climate Change* 8(7): 614-620.

Jolley, Daniel, Karen M. Douglas, and Robbie M. Sutton. 2018. "Blaming a Few Bad Apples to Save a Threatened Barrel: The System-Justifying Function of Conspiracy Theories." *Political Psychology* 39(2): 465-478.

Jost, John T. 2017a. "Ideological Asymmetries and the Essence of Political Psychology." *Political Psychology* 38(2): 167-208.

______. 2017b. "Asymmetries Abound: Ideological Differences in Emotion, Partisanship, Motivated Reasoning, Social Network Structure, and Political Trust." *Journal of Consumer Psychology* 27(4): 546-553.

______. 2019. "A Quarter Century of System Justification Theory: Questions, Answers, Criticisms, and Societal Applications." *British Journal of Social Psychology* 58(2): 263-314.

______. 2021. *Left and Right: The Psychological Significance of a Political Distinction*. New York: Oxford University Press.

Jost, John T., Jack Glaser, Arie W. Kruglanski, and Frank J. Sulloway. 2003. "Political Conservatism as Motivated Social Cognition." *Psychological Bulletin* 129(3): 339-375.

Jost, John T., Alison Ledgerwood, and Curtis D. Hardin. 2008. "Shared Reality, System Justification, and the Relational Basis of Ideological Beliefs." *Social and Personality Psychology Compass* 2(1): 171-186.

Jost, John T., Christopher M. Federico, and Jaime L. Napier. 2009. "Political Ideology: Its Structure, Functions, and Elective Affinities." *Annual Review of Psychology* 60(1): 307-337.

Jost, John T., Erin P. Hennes, and Howard Lavine. 2013. ""Hot" Political Cognition: Its

Self-, Group-, and System-Serving Purposes." In *The Oxford Handbook of Social Cognition.*, ed. Donal Carlston. New York, NY: Oxford University Press.

Jost, John T., Danielle Gaucher, and Chadly Stern. 2015. ""The World Isn't Fair": A System Justification Perspective on Social Stratification and Inequality." In *APA Handbook of Personality and Social Psychology*, Volume 2: Group Processes. Washington, DC, US: American Psychological Association.

Jost, John T., Pablo Barberá, Richard Bonneau, Melanie Langer, Megan Metzger, Jonathan Nagler, Joanna Sterling, and Joshua A. Tucker. 2018. "How Social Media Facilitates Political Protest: Information, Motivation, and Social Networks." *Political Psychology* 39(S1): 85-118.

Kahan, Dan M. 2013. "Ideology, Motivated Reasoning, and Cognitive Reflection." *Judgment and Decision Making* 8: 407-424.

Kahan, Dan M., Asheley Landrum, Katie Carpenter, Laura Helft, and Kathleen Hall Jamieson. 2017. "Science Curiosity and Political Information Processing." *Political Psychology* 38(S1): 179-199.

Kay, Aaron C., and John T. Jost. 2003. "Complementary Justice: Effects of "Poor but Happy" and "Poor but Honest" Stereotype Exemplars on System Justification and Implicit Activation of the Justice Motive." *Journal of Personality and Social Psychology* 85(5): 823-837.

Kerr, John R., and Marc S. Wilson. 2021. "Right-Wing Authoritarianism and Social Dominance Orientation Predict Rejection of Science and Scientists." *Group Processes & Intergroup Relations* 24(4): 550-567.

Kunda, Ziva. 1990. "The Case for Motivated Reasoning." *Psychological Bulletin* 108(3): 480-498.

Lazer, David M., et al. 2018. "The Science of Fake News." *Science*, June 4, 2021.

Lee, Seonghui, and Akitaka Matsuo. 2018. "Decomposing Political Knowledge: What Is Confidence in Knowledge and Why It Matters." *Electoral Studies* 51: 1-13.

Leeper, Thomas J., and Rune Slothuus. 2014. "Political Parties, Motivated Reasoning, and Public Opinion Formation." *Political Psychology* 35(S1): 129-156.

Lewandowsky, Stephan, and Klaus Oberauer. 2021. "Worldview-motivated rejection of science and the norms of science." Cognition 215: 104820.

Lewandowsky, S., U. K. Ecker, C. M. Seifert, N. Schwarz, and J. Cook. 2012. "Misinformation and Its Correction: Continued Influence and Successful Debiasing." *Psychological Science in the Public Interest* 13(3): 106-131.

Lobato, Emilio J. C., Maia Powell, Lace M. K. Padilla, and Colin Holbrook. 2020. "Factors Predicting Willingness to Share Covid-19 Misinformation." *Frontiers in Psychology* 11: 566108.

Lodge, Milton, and Charles S. Taber. 2013. *The Rationalizing Voter.* Cambridge: Cambridge University Press.

Malka, Ariel Yphtach Lelkes, and Nissan Holzer. 2017. "Rethinking the Rigidity of the Right Model: Three Suboptimal Methodological Practices and Their Implications." In *The Politics of Social Psychology*, eds. Jarret T. Crawford and Lee J. Jussim. New York, NY: Routledge.

Manganelli Rattazzi, Anna Maria, Andrea Bobbio, and Luigina Canova. 2007. "A Short Version of the Right-Wing Authoritarianism (RWA) Scale." *Personality and Individual Differences* 43(5): 1223-1234.

Marques, Mathew D., Mathew Ling, Matt N. Williams, John R. Kerr, and Jim McLennan. 2021. "Australasian Public Awareness and Belief in Conspiracy Theories: Motivational Correlates." *Political Psychology* n/a (n/a).

Merkley, Eric, Aengus Bridgman, Peter John Loewen, Taylor Owen, Derek Ruths, and Oleg Zhilin. 2020. "A Rare Moment of Cross-Partisan Consensus: Elite and Public Response to the Covid-19 Pandemic in Canada." *Canadian Journal of Political Science* 53(2): 1-12.

Miller, Joanne M., Kyle L. Saunders, and Christina E. Farhart. 2016. "Conspiracy Endorsement as Motivated Reasoning: The Moderating Roles of Political Knowledge and Trust." *American Journal of Political Science* 60(4): 824-844.

Nam, H. Hannah, John T. Jost, and Jay J. Van Bavel. 2013. ""Not for All the Tea in China!" Political Ideology and the Avoidance of Dissonance-Arousing Situations." *PLOS ONE* 8(4): e59837.

Nilsson, Artur, and John T. Jost. 2020. "The Authoritarian-Conservatism Nexus." *Current Opinion in Behavioral Sciences* 34: 148-154.

Pennycook, Gordon, James Allan Cheyne, Derek J. Koehler, and Jonathan A. Fugelsang. 2020. "On the Belief That Beliefs Should Change According to Evidence: Implications for Conspiratorial, Moral, Paranormal, Political, Religious, and Science Beliefs." *Judgment and Decision Making* 15: 476-498.

Pickup, Mark, Dominik Stecula, and Clifton van der Linden. 2020. "Novel Coronavirus, Old Partisanship: Covid-19 Attitudes and Behaviours in the United States and Canada." *Canadian Journal of Political Science* 53(2): 357-364.

Posetti, Julie and Alice Matthews. 2018. *A Short Guide to the History of 'Fake News' and Disinformation*. International Center for Journalists. https://www.icfj.org/news/short-guide-history-fake-news-and-disinformation-new-icfj-learning-module

Pratto, Felicia, Jim Sidanius, Lisa M. Stallworth, and Bertram F. Malle. 1994. "Social Dominance Orientation: A Personality Variable Predicting Social and Political Attitudes." *Journal of Personality and Social Psychology* 67(4): 741-763.

Rothmund, Tobias, Fahima Farkhari, Carolin-Theresa Ziemer, and Flávio Azevedo. 2022. "Psychological Underpinnings of Pandemic Denial – Patterns of Disagreement with Scientific Experts in the German Public During the Covid-19 Pandemic." *Public Understanding of Science* 0(0): 09636625211068131.

Scheitle, Christopher P., and Katie E. Corcoran. 2021. "Covid-19 Skepticism in Relation to Other Forms of Science Skepticism." *Socius* 7: 23780231211049841.

Sides, John. 2015. "Stories or Science? Facts, Frames, and Policy Attitudes." *American Politics Research* 44(3): 387-414.

Simić, A., S. Sacchi, S. Pagliaro, M. G. Pacilli, and M. Brambilla. 2022. "Bringing Us Closer Together: The Influence of National Identity and Political Orientation on Covid-19-Related Behavioral Intentions." *Frontiers in psychology* 13: 795654.

Stanley, Samantha K., and Marc S. Wilson. 2019. "Meta-Analysing the Association between Social Dominance Orientation, Authoritarianism, and Attitudes on the Environment and Climate Change." *Journal of Environmental Psychology* 61: 46 56.

Swire, Briony, Adam J. Berinsky, Stephan Lewandowsky, and Ullrich K. H. Ecker. 2017. "Processing Political Misinformation: Comprehending the Trump Phenomenon." *Royal Society Open Science* 4(3): 160802.

Tandoc Jr, Edson C., Zheng Wei Lim, Richard Ling. 2018. "Defining "Fake News." *DigitalJournalism* 6(2): 137-153.

Tetlock, Philip E., Kristen A. Hannum, and Patrick M. Micheletti. 1984. "Stability and Change in the Complexity of Senatorial Debate: Testing the Cognitive Versus Rhetorical Style Hypotheses." *Journal of Personality and Social Psychology* 46: 979-990.

van der Linden, Sander, Costas Panagopoulos, Flávio Azevedo, and John T. Jost. 2021. "The Paranoid Style in American Politics Revisited: An Ideological Asymmetry in Conspiratorial Thinking." *Political Psychology* 42(1): 23-51.

Van Liere, Kent D., and Riley E. Dunlap. 1980. "The Social Bases of Environmental Concern: A Review of Hypotheses, Explanations and Empirical Evidence." *The Public Opinion Quarterly* 44(2): 181 – 197

Vargas-Salfate, Salvador, Dario Paez, James H. Liu, Felicia Pratto, and Homero Gil de Zúñiga. 2018. "A Comparison of Social Dominance Theory and System Justification: The Role of Social Status in 19 Nations." *Personality and Social Psychology Bulletin* 44(7): 1060-1076.

Zmigrod, Leor. 2020. "The Role of Cognitive Rigidity in Political Ideologies: Theory, Evidence, and Future Directions." *Current Opinion in Behavioral Sciences* 34: 34-39.

찾아보기

ㅇ

ㅈ

지은이

권형기 서울대학교 정치외교학부 교수

서울대학교 정치학과를 졸업하고 동 대학원에서 석사학위를 받은 뒤 미국 시카고대학(The University of Chicago)에서 박사학위를 받았다. 대표 저서로는 *Changes by Competition: The Evolution of the South Korean Developmental State*(Oxford University Press, 2021), 『세계화와 국민경제의 재구성: 미국·일본·독일 비교연구』(사회평론아카데미, 2022), 『세계화 시대의 역행?: 자유주의에서 사회협약의 정치로』(후마니타스, 2014)를 위시하여 *Politics & Society*, *Comparative Political Studies* 등 국제저널에 다수의 논문을 발표하였다. 앞의 두 저서 *Changes by Competition*과 『세계화 시대의 역행?』으로 2015년 그리고 2021년 한국정치학회 학술상을 각각 수상하였다.

김경미 서울대학교 정치경제철학 연계전공 초빙조교수

서울대학교 정치학과를 졸업하고 동 대학원에서 석사 및 박사 학위를 받았다. 주요 연구 분야는 한국정치경제로 한국 국가조정 모델의 특징과 역사적 변화를 비교의 관점에서 분석하는 데 주요한 관심이 있다. 대표 저서로는 *The Korean Developmental State*(2020), 대표 연구논문으로는 "Persistence or Change? Evolution of the Korean Developmental State"(2021), "The State's Role in Globalization: Korea's Experience from a Comparative Perspective"(공저, 2017) 등이 있다.

김경희 이화여자대학교 정치외교학과 교수

서울대학교 정치학과를 졸업하고 동 대학원에서 석사학위를 받은 뒤 독일 베를린 훔볼트대학교에서 정치학 박사학위를 받았다. 대표 저서로는 『근대국가 개념의 탄생—레스 푸블리카에서 스타토로』, 『마키아벨리—르네상스 피렌체가 낳은 이단아』, 『공화주의』 등이 있다.

박현석 국회미래연구원 연구위원

국회미래연구원 연구위원이며 거버넌스그룹장을 맡고 있다. 서울대학교 정치학과를 졸업하고 동 대학원에서 석사학위를 받은 뒤 미국 아이오와대학교에서 정치학 박사학위를 받았다. 카이스트 인문사회과학부 조교수로 재직하였다. 대표 저서와 논문은 『공공정책 의제의 지속과 변화』, "세계금융위기 이후 한국의 소득세 정책: 국회-행정부 관계와 조세정치", "법인세법에 대한 국회의원의 투표행태 분석" 등이 있다.

유은식 서울대학교 정치외교학부 석사과정

서울대학교 자유전공학부를 졸업하고 동 대학원 정치외교학부 석사과정에 재학 중이다. 주요 연구 분야는 정치이론 및 비교정치이며 비교정치의 맥락에서 현대 사회의 민주주의 발전과 위기를 분석하는 데 주요한 연구 관심이 있다. 2022년 2월부터 한국연구재단 사회과학연구지원사업 "갈등 해결과 통합의 정치: 공화주의적 대안 모색"팀(연구책임자: 권형기)에 참여하여 연구조교로 활동하고 있다.

윤광일 숙명여자대학교 정치외교학과 교수

서울대학교 정치학과를 졸업하고 동 대학원에서 석사학위를 받은 뒤 미국 미시간대학교 앤아버 캠퍼스에서 정치학 박사학위를 받았다. 2022년 한국정당학회 학회장을 역임하였다. 대표 연구로는 "한국인 국가정체성의 정치심리학"(2017), "Change and Continuity in the 21st General Election"(2020), "누가 북한 관련 가짜뉴스에 취약하고, 그들은 어떤 대북정책 선호를 가지는가?"(공저, 2022) 등이 있다.

홍태영 국방대학교 안보정책학과 교수

국방대학교 안보정책학과 교수이자 현 안보대학원장이다. 서울대학교 정치학과를 졸업하고 동 대학원에서 석사학위를 받은 뒤 프랑스 파리 사회과학고등연구원에서 정치학 박사학위를 받았다. 2021-22년 한국정치학회 편집위원장을 역임하였다. 주요 연구 분야는 자유주의, 민족주의, 공화주의, 근대와 탈근대의 정치 등이다. 대표 저서로는 『국민국가의 정치학』(2008), 『정체성의 정치학』(2011), 『국민국가를 넘어서』(2019) 등이 있다.